# Gustav Schoser
# DER PALMENGARTEN

*„Was du ererbt von deinen Vätern hast,*
*erwirb es, um es zu besitzen."*
*Johann Wolfgang von Goethe*

*Den Bürgern der Stadt Frankfurt am Main,*
*den Freunden des Palmengartens,*
*insbesondere den Mitgliedern der Gesellschaft*
*„Freunde des Palmengartens",*
*dankbar gewidmet*

Gustav Schoser

Ein Tor zur Welt der Pflanzen
# DER PALMENGARTEN
in Frankfurt am Main

Umschau

CIP-Kurztitelaufnahme der Deutschen Bibliothek
**Schoser, Gustav:**
Der Palmengarten in Frankfurt am Main:
e. Tor zur Welt d. Pflanzen / Gustav Schoser. —
Frankfurt am Main: Umschau, 1981.
ISBN 3-524-67007-5

Gestaltung und Schutzumschlag: Paul Schuster, Frankfurt am Main
Datenerfassung: dateam Vertriebsgesellschaft mbH + Co KG, Frankfurt am Main
Gesamtherstellung: Brönners Druckerei Breidenstein GmbH, Frankfurt am Main
ISBN 3-524-67007-5 · Printed in Germany

# DIE CHRONIK
# DES PALMENGARTENS

## Die Frankfurter und ihre Beziehung zu Pflanzen

Der frühe Beginn von Ackerbau und Viehzucht in der Gegend des künftigen Frankfurt schon während der Jungsteinzeit — etwa 2500 – 1.700 v. Chr. — war begünstigt worden durch die Lößböden, ein Geschenk der Eiszeiten. Der Übergang vom Nomadentum zur Seßhaftigkeit war eine der größten wirtschaftlichen und sozialen Umwandlungen. Das Untermaingebiet und die Wetterau blieben später, als Jahrhunderte vergangen waren, im Vorfeld des römischen Einflusses; die Römer entfalteten ihre Kultur vor allem linksrheinisch. Es blieb den Franken vorbehalten, das Land um die Furt durch den Main im 6. Jahrhundert endgültig zu besiedeln. Vom Herbst 793 bis zum Juni 794 hielt Karl der Große Hof in der „Villa Franconovurd". Ob er auch hier den Gemüseanbau, wie bei den anderen Königspfalzen, in „Capitulare de Villis" festgelegt, betreiben ließ, ist nicht nachweisbar. Als unter den Staufern im 12. Jahrhundert die Stadt an Bedeutung gewann, siedelten Gewerbetreibende im Norden und Westen. Bereits 1311 hatte im Rat der Stadt die Zunft der Gärtner auf der dritten Bank einen Sitz. Nach der großen Stadterweiterung haben die Gärtner seit 1333 außerhalb der Mauern ihr Auskommen finden müssen.

Die Gemarkung enthielt drei brachpflichtige Felder: das Riederfeld im Osten, das Galgenfeld im Westen und das Friedberger Feld im Norden. Das Gebiet der Gärten war brachfrei. 1355 ließ sich der Rat von Sprechern der Zünfte „ihre Gewohnheiten eidlich aussagen". Die Gärtner nahmen auf der dritten Bank die siebte Stelle ein. 1440 gibt es 42 selbständige Gärtner in Frankfurt, 1552 sind 53 Mitglieder der Zunft nachzuweisen. Die Zahlen erscheinen sehr ungenau, Kleinbauern, die Wein- und Ackerbau für eigenen Bedarf betrieben, rechnete man nicht dazu.

Seit 1454 brachte das Frankfurter Gärtnerschiff Zwiebeln, Kraut und Rüben zu den Wochenmärkten nach Mainz und Wiesbaden. 1660 mußten sich die Gärtner durch eine Marktordnung gegen Konkurrenten von außerhalb schützen lassen.

Ähnlich der Entwicklung der Gärten verlief die des Weinbaues im 13. und 14. Jahrhundert. Den Wein hatten die Römer gebracht. 1386 wurde in der Niedenau, auf den Feldern nach der Bockenheimer Warte zu, 1501 am Ginnheimer Weg (heute Siesmayerstraße) und 1507 an der Bockenheimer Landstraße Wein angebaut. 1490 und 1501 untersagte der Rat die Umwandlung von Äckern in Weingärten. Seit 1504 bestellten die Gärtner die Brache mit Gemüse, damit entfielen weitere Gebiete als Weide, was zu Streit mit den Metzgern führte.

Der Rat legte großen Wert darauf, den Feld- und Gemüsebau zu erhalten, da der Weinbau einen „unsicheren und schwankenden Ertrag abwirft". 1687 nahmen Weingärten rund die Hälfte des brachfreien Geländes ein. Der Weinbau war so bedeutend, daß es ein eigenes Gewerbe gab, die „Hecker". Die Gärtner kämpften schon damals vor einem Ackergericht um jedes Stück Land. Obwohl sie meist nur drei bis vier Morgen Besitz hatten, waren sie zunftpflichtig. Dazu waren ihnen die Großgrundbesitzer ein ständiges Ärgernis. Der Weinbau ging zu Anfang des 19. Jahrhunderts stark zurück, Äcker oder Wiesen mit Obstbäumen traten an ihre Stelle, auch in der Gegend des heutigen Palmengartens.

Durch die Aufhebung des Ediktes von Nantes (1685) kamen Hugenotten, zu denen auch die Familie Gontard gehörte, als Flüchtlinge nach Frankfurt, das damals kaum 15 000 Einwohner hatte. Der Handel lebte am Ende des 17. Jahrhunderts auf, brachte Geld in die Stadt. Es wurde zur Mode, außerhalb der Stadtmauern einen Garten mit Gartenhaus zu besitzen, im Sommer sogar dort zu wohnen. Die Bürger mußten um Gartenrecht nachsuchen, das der Rat mit der Verfügung über den Boden und den Geldzehnt innehatte.

Von 1720 bis 1800 wurde der Bau von mehr als 500 Gartenhäusern genehmigt. Eine der bevorzugten Gegenden war der schmale, gehobene Rücken des Bockenheimer Sandes und die nordwestliche Seite der Bockenheimer Chaussee. Es entstand sogar ein eigener Typ eines Frankfurter Gartenhauses; heute noch sind davon einige zu sehen. Die Handwerker eiferten den Großbürgern nach. Alle Gartengewächse wurden angebaut und keiner genierte sich, den Überschuß billig zu verkaufen; aus den Jahren 1713 und 1816 sind deswegen Klagen der Gärtner überliefert.

Die Kunst- und Blumengärtnerei, als Lustgärtnerei bezeichnet, war an den Höfen entstanden, verbreitet vor allem in süddeutschen Städten, in Augsburg, Ulm und Nürnberg, seit dem ausgehenden 15. Jahrhundert auch in Frankfurt. 1530 war in Augsburg das erste deutsche Gartenbuch erschienen „Lustgarten und Pflanzungen mit wundersamer Zyrd . . .". In den Fuggerschen Gärten in Augsburg kultivierte man die Muskatrose, die das kostbare Rosenöl liefert. Um 1559 erblühten bei Heinrich Herwarth in Augsburg Tulpen, zwei Jahre zuvor aus Konstantinopel gekommen. Diese Zeit, in der Pflanzen neu entdeckt und schon eine Rückkehr zur Natur gepriesen wurde, prägt auch Frankfurts Gesicht. In die Landschaft, vorwiegend durch die Obst- und Weingärten geprägt, fügten sich die befestigten Höfe, die Warten und Landwehren ein. In den Lustgärten innerhalb der Stadtmauern zog man Nelken, Akelei, Levkojen, Rosen und die neumodischen Zwiebelgewächse. Matthäus Merian d. Ä. (1593 – 1650) hat in prächtigen Stichen Frankfurter Gärten abgebildet, den des Bürgermeisters Johann Schwind oder den des Kaufmanns du Fay, in dem 1613 erstmals die Türkenbundlilie erblühte. Von 1587 bis 1593 hatte Carolus Clusius in der Nähe von du Fay (an der heutigen Taunusanlage) seinen mit den seltensten Blumenzwiebeln bepflanzten Garten bewirtschaftet. Aus Wien hatte er sie mitgebracht, wo er als kaiserlicher Physikus tätig gewesen war. Lange mußte er sich besinnen, ob er seine guten Einkünfte zugunsten einer Professur im holländischen Leiden aufgeben sollte. 1599 errichtete er im Botanischen Garten zu Leiden das erste Gewächshaus. Das erste heizbare Gewächshaus in Deutschland, das 1795 noch funktionstüchtig war, besaß die Nürnberger Universität Altdorf seit 1656.

Bis zu Anfang des 18. Jahrhunderts ist sehr wenig über die Frankfurter Gärten zu erfahren. In dieser Zeit übte die Gegend an der Windmühle am Untermainkai auf die Großbürger und Lustgärtner besondere Anziehungskraft aus. Auch die Bewohner der Altstadt wollten keineswegs auf Grünflächen verzichten. Sie mußten sich mit Dachgärten oder Belvederen begnügen, die bei vielen Häusern am Ende des 18. Jahrhunderts ausgebaut wurden. Allmählich scheint die Freude an Privatgärten wieder geschwunden zu sein. Die Kunst- und Handelsgärtner, wie sie sich seit Anfang des 19. Jahrhunderts bezeichneten, traten in den Vordergrund.

Noch ein Blick auf die Botanik, die Pflanzenkunde, in ihrer Frankfurter Entwicklung. Pflanzenkunde bedeutete im Mittelalter Heilpflanzenkunde. Sie wurde von Ärzten, Apothekern oder Ordensleuten betrieben. Von 1484 bis 1503 war der Stadtarzt Johann Wonnecke von Caub (Johann von Cube oder Johann Cuba) in Frankfurt, Verfasser von „Gart der Gesundheit", eines deutsch geschriebenen, 1485 in Mainz gedruckten Kräuterbuches, eine Überarbeitung des „Hortus sanitatis"; es erlebte mehrere Auflagen. Von 1533 bis 1540 zeichnete Eucharius Rösslein, der „Arznei-Licentiat, Stadtarzt zu Frankfurt am Meyen" dafür verantwortlich. Die 4. Auflage besorgte Adam Lonicerus, ließ sie bei Christian Egenolph (Frankfurt 1551 – 1555) unter dem Titel „Naturalis historiae opus novum plantarum, animalium et metallorum" drucken; 1547 bis 1635 war Peter Uffenbach „Physikus ordinarius" in Frankfurt, er veröffentlichte diese Auflage. Es fällt auf, daß in Frankfurt ein „Kräuterbuch von allem Erdgewächs" schon seine 4. Auflage erreicht hatte, ehe Otto Brunfels (1500 – 1534), Hieronymus Bock (1498 – 1554) und Leonhard Fuchs (1501 – 1566) als „Vater der Botanik" ihre berühmten Kräuterbücher erscheinen ließen. In seinem Buch „Rariorum plantarum historiae" (Antwerpen 1601) berichtet Carolus Clusius auch von den Frankfurter Gärten und den vielen exotischen Pflanzen, die hier sehr früh kultiviert wurden. Um 1650 wird von der Ostermesse über den Handel mit Orangen-, Pomeranzen- und Zitronenbäumen berichtet. Die Zeit der Orangerien oder Winterhäuser für Pflanzen hatte angefangen.

Die wissenschaftliche Botanik in Frankfurt begann erst mit Johann Christian Senckenberg (1707 – 1772). Er stiftete am 18. August 1763 als „Medicinae Doctoris et Physici Ordinarii zu Frankfurt" insgesamt 100 000 Gulden samt seinen Büchern und Sammlungen, um eine medizinische Akademie zu schaffen. Am Eschenheimer Turm nahm ein 28 000 qm großes Gelände Sammlungen und Bibliothek, Konferenzräume, ein "Laboratorium chymicum", Wohnräume für Ärzte und Gärtner, ein „Theatrum anatomicum" und ein „Bürgerliches Kranken-Hospital" auf. Die größte Fläche beanspruchte der „Medizinische Garten", das „Grüne Cabinet" — eine Laube — und ein „Gewächshaus mit dreyen Abteilungen". Vorbild für den Garten war der Botanische Garten von Uppsala, den Carolus Linneus seit 1742 dort angelegt hatte. 1767 war der Senckenbergische Garten fertig. Das Gewächshaus, 18 × 7,7 m, wurde erst 1768 vollendet. Seinem „Hortus medicus" hat Senckenberg in den „Monita et Notamina", die handschriftliche Zusätze zu seinem Testament enthalten, in der ihm eigenen Sprache folgende Zweckbestimmung gegeben:

„Dieser soll nicht aus vielen exoticis bestehen, die viele Kosten machen, damit nicht das Geld nöthigeren Dingen entzogen werde. Plantae Germaniae indigenae sind mein Hauptmerk, und solche, die eine gleiche Zonam und Clima zur Geburths-Stätten haben und unsere aerem aquas und locos vertragen können ... In allen Stücken sehe mehr auf usum als lusum Sine usu sumtuosum ... Nicht aus vielen Gärtner-Staat und Auriculus, Anemonen, Ranunkeln, Tulpen, Hyacinthen und nicht ein Blumisten- sondern medicinischer Garten seyn. Eben weniges von jenem kann permittiert werden; pro ornamento, utilitas est finis meus. Jene dienen dem Gärtner zur Handelschaft und rebbes meist, dafür der Garten nicht gestiftet ist; Sonderlich da der Gärtner von mir und meinen Nachfolgern sattsam salariret ist."

In diesen Garten wurde eine Eibe gepflanzt, die seit dem Umzug von 1907 heute noch im Palmengarten steht. Dr. J. J. Reichard war der erste Stiftsmedicus oder Direktor, Verfasser der „Flora Novo-Francofurterana" (1772 – 1778); sein Pflanzenverzeichnis nennt 1430 Arten nach dem Linné'schen System. Die Samen wurden durch den schon damals üblichen Samentausch zwischen den Botanischen Gärten besorgt. Von 1831 bis 1867 versuchte Dr. med. Georg Fresenius das Ansehen zu mehren. Er verfaßte auch eine Exkursionsflora von 621 Seiten, 1832/33, und ein Lehrbuch der Botanik. Johann Wolfgang Goethe hat sich mehrfach zum Senckenbergischen Garten geäußert; in seinem Bericht „Aus einer Reise am Rhein, Main und Neckar in den Jahren 1814 und 1815" findet sich auch folgende Passage:

„Der botanische Garten ist geräumig genug, um der Stiftung gemäß die offizinellen Pflanzen zu enthalten, wo neben sich noch Platz finden würde, um das physiologisch Bedeutende, was zur Einsicht in das Pflanzenleben führt und das ganze Studium krönt, weislich anzufügen ...

Gedenken wir nun der Pflanzenkunde, so ist aus obigem ersichtlich, daß für diese vorläufig gesorgt sei. Herr Dr.

Neeff wird, unter Assistenz der Gärtner Bäumert und Isermann, die zweckmäßige Vollständigkeit des Gartens sowie den Gebrauch desselben nächstes Frühjahr einzuleiten wissen. Im ganzen wäre jedoch für Botanik in Frankfurt schon viel geleistet, wenn die Pflanzenfreunde sich zu wechselseitigen Besuchen und Mitteilungen vereinigten, besonders aber sich darin verbänden, daß jeder ein einzelnes Fach vorzüglich übernähme. Holländer und Engländer gehen uns mit dem besten Beispiele vor: jene, daß sie eine Gesellschaft errichteten, deren Glieder sich die Aufgabe machten, Prachtpflanzen in der größten Herrlichkeit darzustellen; diese, daß eine Anzahl Gartenfreunde sich verabredeten, ganz einzelnen Abteilungen, wie zum Exempel den Stachelbeeren, vorzügliche Aufmerksamkeit zu widmen, wobei jeder Teilnehmende sich anheischig machte, nur eine Spielart mit der größten Sorgfalt zu pflegen. Sollte dieses manchem, von der wissenschaftlichen Höhe herab, kleinlich, ja lächerlich scheinen, so bedenke man, daß ein reicher Liebhaber etwas Seltenes und Augenfälliges zu besitzen wünscht, und daß der Obstgärtner auch für die Tafel seiner Kunden zu

sorgen hat. Bei einem solchen Verein würde Frankfurt sogleich im botanischen Fache bedeutend erscheinen.

Bliebe der Senckenbergische Garten bloß medizinischen und physiologischen Forderungen gewidmet, so würde der Lehrer an dieser Anstalt sehr gefördert sein, wenn er die Vergünstigung hätte, die Gärten der Herren Salzwedel, Jassoy, Löhrl in und bei Frankfurt, die Anlage des Herrn Metzler über Oberrad mit seinen Zuhörern zu besuchen. Den Besitzern wie den Gästen entstünde daraus gemeinsame Freude und Aufmunterung. In einer lebensreichen Stadt sollte sich alles aufsuchen, was miteinander einigermaßen verwandt ist, und so sollte Botaniker, Blumist, Kunstgärtner, Obst- und Küchengärtner sich nicht voneinander sondern, da sie sich einander wechselweise belehren und nutzen können . . .

Nachträgliches . . . Auch der botanische Garten hat im letzten Sommer sehr viel gewonnen. Das Gewächshaus wurde mit mehreren seltnen ausländischen Pflanzen, wie mit Laurus Camphora, Epidendron Vanilla und

Der Garten des Johannes Schwind, Konsul, Senator und Bürgermeister zu Frankfurt am Main. Stich von Matthaeus Merian, 1641

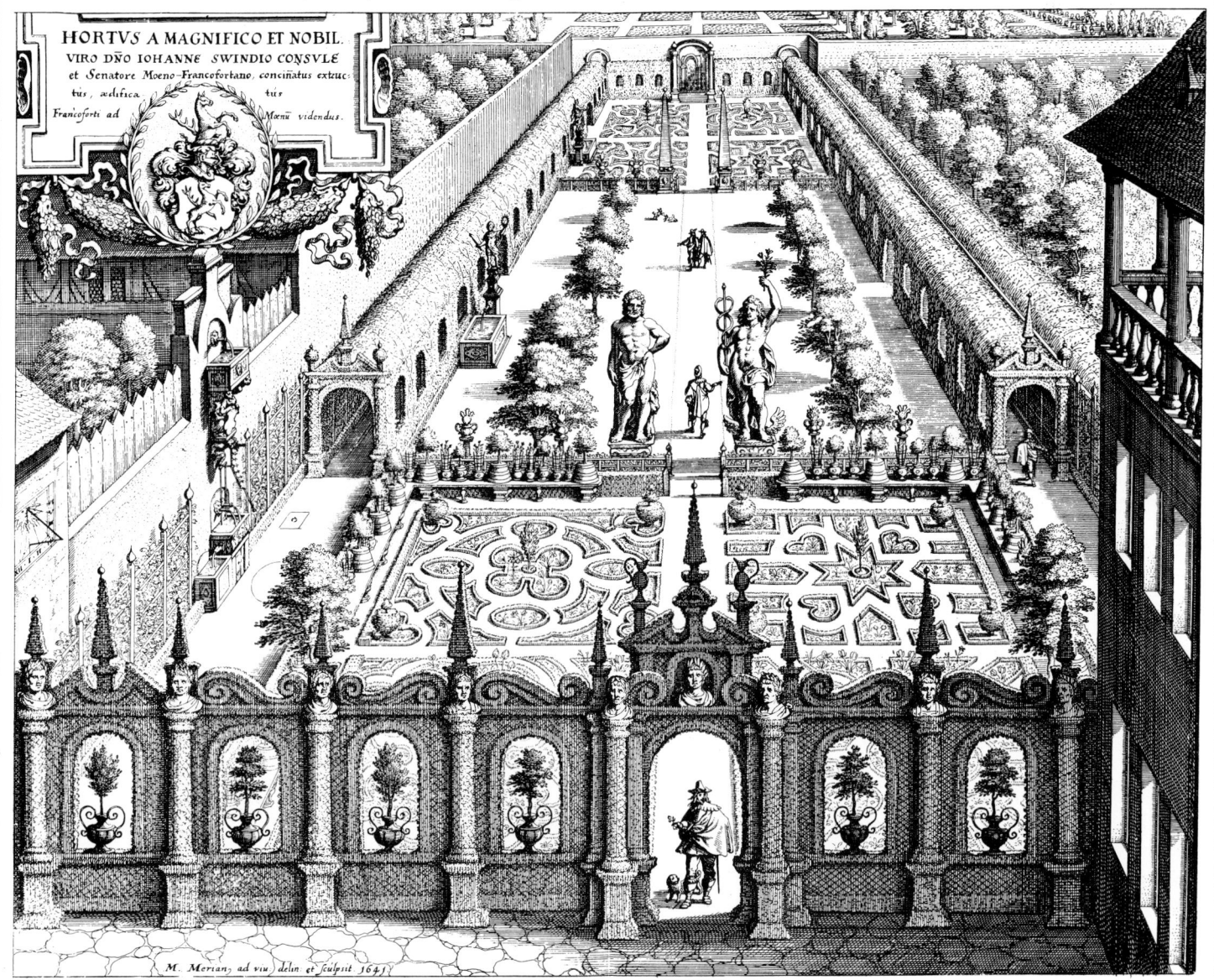

*so weiter dotiert. Die Kürze der Zeit erlaubte nicht, den bisher in seiner Einrichtung vernachlässigten Garten in dem letztverflossnen regnigen Sommer völlig in Ordnung zu bringen, jedoch ein Teil desselben wurde mit Beihülfe des sehr geschickten Botanikers, Herr Beckers aus Offenbach, der aus Liebe zur Wissenschaft mitwirkte, in systematische Ordnung gebracht, und es ist nicht zu zweifeln, daß der ganze Garten im Laufe des künftigen Sommers dahin gebracht werden wird."*

Nach den Napoleonischen Kriegen entfaltete sich in Frankfurt bald wieder wissenschaftliches Denken. Bürger aller Stände gründeten am 22. November 1817 zur Vollendung von Johann Christian Senckenbergs Plänen die „Senckenbergische Naturforschende Gesellschaft". Ihr erstes Museum stand am Eschenheimer Tor. Das heutige „Naturmuseum und Forschungsinstitut Senckenberg" in der Senckenberg-Anlage wurde später, 1907, fertiggestellt und bezogen. Es wurde zu der gleichen Zeit verlegt, wie der Senckenbergisch-Botanische Garten vom Eschenheimer Tor in die Nähe des Palmengartens an die Miquelstraße, dem früheren Ginnheimer Stadtweg. Diese Verlegungen waren nötig, weil die Gebäude den alten Stiftsgarten allmählich so dezimiert hatten, daß keine weitere Entwicklung für den Garten, aber auch keine weiteren Bauten möglich waren. 1904 war der zweite Garten soweit fertig gestellt, daß die Pflanzen umgesetzt werden konnten. Großes Aufsehen erregte der Transport der alten Eibe vom Eschenheimer Tor über die Stiftstraße, an der alten Oper vorbei zum neuen Standort am Palmengarten. Eine großartige gärtnerische Leistung; leider hat die alte Eibe keinen neuen Wachstumsschub am neuen Standort bekommen. Sie kränkelte, wurde von einem Holzpilz befallen, mußte in den dreißiger Jahren ausgemauert werden, um wenigstens am Leben zu bleiben. Man behandelte sie, so gut man es wußte und konnte. Durch die jüngsten Untersuchungen von Dr. A. Bernatzky, Frankfurt, wissen wir, daß sie auf einer Kreuzungslinie einer unterirdischen Wasserader steht und nach neuesten Erkenntnissen nicht wachsen kann. Weitere Untersuchungen werden nötig sein, um dieses ehrwürdige Denkmal zu erhalten.

Die Gewächshäuser im Neuen Garten wurden mit dem Gärtnerhaus erst 1914 fertiggestellt. Der dritte Botanische Garten der Senckenbergischen Stiftung, seit 1914 der Frankfurter Stiftungs-Universität zur Verfügung gestellt, wurde seit 1937 östlich des Ginnheimer Stadtweges durch Kurt Kiehne angelegt, Anfang der 50er Jahre fertiggestellt. In diese Zeit fällt auch der Bau der neuen Institutsgebäude am Ende der heutigen Siesmayerstraße.

# Die Gründung des Frankfurter Palmengartens

## Die Vorgeschichte

Die Wurzeln, aus denen die weltbekannte Institution des Palmengartens erwachsen ist, sind tiefgründig und weitverzweigt. Seit der Mitte des 18. Jahrhunderts hatten sich außerhalb der Mauern im Westen der Stadt drei Bezirke für Zier- und Lustgärten der wohlhabenden Bürger herausgebildet: Untermain- und Schaumainkai und, zunächst weniger vornehm, vor allem die Nordseite der Bockenheimer Chaussee. Um 1770 wurde die Chaussee mit Bäumen bepflanzt; diese Gegend mit dem Blick zu den Taunushöhen gewann die Gunst der Bürger.

Das nördlich der Chaussee gegen Ginnheim liegende Gelände hatte sich im Laufe der Zeit zu Baumgärten — Wiesen, die mit Obstbäumen bestanden waren — entwickelt. Auf dem Gelände des Palmengartens, zwischen dem Neugarten und der Liegenschaft Leonhardsbrunn, kaufte der kaiserliche Rat Johann Caspar Goethe 1770 ein Stück Land. Er legte einen zur damaligen Zeit üblichen Baumgarten an und pflanzte mit seinem Sohn Johann Wolfgang mehrere hundert Obstbäume. Frau Elisabeth Katharina „Aja", die Mutter Johann Wolfgangs, verkaufte nach dem Tode ihres Mannes 1793 das Obstland an die Stadt Frankfurt, die es zur Nutzung dem Fürsten von Thurn und Taxis überließ. Am Affenstein, nahe dem heutigen Bremer Platz, besaß die Familie Goethe einen weiteren Obstgarten. Zu Beginn des 19. Jahrhunderts hatte sich eine großbürgerliche Landhaus- und Gartenkultur in Frankfurt entwickelt. Ein Beispiel ist das Gartenhaus der Familie Gontard, das Salins de Montfort um 1820 entwarf und in der Bockenheimer Anlage erstellte. Teile dieses bis 1907 benutzten Gartenhauses wurden bei seinem Abbruch in den Palmengarten transportiert; sind Bestandteil des heutigen Clubhauses von 1912. Auch die Rothschilds, Brentanos und andere, erst ab 1806 eingebürgerte und zu Reichtum gelangte Familien, bauten sich prachtvolle Landhäuser und Gewächshäuser. Diese Entwicklung wurde durch die Schleifung der Wallanlagen unter Bürgermeister Guiollet und die gartengestalterische Arbeit des Stadtgärtners Sebastian Rinz begleitet und begünstigt. Im Brockhaus von 1819 kann man lesen, daß „alle Frankfurter Bevölkerungsschichten" eine „Liebe zum Vergnügen und zu einem weitgetriebenen Aufwand" ergriffen habe. Frankfurt als eine der vier freien Städte des deutschen Bundes gehörte mit ihren „Promenaden und Gärten zu den angenehmsten und bevorzugtesten Wohnorten in Deutschland." Von diesen Gartensiedlungen war das sumpfige Galgenfeld freigeblieben. Seit 1839 stieß der Bahnbau hier vor mit dem Taunusbahnhof, dem sich der Main-Neckar- und der Main-Weser-Bahnhof beigesellten. Damit war die „Gartenstadt Westend" im Süden abgegrenzt. Um diese Zeit entstanden in den Lustgärten des Westends Orangerien und Gewächshäuser. Aus der engeren Bebauung ausbrechend erwarb Mayer Rothschild das Bethmannsche Gut Grüneberg mit Liegenschaften, die heute zum Palmengarten gehören; 1845 wurde das „Grüneburg-Schlößchen" erbaut — und 1944 zerbombt.

Mit Sebastian Rinz (1772—1861) aus dem Aschaffenburgischen war 1806 ein hochbefähigter Gärtner nach Frankfurt gekommen, der als Stadtgärtner die Wallanlagen schuf, einen großen gärtnerischen Betrieb im südlichen Westend bei den Kettenhöfen einrichtete. Die 1816 ins Leben gerufene Polytechnische Gesellschaft gründete 1831 ein „Institut zur Beförderung, Erhöhung und Vervollkommnung der Garten- und Feldbaukultur", später in „Verein für Garten- und Feldbau" umbenannt. Unter Regie von Sebastian Rinz richtete das Institut 1835 die erste große Blumen- und Pflanzenausstellung im Katharinenkloster aus. Der Gewinn betrug 360 fl. (Gulden). Am 2. April 1836 wurde die zweite Ausstellung dieser Art auf dem Platanenplatz, am heutigen Taunustor, eröffnet. Für 3000 fl. war ein demontables Gewächshaus entstanden. Zum ersten Mal wurden durch ein Preisgericht Bewertungen vorgenommen und Preise verteilt. Auf dieser Ausstellung war auch Friedrich Grüneberg mit seinen selbstgezüchteten Kamelien „Teutonia" vertreten. 1838 wurden Prämien zur Einbürgerung der Hyazinthen- und Tulpenkultur ausgesetzt; die Bodenverhältnisse jedoch waren ungeeignet. 1846/1847, als die Kartoffeln von einer Krankheit befallen wurden, arrangierte man im Herbst 1847 eine Ausstellung der Feld- und Gartenfrüchte. Der Sohn Jakob Rinz, inzwischen der Organisator, erhielt in diesem Jahr die große Goldene Medaille der Gesellschaft.

Durch Mißernten entstand Ende der 40er Jahre große Not in Europa. Die Entwicklung von Pflanzenzucht und Gartenkunst mußte stagnieren. Die Revolution 1848 stellte Frankfurt in den Mittelpunkt des politischen Interesses. Während der Tagungen der Nationalversammlung hatten sich etliche Abgeordnete bewundernd über die Frankfurter Gartenkultur ausgesprochen. Doch der Verein für Garten- und Feldbau hatte den Schwung verloren. Die „Blumenhütte" wurde verkauft, 1850 fand die Ausstellung im Saal des Deutschen Hofes statt; das Ereignis war höchst unbefriedigend. Trotzdem waren in diesem Jahre die Ausstellungen sehr gut besucht, sie „dürfen sich den besten des Continents zur Seite stellen, führen unserer Stadt einen Menge Freunde zu, und indem Sie den Sinn für die Blumenwelt wecken, veredeln Sie das menschliche Herz."

Zur 15. Ausstellung wurde noch einmal die alte Blumenhütte auf dem Goetheplatz aufgestellt. Es kamen zuviele Aussteller, man war sich uneins. So ist es nicht verwunderlich, daß sich die Erwerbsgärtner verselbständigten.

Am 25. November 1847 hatte der Kunstgärtner Johann Bock von Sachsenhausen zur Gründung der Gartenbaugesellschaft „Flora" eingeladen, die sich am 28. Januar 1848 mit 21 Mitgliedern etablierte; unter ihnen Heinrich Siesmayer und Ferdinand Heiss. Die Sitzungsprotokolle sind uns bis zum ersten Weltkrieg erhalten und geben wertvolle Aufschlüsse über die Tätigkeit der Gärtner. — 1854 errichteten Sebastian und Jakob Rinz in der Guiolettstraße ein großartiges Glashaus. 1856 fand dort die 18. und letzte Ausstellung der Polytechnischen Gesellschaft, ihrer Sektion „Verein für Garten- und Feldbau", mit nur 14 Teilnehmern, meist Herrschaftsgärtnern, statt. Am 23. Oktober beging Sebastian Rinz sein 50jähriges Dienstjubiläum, die Sektion stellte allmählich ihre Tätigkeit ein. Dafür wartete im Frühjahr 1857 die „Flora" mit der ersten Blumenausstellung auf, die Frankfurter Kunstgärtner verdienten sich Anerkennung in der weiteren Umgebung.

In jenen Jahren erfreuten sich die Frankfurter der tropischen Pracht der Biebricher Wintergärten. Im über 300 Morgen großen Park, den Ludwig von Skell aus dem nassauischen Weilburg geschaffen hatte, ließ Herzog Adolf von Nassau 1846/1847 durch seinen Hofgartendirektor Thelemann für etwa 125 000 Mark imposante Pflanzenhäuser aus Eisen und Glas errichten. Der Ruhm der hervorragenden Sammlungen — Palmen, Kamelien, Azaleen, Orchideen, Farne und andere Tropengewächse — löste im Frühjahr wahre Besucherströme „zu Lande und zu Wasser" aus. Die Pracht und die Freude waren leider nur von kurzer Dauer.

Die wohlmeinenden Gedanken der vielen Gelehrten in der Paulskirche konnten 1848 die Probleme der Zeit nicht lösen. Kriegerische Auseinandersetzungen zwischen den kleineren norddeutschen Staaten unter Führung Preußens und den Großdeutschen unter Führung der Österreicher brachten die Niederlage auch für Bayern, Württemberg, Sachsen, Hannover, Baden, Kurhessen, Hessen-Darmstadt, Nassau, Meiningen und Frankfurt. Nach der Schlacht von Königgrätz, nach dem Frieden von Prag annektierte Preußen Hannover, Kurhessen, Nassau und Frankfurt. Herzog Adolf von Nassau mußte abdanken und seine Wintergärten aufgeben. Er zog nach Frankfurt. Schon am 16. Juli 1866 waren die Preußen in Frankfurt einmarschiert, am 8. Oktober 1866 wurde die Stadt preußisch und der Provinz Hessen-Nassau mit Regierungssitz in Wiesbaden zugeschlagen. Das war das Ende der Freien Stadt Frankfurt. Die Bürger waren enttäuscht, verzweifelt. Langsam entwickelten sie Initiativen, gründeten so auch den „Verein zur Förderung des öffentlichen Verkehrslebens".

Zur Rettung seiner kostbaren Pflanzenschätze bat Herzog Adolf von Nassau im Benehmen mit seinem Hofgartendirektor Thelemann den weltberühmten Kunstgärtner und Landschaftsarchitekten Heinrich Siesmayer aus Bockenheim, ihm beim Verkauf der Pflanzen behilflich zu sein. Die herzogliche Hofgartenverwaltung setzte den Wert der Pflanzen auf 120 000 fl. an. Heinrich Siesmayer hatte bei Sebastian Rinz gelernt, sich 1840 selbständig gemacht. Er hatte den Park des Hofgutes Goldstein angelegt, auch den des Fürsten Sayn-Wittgenstein-Bulerberg zu Sayn mit 50 Morgen als Park- und Berganlage mit Grotten, Wintergarten und Orangerien. Diese Anlage erfuhr besondere Anerkennung durch den bekannten Parkgestalter Fürst Pückler-Muskau. Siesmayer gestaltete die Kurparkanlagen in Bad Nauheim, die Gärten des Geheimrats Geigy in St. Jacob bei Basel und den Stadtpark von Mainz.

Schon 1854 war der in Frankfurt bekannte „Geheime Medicinalrath" Dr. Froriep aus Weimar mit dem Entwurf eines „Südpalastes", ausgestattet mit den Biebricher Pflanzen, in der Stadt hervorgetreten. Allseitiges Interesse war vorhanden, es fehlte Kapital. In „Didaskalia" vom 12. Juli 1868 heißt es:

„Es wird in dieser Beziehung von vornherein auf die Erstrebung eines Südpalastes in dem Sinne und nach dem Grundgedanken Frorieps als viel zu kostbar, hinsichtlich der Rentabilität unsicher, ja hinsichtlich seines großen therapeutischen Werthes von einigen Seiten angezweifelt, zu verzichten sein. Frankfurt's Promenaden, an und für sich schon in hohem Grade reizend und ausgedehnt, sind durch die dortselbst veranstalteten Morgen-Concerte in Verbindung mit der Verabreichung aller möglichen Mineralwasser, Molken, Milch etc. nunmehr zu einem förmlichen Kurpark umgestaltet worden. Der Verein, welchem man diese Entwicklung verdankt, wird dabei nicht stehen bleiben wollen. Bereits hat er die Erbauung eines Kur- und Fremden-Clubhauses in Verbindung mit Pensions-Hotels in unmittelbarer Nähe der Promenade in Protection genommen. Wird dieses Unternehmen selbstverständlich der Privatspeculation überlassen bleiben, so vernimmt man doch, dass offene bedeckte Gänge und Pavillons zum Schutz der Spaziergänger bei Regenwetter unmittelbar durch den Verein in Aussicht genommen sind, sobald sich hierfür die Mittel finden.

Es würde sodann nur noch ein Wintergarten fehlen, ein heller, luftiger, im Winter mäßig erwärmter Raum, in dessen immer grünen Alleen man auch in der rauhen Jahreszeit behaglich lustwandeln könnte. Mit diesem Wintergarten würden einestheils Restaurations- und Wirthschaftslokale, anderentheils aber die der Botanik in engerem Sinne gewidmeten Räume in nächsten Anschluß zu setzen sein. Der Eintritt in diese, mit dem vollen Schmucke der berühmten Biebricher Wintergärten ausgestatteten Hallen mit ihren Palmentempeln etc. würde durch eine, je nach Umständen für gewöhnliche Zeiten oder für Zeiten besonderer Pflanzenausstellungen niederer oder höher zu stellender Gebühr zu erkaufen und durch die damit erzielte Einnahme, sowie Verpachtung des Gärtnereibetriebes und der Wirthschaft die Zinsen für das Anlagecapital gedeckt werden können."

Derartige Institute entsprachen der allgemeinen Auffassung, ähnliche Einrichtungen waren schon in Leipzig, Berlin, Magdeburg, Köln und Stuttgart entstanden. Diese Kenntnisse bestärkten Heinrich Siesmayer, diese Gedanken aufzugreifen. Der Verein zur Förderung des öffentlichen Verkehrslebens wurde von ihm angesprochen,

die Pflanzensammlungen zu erwerben, in Frankfurt die Idee der Wintergärten wieder entstehen zu lassen. Die Stadt hatte damals rund 80 000 Einwohner, war der Platz der Bankhäuser, also auch kapitalkräftig. Der Verein ging schließlich auf die Ideen Siesmayers ein und bildete in der Vorstandssitzung am 6. Mai 1868 ein provisorisches Komitee aus 14 Mitgliedern „zur Erwerbung der Biebricher Wintergärten."

Dieser 6. Mai 1868 ist der Geburtstag des Palmengartens. Im Juli erging folgender Aufruf an die Bürger:

„Die herzoglichen Wintergärten und Gewächshäuser zu Biebrich und deren weithin berühmte Pflanzen sollen demnächst verkauft werden; das unterzeichnete provisorische Comité ist deshalb von einer größeren Anzahl hiesiger Bürger beauftragt worden, die Erwerbung dieser Schätze für unsere Vaterstadt zu bewerkstelligen.

Der Ankauf, die Aufstellung in Frankfurt, die Erbauung eines großartigen Palmenhauses und die Anlage eines Parkes würde keinesfalls mehr als die Summe von fl. 250 000 erfordern, welche in Tausend Actien à 250 fl. aufgebracht werden soll. Eine jede Blumenausstellung in Biebrich hatte seither innerhalb von 14 Tagen 17 – 18 000 fl. an Eintrittsgeldern ergeben; fänden diese Ausstellungen in Zukunft daher in einem weit großartigerem Bau, als es der Biebricher war, statt, zu Frankfurt, das bessere Verbindungen nach allen Seiten hin hat, inmitten einer dicht bevölkerten wohlhabenden Umgegend liegt und den fremden Besuchern vielfache Genüsse und Annehmlichkeiten bietet, so ist mit Sicherheit ein weit größerer Besuch und Ertrag zu erwarten. Ebenso würde das Etablissement als Ausstellungslokal der hiesigen Vereine für Blumen- und Obstzucht, Landwirtschaft u. drgl. mehr, welche alle sich bis jetzt periodisch mit großen Kosten besondere Bauten aufführen lassen mußten, sehr rentabel werden. Es würde sicherlich auch als weithin einziges Aufenthalts- und Vergnügungslocal, eine von unserer Einwohnerschaft und von Fremden vielbesuchte Zierde unserer Vaterstadt werden.

Die Aussicht auf eine vollkommen genügende Rentabilität des Unternehmens ist somit eine wohl begründete, die Vortheile für den Verkehr und das Leben in dieser Stadt sind sehr beträchtlich; unsere Nachbarschaft hat deshalb auch ihrerseits denselben Gedanken erfaßt und rivalisiert mit Frankfurt, eine so großartige und überaus günstige Erwerbung zu machen. Für unsere Bürgerschaft ist die Mißgunst der Ereignisse nur ein Sporn, ihre ganze Kraft einzusetzen, um die Blüthe dieser Stadt zu erhalten und zu mehren; sie wird deshalb gewiß auch alles, was den Verkehr und das öffentliche Leben fördert, kräftig unterstützen. Ist doch der Gewinn des Ganzen auch Gewinn jedes Einzelnen für seinen Besitz und sein Einkommen. Zeigen wir deshalb, daß die äußere Stellung, welche man unserer Vaterstadt gab, nicht maßgebend ist für die Ansprüche, die wir an uns selbst machen und die Geltung von Frankfurt als Mittelpunkt eines weiten Umkreises. Wir ersuchen deshalb, das Unternehmen durch Actienzeichnung, ein Jeder nach seinen vollen Kräften zu unterstützen. Die Zeichnungen sollen erst dann verbindlich sein, wenn die Summe von fl. 150 000 gesichert ist. Es bleibt einer einzuberufenden Generalversammlung der Zeichner überlassen, die Statuten zu bestimmen, die Verwaltung einzusetzen, überhaupt die Gesellschaft nach ihrem Ermessen zu constituieren.

Heinrich Cloess, Joh. Dielmann, Ludwig von Erlanger, Ferd. Heiss, Ferdinand Heuer, Fritz Kayser, Emil Königswarter, Theodor Kuchen, Dr. med. W. de Neufville, J.B. Pfaff, Dr. jur. Siebert, Heinr. Siesmayer, Carl Schlessinger-Trier, Leopold Sonnemann."

Am 10. Juli 1868 erschien in der von Leopold Sonnemann gegründeten Frankfurter Zeitung folgender Beitrag:

„Wir hatten dieser Tage Gelegenheit, die Pläne einer großen Wintergarten-Anlage für Frankfurt a.M. einzusehen, deren Einrichtung von einer Anzahl unserer Mitbürger beabsichtigt wird. Es sollen zu diesem Ende die herzoglichen Wintergärten zu Biebrich angekauft werden und in den an der Bockenheimer Chaussee zu errichtenden Anlagen untergebracht werden. Ein Areal von etwa 30 Morgen auf der linken Seite der Bockenheimer Chaussee, welches hiesigen Stiftungen gehört, ist dem gemeinnützigen Unternehmen für eine mäßige Pachtsumme auf 50 Jahre gesichert. Das Anlagecapital ist auf ca. 250 000 fl. veranschlagt, welche durch Actien aufzubringen sein werden. Zunächst würde durch dasselbe die Zahl unserer öffentlichen Lokalitäten, die ohnedies eine sehr beschränkte ist, um ein prachtvolles Etablissement vermehrt werden, so schön wie es wenige Städte besitzen. Der Fremdenverkehr unserer Stadt würde ungemein gehoben werden, ein Umstand, der bei der Nähe des zoologischen Gartens, ähnlich wie in Cöln, auch dieser Anstalt zugute kommen würde. Man weiß, daß Biebrich wegen seiner Wintergärten jährlich von 20 — 25 000 Fremden besucht worden ist. Hiernach ist es gewiß keine übertriebene Schätzung, wenn wir annehmen, daß die viel großartigere Anlage in Frankfurt bei dessen günstiger Lage 50 000 Passanten anziehen würde. Auf die Verbreitung botanischer Kenntnisse in unserer Stadt wird das Institut äußerst günstig einwirken. Ebenso wird es der Handelsgärtnerei Frankfurts neue Nahrung zuführen, da den einzelnen Handelsgärtnern ein Theil der Räumlichkeiten zu permanenten oder vorübergehenden Ausstellungen vermiethet werden soll, so daß der Besucher leicht ein übersichtliches Bild der gesamten Frankfurter Handelsgärtnerei erhalten wird. Es handelt sich hier um Förderung eines Industriezweigs, dessen Bedeutung mit jedem Jahre wächst. Selbstverständlich würde die Wintergarten-Anlage auch als Ausstellungslokal für unsere Gartenbau-Gesellschaften benutzt werden. Nicht minder würden Ausstellungen landwirtschaftlicher Produkte, die Früchte- und Vögel-Ausstellungen u. s. w. hier eine regelmäßige und geräumige Stätte finden. Was jedoch als Lebensfrage bei einem derartigen wenn auch gemeinnützigen Unternehmen nicht außer Acht gelassen werden darf, die Rentabilität, so halten wir dieselbe nach den uns zur Einsicht gekommenen Vorlagen für vollständig gesichert. Es sind darin veranschlagt: Die Einnahmen: 800 Abonnements à 10 fl. = 8000 fl.; Besuch 50 000 durchreisender Fremder à 30 kr. = 25 000 fl.; 100 Concerttage à 1000 Personen à 12 kr. = 2000 fl.; Miethe für Ausstellungen 6000 fl.; Pacht des Restaurateurs 2000 fl., zusammen 63 000 fl. — Die Ausgaben: Unterhaltungs-Kosten 12 000 fl.; Musik 10 000 fl.; Gehalt des Direktors und Bureaukosten 3000 fl.; Unterhaltung der Bauten 2000 fl.; Zinsen 10 000 fl., zusammen 37 000 fl. Nach dieser Vorlage würde ein Überschuß von 26 000 fl. zur Verfügung der Actionäre bleiben. Mag diese Rentabilitäts-Berechnung wie alle derartigen Schätzungen auch etwas übertrieben sein, so ist doch aus derselben ersichtlich, daß das Unternehmen wesentliche Geldopfer von Seiten unserer Mitbürger nicht in Anspruch nehmen wird. Für unsere Stadt, welche so dringend der Aufbietung aller Kräfte zur Hebung ihres gesunkenen Wohlstandes, zur Wiederbelebung der baulichen und gewerblichen Tätigkeit bedarf, würde die Frankfurter Wintergarten-Anlage von unschätzbarem Werthe sein. Eine Gelegenheit, um die Gründung derselben durch die Übernahme einer vorhandenen von europäischem Rufe zu erleichtern, würde sich so bald nicht wieder finden. Wir glauben daher unseren Mitbürgern nach reiflicher Erwägung die Unterstützung und Förderung des vorliegenden Planes in jeder Beziehung dringend empfehlen zu sollen. Für die Actionäre würde sich vermittels einer Organisation wie diejenige des zoologischen Gartens durch freien Eintritt schon an und für sich eine gewisse Rentabilität erzielen lassen. In Frankfurt ist schon so manches gemeinnützige Unternehmen durch die vereinten Anstrengungen der Bürger zu Stande gekommen. Wir glauben zu der Erwartung berechtigt zu sein, daß auch dem vorliegenden gesunden und lebensfähigen Project die Unterstützung unserer Mitbürger nicht fehlen wird."

Im Februar veröffentlichte das Komitee folgenden Aufruf:

## Palmengarten = Gesellschaft.

### An die Bürger und Bewohner Frankfurts!

Noch selten ist ein gemeinnütziges Unternehmen in Frankfurt von der gesammten Bürgerschaft so freudig begrüßt worden, als die Hierherverlegung der Biebricher Wintergärten und die sich daran anschließende Errichtung eines geselligen Vereinigungspunktes für alle Jahreszeiten. Im Verlauf von 14 Tagen nach der Veröffentlichung des Prospectus waren bereits 200,000 fl. in Actien gezeichnet. Jedermann war überzeugt, daß es sich hier um die Herstellung eines Etablissements handle, welches für die Einwohnerschaft eine Quelle der Belehrung und Unterhaltung sein und welches auf die unsere Stadt besuchenden Fremden eine große Anziehungskraft ausüben wird. Begreiflich erlitt der Fortgang der Zeichnungen eine vorübergehende Stockung in Folge der von verschiedenen Seiten aufgetauchten Projecte, welche die Palmengärten nach der Pfingstweide oder Bornheimer Haide verlegt haben wollten. Die Generalversammlung der Actionäre sowohl als die städtischen Behörden haben alle diese Vorschläge eingehend geprüft und mit großer Mehrheit demjenigen Plane ihre Zustimmung ertheilt, welchen die Verwaltung der Gesellschaft von Anfang an in's Auge gefaßt hatte. Die Wintergärten werden hiernach auf dem von der Stadt der Gesellschaft auf 99 Jahre überlassenen Grundstücke zwischen der Bockenheimer Chaussee und dem Ginnheimer Wege errichtet werden.

Es tritt nunmehr an uns die Aufgabe heran, das Unternehmen so rasch als möglich seiner Vollendung entgegenzuführen. Sämmtliche Vorarbeiten sind beendet und von ausgezeichneten hiesigen und auswärtigen Technikern geprüft. Zu einer Frankfurts würdigen Ausführung des Unternehmens sind aber außer dem bereits gezeichneten Actiencapitale weitere erhebliche Geldmittel erforderlich. An Alle richten wir hiermit das dringende Ersuchen, zur Förderung einer so gemeinnützigen, Frankfurt zur Zierde gereichenden Anstalt an der Actienzeichnung Theil nehmen zu wollen. Nur mit vereinter Kräften ist es möglich, die Palmengärten in einer allen Anforderungen entsprechenden Weise auszustatten. Die Actionäre haben für die erste gezeichnete Actie freien Eintritt für sich und ihre Familien. Die weiteren Actien erhalten Dividenden bis zu vier Procent aus den Reinerträgnissen. Jedes Jahr wird fernerhin ein Theil der Actien ausgeloost und zurückbezahlt, während das freie Eintrittsrecht auch nach der Ausloosung den Besitzern verbleibt.

Die Palmengartengesellschaft ist eine der ersten gemeinnützigen Unternehmungen, welche seit den Veränderungen des Jahres 1866 aus der Initiative der Bürgerschaft hervorgegangen und deren Frankfurt bedarf, um es wieder zu der Bedeutung und Blüthe zu bringen, auf welche es berechtigten Anspruch hat; möge die Bürgerschaft durch ihre thatkräftige Unterstützung dieser Anstalt zeigen, daß sie die ihr jetzt gestellte Aufgabe vollständig erfaßt hat, und möge hierdurch weiteren neuen gemeinnützigen Bestrebungen der Weg gebahnt sein.

Zeichnungen auf Actien bitten wir bei Herrn Aug. Siebert, große Eschenheimergasse 31, schriftlich anzumelden.

Frankfurt a. M., im Februar 1869.

Der Verwaltungsrath der Palmengarten=Gesellschaft.

L. v. Erlanger,      Dr. jur. Siebert,
Vorsitzender.         Schriftführer.

Am gleichen Tage wurden 25 Prozent der gezeichneten Beträge eingefordert. Damit war die „Wintergarten-Gesellschaft" gegründet. Heinrich Siesmayer hatte als geeigneten Platz zur Erbauung des Palmenhauses, der Gewächshäuser und der Parkanlagen ein Areal nördlich der von Frankfurt nach Bockenheim führenden Chaussee vorgeschlagen. Es war teils in der Hand der Stadt, teils in Privathand und im Besitz von Stiftungen. Am 14. August 1868 wurde dem Komitee eine Denkschrift überreicht, die drei Standorte bezeichnete: an der Bockenheimer Landstraße oder die Bornheimer Heide oder die Pfingstweide. Die Bornheimer Heide war hier als am geeignetsten angesprochen.

Kriterien zu den natürlichen Verhältnissen der Lage

Daß Frankfurt zu den klimabegünstigten Gebieten in Mitteleuropa gehört, ist bekannt. Es liegt um 100 m NN hoch. Kalte Nordwinde werden durch den Vogelsberg, den Bergener Rücken und den Taunus abgehalten. Die Verbindung mit dem Rheingraben begünstigt die wärmeren Südwestwinde. Die mittlere Jahrestemperatur ist 9,5 °C. Der Vollfrühling tritt am 4. Mai ein, der Herbst am 18. Oktober (Regel-Mittel-Werte). Es gibt im Durchschnitt 212 frostfreie Tage. Die Apfelblüte beginnt wie in der Oberrheinebene im Durchschnitt am 23. April. Die Niederschläge schwanken zwischen 570 bis 630 mm pro Jahr; in der Innenstadt ist es trockener, oft sind es keine 500 mm. Es regnet vor allem im Februar und März, dann im Juli, im Oktober und im Dezember häufiger, am wenigsten regnet es im Januar, April und Mai. Frankfurt gehört geologisch gesehen zum Mainzer Becken, einem Senkungsgebiet, das durch Taunus, Vogelsberg, Spessart und Odenwald begrenzt ist. Das Becken, dessen Untergrund hauptsächlich von den Ablagerungen des Rotliegenden gebildet wird, wurde im Tertiär und Diluvium angelegt. Im Tertiär beginnen die Ablagerungen. Man findet den Rupelton, einen graugrünen bis schwarzblauen Tonschlamm. Im mittleren Oligozän lagerten sich grünliche Mergelschichten ab, Cyrenienmergel nach der Muschel Cyrenia geheißen. Sie lagern nicht dicht auf dem Rupelton, dazwischen liegen Sande. Im folgenden Miozän überwiegen die Kalkablagerungen. Es bildeten sich die Cerithienschichten, Kalke mit Sanden, und dann die Corbiculakalke, die stellenweise bis 50 m mächtig sind. Die Ablagerung von Hydrolien im Brackwasser ließen Schichten entstehen, die Leichtmetallsulfide enthalten. Diese Sulfide zersetzen das Wasser, es entsteht

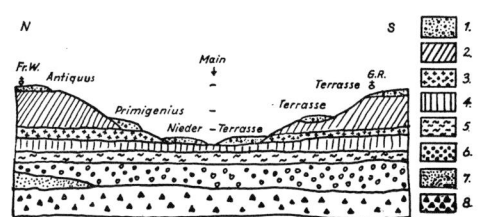

Idealprofil durch den Frankfurter Untergrund (nach Otto Reuber).
Zeichenerklärung: 1. Diluviale Mainschotter, 2. Hydrobien und Corbiculaschichten, 3. Cerithienkalk, 4. Cyrenenmergel, 5. Schleichsand, 6. Rupelton, 7. Meeressand, 8. Rotliegendes.
Geologische Eingruppierung: 2. und 3. Miozän, 4.—7. Oligozän, 8. Perm.

Schwefelwasserstoff (Faulbrunnen). Das Areal des Palmengartens liegt im Bereich der westlichen Hauptverwerfungsfalte des Frankfurt-Offenbacher Horstes. Im „Nizza" am Grindbrunnen treten diese Wässer zutage. Am Ende des Miozäns war unser Gebiet wieder mit Süßwasser bedeckt, in denen sich der Landschneckenmergel (Palmengarten — Eckenheimer/Eschersheimer Landstraße) ablagert. Diese Schichten sind von braunkohleführenden Tonen überlagert, die in einzelnen Schichtlagen glatte Hydrolien enthalten, so am Palmengarten. Über diesen Schichten folgen Sande fluvialen Ursprungs mit Tonen und Geröll durchsetzt. Im Pliozän folgte eine Trappdecke, die in Resten an der Grüneburg und im Palmengarten noch vorhanden ist. Trapp ist eine Art Basalt, der mit den Ergüssen in der Rhön und im Vogelsberg im Zusammenhang steht. Im Gebiet der heutigen nordwestlichen Zeppelinallee waren bis 1901 zahlreiche Steinbrüche und Steinkauten im Betrieb, in denen der sogenannte „Bockenheimer Basalt" abgebaut wurde; der Name „Basaltstraße" erinnert noch daran.

Die heutige Oberflächengestalt unserer Gegend wurde vorwiegend durch die tektonischen Vorgänge am Ende des Tertiärs bestimmt. Meist bilden die Hydrolien- und Corbiculaschichten die Oberfläche. Die durch Flüsse und Bäche im Diluvium gebildeten Terrassen wurden mit Löß, der in der Steppenzeit durch den Wind beigetragen wurde, bedeckt. Es ist der fruchtbare, nicht geschichtete Auenlehm, der von Norden nach Süden in seiner Mächtigkeit abnimmt.

Die Grundwasserverhältnisse sind nicht minder wichtig. Die wichtigsten Wasserhorizonte liegen in den Sanden und Kiesen des Pliozän und Diluvium. Die Tone bilden den Träger eines breiten zur Nidda und zum Main hinziehenden Grundwasserstromes. Im Bereich des Palmengartens bestehen ergiebige Brunnen, Grundwasser wird gesammelt und in etwa 25 — 30 m Tiefe stehen die Faulwässer an, wie neuere Bohrungen ergeben haben. Auf dem Gelände entsprang die Quelle Leonhardsbrunn.

Diese Voraussetzungen begünstigten das von Siesmayer favorisierte Gelände für die neue Anlage der „Wintergärten".

## Die Wahl des Standortes

Es spielten, wie so oft, die natürlichen Voraussetzungen für das Terrain weniger eine Rolle als „politische" Gesichtspunkte. Das Westend der Stadt und Bockenheim hatten die meisten Aktien gezeichnet. Man war ferner der Ansicht, der „Fremdenverkehr entfalte hier seinen Hauptstrom." Die Platzfrage wurde am 28. Januar 1869 durch schriftliche Abstimmung entschieden. 469 stimmten für das Westend (heutiger Platz), 87 für die Pfingstweide (wo heute der Zoo ist) und 7 für die Bornheimer Heide. Die Stadt überließ das Terrain der Gesellschaft gegen Pacht auf 99 Jahre. In der Generalversammlung des 9. Januar 1869 wurde der vom Komitee vorgelegte Statuten-Entwurf beraten und beschlossen, das Aktienkapital auf

300 000 fl. (1200 Aktien zu 250 fl.) festgesetzt. Sobald 200 000 fl. eingezahlt waren, konstituierte sich der Verein als Palmengarten-Gesellschaft. Am 13. Januar 1869 wurde der Verwaltungsrat gewählt.

Bis zum 10. März 1869 waren 881 Aktien zu je 250 fl. im Betrage von 225 250 fl. ausgegeben. Um den Erwerb von Aktien zu erleichtern, beschloß die Gesellschaft Teilaktien im Werte von 50 fl. auszugeben. Drei Teilaktien berechtigten eine Person zum freien Eintritt, auch nach Auslösung der Teilaktien; Teilaktien konnten auch zu Vollaktien aufgestockt werden.

Für die erste Planungsstufe wurden im Gewann XIII nördlich der Bockenheimer Chaussee benötigt:

Stadt No. 11, 6 Morgen, 0 Viertel, 1 Ruthe, 10 Schuh Baron A. Salomon von Rothschild in Wien No. 16, 11 Morgen, 3 Viertel; No. 17, 0 Morgen, 2 Viertel; No. 18, 0 Morgen, 1 Viertel; Waisenhaus No. 8, 2 Morgen, 2 Viertel; No. 10, 3 Morgen, 1 Viertel; Katharinenkloster No. 9, 1 Morgen, 1 Viertel, für den Zugang von der Bockenheimer Landstraße die Grundstücke No. 22 D und E von H. B. Rosenthal eheml. Marx.

Die Verhandlungen mit dem Magistrat führten Dr. jur. Siebert und Baron Ludwig von Erlanger. Am 13.1.1869 erklärte die Stadtkämmerei dem Magistrat: „Das Project ist förderungswürdig." Das Gelände umfaßte 26 Morgen, 2 Viertel, 6 Ruthen und 72 Schuhe. Die Pacht lief ab 1. Januar 1869 auf 99 Jahre. Am 19. Februar 1869 wurde das Projekt als „Gemeinnützige Bestrebung" durch die Stadtverordnetenversammlung anerkannt. Dr. Scherlenzky vertrat für die Mehrheit die Annahme, Christian Benkard lehnte für die Minderheit ab. Am 4. 3. 1869 stimmte die Königliche Regierung dem Grundstückshandel zu. Damit war das schwierige Kapitel der Geländebeschaffung gelöst.

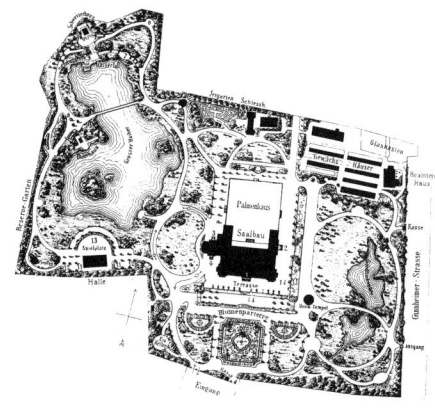

Lageplan des Palmengartens, 1871
1, 2, 3 u. 4 Eingänge zum Gesellschaftshaus. 5 Maschinenhalle. 6 Aussichtspunkt. 7 Ruhebank vor der Felsengrotte. 8 Steinerne Bank. 9a u. b Alpengewächse. 10 Camera obscura. 11 Ringspiele. 12 Kegelspiele. 13 Schaukeln. 14 Terrassen

# Die Geschichte des Aufbaus

Im Herbst 1868 wurde ein Ausschuß aus den Herren Johannes Dielmann, Ferdinand Heiss, Fritz Kayser, Heinrich Siesmayer und Leopold Sonnemann gewählt, um zur plan- und zweckmäßigen Einrichtung der ganzen Anlage ähnliche in anderen Städten wie Brüssel, Gent, London und Kew Gardens/Richmond kennenzulernen.

## Die Baupläne für den Palmengarten

Im Februar 1869 wurden die Baupläne im alten Hause des Cronstett'schen Stiftes auf dem Roßmarkt ausgestellt. „Das Palmenhaus und die angrenzenden Treibhäuser bilden ein Ganzes." Die ungeheure Halle, 112 ½ Fuß breit und 187 Fuß lang, sollte so leicht und phantastisch wie möglich sein, als ob „die himmelanstrebenden Palmen in frischer, freier Himmelsluft grünten und blühten. Die grüne Glaswölbung ahmt einfach die Wölbung des Himmels nach. Die innere Ausstattung ist nicht definitiv festgestellt, bis auf die riesige Fontaine in der Mitte des Hauses und den etwa 20 Fuß hohen Felsenhügel im Hintergrunde auf welchem der Tempel Floras mit dem Bildnis der Göttin steht . . . Die Längssicht durch das ganze Gebäude beträgt nahezu 300 Fuß. Palmenhaus und Treibhäuser können (im Winter) bei der höchsten Temperatur auf 7°R (etwa 9,6 °C) Wärme gebracht werden und auch auf dieser Temperatur erhalten werden." — „Der Eingang von der Bockenheimer Landstraße mit reich verzierten Eisengittern öffnet sich im großen Halbkreis dem ersten Wunder der Gartenkunst und Blumenzucht, dem sogenannten französischen Parterre, 160 Fuß breit und 300 Fuß lang. Darinnen erhebt sich ein Fels mit diversen Baumgruppen — offensichtlich war die Darstellung so ungewohnt, daß Fontänen für Berge angesehen wurden — „in einem großen Bassin. . . . Von beiden Seiten führen Treppen auf die breiten und bequemen Terrassen, welche von dem Gebäude des Wintergartens abgeschlossen wird. Bei schönem Wetter findet auf dieser Terrasse Restauration mit Harmoniemusik statt. Wer den Schatten liebt, kann sich in einer an der östlichen Seite des Restaurationsgebäudes hinziehenden dreireihigen Platanenallee von 350 Fuß Länge ergehen, deren schattige Laufgänge gar manchem Erinnerungen an die dahin geschwundenen Wunder der Mainlust ins Gedächtnis zurückrufen werden. Das Land- und Sommerhaus, welches die Gesellschafts- und Restaurationslokale enthält,

macht durch seine reich verzierte und in dem sogenannten neugriechischen Style gehaltenen Facade einen imposanten Eindruck." Weiter berichten die „Frankfurter Familienblätter", belletristische Beilage zum Frankfurter Anzeiger, in ihrem 14. Jahrgang von 1869, daß es 112 ½ Fuß lang und 75 Fuß breit sei und mit Bequemlichkeit 1000 Personen und mehr zu fassen vermöge — ohne unsere heutigen Versammlungsstätten-Richtlinien beachten zu müssen. Der Raum über den verglasten Loggias ist für zwei geräumige offene Galerien bestimmt. „Im Ganzen haben die sämtlichen Gesellschaftsräume einen Flächenraum von 17 600 Quadrat-Fuß, in welchem somit an Tischen und auf Stühlen gegen 2000 Personen Platz nehmen können. Dazu kommen noch das Palmenhaus und die Gewächshäuser, die Terrasse und die Platanenallee und der Freigarten, so daß man sagen kann — in dem Palmengarten kann an schönen sommerfreien Tagen halb Frankfurt Unterkunft finden."

## Der stolze Anfang und die ersten Jahre

Als die Genehmigung ausgesprochen war, legte die Gesellschaft am 10. April 1869 dem Magistrat die Grundskizze der Gebäude vor. Die Baugenehmigung erfolgte in kurzer Zeit. Die Bauarbeiten wurden nach den Plänen des Architekten Fritz Kayser vergeben. Das Palmenhaus sollte in einer Konstruktion erstellt werden, die im Inneren Eisenträger vermied. Eine solche Konstruktion hatte das Komitee bei der Weltausstellung im Jahr zuvor in Paris preisgekrönt gesehen, für die damalige Zeit ein großer Fortschritt. Den Auftrag erhielt die Frankfurter Firma Wiesche, Hirschel und Scharffe. Der Aufbau einschließlich der Galerien und der Heizungsanlage kostete rund 100 000 fl., der Transport und das Aufstellen erforderten 5000 fl. Die Bauleitung lag in Händen des Architekten Fritz Kayser. Die innere Gestaltung hatten der frühere Hofgartendirektor Thelemann und Ferdinand Heiss übernommen. Die Bauausführung des Gesellschaftshauses wurde ebenfalls Fritz Kayser unter der Bedingung übertragen, daß die Bausumme 250 000 fl. nicht überschreiten dürfe. Die gärtnerische und landschaftliche Gestaltung der Außenanlagen lag in den Händen von Heinrich Siesmayer, der in hohem Ansehen durch seine Parkgestaltungen stand.

Im April 1869 fand in Biebrich unter Leitung von Ferdinand Heiss die erste große Blumen- und Pflanzenausstellung auf Rechnung der Gesellschaft statt. Die Sammlungen waren am 1. Januar 1869 Eigentum der Gesellschaft geworden und konnten bis 1. August 1869 dort bleiben. Baron von Erlanger hatte statt der zuletzt geforderten 100 000 Gulden ( = 60 – 65 000 Taler oder 180 000 Mark) dem Herzog 60 000 Gulden geboten. Dieser willigte schließlich unter dem Hinweis ein, damit einen Beweis aufrichtiger Dankbarkeit für die freundliche Aufnahme in den Mauern der Stadt Frankfurt zu geben. Am 31. Juli 1868 war das Vorkaufsrecht vertraglich gesichert worden — die bezahlte Summe war mehr als angemessen. In diesen Monaten setzte sich Leopold Sonnemann besonders nachdrücklich für die Gründung der

Gesellschaft ein. Er konnte auch die Prinzen Friedrich und Georg von Hessen, die seit Sommer 1866 im Schloß zu Rumpenheim nahe Offenbach wohnten, als Aktionäre gewinnen.

Die bei der konstituierenden Sitzung am 9. 1. 1879 beschlossenen Statuten besagen in § 1 die Ziele der Gesellschaft:

*„Die Palmengarten-Gesellschaft bildet einen Verein, dessen Sitz in Frankfurt, und dessen Zweck die Anlage eines Lust- und Ziergartens in Frankfurt am Main, die Hierherverlegung der vom Verein erworbenen Biebricher Wintergärten, die Benutzung des Gartens zur Pflege der Pflanzenkunde, sowie als Versammlungs- und Vergnügungsort und die Abhaltung von Festen, Blumen- und anderen Ausstellungen im Garten ist."*

Getreu dieser Aufgabe hatte die Gesellschaft in Biebrich die erste Ausstellung veranstaltet. Sie erbrachte einen Reingewinn von 1677,09 fl.

Im August 1869 wurden der Kunstgärtner Heiss als Garteninspektor und am 1. September der Betriebsdirektor Paul Böhm als Sekretär angestellt.

Vom 30. September 1869 an wurde der ganze Pflanzenbestand von Biebrich allmählich nach Frankfurt überführt. Die kleineren Gewächshäuser waren zu dieser Zeit schon fertig, alle Topfpflanzen konnten untergebracht werden. Die größeren Pflanzen wurden in den kurfürstlichen Orangeriehäusern am Untermainkai untergestellt, bis das Palmenhaus vollendet war. Der Transport erfolgte teils per Schiff, teils auf dem Landweg. Die Bauten wurden so vorangetrieben, daß schon am 9. April 1870 in Anwesenheit von Oberbürgermeister von Mumm die erste Blumenausstellung in der Blütengalerie eröffnet werden konnte. Es sind noch Presseberichte von diesem Tag erhalten, die von der Blütenpracht schwärmen. Obwohl die Aktionäre freien Eintritt hatten, konnte ein Reingewinn von 10 343,52 fl. und die Zeichnung weiterer Aktien von 40 000 fl. erzielt werden.

Die erste Belastungsprobe kam für die Gesellschaft durch den seit Juli 1870 schwelenden Konflikt zwischen Preußen und Frankreich, der in der Schlacht bei Sedan zum offenen Krieg, zur anschließenden Belagerung von Paris führte. Der Norddeutsche Bund und Süddeutschland schlossen sich zusammen, am 18. Januar 1871 proklamierte Bismarck den König von Preußen zum deutschen Kaiser. Durch den Frieden von Frankfurt vom 10. Mai 1871 flossen innerhalb von drei Jahren fünf Milliarden Francs als Kriegsentschädigung ins Deutsche Reich. Dieses Geld löste den ungesunden wirtschaftlichen Aufschwung der „Gründerjahre" aus; seit 1873 folgten die wirtschaftlichen Zusammenbrüche. Das Agrarland wandelte sich zum Industrieland, obwohl es an Agrarprodukten mangelte. Die Zeit des Wirtschaftswunders verwandelte sich in eine Periode lang anhaltender wirtschaftlicher Depression, die 1887 zu Schutzzöllen für Importwaren führte. Am 1. Januar 1875 wurde die Mark als einheit-

liche Währung eingeführt. In Frankfurt rechnete man bisher mit süddeutschen Silbergulden. Bei der Umstellung entsprach 1 fl. = 1,7143 Mark (M) und ein Thaler wurde 3 Mark gleichgesetzt. Der Frankfurter Werkfuß (FWF) wurde durch das Meter als Längenmaß abgelöst. Zu dieser Zeit hatte Frankfurt 103 136 Einwohner. Der Arbeitstag hatte zehn Stunden und sechs volle Werktage, es gab also die 60-Stundenwoche.

Die politischen Ereignisse von 1870/1871 hatten die Bauarbeiten besonders am Gesellschaftshaus verzögert. Zunächst beschloß man, nur den Rohbau zu erstellen und die weitere Entwicklung abzuwarten. Das Unternehmen erhielt jedoch so große Unterstützung, daß zusätzlich 150 000 fl. als Prioritätsdarlehen aufgenommen werden konnten.

Schon am 7. Januar 1870 war ein Vertrag mit den Herren Christoph und Dervillé zur Übernahme der „Restauration" zustandegekommen. Am 14. April hatte unter Musikdirektor Mansfeld im Palmenhaus das erste Konzert stattgefunden. Die feierliche Eröffnung konnte am 16. März 1871 stattfinden.

Die Freigabe der Institution für die Bevölkerung erfolgte um 10 Uhr durch den Kronprinzen Friedrich in Vertretung von Kaiser Wilhelm I. Als Ehrengäste waren unter anderem anwesend: Regierungspräsident Graf zu Eulenburg aus Wiesbaden, Polizeipräsident von Madai, General von Meyerfeld. Der Vorsitzende des Verwaltungsrates, Herr Stadtrat J. B. Pfaff, begrüßte die Gäste. An diesem Tag hatte auch eine ständige Kapelle unter Leitung von Ludwig Stasny ihren ersten Auftritt. Unter den Klängen des Krönungsmarsches aus dem „Propheten" von Meyerbeer wurden alle Räumlichkeiten ausführlich besichtigt, anschließend wurde diniert. Dabei wurde der von Stasny komponierte Walzer „Unter Palmen und Blumen" uraufgeführt. Oberbürgermeister von Mumm brachte einen Toast auf den Verwaltungsrat aus und dankte allen, die dieses Werk in Szene gesetzt hatten.

Im selben Jahr wurde noch zweimal groß im neuen Garten gefestet: Bei der Rückkehr der Truppen aus Frankreich und beim Friedensfest. Der Garten fand solchen Zuspruch, daß seit dem 17. Juli 1871 täglich zwei Konzerte gegeben wurden. 1871 wurden schon 947 Familien-Abonnements und 413 Einzelabonnements verkauft. Das verleitete Leopold Sonnemann zu dem Vorschlag, für 4000 Thaler aus den Borsig'schen Gärten in Berlin fünf große Palmen zu kaufen. Sie sollten angeblich von Alexander von Humboldt nach Berlin gebracht worden sein.

Der Bau der Parkanlagen ging zügig voran. Heinrich Siesmayer hatte im Juli 1868 seinen Gestaltungsentwurf vorgelegt, der angenommen und ausgestellt wurde. An Kosten standen für 30 Morgen ödes Land, in einen Garten zu verwandeln, 60 000 fl. zur Verfügung. Da für die Terrassen viel Erde angefahren werden mußte, wurde der Betrag um 35 000 fl. erhöht. Als das Gelände um die Bauten fertiggestellt war, begann man mit dem Ausgraben des Weihers und der Erhöhung der Sitzplätze. Größere Bäume, Kastanien, Ahorn und andere, ließ Siesmayer aus den Wäldern holen. Taxus und Blutbuchen wurden von Reifert in Bockenheim gestiftet, andere Stiftungen brachten Metzler, Kämel und Sonnemann ein. Zu diesem Zeitpunkt hatte Ferdinand Heiss, von dem der Namen „Palmengarten" stammt, alle Häuser weitgehend eingerichtet und gestaltet. Die gesamten Kosten für die Herstellung beliefen sich auf 353 890,84 Mark. Siesmayer hatte bis 1874 den großen Weiher, die Grotte, den Berggarten, die Hängebrücke und das Schiffer- und Schweizerhaus fertiggestellt. Für diese Gestaltung diente ihm Les Buttes Chaumonts in Paris als Vorbild. Die Umsetzung der Pläne in die Wirklichkeit verzögerte sich lange, der Geländetausch mit Baron von Rothschild zog sich einige Jahre hin.

Die Ostseite des Gartens mit dem Goldfischteich und der Brücke, das Beamtenhaus und die fünf kleineren Gewächshäuser, die man in Biebrich abgebrochen hatte, waren 1870/1871 fertiggestellt. 1872 baute die Palmengarten-Gesellschaft am Kinderspielplatz eine Kunsthalle. Es sollte ein Haus der Künstler sein und sich durch Kunstausstellungen selbst finanzieren. Ehe sie 1883 wegen Baufälligkeit abgerissen wurde, diente sie zum Überwintern großer Kübelpflanzen. 1873 fügte man den Biebricher Gewächshäusern noch ein größeres Warmhaus für tropische Pflanzen an. In diesem Jahr wurde das Restaurant Herrn Radunsky übertragen.

Am 8. Oktober 1874 — so wird berichtet — veranstaltete der Frankfurter Frauenverein mit Delegierten aus dem ganzen Deutschen Reich ein großes Fest im Palmengarten. 1876 wurde auf einem dem Garten anschließenden Grundstück eine große Rollschlittschuhbahn (Skating-Rink) errichtet, die aber wenig Anklang fand und bald wieder entfernt wurde. Am 20. Oktober des gleichen Jah-

res besuchte Kaiser Wilhelm I. den Palmengarten. „Der Palmengarten ist eine Zierde Ihrer Stadt und der Stolz Ihrer Bürgerschaft". Auch Augusta und Kronprinz Friedrich waren häufige Gäste. Der Palmengarten wurde wiederholt von Kaiser Friedrich, dem König von Sachsen, dem Großherzog von Baden, dem von Sachsen-Weimar, den Königen von Griechenland, Portugal, Holland, Schweden und dem Schah von Persien besucht. Am 31. Juli 1878 beging man die Zehnjahresfeier mit einem Großfeuerwerk und einem Doppelkonzert bei reger Anteilnahme. Die Kasse stimmte: 4829,50 Mark Reingewinn.

Interessant dürfte die Belegung der Treibhäuser zu jener Zeit sein:
Haus I: 22 Arten junger Palmen, Farne, Bertolonia, Sonerila, Anoectochilus, Cyanophyllum, Pothos, Pellionia, Ruellia, Eranthemum, Caladium in 50 Sorten, Anthurium, Alocasia, Clidemia, Philodendron, Sanchezia, Aralia, Begonia, Cissus, Diefenbachia, Oryza sativa, Nepenthes.
Haus II: Agaven, Kakteen, Sukkulente — Testudinaria elephantipes, auch Lapageria rosea und viele andere.
Haus III: Calceolarien, Pelargonien in 200 Sorten, Liliengewächse, Fuchsien. Ab Dezember wurden etwa 2000 Rosen für die Frühjahrsausstellung getrieben.
Haus IV: Vermehrung und Aufzucht von 300 000 Stück Teppichbeetpflanzen.

Haus V: Coleus in 100 Sorten, Croton in 50 Sorten, Cycas revoluta, Dionea muscipula, Drosera-Arten, Dracena in 40 Arten, viele Amaryllis, Adiantum, Areca catechu, Zingiber officinale, Coffea arabica, Cinnamonum aromaticum und Cinchona, 27 Arten von Maranten.
Haus VI: Orchideen in 40 Arten und in 135 Varietäten.
Haus VII: Nachzucht aus Kamelien.

Im Sommer kamen dekorative Pflanzen ins Freie, dafür kultivierte man in den Häusern Achimenes, Gesnerien, Begonien, Gloxinien, Lilien, Torenien und Coleus.

J. Mulder Sculp

Joseph Mansell Del et Lith.

London W.C.

# VANDA SANDERIANA

CYPRIPEDIUM ROTHSCHILDIANUM

Blumenausstellung in den Biebricher Wintergärten, April 1854
Das Schauhaus der Biebricher Wintergärten, 1854
Sybille M. Merian: Surinamische Passionsblume, 1697
(Seite 17)

REICHENBACHIA                                    TAB 42.

PHALÆNOPSIS STUARTIANA

Ideenskizze vom Gesellschaftshaus, 1868/69
Skizze zum Bootshaus und Weiher, 1868/69
Schweizerhaus, Wasserfall und Hängebrücke,
1868/69, ausgeführt 1873/75
Die Kunsthalle im Palmengarten, 1883
abgebrochen

Das Gesellschaftshaus mit Palmenhaus,
Musiktempel und Goldfischteich, um 1873
Skizze des Palmenhauses, 1868/69
Ideenskizze der Wandgestaltung am Gesell-
schaftshaus mit Palmenhausterrasse, 1868/69
Der Palmengarten mit dem Gesellschaftshaus,
um 1873

Das Palmengartengebäude am 11ten August 1878 Morgens 3 Uhr.

Der Brand des Gesell-
schaftshauses, 1878

Nordwand und Decken-
gestaltung des Festsaals
*Renaissance,* 1878/79 bis
1954

Der Palmengarten-Plan
um 1883
(Seite 23)

Die Teppichbeetpflanzen
(1873)
(Seite 25)

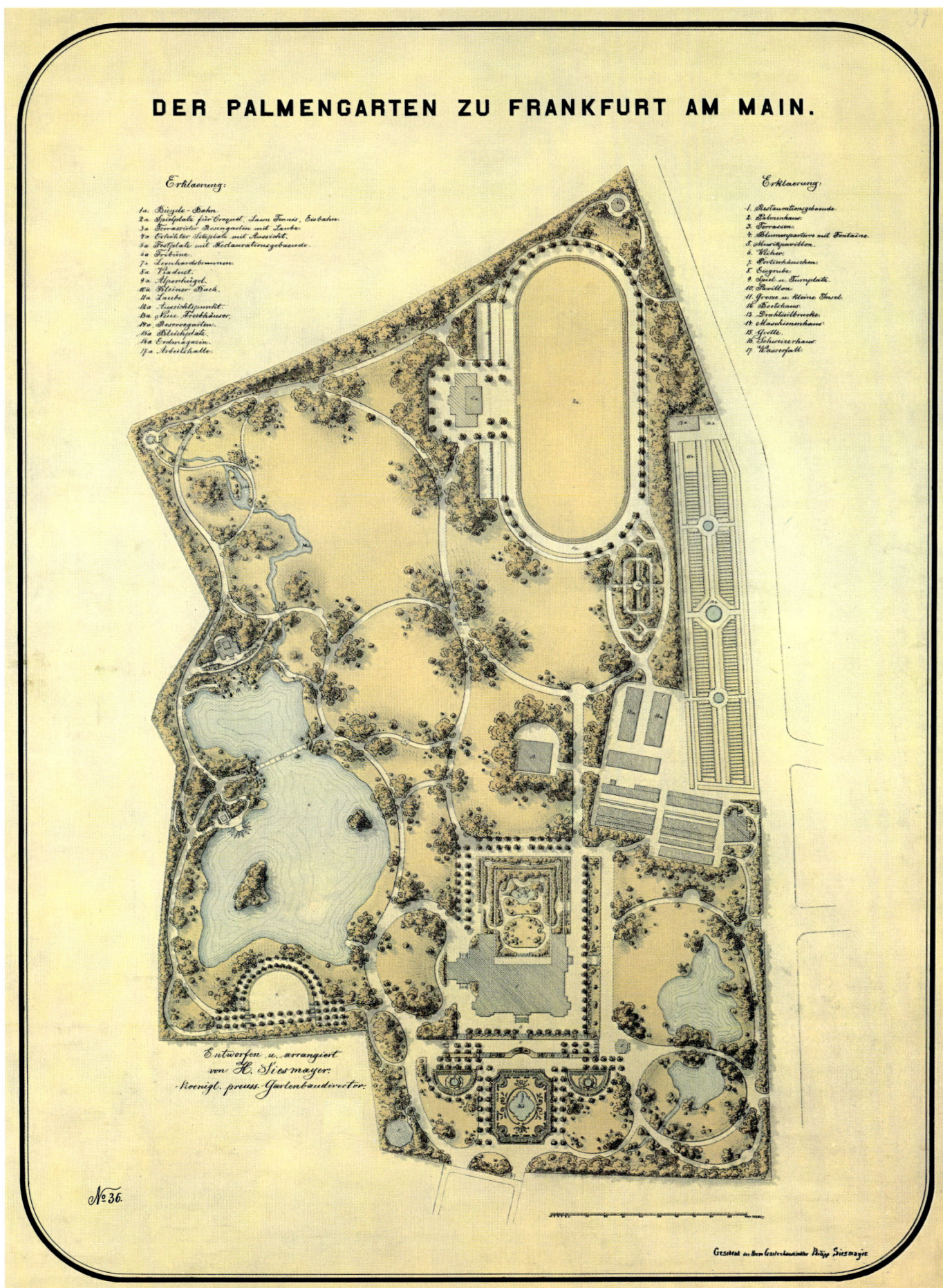

# DER PALMENGARTEN ZU FRANKFURT AM MAIN.

No. 36.

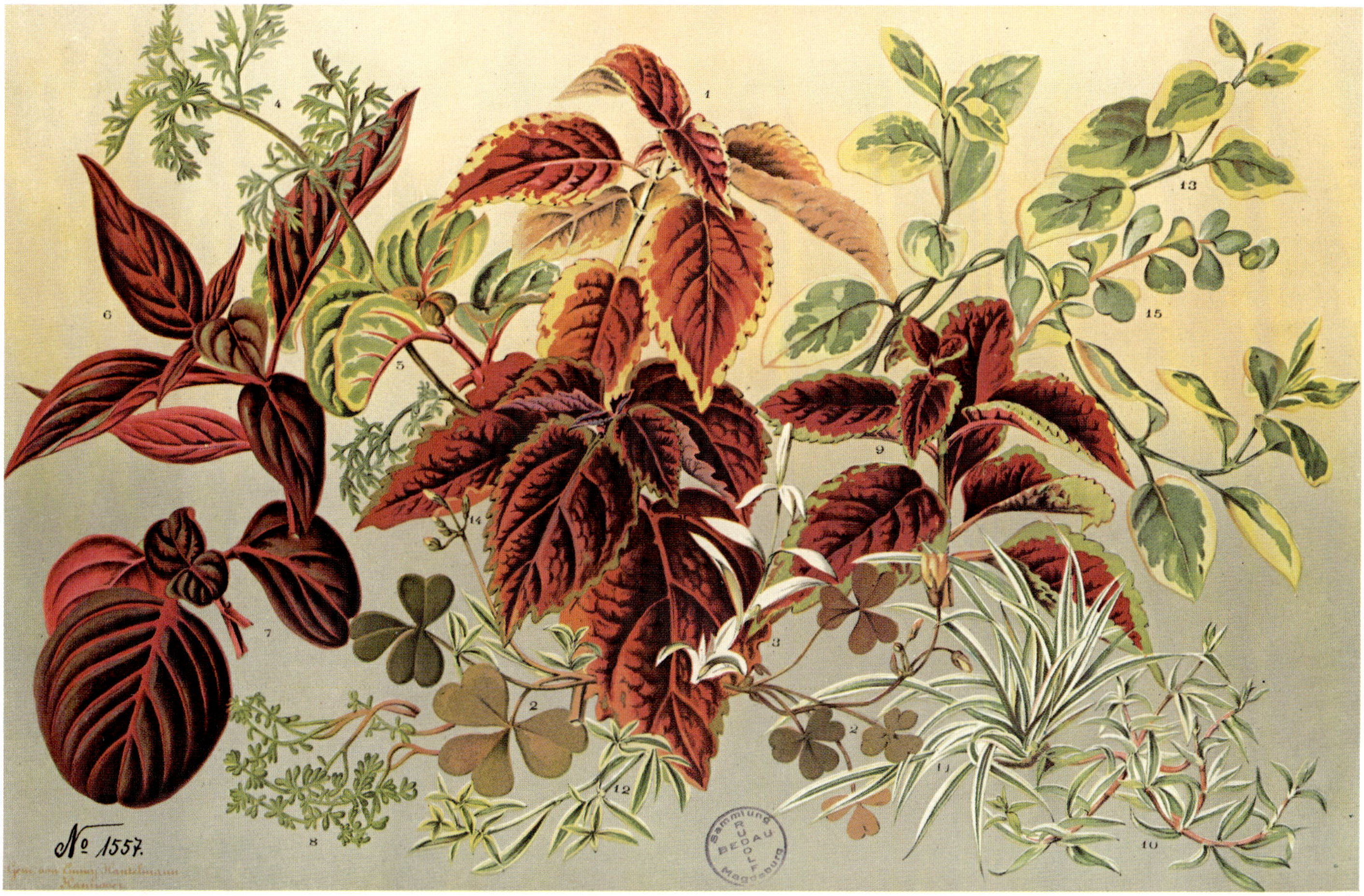
No 1557.
Sammlung Rudolf Bedau Magdeburg

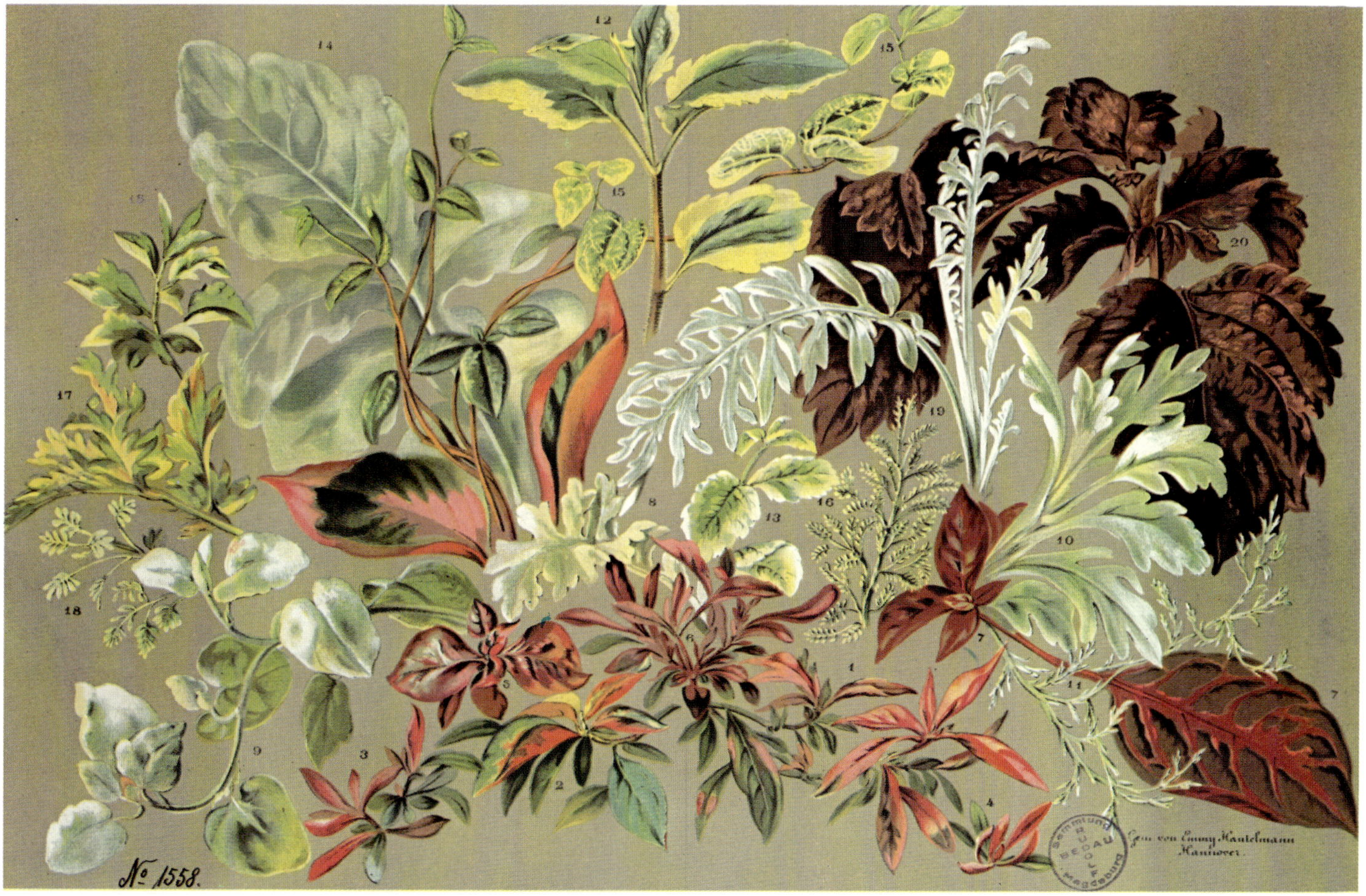
No 1558.
Sammlung Rudolf Bedau Magdeburg
Gez. von Emmy Hantelmann
Hannover.

**FLORE D'AMÉRIQUE,**
*Collection de Fleurs & Fruits les plus remarquables.*
*(de grandeur naturelle.)*

N.º 12.

FRANGIPANIER.

(Plumeria.)

Paris, chez Gihaut frères, Boul.ᵈ des Italiens, 5.

Imp. Lemercier & Cⁱᵉ

d'après nature par Eᵐᵉ Denisse.

Cet arbre singulier par sa forme est presque toujours couvert de fleurs lesquelles répandent
une odeur des plus suaves ; l'arbre contient un suc laiteux : on le multiplie par des boutures .

*Rosa muscosa multiplex.* *Rosier mousseux à fleurs doubles.*

P. J. Redouté pinx.    Imprimerie de Rémond    Langlois sculp.

Compose par J.P Redouté et A Prevost.

Imprimé par Lemercier

BOUQUET, N°. 4.

Das Jubiläumsjahr 1878 bestätigte die erfolgreiche Arbeit der Initiatoren. Von Tag zu Tag schienen sich Idee und Wirklichkeit immer näher zu kommen. Aber die Freude wurde plötzlich gestört. In der Nacht zum 11. August 1878 gegen drei Uhr morgens ertönte in der Stadt Feueralarm. Das Gesellschaftshaus stand in hellen Flammen und der Großeinsatz der Feuerwehr konnte nur das Palmenhaus mit den meisten Pflanzen retten. Das Gesellschaftshaus brannte bis auf die Grundmauern nieder. An Mobiliar konnte fast nichts gerettet werden. Paul Böhm, Sekretär seit 1873, rettete Bücher und Kasse. Der Schaden an den Pflanzen im Palmenhaus und in der Blütengalerie wurde von den einen auf 10 000 Mark, von den anderen auf 30 000 Mark geschätzt. Zum Glück war das Gebäude gut versichert. Die Gesellschaften „Providentia" und „Phoenix" bezahlten eine Entschädigung von 201 196,10 Mark. Die Institution war nicht gefährdet. Das Bedauern war groß, sogar Kaiserin Augusta schickte ein Telegramm, damals „Depesche" genannt. Am 26. August faßte der Verwaltungsrat den Beschluß, einen Wettbewerb unter den Frankfurter Architekten auszuschreiben. Am 3. September wurde in den öffentlichen Organen dazu eingeladen, als Termin war der 28. September festgesetzt. Die Architekten hatten also 25 Tage Bearbeitungszeit. 17 Entwürfe gingen ein, einige erfüllten die Forderungen nicht und mußten ausscheiden. Acht Entwürfe kamen in die engere Wahl. Als Preisrichter fungierten Regierungs- und Baurat Lange, Kassel, Architekt H. Burnitz, Frankfurt, Professor H. Wagner, Darmstadt, F. Oesterrieht und Joh. Diehlmann, Frankfurt. Als bester Entwurf wurde der unter dem Titel „Renaissance" ausgewählt, der von Architekt Heinrich Theodor Schmidt aus Frankfurt stammte. Die Bauausführung wurde der Firma Philipp Holzmann und Co. in Frankfurt übertragen. In kaum vorstellbarer Rekordzeit von 10 Monaten entstand der Neubau. Durch ein Notrestaurant wurde diese Zeit überbrückt. Mit aller Energie wurde versucht, das Verlorene wiederzuerstellen. Sehr schwierig war die Geldbeschaffung. Eine Silberlotterie deckte die Kosten des Provisoriums; sie fand am 15. April und am 30. September 1879 unter Anton Horix und Adolph Nippoldt statt. Sie erbrachte einen Nettogewinn von 98 308,37 Mark. Weiterhin wurde ein Kredit mit persönlicher Haftung des Verwaltungsrates von 150 000 Mark aufgenommen.

Am 29. November 1879 um elf Uhr vormittags fand eine akademische Feier zur Wiedereröffnung statt. Präsident J. B. Pfaff hielt die Ansprache. Am Nachmittag um 17 Uhr fand das Festbankett statt. Es ist nicht überliefert, ob es — wie damals üblich — ein Herrenessen war und die Damen gütigst vom Balkon herunterschauen durften. Der Eröffnungsball am 3. Dezember hat dafür sicher mit dem Damenflor stattgefunden.

Zur Umschuldung beschloß die Gesellschaft mit Genehmigung der städtischen Körperschaften eine gesicherte Hypothek von 800 000 Mark aufzunehmen. Damit sollten die ausgegebenen Prioritäten zurückbezahlt und alle Schulden getilgt werden. 21 Banken unterbreiteten ein gemeinsames Angebot zur Übernahme der Hypothek. Am 15. August 1878 trat A. Nippoldt als Buchhalter ein, am 10. Oktober begann August Siebert als Obergärtner

seine Tätigkeit im Palmengarten. Im Sommer 1880 war in Frankfurt das 5. Allgemeine Turnfest, das viele Besucher in den Palmengarten brachte. Zur Eröffnung des Opernhauses am 20. Oktober 1880 besuchte Kaiser Wilhelm I. den Palmengarten. Die Dekorationen im Innern und vor dem Opernhaus führte die Palmengarten-Gesellschaft aus. Das Jahr 1881 brachte eine weitere Anstrengung der Bürger, im Wettbewerb mit anderen Städten ein Zeichen zu setzen. Im Februar vereinbarte der Vorstand der Allgemeinen Deutschen Patent- und Musterausstellung, dem Heinrich Siesmayer angehörte, das Gelände hinter dem Palmengarten und den Park der Villa Leonhardsbrunn nach Ende der Ausstellung der Palmengarten-Gesellschaft zu überlassen. Dort sollte dann eine Brunnenanlage geschaffen werden. Die Gesellschaft leistete hierfür einen Beitrag von 16 000 Mark. Die Disposition der Ausstellung stammte von Ing. Ferdinand Scheib, der Architekt Alexander Linnemann erstellte den Ausstellungspalast, eine Kunsthalle erbaute Oscar Sommer, den Fürstenpavillon errichtete Paul Wallot. Auf dem Gelände entstanden auch ein Restaurationsgebäude, Bier- und Weinhallen und ein Musiktempel. Als weitere Architekten wirkten mit: Max Meckel, Mylius und Bluntschli, H. Th. Schmidt, C. Welb, ferner Decker, Stiegler und O. Lindheimer.

Diese Internationale Patent- und Musterausstellung 1881 wurde am 10. Mai durch Oberbürgermeister Dr. Miquel eröffnet. Ihr war außerdem eine Gartenbau-Ausstellung und eine Balneologische Ausstellung angeschlossen. Die Ausstellungsbauten waren im Stil der Zeit sehr prächtig. Auch die Liegenschaft Grüneberg Villa Leonhardsbrunn war für diese Ausstellung angemietet worden. Bis zur Schlußfeier am 17. Oktober 1881 hatten 500 000 Besucher und 350 000 Abonnenten zusätzlich diese Ausstellung besucht. Sie war durch die vielseitige Anwendung des elektrischen Stromes besonders bemerkenswert. Die „differentierte" elektrische Beleuchtung, die elektrische Bahn, der elektrische Aufzug, die künstliche Eisbahn mitten im Sommer stellten Sensationen dar. Nach Frankfurter Art war reichlich für das leibliche Wohl durch zahlreiche Restaurants (Äppelwein, Wein, Bier etc.) gesorgt. Die Gartenbau-Ausstellung hatte anfangs durch große Trockenheit, ab Juli durch kühle, regnerische Witterung sehr zu leiden. Die Herren S. Schiele, Jos. Blumenthal und A. Bolongara-Crevenna hatten am Ende ein Defizit von 800 000 Mark zu verantworten. Selbst die Besuche des Kaiserhauses, vieler gekrönter Häupter aus Deutschland und Europa und der ermunternde Besuch des deutschen Kronprinzen Friedrich am 27. August konnte für das erste in Europa gezeigte Bell und Co'sche Telephon und die erste Lindesche Eismaschine nicht mehr Besucher herbeizaubern. Trotzdem war diese Ausstellung auf 13,6 Hektar mit einer 2100 qm großen überdeckten Halle eine großartige Leistung des beginnenden Industriezeitalters. Die Verbindung mit dem Palmengarten brachte das Maschinenhaus. Hier wurden die Springbrunnen im Parterre und der Wasserfall im Palmenhaus betrieben. Indirekt war dadurch die technische Entwicklung im Palmengarten auf den neuesten Stand gebracht worden; 1882 konnte das Gesellschaftshaus elektrisch beleuchtet werden. Im Frühjahr 1885 konnte man die große Fontäne im Bootsweiher in Betrieb nehmen. Gleichzeitig plätscherte von der Pfaffhöhe mit dem romantischen Schweizerhaus der Wasserfall in den Weiher. Im November 1885 schließlich konnte auch das Palmenhaus elektrisch beleuchtet werden. Die Eigenstromerzeugung deckte den gesamten Bedarf, konnte sogar in die Umgebung Strom liefern, bis zum Jahre 1924 war der Palmengarten elektrisch autonom.

Am 27. September 1883 hatte der Palmengarten wieder Kaiserbesuch. Die Verwaltung des Palmengartens besorgte zu diesem Anlaß Schmuck- und Dekorationsstücke aus den Museen und von Aktionären. Blumen- und Fruchtgebinde zierten neben den geliehenen Gobelins und kostbarem Tafelsilber der Bethmanns und Rothschilds den Festsaal. 250 hochgestellte Persönlichkeiten waren die Ehrengäste: Fürsten, Generale, Minister, der Reichstagspräsident, der Regierungspräsident aus Wiesbaden und der gesamte Magistrat der Stadt mit Oberbürgermeister Dr. Miquel.

Im gleichen Jahr am 28.12.1883 verstarb der hochverdiente Inspektor Ferdinand Heiss, der dem Etablissement den Namen „Palmengarten" gegeben hatte. Heiss war seit der Gründung für die Bepflanzungen und die Kultur und Aufzucht der Pflanzen verantwortlich. In der „Frankfurter Zeitung" widmete Leopold Sonnemann diesem verdienten Mitarbeiter einen anerkennenden Nachruf. Am 14. Januar 1884 trat August Siebert, am 1. April 1854 in Barth/Pommern geboren, seit dem 10. Oktober 1878 als Obergärtner im Palmengarten tätig, die Nachfolge an. — Im September 1884 feierte der „Verein zur Pflege der Photographie und verwandten Künste" sein 10jähriges Stiftungsfest. In einer Ausstellung zeigten die Mitglieder in diesem und in den folgenden Jahren im Palmengarten ihr Können.

## Der Neugarten

Die Akten des Magistrats weisen aus, daß man schon von Anfang an ein etwa 20 Hektar großes Gelände für den Palmengarten im Sinn hatte. Die Patent- und Musterausstellung 1881 sollte weiterhelfen. Am 20.12.1884 teilte Ferdinand Heuer im Verwaltungsrat mit, daß er das Gelände der Baubank, 22,5 Morgen, das für die Palmengarten-Gesellschaft Ausstellungsfläche gewesen war, um 260 000 Mark gekauft habe. Dr. J. J. Siebert berichtete

Im Frankfurter Palmengarten. Originalzeichnung von K. Kögler.

1880

von Gesprächen mit dem Oberbürgermeister wegen einer Eingabe an den Magistrat, das Gelände sofort zu übernehmen und der Palmengarten-Gesellschaft bei 3% Zins des Kaufpreises zur Nutzung zu überlassen. Der Magistrat entschloß sich zögernd, „da das Gelände für öffentliche Zwecke noch nicht gebraucht werde". Die Stadt hatte nicht das nötige Geld. Da das Grundstück aber an den Palmengarten anschloß und das Grundstück des Herrn von Günderrode umschloß, hoffte man auf eine künftige günstige Lösung. „Da aber der Palmengarten Gelände für eine Gärtnerei benötigte und die Stadtentwicklung in Richtung Ginnheim verlaufe, wäre die beste Chance ein solches Grundstück für einen Volksgarten zu erwerben." Also kaufte die Stadt an, behielt sich aber vor, Teile davon später wieder zu veräußern. Die großflächige Erweiterung zog eine Reihe von Überlegungen und Neuschöpfungen nach sich. Im April 1886 beschlossen die Aktionäre Spielplätze für Rasentennis und Croquet herstellen zu lassen. Um das Oval wurde eine Radrennbahn „unter Linden" angelegt, eine Eisbahn im Winter fehlte ebensowenig. Neben den 20 Morgen Neuland standen weitere 10 Morgen im Gespräch. Die Gartenanlagen sollten sich hier fortsetzen. Aber es mußten erst 125 000 Mark flüssig gemacht werden, auch um die Be- und Entwässerung des ganzen „Neugartens" sichern zu können. Die Zierde dieses neuen Gartenteiles bildete das Rosarium, es wurde 1887 fertiggestellt. Nach Osten schloß sich die Gärtnerei an. 1887 pachtete die Palmengarten-Gesellschaft für 30 Jahre von der Stadt den von Günderrodschen Acker am Leonhardsbrunnen, 8 Morgen, die später im Besitz von A. Katzenstein waren.

Am 23. Oktober 1886 ehrte der Verwaltungsrat Paul Böhm durch Ernennung zum Betriebsdirektor, Garteninspektor August Siebert wurde Gartendirektor und A. Nippoldt Sekretär. 1887 fand auf dem heutigen Messegelände unter Leitung von Max Eyth die erste deutsche Landwirtschaftsausstellung statt. Sie brachte dem Palmengarten ebenfalls hohe Besucherzahlen.

1888 war das Todesjahr Kaiser Wilhelms I., 99 Tage später verstarb Kaiser Friedrich III. Direktor Siebert legte im Dom zu Berlin kolossale Blumenarrangements — 3 m hoch und 1,20 m breit — an den Bahren nieder.

Ein kleiner Brand im Orchesterraum am 4. Oktober 1889 zerstörte die akustischen Portieren und zwei Deckengemälde von Professor Klimsch, die er aber neu malte.

Die Patent- und Musterausstellung 1881

Kaiser Wilhelm II. beehrte den Palmengarten am 9. Dezember 1889 mit seinem Besuch. Kandelaber, Gobelins und Büsten wurden für die pompöse Ausschmückung geliehen. Der Versicherungswert soll damals 800 000 Mark betragen haben. Auf der Galerie prangte das Prachtgemälde „Frankfurtia", eine engelsgleiche Dame mit Palmblatt und Lorbeerkranz, ihre Gespielinnen hielten ein Spruchband „Salve Imperator". Entwurf und Ausschmückung besorgten die Architekten von Kaufmann und Professor Lüthi. Die gärtnerischen Dekorationen bestritt der Palmengarten selbst.

1890 verbreiterte man die Ostterrassen und den Promenadeweg. Im anschließenden Winter wurden die Küchen- und Nebenräume im Gesellschaftshaus erneuert, umgestaltet und erweitert. Architekt Günther baute im Sommer 1891 am Haupteingang ein neues Kassenhäuschen in Sandstein. Frau C. M. von Rothschild vermachte dem Palmengarten im April 1892 sechs große Marmorstatuen und ebensoviele Marmorvasen, die uns heute immer noch erfreuen. 1891/1892 wurden technische Überholungen durchgeführt; sicher hatte die Internationale Elektrotechnische Ausstellung 1891 in Frankfurt ihren Einfluß ausgeübt. Die Zentralheizung wurde eingerichtet. Man stellte einen neuen Kessel und einen neuen Schornstein auf; die Heizfläche wurde von 50 qm auf 500 qm erweitert, damit konnte die Temperatur in den Glashäusern von 5 – 6 °C auf über 12 °C angehoben werden. In jedem Jahr wurde gebaut oder erneuert, der Palmengarten behielt seine Attraktivität für die Besucher. Zum 25jährigen Jubiläum wurden alle Gewächshäuser vollständig renoviert und für die Pflanzenkulturen neu eingerichtet.

# 1893 — 25 Jahre Palmengarten

*Das große Fest*

„Trotz mannigfacher Schwierigkeiten und großer Hemmnisse während dieser Zeit blickt die Palmengarten-Gesellschaft auf eine mit bestem Erfolg gekrönte Thätigkeit zurück." Damit kündigte man im Dezember 1892 allen Aktionären und Abonnenten das 25jährige Jubiläum an. Verwaltungsrat und Vergnügungsausschuß unter Konsul C. Lauteren planten eine Reihe von festlichen Veranstaltungen. Als erstes wurde ein Kostümfest am 4. Februar 1893 veranstaltet, an dem ungefähr 1000 Personen teilnahmen. Nach den Zeitungsberichten muß es ein prächtiges Fest gewesen sein. „Der ganze Saal war elektrisch beleuchtet. Von der Decke erstrahlte ein riesiger Zwölfspitzstern, der von Beleuchtungsinspektor Behrend aus

369 elektrischen Birnen auf goldpapierdurchwirktem Eisengestell hergestellt war. Die übrige elektrische Beleuchtung stammte von der Firma Voigt & Haeffner." Die Deckenbeleuchtung eröffnete den meisten Besuchern erstmals einen Blick auf die Deckengemälde. Pseudofresken, Samtdrapierungen, Treppenaufbauten und Girlanden verwandelten den Saal. Außer der Palmengarten-Kapelle unter Herrn Gottlöber spielte die der 81er unter Leitung von Herrn Kalkbrenner zum Dauertanz auf. Die Festsaaldekorationen besorgte der Maler Lüthi. Die Palmengärtner hatten die Säulen mit Tannengrün eingebunden und mit weißen und roten Rosen in Lauben verwandelt. Es war nach zeitgenössischen Berichten eine „wahrhaft künstlerische Ausschmückung mit überwältigender Wirkung". Im Roten Saal waren Palmen aufgestellt, aus deren Wedel elektrische Sternchen erglühten. Ebenso phantasievoll waren die Kostüme und Masken. Trotzdem erkannte man unter ihnen auch Oberbürgermeister Adickes und viele andere „prominente Festgäste ersten Ranges". Eine Tombola fehlte nicht. Herr Feretti führte 40 kostümierte Paare an, die daran erinnerten, daß im Palmengarten Ballsport, auch Fußball, Rad- und Rudersport gepflegt wurden. Das Palmenhaus war in das Fest miteinbezogen. Damit man aber auch in hauchdünnen Balletschühchen ohne Not unter Palmen auf den Kieswegen wandeln konnte, waren die Wege mit Stoff belegt worden. „Und dann sah sich das Ganze wie ein Traum an. Es war aber doch Wirklichkeit, denn das erste fahle Licht des Wintermorgens sah zahlreiche frohe Menschen heimwärtspilgern, welche eines der schönsten Feste hinter sich hatten, das je in den Räumen des Palmengartens veranstaltet wurde."

Am Samstag, dem 8. März 1893 fand in sämtlichen Räumen ein Wohltätigkeitsfest zu Gunsten des Dr. Christschen Kinderhospitals und anderer Anstalten statt. Es war ein großer finanzieller Erfolg.

Am 27. Mai 1893 feierte die Gesellschaft ein Frühlingsfest. Damit verbunden war die eigentliche Jubelfeier des Palmengartens. Eine akademische Feier leitete dieses Fest am Sonntag ein. Die Husarenkapelle und die Frankfurter Sängervereinigung umrahmten die Festansprache des Verwaltungsrat-Vorsitzenden, Stadtrat J. B. Pfaff. Er zeichnete noch einmal das Bild der Entstehung und Entwicklung, an dem er entscheidenden Anteil hatte. Anschließend traf sich die erlauchte Gesellschaft zum Festbankett im großen Saal. Bürgermeister Dr. Heusenstamm: „Der Palmengarten ist ein Kind der Stadt, . . . er gereicht der Stadt zur höchsten Zierde . . . und zum schönsten Ruhme." Leopold Sonnemann: „Der Palmengarten ist in einer Zeit tiefster Entmutigung ins Leben gerufen worden, aber zugleich mit seiner Gründung ist das erste Lebenszeichen einer neuen Kraft in unserer Vaterstadt erwacht." Neben anderen Festrednern toastete der Stadtkommandant, Generallieutnant von Stülpnagel, auf die Damen „den schönsten Schmuck des Palmengartens, ohne den seine Blüten nichts wären". Danach wurde ein Festspiel von Adolph Stoltze aufgeführt: auf „Frankfodderisch" wurde das hohe Lied vom Palmengarten gesungen, leider ist der Text verloren gegangen. Gegen Abend erstrahlte die „fontaine lumineuse" mit wirkungsvollem Farbwechsel. Das Fest, das dann in einer lauen Mainacht im Freien fortgesetzt wurde, endete nach Mitternacht in voller Freude. Der Sonntag, der 28. Mai 1893, sollte zum Volksfest werden. Bei herrlichem Wetter begann um Mittag eine Wallfahrt zum Palmengarten. Bis Mittag waren 21 000 Billets gelöst. Vier Musikkapellen, eine Sängervereinigung und Tiroler Sänger sorgten für den Ohrenschmaus. Den Altgarten beherrschte die „Promenade", im Neugarten ging es so fidel zu, „wie es nur bei einem Frankfurter Volksfeste möglich ist, bei welchem sich Lebenslust und frisch-naive Vergnügungssucht in ungeschminktester Form präsentieren." Es gab Radwettfahren, Wettlaufen, Schubkarrenfahren, Eselsrennen, Holzschuhlaufen, Schauturnen; auch Karussells, Kletterbäume, Glückshäfen. „Herr Grün fungierte in bewährter Weise als maître de plaisir. Henninger-Bräu und Löwen-Bräu sorgten für den Durst, Freyeisen betrieb eine Äppelweinwirtschaft." Der Reingewinn betrug durch hohe Ausgaben gemindert 12 287 Mark. Das dritte und letzte Fest fand als Sommerfest am 21. August 1893 statt. Der Garten war mit Lampions und Gassternen geschmückt. Die Husarenkapelle unterstützte wieder die Palmengartenkapelle. Mit Einbruch der Dunkelheit erglühte im Neugarten ein Feuerwerk mit „Frankofurtia und Flora" als Schlußdekorationen „als Huldigung auf das Jubiläum des Etablissements."

1893 war überdies ein Jahr für die durchgreifende Verbesserung technischer und sanitärer Anlagen. Die unzureichende Luftheizung des Gesellschaftshauses wurde durch eine Niederdruckdampfheizung der Fa. Fellner und Ziegler aus Bockenheim ersetzt. Diese Heizungsanlage am Maschinenhaus wurde durch einen begehbaren Kanal mit den Blütengalerien verbunden. Die Galerien wurden bei dieser Maßnahme unterkellert, um „helle Räumlichkeiten für Werkstätten, Arbeitszimmer und für Unterbringung von Mobiliar zu gewinnen." Diese Neuerung wurde als bedeutender Fortschritt bewertet.

Seit 1885 war das Gelände der Villa Leonhardsbrunn gepachtet. Der Preis betrug zunächst 6344 Mark, in 7 Jahren erreichte er 10 296,48 Mark. Die gesamte Haushalts-

summe stieg von 146 104,46 Mark auf 294 365,45 Mark im Jahr 1892. Seit 1887 wurden für den Neugartenbetrieb jährlich rund 12 000 Mark ausgegeben, wobei von 1886 bis 1889 rund 200 000 Mark investiert worden waren, bei jährlichen Einnahmen um 20 000 Mark.

Zum Abschluß des Jubeljahres 1893 nahm August Siebert die Äußerungen des Kritikers Freiherr von Ompteda in „Rheinische Gärten" für das Institut in Anspruch: „Der Palmengarten zu Frankfurt zählt zu den hervorragendsten kulturellen Schöpfungen unserer Tage. Er ist eine Perle nicht nur unter unseren rheinischen, sondern unter allen europäischen Gärten. Ehre den Männern, die dieses großartige Werk so mutvoll unternahmen und so ruhmvoll hinausführten!"

## Die Finanzen 1893

Die Gesellschaft wurde mit einem aktiven Kapital von 300 000 fl. und einer Prioritäten-Anleihe von 150 000 fl. (= 771 000 Mark) gegründet. Die Aktionäre und ihre Familien hatten freien Eintritt. Das Aktienkapital mit 1200 Aktien zu je 250 fl. befand sich damals bei 1100 Aktionären. Die Betriebseinnahmen wurden zur Deckung der Betriebsausgaben verwendet, für Verbesserungen und Erweiterungen genutzt. Da die Überschüsse für diese Aufgaben nicht ausreichten, wurde 1875 eine Prioritätenanleihe von 300 000 Mark aufgenommen, aber nur 156 000 Mark wurden ausgegeben. Sehr oft übernahm der Verwaltungsrat persönliche Bürgschaften, um schwebende Schulden abzudecken. Nach dem Brand 1878 ersuchte die Gesellschaft den Magistrat der Stadt um Erlaubnis, eine Hypothek von 800 000 Mark auf die Gebäulichkeit der Gesellschaft aufzunehmen. Damit wurde 1880 eine Umschuldung vorgenommen. Seitdem betrug die Hypothekenschuld 800 000 Mark und das Aktienkapital 514 285,72 Mark.

Der Wert der Pflanzensammlungen stand 1872 mit 125 104 Mark, 1892 mit 152 780 Mark zu Buche.

1872 betrugen die Personalkosten 23 264 Mark, 1892: 65 497 Mark. Für die Musik gab die Gesellschaft 1872 aus: 42 386 Mark, 1892: 58 984 Mark.

In den folgenden Jahren wurden Reservefonds gebildet, Dividende für nicht benutzte Aktien bezahlt, Zuwendungen für Unterstützungs- und Pensionskassen festgelegt. Die Preise 1893: Familien-Abonnement: 30 Mark, Einzelperson: 18 Mark, Familien-Monatskarte: 8 Mark, Einzelmonatskarte: 4 Mark, Normaleintritt: Erwachsene 1 Mark, Kinder 50 Pfennige. Am ersten Sonntagvormittag: halbe Preise. Die Wirte bezahlten Pacht und Getränkeabgabe an die Gesellschaft. Die Erträge des Neugartenbetriebes: Rasen-Tennis 20 Mark, Beikarte 10 Mark; Radfahrerbahnkarte 15 Mark, Beikarte 6 Mark; Eisbahnkarte 6 Mark, Beikarte 3 Mark. Wenn ein Konzert an der Eisbahn stattfindet 50 Pf. Garderobekarten je Saison 3 Mark; geliehene Schlitten und Schlittschuhe 50 Pf. je Stunde; Schlittschuhe an- oder abschnallen je 10 Pf. direkt an den Anschnaller. Der Betriebsüberschuß schwankte zwischen 4500 (1878) und 115 900 (1872), wobei keine fest-kalkulierbare Summe aus den Rechnungsergebnissen ableitbar war. Für Pflanzen wurden 1868/1871 105 000 Mark ausgegeben, 1872: 19 750 Mark, später meist zwischen 2500 und 5000 Mark, selten mehr; nur 1878: 18 340 Mark.

## Die technische Ausstattung 1893

Das Maschinenhaus war 1882 von Schaffner und Albert erbaut worden. Es war die Zentrale für die Wasserversorgung, Beleuchtung und Beheizung. Das Gebäude hatte eine Blendsteinfassade, die Grundfläche betrug 440 qm. Die Bestückung bestand aus folgenden Maschinen: (1) Ventildampfmaschine, 42 PS, mit Plunger-Pumpe für 2200 Liter Wasser pro Minute oder eine hohe Wassersäule. (2) Farcot-Schiebermaschine, 12 PS, mit vertikal eingebauter Plunger-Pumpe für 1200 Liter Wasser pro Minute auf 45 m Höhe. (3) Meyersche Schieber-Maschine, 12 PS, mit doppelt wirkender Pumpe, 2600 Liter pro Minute auf 15 m Höhe. Für den elektrischen Betrieb im Neugarten stand ein Dynamo von 600 Volt und 9 Ampere für 15 Bogenlampen zur Verfügung. Die zweite Dynamomaschine leistete mit 65 Volt 110 Ampere, womit drei Bogenlampen im Palmenhaus gespeist wurden. Sie diente auch für die Beleuchtung der Palmenhausterrasse und der Restauration im Neugarten. Den nötigen Dampf erzeugten zwei Walzenkessel (2 × 25 qm Heizfläche bei 6 Atü) und ein Wasserröhren-Kessel (153 qm Heizfläche bei 6 Atü). Letzterer erzeugte die Wärme für das Gesellschaftshaus (Dampfniederdruck 0,4 Atü, für 1400 qm Rippenrohr-Heizfläche), die Bodenwärme für das Palmenhaus, die gesamte Wärme für die Kulturgewächshäuser. Eine Telefonzentrale im Maschinenhaus verband 10 Stellen im Garten untereinander. Am Maschinenhaus war die Schlosserei mit 40 qm Fläche einbezogen, die bis zum Mai 1981 benutzt wurde. Beim Kesselraum konnten 2000 Zentner (= 10 Tonnen) Kohle gelagert werden. Für die weitere Versorgung mit Elektrizität und Wärme war Platz für zwei zusätzliche Dampfkessel mit 153 qm Heizfläche vorgesehen.

## Die Wasserversorgung 1893

Als wichtigste Voraussetzung für die Einrichtung des Gartens waren die günstigen Wasserverhältnisse angesehen worden. Herr F. Osterrieth, Vizepräsident der Gesellschaft, hatte sich mit diesen Fragen eingehend beschäftigt. Der Sommer 1892 wird als ungewöhnlich heiß und trocken geschildert. Trotzdem war der Garten grün, die Weiher voll und die Springbrunnen in Funktion. In der Stadt mußte energisch Wasser gespart werden.

Der Palmengarten konnte in den ersten Jahrzehnten seinen Wasserbedarf aus eigenen Brunnen decken. Der Grund war die mächtige Lettenbank, die sich von der Bockenheimer Warte längs der Bockenheimer Landstraße bis zum Eschenheimer Turm hinzieht. Das von den Höhen kommende Wasser konnte nicht abfließen. Der Grundwasserstand war so hoch, daß auf dem Gelände des Palmengartens und am Grüneburgweg in wenigen

Fuß Tiefe mittels Schöpfbrunnen reichlich Wasser für den Gemüse- und Obstbau zur Verfügung stand. Zuerst wurden vor dem Gesellschaftshaus zwei Senkbrunnen angelegt, die einige Jahre das Haus versorgten. Hinter dem Palmenhaus wurde ein weiterer Brunnen angelegt, der den Wasserfall speisen, für die WC-Spülung, die Springbrunnen im Parterre und einige Gartenhydranten das nötige Wasser bereitstellen sollte. Eine Dampfmaschine mit 12 PS trieb die Pumpe an. Der kleine Weiher diente der Landschaftsgestaltung und als Wassersammler. Die Freude war von kurzer Dauer. Die Stadt trieb unerwartet rasch die Kanalisation des Ginnheimer Weges — der heutigen Siesmayerstraße — voran und durchbrach die Lettenbank an der Bockenheimer Landstraße. Der kleine Weiher lief sofort aus. Der Grundwasserstand sank um 12 Fuß, also um rund 3 bis 4 m. Die Brunnen wurden mit einem Aufwand von 9000 Mark vertieft und der Weiher betoniert. Um den weiteren Wasserbezug sicherzustellen, baute ein Wiesenbaumeister eine Drainageleitung im Neugartenbereich für 5100 Mark. Schon 1874 mußte für den Hausbedarf Quellwasser eingeführt werden. Der Zustrom der Besucher bewog die Stadt, ein weiteres westlich anschließendes, ziemlich wüst gelegenes Terrain im Anschluß an den Bockenheimer Landwehrstreifen der Gesellschaft in Pacht zu geben.

Gartendirektor Heinrich Siesmayer reichte im März 1874 seinen Plan für den großen Weiher, die Hängebrücke, die Grotte und das Schweizerhaus für insgesamt 60 808 fl. ein. Das Niveau des Weihers war sorgfältig nach dem durchschnittlichen Wasserstand des nahen Bockenheim berechnet worden. Beim Aushub erbrachte die Grabung jedoch nur feuchten Sand und kein Wasser. Kurz zuvor hatte die Stadt den westlichen Teil der Bockenheimer Landstraße in Palmengarten-Nähe kanalisiert. Auch der um einen Meter tiefere Aushub brachte keine Lösung. So betonierte man die Weihersohle für die stattliche Summe von 28 809 Mark. Die AG Frankfurter Quellwasserleitung lieferte Wasser zur Füllung und zum Unterhalt des neuen großen Weihers für 5 Pf. je cbm. Die erste Füllung und das Einhalten des Pegels erforderte bis Ende 1875 rund 100 000 cbm Wasser. Zur weiteren Lösung des Problems gestattete Herr von Günderrode, der Nachbar im Norden, den uralten Leonhardsbrunnen aufzunehmen und mit einer Drainageleitung zu verbinden. Der Brunnen wird erstmals 1501 als „Leonhardsborn" erwähnt, in Bockenheim als „Lindenborn" um 1525, auch als „Kinderborn". Im späteren 16. Jahrhundert wurde die Quelle in bezug auf ein anliegendes Grundstück des Leonhardsstiftes „Leonhardsbrunn" genannt. Von Lindenborn wurde das Gelände „Lindau" bezeichnet. An der Quelle stand der Stein 114 der Hessen-Hanau'schen Landwehr. Stein 116 von 1875 steht noch am Weg zur Gärtnerei. Stein 115 liegt bei den Häusern der Gärtnerei. Der Leonhardsbrunn entwässerte um 1500 zur Bockenheimer Warte. Bei Stein 119 führte der „Ginnheimer Steg" über die Landwehr. Östlich davon, am Ginnheimer Landweg (= Miquelstraße-Siesmayerstraße) befand sich eine Ruhebank aus Basaltstein, die es den Bauersfrauen mit Lasten auf dem Kopf ermöglichte, auf- und abzusetzen und sich auszuruhen. Durch die 1939 erfolgte Zusammenlegung von Palmengarten und Grüneburgpark versetzte man die letzte Bank an den Eingang des Botanischen Gartens, die nun verschwunden ist. Die Ruhebänke hießen „Esel", die Äkker am Weg „Eselsäcker".

Der Leonhardsbrunnen lieferte rund 200 cbm Wasser pro Tag, später aber weniger. Die Wassermenge reichte nur noch für den Verdunstungsausgleich des Weihers aus. Zum Bewässern des neuen, sehr sandigen Terrains mußte Quellwasser gekauft werden. Die neuen, nicht mehr günstigen Wasserverhältnisse belasteten den Palmengarten immer mehr, 1892 mit über 12 000 Mark.

Die Musterschutz-Ausstellung 1881 legte in Übereinkunft mit der Palmengarten-Gesellschaft einen Senkbrunnen an, ohne in 12 m Tiefe fündig zu werden. Man durchstieß die Lettenbank und ein Sprudel nach Schwefel riechenden Wassers brach hervor. Schleunigst verschloß man das Bohrloch. Nun wurde auf 75 m Länge quer zum Verlauf der Lettenbank eine Drainageleitung mit einer Steingutsohle und einer Aufschüttung kleingeschlagenen Basaltes angelegt. Der Brunnen erhielt einen Zulauf von 400 bis 500 cbm pro Tag; diese Leistung zeigt er wieder seit einigen Jahren, da er gereinigt und neu erschlossen wurde. Die Palmengarten-Gesellschaft wollte das 22 Morgen große Gelände der Baubank erwerben; 1885 kaufte es die Stadt und überließ es zu 3% Pachtzins. 1886 erwarb der Palmengarten das Günderrodesche Gelände mit dem Leonhardsbrunnen. Eine weitere Drainageleitung in Nord-Südrichtung unter dem Spielplatz wurde angelegt, die 200 – 400 cbm Wasser pro Tag lieferte. Bis 1892 war das Wasserleitungssystem so ausgebaut, daß 168 Hydranten den Garten versorgten. Im Freiland waren es Sommerleitungen, die bei Frosteintritt entleert werden mußten. Der Wasserzulauf im ganzen Garten betrug damals rund 700 bis 800 cbm pro Tag, davon lieferte der große Brunnen rund 400 bis 500 cbm, der Leonhardsbrunnen etwa 100 cbm, die Drainageleitung unter den Rasentennisplätzen rund 200 cbm. Die beiden Weiher wurden noch zusätzlich durch Oberflächenwasser gespeist. 100 cbm Wasser verbrauchte damals das Gesellschaftshaus, das aus dem großen Brunnen versorgt wurde. Waren alle Springbrunnen und Wasserfälle in Betrieb, mußten die Maschinen rund 360 cbm Wasser je Stunde umpumpen. Außerdem gab es zwei Zisternen am Palmen- und Gesellschaftshaus zur Spülung der Küchenkanäle. Der durchschnittliche Tagesbedarf an Wasser betrug 1892 rund 430 cbm, man mußte dafür schon damals fast 32 000 Mark jährlich aufwenden, bei einem Wasserpreis von 20 Pf. pro cbm. Der Selbstkostenpreis war schwer zu ermitteln, da mit den Maschinen gleichzeitig die Heizung und Beleuchtung betrieben wurden. Dies war damals schon ein sehr ökonomisches System.

Damals warnte die Palmengarten-Gesellschaft wegen der Sicherung des natürlichen Wasserzulaufs vor der Verbauung der Umgegend des Gartens durch Straßen und Kanäle. Diese Warnung war leider in den Wind geredet.

## Der Mitarbeiterstab 1895

Verwaltungsräte 1895:
J. B. Pfaff, Stadtrat a. D., Präsident.
F. Osterrieth, Privatier, Vizepräsident.
J. J. Siebert, Dr. jur., Justizrat, Schriftführer.
A. Albert, Architekt.
Baron L. v. Erlanger.
F. Heuer, Privatier.
E. Ladenburg, Bankier.
C. Lauteren, Grossh. hess. Konsul.
A. Pfeffel, Kaufmann.
H. Siesmayer, Kgl. preuss. Gartenbaudirektor.
E. Sulzbach, Bankier.
C. Ziegler, Ingenieur.

Frühere Verwaltungsräte:
A. Andreae †
B. Andreae-Winckler †
J. Dielmann †.
Dr. Geyler †.
Baron v. Günderrode.
E. Königswarter †.
Th. Kuchen †.
C. J. Mylius †.
C. Schlesinger-Trier †.
L. Sonnemann.

Aufsichtsräte 1895:
H. G. C. Köhler, Bankier.
Joh. V. May, Dr. jur.
P. Rödiger, Dr. jur.

Frühere Aufsichtsräte:
P. J. F. Heimpel, Kaufmann.
M. Rikoff, Bankier.
S. Rikoff, Bankier.

Betriebs- und technische Leitung 1895:
P. Böhm, Betriebsdirektor.
A. Siebert, Gartendirektor.
A. Nippoldt, Sekretär.

Gärtnerisches Personal:
1 Obergärtner.
10 Obergehilfen.
30 Gehilfen.
25 Gartenarbeiter.

Maschinen-, Heizungs- und Beleuchtungsbetrieb:
D. Bulling, Maschinenmeister.
1 Maschinist.
2 Schlosser.
1 Installateur.
4 Heizer.
1 Heizungswärter.
1 Lichtanzünder.

Handwerker:
1 Glaser.
1 Weißbinder.
1 Schreiner.
1 Maurer.

Aufsichtspersonal:
2 Schalter-Kassierer.
4 Portiers.
1 Parkwächter.
2 Nachtwächter.
Sonstiges Aufsichtspersonal 5 Personen.

Spiele und Sport:
2 Aufseher. (5 – 30 Arbeiter je nach Jahreszeit). 10 Jungen (zur Bedienung der Lawn Tennis-Spiele im Sommer).

Musikkapelle:
B. Gottlöber, Kapellmeister.
35 Musiker (Wintersaison 29).
1 Orchesterdiener.

Wirtschaftsbetrieb:
Seebold und Bolle derz. Restaurateure.

# Der weitere Ausbau des Palmengartens

Am 20. Juli 1895 ersuchte die Gesellschaft den Magistrat, Terrain ankaufen zu dürfen, was am 26. Juli 1895 genehmigt wurde. Auf Bitten des Magistrats legte die Gesellschaft am 27. November 1895 ihre Zukunftspläne vor. Es ist das erste in Maschinenschrift geschriebene Schriftstück in den Akten des Palmengartens. Im Schreiben wird zunächst dargestellt, welche Leistungen die Gesellschaft in den vergangenen Jahren erbracht hatte, so ein neues Portierhaus, Verbreiterung der Ostterrassen, Umbau der Wirtschaftsräume im Souterrain, Unterkellerung der Blütengalerien, neue Zentralheizungsanlage, Closettanlage im Park, Pacht und Anlage der Villa Leonhardsbrunn.

Lassen wir an dieser Stelle den Originaltext der Eingabe sprechen:

„Nun stehen wir aber vor einer Anzahl weiterer Anlagen und Verbesserungen, welche unbedingt nöthig sind und welche für die nächsten Jahre in Aussicht genommen werden müssen, wenn wir anders nicht riskieren wollen, daß unser Palmengarten, welcher bisher ein Hauptanziehungspunkt unserer Vaterstadt gewesen ist und allen ähnlichen Anstalten als Vorbild gedient hat, von diesen überflügelt wird. Unsere Hauptaufgaben für die nächste Zukunft bestehen in Vergrößerung unseres Palmenhauses, Erbauung eines Victoria-Regia-Hauses, Neubau von Treibhäusern, Einführung der elektrischen Beleuchtung, Anlage der Wege im Neugarten und in Verbindung hiermit in der Erwerbung und der Anlage des v. Mummschen Terrains.

Die Terrainfrage ist für uns eine so wichtige, weil von seiten der Stadt eine neue Straße von der Bockenheimer Landstraße nach der Miquelstraße in Aussicht genommen ist und der Palmengarten alsdann auf allen Seiten von Fahrstrecken umgeben sein würde. Für den Fall, daß dieses Alignement zu Stande käme, würde uns aber ein großer Theil des jetzigen Versuchsgartens verloren gehen, für dessen Ersatz in unmittelbarer Nähe des Palmengartens gesorgt werden muß. Die einzige Gelegenheit zu einem Geländeerwerb innerhalb des neuen Straßenzuges bietet das Offert des Herrn Herm. v. Mumm.

Dieser Erwerb als letzte Gelegenheit zu einer Arrondierung erscheint um so zweckmäßiger, weil ein gepachtetes an der Ginnheimerstraße gelegenes Grundstück von ca. 3½ Morgen einer jährlichen Kündigung unterliegt.

Mit diesem Erwerb hängt auch die schon seit Jahren geplante Herstellung der Parkanlagen an der nordwestlichen (Bockenheimer) Seite zusammen. Der Ausbau dieser Anlage ist als eine nothwendige Fortsetzung der bestehenden anzusehen.

Bei dieser Anlage sind neuere, dendrologisch werthvolle Pflanzen und Coniferen, für welche der Boden hier günstiger als im Altgarten erscheint, vorzusehen.

Es kommt ferner noch folgendes in Betracht:

Unsere Treibhäuser entsprechen schon lange nicht mehr dem gestiegenen Bedürfnis sowohl im Gebrauch der cultivierten Gewächse für decorative Zwecke, als auch andererseits in dem Umstande, daß sie dem botanisch-

gärtnerischem Interesse nicht mehr genügen, weil eine große Anzahl höchst interessanter Pflanzen, durch das Fehlen speziell hierfür nothwendiger Kulturhäuser nicht kultiviert werden können. Selbst der bestehende langjährig gepflegte Pflanzenbestand einzelner Arten wie z. B. der Azaleen erfordert eine Vergrößerung und Vermehrung der Gewächshäuser, die mit den vorhandenen Pflanzenhäusern möglichst zusammenhängend zu einer großen Central-Anlage umgeschaffen werden sollten.

Ein Victoria regia- oder Wasserpflanzenhaus *und eine größere Orangerie liegen diesem Plane ebenfalls zu Grunde und dürfen auf die Dauer unserem Palmengarten nicht fehlen.*

*Das* Palmenhaus *muß unbedingt erhöht und vergrößert werden. Sehr wertvolle Palmen augenblicklich schon über vier Meter tief im Boden stehend und trotzdem bereits bis zur Decke reichend, sind dem allmählichen Absterben preisgegeben, wenn hier nicht bald Wandel geschaffen wird. Aber auch an und für sich ist eine Vergrößerung erwünscht, da das Haus dem allgemeinen Verkehr besonders an Sonn- und Feiertagen nicht mehr genügt. Die Terrasse sollte eine Verbreiterung erfahren, und die angrenzenden Blütengalerien müssen im Interesse der werthvollen Pflanzenschätze und des so außerordentlichen Verkehrs erweitert werden.*

*Die* elektrische Beleuchtung *endlich wird allseits als ein dringendes Bedürfnis für die Gesellschaft empfunden, weshalb die Prüfung dieser Frage schon seit langer Zeit einer zu diesem Zweck ernannten Spezial Commission anheimgegeben ist.*

*Von der Überzeugung durchdrungen, daß unsere gesammelte Bürgerschaft, unsere Actionäre und Abonnenten die allmähliche Durchführung der aufgeführten Verbesserungen als im Interesse der Gesellschaft liegend erachten, beabsichtigen zu deren Ausführung folgende finanziellen Maßregeln vorzuschlagen . . . "*

Zur Finanzierung war die Ablösung der alten Schulden vorgeschlagen, und es sollte eine neue Anleihe von 1 Million Mark durch Obligationen zu 3½% einem Bankkonsortium fest überlassen werden. Gleichzeitig sollten die Eintrittspreise erhöht werden, was nicht nur durch die Neuschaffungen, sondern schon durch die allgemeinen Preiserhöhungen gerechtfertigt wäre. Das Familienjahresabonnement sollte von 30 auf 35 Mark, das Einzelabonnement von 18 auf 20 Mark angehoben werden. Entsprechend der Bilanz von 1894 wäre mit einem Mehrertrag von etwa 25 000 Mark zu rechnen.

Zu dieser Zeit — am 1. November 1895 war Angebotseröffnung — leitete eine „Commission zur elektrischen Beleuchtung des Palmengartens" an den Verwaltungsrat einen Bericht. Ihr gehörten an: F. Osterrieth, E. Ladenburg, Ing. Ziegler, Gartendirektor Siebert, dazu als weitere Sachverständige Ing. Askenasy und Architekt Albert.

*„Die Commission war von vornherein einmüthig der Überzeugung, daß die Einführung der elektrischen Beleuchtung, und zwar in sämmtlichen Räumen und Anlagen, zu einem unabweisbaren Bedürfnis geworden ist, und daß die fernere Beibehaltung der den heutigen Ansprüchen nicht mehr genügenden Gasbeleuchtung eine empfindliche Schädigung der Interessen eines Unternehmens im Gefolge haben würde, welches gerade dem Umstande seinen Weltruf verdankt, daß es jederzeit dem Fortschritte zu folgen und den berechtigten Ansprüchen der Besucher Rechnung zu tragen gewußt hat."*

Die Kosten für das Leuchtgas betrugen 1894/1895 19 072,24 Mark. Der Strom sollte nicht nur für die allgemeine, sondern auch für die Affektbeleuchtung wie Fontaines lumineuses, Scheinwerfer etc. und zum Laden von elektrisch betreibbaren Booten dienen. 1 680 000 Brennstunden sollte die Maximalleistung der geplanten Anlage leisten. Entsprechend der Angebote und Vergleiche wurde eine eigene Anlage vorgeschlagen mit einer Bausumme von höchstens 200 000 Mark und jährlichen Betriebskosten von 15 600 Mark. Danach koste eine 16kerzige Glühlampenstunde 2,12 Pf. einschließlich von 10% Tilgungsraten, bei Bezug aus dem Stadtnetz aber 2,33 Pf. Die Rechnung wurde nach der Amortisation noch interessanter: Eigenherstellung: 0,93 Pf., bei Stadtbezug 1,74 Pf. Diese Entwicklung war wesentlich durch die erfolgreiche von Oskar von Miller geleitete Internationale Elektrische Ausstellung 1891 in Frankfurt inspiriert worden.

## Die neue Gärtnerei

Am 12. Januar 1891 kam es zum Kaufvertrag zwischen dem Kaufmann Peter Arnold Gottlieb Hermann Mumm von Schwarzenstein zu Frankfurt unter Zustimmung seiner Ehegattin Frau Emma Mumm von Schwarzenstein, geb. Passavant, und der Palmengarten-Gesellschaft, Aktien-Gesellschaft zu Frankfurt. Der Vertrag beinhaltete die Grundstücke in Flur J der ehemaligen Gemarkung Bokkenheim No. 138 bis No. 160 in 25 Parzellen mit 1 ha 79 ar 93 qm zum Preise von 235 000 Mark.

Da die Stadtgemeinde an der Westgrenze auf dem Gebiet entlang der ehemaligen Landwehr eine neue Straße, die Victoria-Allee, bauen wollte, mußte der dort liegende Kulturgarten verlegt werden. Dafür bot sich das vom inzwischen verstorbenen Mitglied des Palmengarten-Verwaltungsrats von Mumm im Nordwesten gelegene Gelände mit 7 Morgen Fläche an. Auf diese Weise konnte ein lange verfolgter Plan von A. Siebert verwirklicht werden. Die Neuanlage konnte an den Rand des Parks gelegt und trotzdem dem Publikum zugänglich gemacht werden. Längs der Beete konnten auf Rabatten die Sommerblüher gezeigt werden. Die Besucher sollten für ihre eigenen Gärten angeregt werden. Es war keine leichte Aufgabe, das Praktische mit dem Schönen zu verbinden. Man begann im Sommer 1899 mit der Einfriedung und dem Rigolen des Geländes, da der Boden sehr schlechte Qualität hatte. Es wurden etwa 6300 qm als Beetfläche, 1300 qm als Mistbeet-Kastenanlage und etwa ebensoviel als Gewächshausanlage überbaut. Außerdem erstellte man ein Gärtnerhaus mit Gärtnerräumen im Erdgeschoß, im Obergeschoß war die Wohnung des Obergärtners, und schließlich zwei Schuppen, die im Sommer 1979 abgebrochen wurden. Im Keller war die Heizungsanlage untergebracht, die 1982 stillgelegt wird, wenn alle Gewächshäuser an die neue erdgasbefeuerte Heizung angeschlossen werden können. Die Gewächshausanlage sollte vom Garten aus möglichst verdeckt sein und die alten Häuser entlasten. Hier wurden Vermehrung, Anzucht und Mistbeetkulturen zusammengezogen, was „eine wünschenswerte Vereinfachung der Arbeitsleistung" bedeutete. Die ganze Anlage war im Herbst fertig. Die Nord- und Südhallen als Verbinder wurden als Schauhäuser für harte Palmen, Dracaenen, Farne, Neuholländer benutzt. Haus 1 — 3 waren Kalthäuser zur Überwinterung von Cyclamen, Cinnerarien, Calceolarien, Pelargonien, Azaleen und im Sommer zur Aufzucht von Fuchsien, Pelargonien, Begonien und ähnlichen Pflanzen für die Schauhäuser. Haus 4 war temperiert zur Überwinterung von Mutterpflanzen und Haus 5 diente als Vermehrungshaus mit Schwitzkästen.

Der Oberbau war aus Pitchpine-Holz hergestellt, die tragenden Teile aus Eisen. Die Belüftung erfolgte über Mauer- und Firstlüftungen durch Hebelzüge. Die Verglasung bestand aus Blankglas in 60 × 38 cm großen Scheiben. Die Schattierung erfolgte mit rollbaren Holzstäbchendecken. Haus 3 wurde mit Läden beschattet, auf den Hallen blieb im Sommer der Schatten liegen. Mit Bezug der neuen Schauhäuser erlangte die Gärtnerei ihren eigentlichen Zweck. Das Publikum wurde ausgeladen.

Grundriß der Gewächshausanlage des Anzuchtgartens im Palmengarten. Haus 1 — 3 Kalthäuser, Haus 4 temperiert, im Haus 5 Vermehrung; Möller's Deutsche Gärtner-Zeitung, Nr. 49, 1906

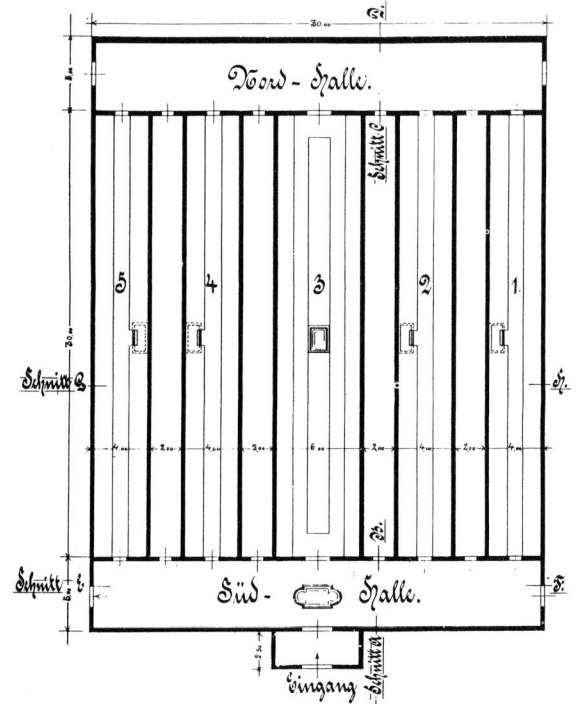

## Die zweite Wasserkrise 1903/1905

Das Tiefbau-Amt teilte am 9. Februar 1904 dem Palmengarten mit, wie ein Kanal durch den Palmengarten zu führen sei, nachdem die Gesellschaft am 14. September 1903 kursierender Gerüchte wegen sich bei der Stadt erkundigt hatte. Was sollte geschehen? Die Stadt beabsichtigte die Fortsetzung des Kanals im Grüneburgweg (2 m hoch, 1,14 m breit) 5 m unter dem Terrain quer durch den Garten zur oberen Königsstraße in Bockenheim. Man wollte auf den Baumbestand Rücksicht nehmen und das Absenken des Grundwasserspiegels durch kostenlose Wasserlieferung aus der Flußwasserleitung kompensieren (die leider 1974, da der Unterhalt zu teuer war und die Hygienevorschriften nicht erfüllt wurden, stillgelegt werden mußte). Die Antwort vom 7. April 1904 an den Magistrat zeigt auf, daß die Wasserförderung seit Errichtung der Brunnen gleichmäßig geblieben ist, also rund 800 cbm pro Tag. Es sollte das zusätzliche Wasserkontingent nicht nur während der Bauzeit garantiert werden: Für die Wiederherstellung des Parkes sollten die Kosten übernommen werden. Als Bauzeit wurde Oktober bis März 1904/1905 vorgeschlagen. Die Gesellschaft knüpfte ihre Zusage für den Kanalbau an die Forderung, den Bau der Schaugewächshäuser an der Miquelallee (heutige Siesmayerstraße) auf dem ehemals Rothschildschen, der Palmengarten-Gesellschaft gehörenden Gelände zu genehmigen. Situations- und Baupläne wurden mit eingereicht. Die Kanalbenutzung sollte kostenfrei sein. Nach dem Geländetausch war ein neuer Eingang nach Bockenheim vorgesehen. Neue Eingänge waren auch im Osten und Norden zu schaffen.

1890 wurden die sieben alten Gewächshäuser nach den Vorstellungen des Maschinenmeisters Bulling an die zentrale Warmwasserheizung angeschlossen. 1902 — 1903 erfolgte der Anschluß des Palmenhauses an die Zentrale. Die Heizfläche betrug 900 qm.

Weiter wurde erwogen, an Stelle des alten Restaurationsgebäudes am Lawn-Tennisplatz an der Miquelstraße ein neues zu errichten, das auch den Interessen wissenschaftlicher Institute dienen könnte. Die neue Einfriedung sollte die Stadt bezahlen. Zu diesem Zeitpunkt betrug das Pachtgelände 14 ha 44 ar 81 qm. An Gebäuden nahmen ein: Schießstand 120 qm; Musiktempel am Spielplatz 43 qm; Wirtschaftsgebäude am Spielplatz 278 qm; Halle hinter dem Schweizerhaus 233 qm; Schweizerhaus 22 qm; Kassenhäuschen vor dem Maschinenhaus 7 qm; Gesellschafts- und Palmenhaus 4531 qm; Musiktempel am Gesellschaftshaus 75 qm; Eingang Palmengartenstraße 140 qm; Eiskeller 157 qm; Abort 45 qm; Bootshaus 10 qm; kleiner Weiher 2284 qm, großer Weiher 10 977 qm; Maschinenhaus 427 qm, Eingang Miquelstraße 72 qm; Beamtenhaus 603 qm; Pflanzenhäuser an der Miquelstraße 1655 qm. Im Besitz der Palmengarten-Gesellschaft: Mumm'sches Gelände 16 618 qm (1,66 ha) Rothschild'sches Gelände an der Miquelstraße (seit 1903) 4889 qm, Gelände am Haus Leonhardsbrunn 20 542 qm (2,05 ha). Die neuen Anzuchthäuser bedeckten 975 qm.

## Die neuen Schauhäuser

August Siebert verstand es, den Verwaltungsrat von seinen Vorstellungen des weiteren Ausbaues zu überzeugen. Sie bestanden darin, Palmenhaus und Blütengalerien nicht zu vergrößern, sondern die Pflanzenanzuchten an die Peripherie zu rücken und statt einer Erweiterung des Palmenhauskomplexes die Biebricher Kulturhäuser abzubrechen und daneben eine neue Schauhausanlage zu errichten. Auf dem Rothschild'schen Pachtland zog man Stauden, das berühmte Dahliensortiment und in Schattenhallen sommers Azaleen und Kamelien. Nach Ankauf war dies ein sehr geeignetes Gelände für neue Gewächshäuser. Philipp Holzmann und Co. fertigten nach den Überlegungen Sieberts die Pläne für die Konstruktionen, die auch als Grundlage für die Ausschreibung dienen sollten. Der Verwaltungsrat und die beiden Direktoren Ritter und Siebert besuchten 1904 die bedeutendsten Gärten im In- und Ausland. Die Frankfurter Pläne ließen nach dem übereinstimmenden Urteil der Experten keine Wünsche offen. Danach wurde im Februar 1905 ausgeschrieben, die äußere Form und die Kultureinrichtungen waren verbindlich. Am 25. April 1905 erfolgte der erste Spatenstich, die Maurerarbeiten setzten am 4. Mai ein, und schon Ende Oktober 1905 war alles unter Glas, am 9. Juni 1906 konnten die Häuser dem Publikum geöffnet werden.

Die überbaute Fläche betrug 3840,80 qm; die Glashäuser nahmen davon 3340,80 qm mit der Mittelhalle und der Kuppel von 815,80 qm, der Vorhalle 85 qm und dem Gewächshaus von 2240 qm ein. Der Flächeninhalt der alten Häuser betrug nur 1050 qm. Die Mittelhalle ist 61 m lang, 13 m breit und 8 m hoch, der Kuppelbau ist 15 m hoch. Herausragend ist das Wasserpflanzenhaus bei 20 m Länge, 16 m Breite und 5,50 m Höhe. Das Mittelbassin mißt 15 × 10 m. Die Mittelhalle ist für Palmen und Dekorationen gedacht, sollte eine Temperatur von 10 bis 12 °C ( = 8° bis 10°R) haben, also kühler als das Palmenhaus sein.

Die Ausstattung mit Pflanzen:

Haus 1: Sommer: Caladium ausgepflanzt im Selaginella-Teppich.
Winter: Begonia, Dracaena, Aroideen.

Haus 2: Schwitzkästen für Vermehrung von Warmhauspflanzen.
Im Verbindungshaus: Palmen und Aroideen.

Haus 3: Sommer: Blütenpflanzen: Pelargonien, Campanula, Lilien.
Winter: Rosentreiberei.

Haus 4: Sommer: Tropische Wasserpflanzen: Victoria, Euryale, Nymphaea, Nelumbo und Schlinger.
Winter: Chrysanthemen und Azaleen; Aquarien im Vorbau.

Haus 5: Tropische Warmhauspflanzen: Aroideen, Maranten, Farne, Palmen.

Haus 6: Kakteen und andere Sukkulente, rankende Cereen.

Haus 7: Kamelien, im Sommer Blütenpflanzen.

Haus 8: Winter: Azaleen und Lapageria, Sommer: Fuchsien.

Haus 9: Technische Gewächse im heizbaren Mittelbeet vorne,
hinten: Nepenthes, Bromelien, Farne, Palmen.

Haus 10: Vorne: Orchideen zur Schau, Mitte: Kalthausorchideen, hinten: Insektivoren.

Haus 11: In zwei Abteilungen temperierte und warmliebende Orchideen.

Haus 12: Sommer: Gloxinien, Streptocarpus und andere Gesnerien.
Winter: Cinerarien, Calceolarien.

Haus 13: Begonien und buntblättrige Warmhauspflanzen. Im Winter dazwischen Cyclamen, im Zwischenhaus Farne.

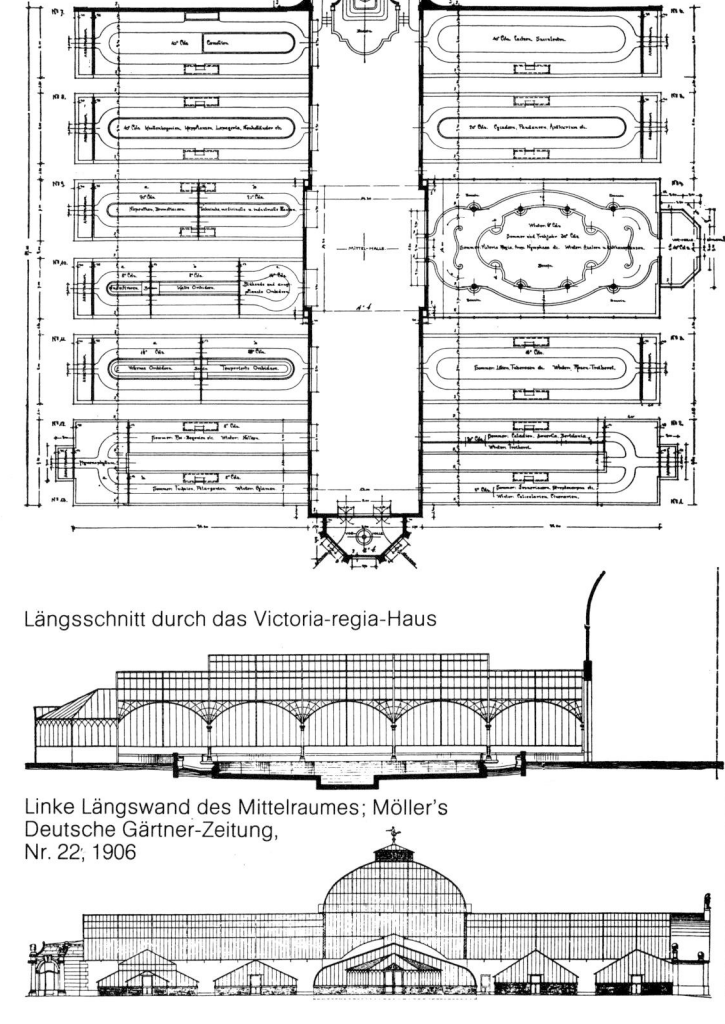

Die neuen Schauhäuser im Palmengarten, Grundriß der Anlage

Längsschnitt durch das Victoria-regia-Haus

Linke Längswand des Mittelraumes; Möller's Deutsche Gärtner-Zeitung, Nr. 22; 1906

Die Grotten und Einfassungen waren aus Kalktuff von Mühlheim am Rhein und aus Messeler Schlacke, die bei der Ölgewinnung als Rückstand des bituminösen Schiefers anfiel. Die Stabilität der Häuser entsprach trotz der sehr leicht erscheinenden Konstruktion den Auflagen der Baupolizei. Wichtigste neue technische Einrichtung war die Heizung. Es war eine Dampf-Warmwasser-Niederdruckheizung. In 30 m Entfernung bei 9 atm ($\cong$ 170 °C) im Rohr von 100 mm Durchmesser wird eine Dampfleitung in einen Kanal (2,5 m hoch und 0,80 m breit) geführt. Im Vorraum (50 qm) der Mittelhalle in 4 m Tiefe wurde in zwei Warmwasserbereitern (einer von 1890) die Wärme umgeformt. Durch Abdampfen wurde in der Zentrale das Gießwasser erwärmt und in einem Rohr von 150 mm Durchmesser in die Häuser geleitet. Das ganze Rohrnetz bestand aus englischen gußeisernen Flanschen-Ausdehnungsrohren in über 1500 m Länge. Das Victoria-Becken und der Teich im Freiland (170 qm) sind ebenfalls zur Beheizung angeschlossen. Auch das Beamtenhaus wurde zu dieser Zeit an die Zentrale angeschlossen. Die Sicherheits- und Notvorkehrungen waren modern und mustergültig, zum Teil sind sie heute noch in Betrieb. Die Häuser wurden durch First- und Mauerlüftungsklappen ventiliert. In der Kuppel der Mittelhalle wurden in der Laterne Jalousiefenster mit Spindelantrieb eingebaut.

Die Schattendecken wurden teils über Kurbelgetriebe, teils durch Handrollung in Querlage individuell bedient. Auch hier, wie im Palmenhaus, beträgt das Scheibenmaß 60 × 38 cm, die Scheiben der Mittelhalle sind 160 × 38 cm, an der Kuppel sind sie teilweise bis 200 cm lang. An jedem Haus ist gartenseitig ein Arbeitsraum angegliedert. Jedes Haus hat ein Bassin mit Regen- und Leitungswasserzulauf und einen Ablauf. Elektrisch beleuchtet waren Mittelhalle, Kuppel und Warmwasserpflanzenhaus.

Dieser Neubau bedingte die Umgestaltung der Außenanlagen. Früher war der Promenadeweg vor den Terrassen durch eine Felsplatte abgeschlossen, hinter der die alten Häuser standen. Der Weg führte nun geradewegs auf den Rosengarten zu und zum Eingang der Schauhäuser. Auf dem alten Gewächshausgelände wurde ein heizbarer Seerosenteich in eine Rasenfläche eingebettet. Vor dem Wohnhaus pflanzte man Laub- und Nadelgehölze. Seitlich der Häuser standen Rhododendron, Kirschlorbeer und Stechpalmen. Die Fahrstraße, an die Nordseite verlegt, diente der Kohlezufuhr.

Die am Bau beteiligten Firmen: eiserner Rohbau der Mittelhalle und der Kuppel und die Entwässerung durch Philipp Holzmann und Co. mit Direktor Architekt H. Ritter und Architekt Martin Rohnstadt und Zweigle; J. S. Fries Sohn baute das Wasserpflanzenhaus; die Bassins Fa. Buchheim und Heister; die Schattierungen stammten von C. R. Jahn, Neudamm, Ph. Holzmann und Co., Schließmann, Kastel; die unterirdischen Leitungen wurden unter Leitung von Maschinenmeister Bulling erstellt, die oberirdischen durch H. L. Knappstein, Bochum.

Die Palmen dominierten in der Mittelhalle. August Siebert hatte sie besorgt und in die Eröffnungsdekoration einbezogen. Man sah unter anderem Rhapis humilis, Chamaerops humilis, Kentia forsteriana und K. belmoreana, Areca sapida, Cocos flexuosa, Sabal adansoni und S. umbraeculifera, Corypha australis, Chamaerops excelsa, Cocos yatay, Brahea edulis, B. dulcis, Chamaerops wagneriana, Brahea roezli, Cocos australis, Didymosperma porphyrocarpon, Chamaerops stauracantha, Phoenix macrocarpa und Ph. excelsa; die Baumfarne Alsophila australis, Cibotium schiedei und C. regale sowie Dicksonia antarctica. Am Ende der Halle stand Prof. Kauperts „Perseus und Andromedea" in weißem Marmor, ein Geschenk von Dr. von Lucius.

Das tropische Wasserpflanzenhaus (416 qm) brauchte einen Vergleich nicht zu scheuen. Es war größer als das in Chateau Francoville und das in Kew Gardens und nur um 25 qm kleiner als das in Rotterdam. Die erste Victoria-Pflanze kam von H. Bonstedt aus dem Botanischen Garten in Göttingen. Ihr Blattdurchmesser betrug 30 cm. Am 11. Mai wurde sie eingesetzt, bis zum 1. August wuchs das erste Blatt auf 2 m Durchmesser heran. Bis Ende September entwickelten sich jede Woche drei bis vier Blätter, etwa 15 Blätter fanden Platz. Am 11. Juli entfaltete sich die erste Blüte; bis zum 31. Oktober, als man das Haus räumte, waren es 47 Blüten. Die eingesetzten Nymphaen gediehen ebenso prächtig. Am oberen Ende des Hauses stand Euryale ferox. Die erste Blüte erschien am 4. Juli, das größte Blatt hatte 1,60 m Durchmesser am 11. Juli. Bekannte Schlinggewächse aus der Kürbisfamilie — Mormodica, Luffa — rundeten das tropische Bild ab. Dazu gesellten sich zahlreiche tropische Wasser- und Sumpfpflanzen, die einen Sommer lang rasch anzutreiben sind. Von da an war das Wasserpflanzenhaus immer ein Anziehungspunkt für die Besucher.

## Der Sport im Palmengarten vor 1914

Da der Garten in seiner Entstehungszeit finanziell vorwiegend von seinen 1100 Aktionären getragen wurde, präsentiert er sich heute noch in einer Organisationsform, wie sie auch englische oder spanische Clubs besitzen. Darin haben auch die sportlichen Betätigungen und Ereignisse ihren Grund. 1885 wurden auf dem Wiesengelände 12 Rasentennisplätze, die auch anderen Turn- und Sportübungen dienten, angelegt. 1886 war rundherum eine Lindenallee gepflanzt worden. Im Winter wurde diese Fläche als Eisbahn benutzt. Um diese Spielwiese führte eine 4,50 m breite Radfahr-Rennbahn. Der Verwaltungsrat suchte auf diese Weise seinen hohen Einsatz beim Geländekauf zu amortisieren. Ein einfaches Holzgebäude diente als Garderobe und für die Restauration. Da der Radsport mit der Zeit unmodern wurde, entschloß man sich, die Radrennbahn in den Spielplatz mit einzubeziehen. Damit stieg die gesamte Sportfläche auf 12 500 qm; jetzt gab es 16 Tennisfelder. Der Ausbau des Platzes zog größeren Bedarf an Nebenräumen nach sich. Man entschloß sich zu einem Neubau.

Das neue Sporthaus wurde im Sommer 1912 in der Form fertiggestellt, wie wir es heute noch kennen. Der Mittelteil hat eine eigene Geschichte. 1907 wurde die von Erlangersche Liegenschaft an der Bockenheimer Anlage verkauft und das Gartenhaus niedergerissen. Es war das nach einem Entwurf von Nicolas Alexander Salius de Montfort um 1807 erbaute ehemalige Gartenhaus der Familie Leonardi, das dieser bis 1825 gehörte. Von 1825 bis 1833 betrieb der Gastwirt Roßbach hier ein Café für die bürgerliche Gesellschaft Frankfurts. Nach 1860 ging das Haus an Rafael von Erlanger und wurde als „Erlangersches Gartenhaus" bekannt. Beim Abriß 1907 wurde der Portikus, die Front des Mittelpavillons mit Stilelementen des frühen Empire und mit Anklängen an Louis XVI., von J. Eduard Goldschmidt angekauft und dem Palmengarten mit der Bedingung geschenkt, ihn bei einer Baulichkeit zu verwenden. „Im Mittelrisalit liegen drei rundbogige Türen in Arkaden mit toskanischen Kämpfern hinter einem vorgestellten Portikus mit vier ionischen Säulen."

Der Neubau wurde hinter den früheren Altbau gestellt, dadurch entstanden Terrassen von 410 qm, während die Grundfläche des Hauses 380 qm mißt. Die Zyklopenmauern der beiden Terrassen sind aus Taunussteinen gefertigt. Hinter dem Haus legte man einen Lernplatz mit Prallwand an. 1914 wurde der Tennisclub Palmengarten gegründet, der TC 1914, der von da an den Sportbetrieb organisierte und regelte.

## Die Liegenschaft Leonhardsbrunn

Die Kunst- und Handelsgärtnerei von Friedrich Grünebergs Sohn am Ginnheimer Weg und Steg wurde wahrscheinlich um 1855 angelegt. Genauer läßt sich das Datum nicht feststellen, alle Bauakten wurden vor dem Abtransport auf dem Frankfurter Hauptbahnhof im März 1944 vernichtet. Grüneberg, am 2. September 1813 in Frankfurt geboren, besuchte das Gymnasium und lernte die Gärtnerei im väterlichen Betrieb. Dann arbeitete er bei Weiß in Köln und einige Jahre bei Hugh Low et Co. in Clapton bei London, einer der bedeutendsten Gärtnereien. 1834 kehrte er zurück, eröffnete eine eigene Gärtnerei und baute als erster auf dem Kontinent ein 150 Fuß langes gußeisernes Gewächshaus. 1840 mietete er den väterlichen Betrieb dazu und erstellte dort das gleiche Gewächshaus. Er tat sich als Züchter neuer Kamelien, Tropaeolum, Dahlien und Geranien hervor. In Frankfurt, in Baden, Bayern, im Elsaß und in Württemberg legte er

Die Gartenfront der Villa Leonhardsbrunn, 1862

Gärten an und lieferte Pflanzen nach England und Rußland. Von Baron Anselm von Rothschild begünstigt, reiste er auf unbeschränkte Kreditbriefe des Bankhauses. Er legte den Garten um das Rothschildsche Schloß „Grüneburg" an. Mitte bis Ende der 50er Jahre erbaute er die Villa Leonhardsbrunn als Betriebsstätte; er hatte 10 Morgen Land aus 27 Parzellen zusammengekauft. 1886 siedelte er in den Grüneburgweg um; Anselm von Rothschild, österreichisch-ungarischer Generalkonsul in Frankfurt, erwarb Villa und Gelände. Von 1873 bis 1897 wurde dort eine „Milchkuranstalt" betrieben. Die Palmengarten-Gesellschaft hatte seit 1896 diese Liegenschaft zur Arrondierung ihres Geländes gepachtet, kaufte sie am 31. Juli 1908.

## Die Musik in den ersten Jahrzehnten des Palmengartens

Musik gehörte von der ersten Stunde an zum Palmengarten. Sie ist eine so innige Verbindung mit ihm eingegangen, daß man sich heute wie damals den Garten nicht ohne sie vorstellen kann. „Die vorzügliche Musik und alles Schöne, was der Garten bot, bewirkten einen solchen Zuzug von Einheimischen und Fremden, daß . . . seit dem 17. Juli 1871 täglich zwei Konzerte stattfinden . . . ". Aus diesem Grund stiftete die Frankfurter Künstlergesellschaft einen Musiktempel, der aber hinsichtlich der Tonqualität nicht befriedigte. Schon am 28. März 1887 wurde ein neuer, von Frau Kissel gestifteter Pavillon aufgestellt. Ludwig Stasny war am 30. Oktober 1883 verstorben. Am 5. Dezember 1883 wurde Bernhard Gottlöber aus Dresden zum Kapellmeister gewählt. Er versah seinen Dienst vom 1. Januar 1884 bis 1895. Seit 1890 fanden die Konzerte auch auf den verbreiterten Ostterrassen statt. Der Musiktempel wurde 1898 wieder erneuert. Bei der Anlage der Spielplätze im Neugarten wurde gegenüber dem Restaurationsgebäude ein weiterer Musik-Pavillon aufgebaut. 1893, beim 25jährigen Jubiläum, zählte die Kapelle 35 Musiker und einen Orchesterdiener. Vereinzelt vorhandene Programme beweisen ein reichhaltiges musikalisches Repertoire. Otto Stix war Kapellmeister von 1895 bis 1898. Max Kaempfert trat seinen Dienst als Musikdirektor am 1. Januar 1899 an. Konzertiert wurde täglich von 16 bis 18 Uhr und von 20 bis 22.30 Uhr.

# Der erste Weltkrieg und die Inflation

## Die Denkschrift vom Juli 1914

Im Juli 1914 legten Verwaltungsrat und Direktion eine „Denkschrift über den Palmengarten in Frankfurt am Main" vor. Es war ein Rück- und Ausblick. In dieser Zeit entstand die Bewegung „Naturschutz und Heimatschutz". Der Palmengarten fühlte sich diesen Bestrebungen verbunden.

„Es ist eine glückliche Lösung, daß die Verbindung wissenschaftlich interessanter Pflanzen mit reinen Zier- und Blütenpflanzen dazu beiträgt, dem Fachmann wie dem Laien einen besonderen Genuß zu bereiten. Freier Eintritt ist zuerst vom Palmengarten eingeführt worden; seit 1913 sonntags auch für die Städtischen Unterbeamten. Die Musik ist eine tragende Säule. Außer den täglichen Konzerten finden im Winter Gesellschaftskonzerte und Symphoniekonzerte statt. Alle Veranstaltungen sind für Abonnenten und Besucher frei. Durch die sozialen Leistungen haben sich aber bei gleichem Personenstand die Kosten von 1875 bis 1913 verdoppelt. Die technischen Einrichtungen sind ständig verbessert worden. 165 000 kW elektrische Energie werden erzeugt. Durch die Kanalbauten der Stadtgemeinde in und um den Garten ist die Wasserschöpfung um mehr als die Hälfte reduziert worden. Das fehlende Wasser muß aus dem städtischen Netz gedeckt werden. 210 Hydranten sind im Garten vorhanden. Vornehmste Aufgabe des Palmengartens der Zukunft ist nach wie vor die Anlage eines Lust- und Ziergartens, die Erhaltung der Wintergärten und die Abhaltung von Blumen-Ausstellungen."

Diesem Rechenschaftsbericht lagen 23 Gutachten europäischer Fachleute über die Bedeutung und Förderungswürdigkeit des Palmengartens bei.

Weitere Blumenausstellungen waren in Verbindung mit Gesellschaften von Juni bis September geplant. Ein Umbau der Blütengalerie wurde deshalb vorgeschlagen. Ein Kolonialpflanzenhaus schien einem zeitgemäßen Wunsch zu entspringen. Umbauten im Gesellschaftshaus mit gedeckten Veranden, zweckmäßigem Musikpodium im Saal und Garderoberäume, Lese- und Bibliotheksräume waren vorgesehen. Im Garten sollte der Rosengarten nach Leonhardsbrunn verlegt werden; ein japanischer und ein holländischer Garten sollten entstehen. Die Staudenanlage hinter dem Schweizerhaus mit alpinen Motiven wäre zu erweitern. Im Haus Leonhardsbrunn sollte ein Museum, eine Pflanzenzüchtungs-Anstalt und eine pflanzenpathologische Versuchsstation eingerichtet werden. Der Musiktempel wäre unter grundlegender Veränderung der umliegenden Parkteile und Terrassen zu verlegen; ferner müßte eine Umänderung des Parterre nach Umbau des Gesellschaftshauses vorgenommen werden. Durch Subventionen, Lotterie, Erlassen des Pachtzinses und Zuschlag von 200 Mark je Aktie à fond perdu sollten diese Ziele, auch von den Finanzen her gesehen, erreicht werden. Leider kam es ganz anders.

## Der Nachtrag zur Denkschrift vom August 1916

Mit Kriegsbeginn gingen die Einnahmen stark zurück. Innerhalb von zwei Jahren war eine Bankschuld von 200 000 Mark entstanden. 1914 betrug das Betriebsdefizit 14 000 Mark, 1915 schon 70 000 Mark. Der Finanzbedarf für dringendste Liquidität belief sich auf 560 000 Mark. Als Lösung wurde vorgeschlagen, alle Verpflichtungen der Stadt gegenüber zu stornieren oder zu erlassen. Jeder der 1600 Aktionäre hätte ein à fonds von 350 Mark zu zahlen, jeweils fällig in Teilbeträgen am 10.1.1917, 10.1.1918 und am 10.7.1918. Am 25. November

1916 stand in den „Frankfurter Nachrichten", daß als Ergebnis „der gestrigen Hauptversammlung ein Stück städtischer Vaterlandsliebe zur Erhaltung des Gartens nötig sei", so Dr. Friedland, der 1. Vorsitzende. Ein „Syndikat der Freunde des Palmengartens" bot die Übernahme von 280 000 Mark an. Die gleiche Summe sollte durch Einzahlungen auf die Aktien erbracht werden. Am 10. Oktober 1916 erfolgte eine weitere Regelung der städtischen Wasserwerke mit dem Palmengarten. Fortan sollte alles entnommene Flußwasser mit 4 Pf. pro cbm bezahlt werden, im trockenen Sommer 1911 sei „eine beträchtliche Zubuße" entstanden.

## Die gärtnerische Tätigkeit im Kriege 1914 – 1918

Bald nach Kriegsbeginn rückte die Ernährungsfrage in den Vordergrund des Interesses der Bevölkerung. Der Kulturgarten wurde in einen Nutzgarten umgewandelt. So konnten bald Lazarette und Wohltätigkeitsveranstaltungen mit frischem Gemüse versorgt werden. Nach dem ersten Erfolg beschloß man mehr Gelände, auch Mistbeete und Gewächshäuser für den Gemüsebau einzusetzen. Die Gesellschaft wollte gleichzeitig anregen und belehren. Vermehrter Anbau war auch durch die ständig steigenden Preise notwendig. Am 29. März 1915, während der Generalversammlung, wurde in einem Lichtbilder-Vortrag über die Kulturen im Palmengarten berichtet. Im September 1915 veranstaltete der Garten eine Kartoffel- und Gemüseschau, die große Beachtung fand. Das Landwirtschaftliche Institut der Universität Gießen stellte alleine 100 Kartoffelsorten aus. Großes Interesse fanden auch Düngeversuche. Diese Arbeit erntete bei Regierung, Fachpresse und Bevölkerung ungeteilte Aufmerksamkeit und Zustimmung. Am Samstag, 25. Juni 1916, besuchte der Landwirtschaftsminister Schorlener-Liesen den Palmengarten; am 11. Juli 1916 erschien der Kultusminister von Trott zu Stolz. Aussaatversuche mit Bohnensorten aus Rußland wurden zu der Zeit unternommen. Die Bedingungen für die Fortführung des Gartens wurden immer schwieriger. Am 2. November 1916 verzichtete die Stadt auf allen Pachtzins und jegliche Steuer während des Krieges. Der Pachtvertrag wurde bis zum 31. Dezember 2017 verlängert. Seit dem 6. Juli 1916 wurden in Frankfurt für je 14 Tage Lebensmittelmarken ausgegeben. Die Bewohner hungerten. Im Winter 1916/1917 kam zum Hunger die Kälte. Der 16. März 1917 bescherte der Stadt den ersten Luftangriff. Die Menschen suchten sich in den Kleingärten ein wenig Zusatzkost zu verschaffen; die Stadt betrieb in den Parkanlagen Viehzucht und Milchwirtschaft.

## 50 Jahre Palmengarten 1918

Der 10. August 1918 war der Jahrestag des 50jährigen Jubiläums. Direktor August Siebert veröffentlichte in den Tageszeitungen eine Chronik und einen Rechenschaftsbericht. „Wir wünschen, daß es dem Palmengarten auch in Zukunft gelingen möge, seine Stellung als ein hervorragendes Institut der Bildung und Kultur zu erhalten." Die Palmengarten-Gesellschaft hatte zum 50jährigen Jubiläum die „Palmengarten-Medaille" gestiftet. Es gab nur eine Ausführung in Bronze. Der preisgekrönte Entwurf von Richard Förster, München, wurde als Stanze vom Frankfurter Kunstverein als Jubiläumsgeschenk gestiftet. Nicht mehr als zweimal im Jahr sollte die Medaille verliehen werden. Die harten Kriegszeiten ließen keine anderen Festlichkeiten zu. Auch das 40jährige Dienstjubiläum des Direktors August Siebert am 10. Oktober 1918 beschränkte sich auf Dankadressen. Am 24. Oktober 1918 wurde das Gesellschaftshaus als Lazarett beschlagnahmt. Nur die Kaffeeküche und die Terrassen blieben davon verschont. Im Sporthaus wurde der Wirtschaftsbetrieb notdürftig fortgesetzt. Es wurden Entschädigungsforderungen des Palmengartens durch den Magistrat anerkannt, durch den Stadtkämmerer Dr. Blaicher mit dem Reichsfiskus wegen Entschädigung aus dem Kriegsleistungsgesetz geführt. Sie erbrachten 70 000 Mark für die Kasse der Gesellschaft.

## Die Nachkriegsnöte

Trotzdem war in der Kasse des Palmengartens ein großes Loch entstanden. Im Frühjahr 1919 wurde allein 50 Mitarbeitern — den 28 Musikern und 20 Gärtnern und Arbeitern — gekündigt. Die Pflanzensammlungen sollten bis auf unersetzliche Pflanzen reduziert werden, die Bitte des Verwaltungsrates für eine jährliche Subvention von 150 000 Mark war durch den Magistrat abgelehnt worden. Man gewährte nur einmalig 80 000 Mark. Die Presse forderte dazu auf, neue Wege zu gehen, den Garten weiter auszubauen. Das finanzielle Fiasko hatte seinen Hintergrund in den Teuerungen und den Forderungen der Arbeiter und Angestellten vom 1. Februar 1919 nach 50% Lohnerhöhung. Der Eintritt betrug damals für Erwachsene 1,50 Mark, für Kinder 0,75 Mark. Der Haushaltsansatz für 1919 betrug: Gärtner 89 500 Mark, Heizer 11 000 Mark, Verwaltung 14 800 Mark, zusammen 206 400 Mark. Gefordert wurden 309 600 Mark. Am 20. Oktober 1919 wurde durch den zuständigen Reichskommissar in Mannheim die Auslieferung der Winterkohle für die Gewächshäuser untersagt. Die Lage des Gartens besserte sich 1920 nicht, obwohl kein Orchester mehr bestand, die Notlage wurde allgemein bekannt. Bei der Verwaltung trafen zahlreiche Briefe ein, die äußerste Anstrengungen für die Erhaltung des Gartens forderten. Einige Absender seien genannt: Hofgartendirektor Berger der Wilhelma Stuttgart; der Direktor des Botanischen Gartens München; Gartendirektor Karl Heicke, Frankfurt; Verband deutscher Gartenbaubetriebe, Emil Becker, Wiesbaden; Gartenbaudirektor Philipp Siesmayer vom Bund deutscher Gartenarchitekten; Friedrich Sinai für den deutschen Handelsgärtnerverband; Fritz Fuchs für den Verband der Gärtner und Gartenarbeiter. Zur weiteren Entlastung sollten 1921 die Anzuchtgärtnerei und die Schauhäuser verpachtet werden. Im Haushaltsplan der Stadt für 1921 wurde die Subvention auf 150 000 Mark erhöht, dafür sollten ein Magistratsmitglied und zwei Stadtverordnete in den Aufsichtsrat aufgenommen werden. In der Generalversammlung vom 27. Juni 1922 wurden Stadtrat Schaumann für den Magistrat und Stadtverordneten-Vorsteher Heinrich Hopf und Stellvertreter Max Kroff gewählt.

Am 31. Juli 1921 schrieb die Gesellschaft an den Magistrat, daß sie Ausgaben ersparen und Einnahmen erhöhen wolle. Hauptursache der Finanzlage sei die Erhöhung der Arbeitslöhne. Bei Kriegsbeginn hatte der Garten 60 Gärtner und Handwerker. Jetzt seien es noch 36, weniger dürften es nicht sein. Wege müßten notdürftig repariert werden, Wasser könne nicht versprengt werden, da es zu teuer sei. Blumen für Beete und Häuser könnten nicht mehr herangezogen werden. Die Pflanzensammlungen seien auf das äußerste eingeschränkt. Trotzdem sollten die Blumenausstellungen aufrecht erhalten werden. Die Victoria könne wegen der Heizkosten nicht mehr angezogen werden. Der im Krieg eingeführte beispielhafte Nutzpflanzenanbau werde fortgesetzt, eine Verpachtung sei aber nicht möglich. Das neue Orchester zähle 22 gegen früher 36 bis 40 Musiker. Der Tageskartenpreis sei hoch genug mit 4 Mark, abends nach 7 Uhr 2 Mark, Familien-Dauerkarte 155 Mark. Die Vergnügungssteuer könne nicht bezahlt werden. Eine Steigerung der Einnahmen im Restaurant — seit 1919 in Gesellschaftsregie — sei nicht mehr möglich. Pflanzen und Blumen sollten verkauft werden, die Tendenz sei aber rückläufig. Der Palmengarten sei der Einrichtung einer landwirtschaftlich-gärtnerischen Schule im Haus Leonhardsbrunn sehr gewogen.

Im Jahr 1919 betrug das Defizit 86 000 Mark, 1920 waren es 110 000 Mark und 1921 515 000 Mark, also insgesamt 711 000 Mark in drei Jahren. Für 1922 wurde von der Stadt ein 2-Millionen-Kredit gewährt, der am 30. November 1922 erschöpft war; für den Winter konnten keine Kohlen gekauft werden. Am 21. Dezember 1922 legte der Verwaltungsrat das Budget für 1923 mit einem Betriebsverlust von 8 631 000,— Mark fest, bat gleichzeitig die Stadt um ein Darlehen von 10 Millionen Mark, andernfalls müßte der Garten ab 1. Januar 1923 geschlossen werden. Außerdem wurde erwogen, die Anrainergrundstücke zu parzellieren und als stadtnahes Bauland zu verkaufen. In diesem Hin und Her gewährte die Stadt das Darlehen, die Rückerstattung der Gelder sollte nach Ausbau der Maschinen für die eigene Stromerzeugung bis zum 1. April 1923 erfolgen. Am 4. April 1923 trat der Verband Frankfurter Frauenvereine mit dem Vorschlag hervor, im Palmengarten ein öffentliches Luftbad einzurichten. Diese wirren Zeiten hatten Direktor Siebert gesundheitlich sehr zugesetzt. Er war längere Zeit leidend und hatte mehrere Operationen zu überstehen. Am 1. Mai 1923 war er verstorben: „Eine der bekanntesten und verdienstvollsten Persönlichkeiten unserer Stadt. Seinem rastlosen Bemühen ist es besonders zu danken, wenn . . . der Palmengarten ein weltbekanntes Institut wurde. Siebert war ein Mann von idealer Gesinnung, der sich begeistert in den Dienst der öffentlichen Interessen stellte, an allen großen Fachvereinigungen in Deutschland wissenschaftlich und praktisch mitarbeitete und als Charakter von lauterster Wesensart die Achtung und die Liebe eines ausgedehnten Freundeskreises besaß."

Neuer Direktor wurde der am 25. März 1865 geborene Otto Krauß aus Stuttgart, der schon 1883 bis 1885 als Obergärtner und Gartenmeister, seit 1887 als Inspektor im Palmengarten tätig war.

Am 22. Oktober 1923 erklärte die Gesellschaft, sie könne die Löhne nur noch zu 50% auszahlen. Um zu Geld zu kommen, sollten die Abonnements angehoben werden: die Familienkarte auf 20 Goldmark, die Aktionärs-Familienkarte auf 10 Goldmark, die Semesterkarte für Studenten auf 3 Goldmark. Die Zahl der Gärtner sollte nochmals verringert werden und ihnen der allgemeine Gartentarif statt der höheren städtischen Tarife bezahlt werden. Ferner sollten Gewerbe- und Vergnügungssteuer erlassen und der von der Stadt zu beziehende Strom 50% billiger geliefert werden.

## Abbau oder Vernichtung?

So stand es am 3. Januar 1924 in der „Frankfurter Zeitung". Abbaukommissare wurden eingesetzt. Ältere Beamte und Angestellte wurden pensioniert, um der Kriegsgeneration Platz zu machen. Palmengarten und Zoo sollten abgebaut, die Gewächshäuser stillgelegt werden. Restaurateure sollten als Pächter die noch vorhandenen Parkanlagen und auch das Palmenhaus auf ihre Kosten instandhalten. Diese Maßnahmen, schrieb die Zeitung, würden keinen Abbau, sondern die glatte „Vernichtung" bedeuten. Es bliebe ein Torso; kein Palmengarten ohne die Schauhäuser.

Wie trostlos der Garten heruntergekommen war, schildert Max Weber, Berlin, in „Der deutsche Erwerbsgärtner" vom 9. Oktober 1925: „Ein Dornröschenschlaf scheint sich über das Ganze gesenkt zu haben."

Aber neue Dinge waren schon im Fluß. Zum 1. September 1925 hatte die Palmengarten-Gesellschaft in den Großen Sitzungssaal der Fa. Holzmann AG, Taunusanlage 1, eingeladen. Architekt Schmidt wollte Entwürfe zur Erweiterung des Gesellschaftshauses vortragen. Es wurde dabei zur Kenntnis gebracht, daß ein von der Stadt und dem Orchesterverein vorgestelltes Projekt zur Übernahme des gesamten Betriebes des Palmengartens einstimmig durch den Verwaltungs- und Aufsichtsrat abgelehnt worden sei. Man wollte aber an einer Gesellschaft unter Beteiligung des Palmengartens weiter arbeiten. Das Gesellschaftshaus solle nicht nur durch den Anbau eines modernen Restaurants vergrößert werden, sondern auch der von der Stadt benötigte weitere größere Konzertsaal im Palmengarten hergestellt werden. Es sei aber auch die kleine Lösung — Erweiterung der Restauration — möglich.

Am 19. September 1925 schrieb der 1925 gegründete Orchesterverein Frankfurt an den Verwaltungsrat der Palmengarten-Gesellschaft und bot eine Zusammenarbeit an. Als Beispiel wurden die Verhältnisse des Chicagoer Sinfonieorchesters dargestellt, das ein Haus mit Konzerträumen und vermieteten Büros in den oberen Etagen betreibe. Es wären ein neuer Konzert- und Ausstellungssaal für die Messe und ein neues Wein-Restaurant zu erbauen. Der alte Saal würde Restaurant. Der Orchesterverein würde alle musikalischen Veranstaltungen ausführen, die Palmengarten-Gesellschaft die Botanik betreiben, die Stadt sollte die Darlehen für die Bauten bereitstellen. Eine solche Konzeption wäre auch in Frankfurt wie andernorts möglich, zumal nach Auffassung des Magistrats-De-

zernenten für Musikwesen vom 24. November 1925 ein zweiter großer Konzertsaal für Frankfurt nötig sei.

Der Dezernent wollte wohl die Schauhäuser und den Namen mit der Neukonzeption erhalten, nicht aber „botanische Experimente" und „zahlreiche Pflanzenkulturen". Der Palmengarten sei „keine Besonderheit" mehr und solle „seine dauernde Absperrung" preisgeben. Er müßte zu einem öffentlichen Park werden. Der Restauration sei mehr Gewicht beizumessen, „ohne sich natürlich mit den Preisen in der Firnregion des Wuchers zu bewegen". Eine Betriebsgesellschaft müsse den ganzen Betrieb übernehmen. Dazu sagte am 24. Februar 1926 der Baudezernent Stadtrat Ernst May: „Die vorgelegten Projekte sind zur Ausführung ungeeignet, da sie sich dem Bestehenden nicht organisch einfügen." Der alte architektonisch schwächliche, eklektische Bau verdiene keinerlei Schonung, durch den Umbau solle das eintretende Publikum ein klares, neuzeitliches Architekturbild vorfinden. Es sei ein Projekt für den Palmengarten als Einheit aufzustellen unter Schonung wertvoller Baumbestände und Anlagen.

Am 7. Oktober 1926 trug der Magistrat der Stadtverordneten-Versammlung den Umbau des Palmengartens nach den Plänen des Baudirektors Martin Elsässer vom 1. September 1926 vor. Zugleich wurde die Modernisierung des Gartens gefordert, „wenn der Weltruf nicht nach und nach verblassen soll". Das Gesellschaftskapital sollte auf 320 000 RM verdoppelt werden und die Stadt zur Hälfte beteiligt werden. Am 26. Oktober und am 11. November 1926 beschloß die Stadtverordneten-Versammlung: Zustimmung, wenn die Stadt die sichere Mehrheit in der Generalversammlung und im Aufsichtsrat erhält, möglichst bald eine Überführung in städtische Verwaltung erfolgt, ferner Vorschläge zu einem allgemein zugänglichen botanischen Garten unterbreitet werden, Finanzkontrolle soll durch die Stadt erfolgen, der Neubau des Gesellschaftshauses kann nur im Einvernehmen mit der Stadt ausgeführt werden. Die Generalversammlung des Palmengartens vertagte sich am 9. Februar 1927, abweichend von den Beschlüssen der Stadt wollten die Aktionäre einen öffentlichen Wettbewerb ausschreiben, ein bürgerliches Restaurant gebaut haben, die Rechte der Aktionäre sollten gewahrt und die Verwaltung bei der Bürgerschaft bleiben, Kredite von privater Seite beschafft werden.

Für den Aufsichtsrat waren die Stadträte Dr. Schmude und May, für den Verwaltungsrat die Stadträte Dr. Langer, Dr. Schlosser und Professor Ruppel sowie Gartenbaudirektor Bromme und Direktor O. E. Sutter vorgeschlagen. Die Dinge waren in Fluß geraten.

## Internationaler Wettbewerb für 1930 — eine neue Hoffnung?

Die städtischen Körperschaften erhofften sich einen neuen Aufschwung des Palmengartens durch die Neugestaltung der Gartenanlagen und Bauten: „Es besteht (nach der Aktienmajorität der Stadt) die Absicht, das Palmengarten-Institut einer völligen Umgestaltung zu unterziehen." Palmenhaus, Schauhäuser und Baumbestand wären zu erhalten und ein entsprechendes Gesellschaftsgebäude zu planen und mit dem Park in organische Verbindung zu bringen. Aus finanziellen Gründen käme ein völliger Neubau nicht in Betracht. Die Verbindung zum Grüneburgpark wäre zu berücksichtigen. Der botanische Garten der Universität könne verlegt, das alte Maschinenhaus abgebrochen werden. Die Schauhäuser müßten bestehen bleiben, die Außenerscheinung könnte verändert oder neugestaltet werden, soweit die Pflanzenkultur nicht darunter leide. Das Dienstgebäude müßte bestehen bleiben. Die zwei Teiche östlich des Gesellschaftshauses könnten beseitigt werden, ebenso die Tennisplätze. Die Neuanlage von ein oder zwei Tennisplätzen wäre eventuell im Park vorzusehen. Die Erhaltung der Villa Leonhardsbrunn nebst Überwinterungshäusern wird den Bewerbern freigestellt. Der bauliche Zustand erforderte jedoch völlige Erneuerung. Es bliebe freigestellt, das Sportcafé zu erhalten, zu verändern oder zu beseitigen. Der Große Weiher sollte beibehalten, könnte aber umgestaltet werden. Ein neuer Zugang nach der Zeppelinallee wäre vorzusehen. Das Palmenhaus könnte vergrößert und um 250 qm erweitert werden. Die Anzuchtsgärtnerei wäre zu belassen, Erweiterungen in Aussicht zu nehmen. Für die 1930 geplante große Garten- und Pflanzenbau-Ausstellung wären temporäre und dauernde Schauhallen anzuordnen. Die Gebiete Nutzpflanzen und Baumschulen sollten auf den Ackerflächen des Grüneburggartens angeordnet werden. Die Pläne wären bis zum 15. Oktober 1927 im „Haus Werkbund, Messeamt, Frankfurt" einzureichen.

Am 5. und 7. März 1927 erschienen Beiträge von Max Bromme in der Frankfurter Zeitung: „Die Bedeutung des Palmengartens und seine künftige Entwicklung. I. allgemein, II. speziell und lokal."
Am 14. Juni 1927 berichteten die Frankfurter Nachrichten über die entscheidende Generalversammlung, in der die Beschlüsse der Stadtverordneten-Versammlung akzeptiert wurden. 1926 schloß die Bilanz des Palmengartens mit einem Verlust von 3794,31 RM. So lagen das Alte und das Neue nahe beieinander. Am 15. September 1927 berichtete der Generalanzeiger von der in Aussicht genommenen Neugestaltung des Palmengartens durch einen Internationalen Wettbewerb unter Federführung des Städtischen Hochbauamtes, vertreten durch Gartendirektor Max Bromme, und einem internationalen Preisgericht. Im Januar 1928 wurde der Wettbewerb aus finanziellen Gründen auf unbestimmte Zeit verschoben. Dafür legte das Städtische Hochbauamt einen Entwurf für den Umbau des Gesellschaftshauses vor, der im August 1928 auf 490 000 RM veranschlagt wurde. Zur Deckung wollte die Stadt die Bürgschaft übernehmen, verlangte aber freien Eintritt an Sonntagen für Gewerkschafter, Rentner, Erwerbslose, Kriegsbeschädigte und Pfleglinge. Das wurde auf einen Sonntag im Monat festgelegt. Am 12. Oktober 1928 begann der Umbau des Gesellschaftshauses, der am 9. Oktober 1929 abgeschlossen war. Stolz wird darüber in „Das neue Frankfurt" berichtet.

## DAS NEUE FRANKFURT

3. JAHRG. · OKTOBER 1929 · HEFT 10

MONATSSCHRIFT FÜR DIE PROBLEME MODERNER GESTALTUNG

MAY UND FRITZ WICHERT · VERLAG ENGLERT UND SCHLOSSER · FRANKFURT AM MAIN

## DER PALMENGARTEN IN FRANKFURT AM MAIN

I

Von Stadtrat May-Frankfurt am Main

Als im Jahre 1871 der Palmengarten in Frankfurt am Main eröffnet wurde, bestand die vornehmliche Bedeutung der neuen Anlage in einer koftbaren Zusammenstellung tropischer Pflanzen, die den Wintergärten des Herzogs Adolf von Nassau in Biebrich am Rheine entstammten. Weit über Frankfurts Grenzen hinaus drang der Ruhm dieser erlesenen Pflanzenschau, und im Laufe der inzwischen vergangenen 58 Jahre dürften wohl Millionen von Menschen, angelockt durch die Bedeutung, die der Begriff „Palmengarten" in der ganzen Welt erlangt hatte, die Anlagen besichtigt haben.
Was ist uns heute der Palmengarten? Er ist ein Park inmitten unserer Stadt, der bis vor kurzem nur einem begrenzten Teile der Bevölkerung, vornehmlich aus der engeren Umgebung der Anlage, Erholung, Freude und Zerstreuung gewährte. Erholung infofern, als die dem Lärme des Verkehrs entrückten, forgfältig gepflegten Parkwege den Nerven Ausspannung gewährten, Freude, indem die herrlichen tropischen und anderen Baumbestände des großen Palmenhaufes sowie des freien Gartens, und nicht zuletzt auch die Blüten- und Kakteenschau in den aus den Jahren 1906 und 1907 stammenden Schauhäufern den Besuchern Genüsse besonderer Art verschafften. Für die Zerstreuung forgten die im Garten konzertierenden Musikkapellen, denen das Publikum auf den Terrassen des großen Restaurationsgebäudes im Sommer lauschte, während im Winter zahlreiche festliche Veranstaltungen in den Sälen des Gebäudes abgehalten wurden. Tennisplätze im Nordteile der Anlage, die im Winter in eine Eisbahn verwandelt wurden, Kinderspielplätze und
Gondelweiher mit allerlei romantischen Zutaten, wie fie dem Geiste der Gründungszeit der Anlage gemäß waren, ergänzten die Unterhaltungseinrichtungen.
Nunmehr ist eine mehr als fünfzigjährige Entwicklung des Gartens im Begriffe, ihren Abschluß zu finden. Die gesellschaftlichen Grundlagen, auf denen der Frankfurter Palmengarten aufgebaut war, beginnen sich zu wandeln, wir stehen an der Schwelle einer neuen Aera für den Frankfurter Palmengarten. Die hierdurch bedingte Neugestaltung wird sich zunächst einmal darauf erstrecken müssen, den gärtnerischen Teil, der mit Ausnahme der Blumenschau in den neuen Schauhäusern feit der Entstehungszeit nur unwesentlich verändert worden war, mit den vielfach veränderten Anforderungen in Einklang zu bringen, die unsere Zeit an eine vorbildliche deutsche Pflanzenschau stellen muß. Nach wie vor werden wir uns im großen Palmenhaus, wie auch in einem Teile der übrigen Schauhäuser, an der tropischen Flora belehren und erfreuen wollen. Weit mehr als bisher werden wir aber Wert darauf legen müssen, jener Umwandlung Rechnung zu tragen, die sich, eingeleitet von Förster, Graf Silva-Tarouca und anderen hervorragenden Pflanzen- und Blumenkennern, gegenwärtig in unserem Volke vollzieht. Bildeten noch bis vor nicht allzu langer Zeit Stauden und einjährige Sommerblumen vorzugsweife die Zierde der Bauerngärten auf der einen und der großen Gärten und Parks der Befitzenden auf der anderen Seite, so erobert fich die Blumenwelt heute mehr und mehr die Herzen breitester Schichten der Bevölkerung, die in dem nervenaufreibenden Kampfe im Dienste unseres überwiegend technisch-materialistisch eingestellten Zeitalters nach Entspannung, nach verinnerlichtem Genusse lechzt und aus solcher Sehnsucht heraus wieder in engere Beziehungen zur Natur und damit auch zur Blume tritt. Der Kleingärtner zaubert in seinem Schrebergarten in emsiger Arbeit Blütenmeere hervor, unsere Siedlungen find ohne den Blumenschmuck der Gärten nicht mehr zu denken, und selbst der vom Tempoteufel besessene, ruhelose Mensch unserer Zeit, der der stillen Pflege eines Gartens nicht mehr gewachsen ist, kann nicht auf den Blumenschmuck der Wohnung verzichten. In engem Zusammenhange mit

dem Ringen unserer Zeit nach einer ehrlichen, kristallinisch klaren Baugestaltung verbreitet sich in der Masse des Volkes die Abneigung gegen die kitschige Wohnungseinrichtung mit Quastensofas, schweren Stoffvorhängen und nachgemachten Blumen. Durch große Fenster tritt Licht, Luft und Sonne in die neue Wohnung, und der liebevoll zusammengestellte Blumenstrauß und nicht zuletzt seine Schattenwirkung auf der hellen Wand, geben einen wertvollen Raumschmuck ab, wie ihn der Japaner seit Jahrhunderten gepflegt hat.

So beginnt die Blume aus einer Sache Weniger zu einer Sache des ganzen Volkes zu werden, und so will auch die gesamte Bürgerschaft der Stadt in unserem Palmengarten, als der zentralen Schaustätte für Pflanzen und Blumen, Belehrung und Genuß bei der Betrachtung ausgedehnter Blumenanlagen miteinander vereinigen.

Weniger bedeutungsvoll erscheint uns demgegenüber die Beibehaltung der großen Tennisplätze, die besser innerhalb des im Generalbebauungsplane vorgesehenen zusammenhängenden Grünflächensystemes untergebracht würden. Der Sport hat in unserer Zeit eine solche Bedeutung erlangt, daß es richtiger erscheint, in zusammenhängenden Sportanlagen, wie wir sie in beispielhafter Anordnung in unserem Stadion besitzen, die verschiedenen Sportzweige zusammenzufassen.

Ein Stiefkind des alten Palmengartens war der botanische Teil, der sich, schon im Ausmaße klein, längs der Miquelstraße entwickelte. Die uralte Eibe, die man einst mit großem Aufwande von dem Gebiete des alten Senckenbergianums nach dem botanischen Garten versetzte und die sich offenbar mit dieser vor dem Glashausrestaurant ihrer ganzen Länge nach mit betonierten Blumenkästen eingefaßt, die auch auf der Hausterrasse im ersten Geschosse in den verschiedensten Formen wiederkehren. Zehn 10 m hohe Betonpfeiler, auf der Dachterrasse vor der Südwand des Hauses emporragend, werden in ihrer Pflanzenberankung dem Baue das Gepräge verleihen, das seine besondere Zweckbestimmung charakterisiert.

Die Formen des Erweiterungsbaues zeigen einen einfachen, kubischen Aufbau, der sich organisch aus der jeweiligen Bestimmung der verschiedenen Bauteile ergibt. Große, mit weißem Edelputz bedeckte Flächen kontrastieren mit Blumen, Pflanzen und Baumbeständen.

Das mit dem Erweiterungsbau vorläufig abgeschlossene Werk kann nur als Abschnitt der endgültigen Lösung angesprochen werden. Die Architekturformen des großen Saales sind gänzlich veraltet. Mit den übrigen Teilen des Altbaues steht es nicht viel anders. Immerhin ist mit dem ersten Bauabschnitt der entscheidende Schritt in die neue Aera des Palmengartens getan. Verpflanzung nie mehr befreundete, sondern traurig dahinkümmert, ist symbolisch für die stockende Entwicklung der gesamten botanischen Anlage. Eine Großstadt wie Frankfurt am Main, das Zentrum eines weitverzweigten Wirtschafts- und Kulturbezirkes, braucht notwendiger Weise einen botanischen Garten, an dem sich Jugend und Alter schulen können. Sie kann ohne eine logisch aufgebaute und entsprechend umfangreiche Schau erst recht nicht auskommen, wenn sie Sitz einer Universität ist und damit den naturwissenschaftlichen und medizinischen Studenten gegenüber Verpflichtungen zu erfüllen hat.

Der „Schwarze Freitag", der große Bankkrach in der New Yorker Wallstreet am 29. Oktober 1929, mit dem Nachschlag vom 13. November, wirkte sich auch auf den Palmengarten aus. Das Geld für den Neubau wurde um 102 000 Mark überzogen. Die Preise stiegen. Das Aktienkapital wurde durch eine erneute Abwertung der Aktien von 320 000 Mark auf 64 000 Mark zusammengelegt, die Eintrittspreise um 50% gesenkt: Erwachsene 0,50 und Kinder 0,25 Mark, Gewerkschaften und ähnliche Gemeinnützige erhielten 75% Ermäßigung. Da die Gesellschaft am 1. November 1929 völlig mittellos war, gewährte die Stadt kurzfristig 30 000 Mark für die Löhne.

Am 1. Februar 1930 feierte Direktor Otto Krauß das 40jährige Dienstjubiläum. Der Magistrat gewährte ihm eine Ehrenurkunde und eine Ehrengabe. Am 21. März 1930 beschloß der Aufsichtsrat einstimmig, nach Ausscheiden des kaufmännischen Direktors Michel Gartenbaudirektor Max Bromme in den Vorstand zu delegieren. Amtsgericht, Magistrat, Generalversammlung stimmten zu. Im

Juli 1930 wünschte der Magistrat einen Fluchtlinien- und Parzellierungsplan für das Randgelände des Palmengartens. Im September wurden die Verwaltungskosten bis zur Sanierung von der Stadt gestundet.

Im September 1930 schickte die „Deutsche Gesellschaft für Gartenkunst" eine Resolution zur Erhaltung des Palmengartens an den Magistrat. Auch der Verband deutscher Gartenarchitekten wandte sich in dieser Sache am 2. Juli 1930 an den Magistrat.

Max Bromme erstattete Bericht für eine künftige Betriebsführung, und die Finanzkommission des Magistrats plante die Sanierung der Gesellschaft durch Um- und Entschuldung. Alle Eingaben der Verbände wehrten sich gegen die Verkleinerung des Geländes und forderten den weiteren Ausbau für die wohlbekannten Zwecke und Aufgaben. In den Jahren 1920 bis 1930 waren noch eine Reihe Maßnahmen im Garten durchgeführt worden im Rahmen des städtischen Arbeitsbeschaffungsprogrammes. 1926 war eine Rosen- und Staudenanlage fertiggestellt worden; die Modernisierung des Gartens war auf eine 1929 geplante Gartenbau-Ausstellung im Palmengarten verschoben worden. Dazu hatte Max Bromme im Februar 1927 ein umfassendes Konzept erarbeitet, das im Ideenwettbewerb detailliert wurde. 1927 wurde nach sehr ungünstigem Frühjahrswetter die Schauhausbedachung repariert. Tulpen und Dahlien wurden gestiftet. Am 1. Februar 1927 übernahm Emil Goll die Pacht im Gesellschaftshaus. 1928 betrug der Betriebsverlust rund 35 000 Mark. Das neue Restaurant wurde gebaut. Die Pflanzensammlungen erhielten Zuwachs an Orchideen, Palmen, Azaleen und Warmhauspflanzen. Die Wege wurden im Neugarten erneuert. Der Kinderspielplatz wurde hergerichtet. Eine Schnittrosenschau im Herbst und eine Kakteenschau in der Gärtnerei wurden hervorgehoben. 1929 bereicherten umfangreiche Gehölzpflanzungen, auch Rhododendron und Stauden, den Garten. Das „Blumenstück" vor dem Gesellschaftshaus wurde der modernen, im Entstehen begriffenen Fassade angepaßt. Zu dieser Zeit waren die Gärtnerstellen wieder vermehrt worden. Das Defizit betrug 125 000 Mark durch Einnahmen-Rückgang infolge der außerordentlich ungünstigen Gesamtwirtschaftslage. 1930: Eine Schnittrosenschau fand vom 18. bis 20. Juni im neuen Rosenkeller statt. Für Samstag, 19. Juli, war ein Garten-Rosenfest angekündigt: Konzerte, Schautänze, Fackelpolonaise, Gartenbeleuchtung und Tanz. Im Winter 1930/1931 waren 50 bis 100 Notstandsarbeiter im Garten beschäftigt, um das Schweizerhäuschen samt Hügel abzutragen und einen Steingarten anzulegen. Mit Hebebäumen und per Feldbahn wurden bis 100 Zentner schwere Steine bewegt. Steine und Sand stammten aus eigener Grube. Die Quelle Leonhardsbrunn wurde über einen neuen Bachlauf in den Bootsweiher geleitet. Am Nordabhang entstand der neue Heidegarten. Die Zeichen eines neuen Beginns wurden sichtbar.

# Der Palmengarten wird städtisch

Am 7. Oktober 1930 und am 9. März 1931 beschloß der Magistrat, das Vermögen und die Schulden der Palmengarten-Gesellschaft unter Ausschluß der Liquidation zu übernehmen und das gesellschaftseigene Gelände am Leonhardsbrunn zu 35 Mark pro qm, für insgesamt 1 346 490,— Mark, zu übernehmen, die Schulden aus Anleihen zu decken und dem Garten einen Betriebsvorschuß von 50 000 Mark zu bewilligen.

Am 1. Juni 1931 wurde der Palmengarten in einem Vertrag zwischen der Palmengarten-AG und der Stadt „verstadtlicht". Der langjährige, hochverdiente Vorsitzende des Aufsichtsrates, Rechtsanwalt Dr. Carlo Andreae, wurde bei seinem Ausscheiden durch die Stadt geehrt. In der letzten Generalversammlung der Palmengarten-Gesellschaft wurde den Aktionären die Auszahlung des Nominalbetrages bewilligt, und die Vorrechte des ermäßigten Eintritts wurden auf 10 Jahre angeboten. Der Palmengarten wurde zum Regiebetrieb mit gemeinsamer Deputation mit dem Zoologischen Garten bei zunächst getrennter Geschäftsführung.

Unter städtischer Regie war zunächst die Umbau-Abrechnung des Gesellschaftshauses in Ordnung zu bringen. Um das Zweieinhalbfache des Kostenvoranschlages wurde die Bauabrechnung überzogen. Diese Schuld wurde Stadtrat May und Baudirektor Elsässer angelastet, die diese Umbauten in die Wege geleitet und durchgeführt hatten. Dazu der „General-Anzeiger" vom 19.11. 1931: „Landmann — furchtlos unter Palmen" und der Oberbürgermeister dazu „Wir fürchten nichts!".

An unsere verehrlichen

Freunde und Aktionäre des Palmengartens!

Am 1 Juni 1931 tritt die voraussichtlich letzte Generalversammlung der Palmengarten-Gesellschaft zusammen. Hauptberatungsgegenstand ist der Vertrag mit der Stadt Frankfurt am Main, nach welchem der Palmengarten als Ganzes auf die Stadt übergehen soll.
Mit der Auflösung der Gesellschaft stirbt nur die Form, nicht aber der Palmengarten. Im Gegenteil! Seine Besucherzahlen beweisen, daß das allgemeine Interesse an dem Institut in einem erfreulichen Wachstum begriffen ist.

Vielfach geäußerten Wünschen und Anregungen entsprechend möchten weite Kreise unserer Bevölkerung auch nach dem Übergang auf die Stadt dem Institut als Freunde eng verbunden bleiben und der Stadt Frankfurt helfend zur Seite stehen, wenn es gilt, das Interesse unserer Bürgerschaft aufrecht zu erhalten, und das Interesse der Auswärtigen wieder in erhöhtem Maße zu gewinnen.
Im Anschluss an die Generalversammlung soll
am 1. Juni 1931, nachm. 7 Uhr im Palmengarten
ein zwangloses Zusammensein der Freunde des Palmengartens stattfinden. Es sollen dabei die Maßnahmen besprochen werden, die zur Erreichung der genannten Zwecke dienlich erscheinen. Es würde uns zur besonderen Freude gereichen, wenn wir Sie bei dieser Gelegenheit im Palmengarten begrüßen könnten.

Mit vorzüglicher Hochachtung
Die vorläufige Vereinigung der
Freunde des Palmengartens

Es sollte uns zur besonderen Freude gereichen, wenn wir Sie bei dieser Gelegenheit im neuen Restaurant des Palmengartens begrüßen könnten.

Mit vorzüglicher Hochachtung
Der vorläufige Ausschuß zur Begründung einer
Vereinigung der Freunde des Palmengartens

Frau Stadtrat Alken, Dr. C. Andreae und Frau, Dr. Anger, Höchst, Landrat Appel und Frau, Dr. Ascher und Frau, Oberregierungsrat Borghaus und Frau, Oberpostdirektor Brunk und Frau, Stadtrat Börner und Frau, Dr. de Bary und Frau, Direktor Alexander Becker und Frau, Baronin von Bethmann, Maria Bromme, Max Bachenheimer und Frau, Stadtrat Cramer und Frau, Direktor Drescher und Frau, Stadtverordneter Decker und Frau, Stadtverordneter Dobler und Frau, Direktor L. Deutsch und Frau, Chefredakteur Dombrowski und Frau, Direktor Eufinger und Frau, von der Emden und Frau, Stadtrat Frank und Frau, Bürgermeister Dr. Gräf und Frau, L. von Gans und Frau, Bankier Goldmann und Frau, Stadtverordneter Geßner und Frau, Oberpostdirektor Heerdt und Frau, Paul Hirsch, Robert von Hirsch, Stadtverordneten-Vorsteher Heißwolf und Frau, Professor Dr. Kolle und Frau, Stadtrat Kriegseis und Frau, Stadtrat Dr. Keller und Frau, Konsul Kotzenberg und Frau, Stadtrat Dr. Linse und Frau, Stadtrat Dr. Lingnau und Frau, Stadtrat Dr. Langer und Frau, Oberbürgermeister Dr. Landmann und Frau, Stadtverordneter Lion und Frau, Dr. Fried Lübbecke und Frau, Bankier Lismann und Frau, Stadtverordneter Landgrebe und Frau, Stadtrat Mietens und Frau, Stadtrat Müller und Frau, Stadtrat Dr. Michel und Frau, Frau Regierungspräsident von Meister, Gräfin Mongelas geb. von Weinberg, Hugo von Metzler und Frau, Moritz von Metzler und Frau, Stadtrat Niemeyer und Frau, Professor Neisser und Frau, Redakteur H. Nadolny und Frau, Oberst Oldenburg und Frau, Redakteur Peters und Frau, Direktor Dr. Priemel und Frau, Frau Stadtrat Quarck-Hammerschlag, Frau von Richter, Rettershof, Stadtverordneter Rebholz und Frau, Dr. Schmidt und Frau, Gewerberat Schilling und Frau, Stadtrat Dr. Schlotter und Frau, Stadtrat Dr. Schlosser, Frau Professor Schmieden, Stadtverordneter Dr. Scharp und Frau, Stadtrat Seliger und Frau, Karl Siedler und Frau, Homburg v. d. H., Stadtverordneter Sznurkowski und Frau, Medizinalrat Dr. Stamm und Frau, Stadtverordneter Stoltze und Frau, Professor Dr. Trumpler und Frau, Frau von Trenkwald, Professor Dr. Vorkastner und Frau, Medizinalrat Dr. Werner und Frau, Direktor Dr. Willecke und Frau, Regierungsbaurat Wulkow und Frau, Stadtrat Weidner und Frau, Stadtrat Weber und Frau, Geheimrat A. von Weinberg und Frau, Generalkonsul C. von Weinberg und Frau, Redakteur Hch. Wüst und Frau, Redakteurin Leni Wüst.

## Die Gesellschaft „Freunde des Palmengartens" wird gegründet

Mit der letzten Generalversammlung am 1. Juni 1931 sollten die Verbundenheit und das Interesse weiter Kreise der Bevölkerung mit dem Palmengarten nicht abreißen, die als Freunde dem Institut eng verbunden blieben.

Der vorläufige Ausschuß nennt viele führende und einflußreiche Persönlichkeiten der Stadt als Förderer. Die Gesellschaft hatte den Zweck, den Palmengarten nach jeder Richtung zu fördern. Durch die Art seiner Arbeit und Wertung sollte er Liebe und Lust an Blumen- und Pflanzenpflege und Pflanzenkunde in den weitesten Kreisen verbreiten. Der Zweck war gemeinnützig. Max Bromme, der Initiator, nannte bei der Gründungsversammlung am 1. Juni 1931 auch Vergünstigungen: monatliche Mitteilungen über die Kulturen, Führungen im Garten, Vorträge mit Verlosungen, Schaffung einer Bücherei, Beratung für Haus- und Gartenpflanzen. Am 31. Dezember 1931 gab es 91 Mitglieder.

Am 2. Februar 1933 hatte der Kassenführer der Gesellschaft, Carl von der Emden in Paradeuniform dem ersten lebenslänglichen Mitglied der Gesellschaft, Robert von Hirsch, die Mitgliedskarte überreicht. Kaum zwei Jahre später mußte von Hirsch als Nichtarier vor den Nazis fliehen. Von Basel aus beobachtete er die Entwicklung des Palmengartens. Nach seinem Tode erhielt der Palmengarten Pflanzen aus seinem Erbe.

## Neubelebung des Gartens unter städtischer Regie

1931/1932 war das Wasserpflanzenhaus, nach 26 Jahren ununterbrochener Nutzung, völlig renoviert worden. Zur Einweihung zeigte der Garten eine Zimmerpflanzen-Schau mit vielen Hinweisen und Empfehlungen. Die neuerworbenen Kakteen, besonders die Echinocereus grusonii (Schwiegermuttersitz) erregten Aufsehen wegen ihrer Größe. 1931 wurden 35 000 Alpenpflanzen und Stauden neu gepflanzt, dazu 2000 Gehölze in 350 Arten. Somit wurde der Bestand an Gehölzen auf etwa 700 und an Stauden auf 1200 Arten erhöht. In der Gärtnerei wurden 90 000 Pflanzen herangezogen. Gladiolen, Dahlien, Canna und Sonnenblumen wurden getestet. Durch das Bundesfest des deutschen Sängerbundes und das Goethejahr waren 1932 12% mehr Besucher in den Garten gekommen als im Vorjahr.

1932 fand an Sonderschauen statt: 15. — 17. April Blumenschmuck als Bindekunstprüfung, 17. — 30. April Topfrosen, 7. — 9. Mai Tulpen und Narzissen, 29. — 11. Juli Keramik, Kristall und Porzellan mit Blumen, 7. — 11. September Kakteenschau der Kakteenfreunde. Der Palmengarten beteiligte sich an Rosenschauen in Bad Kreuznach, Bad Homburg und Osterrode/Ostpreußen.

In diesen Jahren sind die Garteninspektoren A. Bailly für das Freiland und Fritz Encke, seit 1929 im Palmengarten, für die Gewächshäuser unter dem Gartendirektor Max Bromme verantwortlich.

1933 ist auch in den Akten des Palmengartens als Einschnitt spürbar. Schon im April gab es einen „Führer" der Gesellschaft. Mitglied „kann jede natürliche Person arischer Abstammung werden." „Der Führer ist Vorstand des Vereins im Sinne des Gesetzes. Führer kann nur ein unbedingt nationalzuverlässiges Mitglied sein (möglichst Mitglied der NSDAP)", man nannte das Verfahren: „Umänderung der Satzung im Sinne der Gleichschaltung." Auch das „Heil Hitler" als Grußformel findet sich in den Akten.

Unter Dr. Geisow war die neue Palmengartengesellschaft recht erfolgreich in Vorträgen und Führungen. Zur Intensivierung der Arbeit wurden Stadtamtmann Acker, Garteninspektor Encke und Rosenzüchter Eicke in den „Führerrat" berufen.

Am 29. Mai 1933 fand ein Frühlingsfest mit dem Märchenspiel „Dornröschen" auf der neuen Naturbühne des Gartens statt. Ab Juni 1933 erschienen die Palmengarten-Mitteilungen mit Konzertprogramm jeden Monat. Das erste Heft stand im Zeichen der Rose und der 50-Jahrfeier der deutschen Rosenfreunde im Palmengarten. Zu diesem Ereignis gewährte der Magistrat einen Zuschuß von 10 000 RM.

## Das Deutsche Rosenfest 1933 im Palmengarten

Der Verein Deutscher Rosenfreunde VDR, der 1883 auf Anregung des Frankfurt-Sachsenhäuser Rosenliebhabers Conrad Peter Straßheim gegründet worden war, feierte sein 50jähriges Jubiläum im Palmengarten. Erstmals war Straßheim bei der Internationalen Patent- und Musterausstellung im Sommer 1881 auf dem Gelände des späteren Neugartens am Palmengarten mit einer Rosenpflanzung hervorgetreten. Und erst 1887, als der Neugarten für den Palmengarten erworben worden war, konnte August Siebert einen Rosengarten anlegen. Doch die Rosen hatten schon seit Beginn des Palmengartens große Bedeutung. Jährlich wurden Tausende von Rosen in den Wintermonaten für die Frühjahrs-Ausstellung in der Blütengalerie angetrieben. Regelmäßig fanden Schnittrosen-Schauen im Gesellschaftshaus statt. Im Laufe der Jahrzehnte war der Boden des Rosengartens müde geworden. So entschloß man sich trotz finanzieller Engpässe 1926 auf dem Gelände vor den Tennisplätzen einen neuen Rosengarten anzulegen. Gartenarchitekt Wirtz aus Heidelberg lieferte den Entwurf und betreute die Ausführung.

Das Deutsche Rosenfest wurde am 8. Juli 1933 auf der Terrasse des Palmenhauses eröffnet. Vom 8. — 10. Juli war eine Jubiläumsrosen-Schau zu sehen. Im Rosengarten stellte man die Straßheim-Plakette zur Erinnerung an den Mitbegründer des VDR auf. Der 1. Vorsitzende des VDR, Herr Vogel-Hartweg aus Baden-Baden und Herr Stadtrat Dr. Schlotter stellten bei dieser Gelegenheit die für Ausstellungszwecke neugestaltete Blütengalerie vor. Die Hauptversammlung des VDR fand am 9. Juli 1933 statt. Bei dieser Gelegenheit teilte Gartenbaudirektor Max Bromme seine Pläne zur Schaffung einer Rosenvergleichsschau im Freigelände des Volksparkes Grüneburg-Süd am Palmengarten mit. Das Unternehmen kam wohl in Gang, ist aber durch Kriegs- und Nachkriegsereignisse untergegangen. Anläßlich des Jubiläums fanden im Palmengarten eine Automobil-Schönheits-Konkurrenz und ein Blumenkorso statt. Festliche Konzerte und die Illumination des Parkes am Abend waren weitere Höhepunkte neben einem Rosen-Kinderfest. Dieses Fest der Rosen wurde bis 1941 regelmäßig veranstaltet.

In den 60er Jahren wurde der Rosengarten durch die Pläne von Otto Derreth wesentlich erweitert und modernisiert. Wasserflächen wechseln mit Rasen- und Wegeflächen harmonisch ab. Über 350 Sorten sind ausgepflanzt und werden ständig erneuert. Aber es scheint, daß auch die Tage dieses Rosengartens gezählt sind. Neuer Standort soll die Mitte des Gartens hinter dem Palmenhaus sein. Rosen, Rosen . . . ohne Ende.

Am 1. Juli 1934 fand im Festsaal eine Kundgebung der Deutschen Gesellschaft für Gartenkultur mit Prof. Dr. Ebert, dem Präsidenten der Deutschen Gartenbaugesellschaft, statt. Der 14. und 15. Juli 1934 wurde zum „Tag der Rose" proklamiert als „Fest der deutschen Volksgemeinschaft" zum Besten des Hilfswerks „Mutter und Kind". In „freiwilliger Gefolgschaft" zeichnete der Führer der Frankfurter Ortsgruppe eine dreifache Blüte aus gemeinsamer Wurzel: Wille, Verstand und Gemüt als Wesensart des Führers. Mit einem dreifachen „Sieg Heil auf Führer, Volk und Vaterland", unter Absingen des Deutschland- und des Horst-Wessel-Liedes schloß auch diese Kundgebung — wie so viele andere bis zum „Endsieg".

Ende Mai 1934 hatte eine Schwertlilien- und Pfingstrosenschau, im August eine Einjahresblumen- und Gladiolenschau, im September ein Erntekinderfest, im Oktober eine Früchteschau der Kleingartenvereine stattgefunden. Anfang Dezember 1934 führte man das Winterfest „Frohsinn unter Blumen" ein. Zu Beginn des neuen Schuljahres, im Herbst 1934, war die Berufsschule für Gartenbau und Binderei in die neu hergerichtete Villa Leonhardsbrunn eingezogen. Dr. Julius Jaeschke und Ada Köhnlein wirkten als Fachlehrer an der neu eingerichteten Schule.

## Max Brommes große Lösung

Im Jahr 1935 verstarb Direktor Otto Krauß am 24. März. C. Bonstedt schreibt: „Es gehört enach 1923 eine ganze Manneskraft und hoher Idealismus dazu, nun in dieser Zeit den Kampf um die Erhaltung des Gartens zu bestehen. Er war besonderer Kenner der Dahlien, die er jahrzehntelang im Palmengarten prüfte. Er besaß eine umfangreiche Pflanzenkenntnis auf allen Gebieten, besonders auch in Sorten der Florblumen. Sein Urteil war immer treffend, oft mit dem ihm eigenen schwäbisch-Frankfurter Humor gewürzt." Von 1936 bis 1937 betrieb Max Bromme die Zugewinnung des Grüneburgparks und des Zwischengeländes oder Außenparks zum Palmengarten. Auf dem Gelände des Außenparks kam die große Erweiterung des Botanischen Gartens aus Mitteln der Stiftungs-Universität der Stadt und durch Arbeitsbeschaffungskredite zustande. Ein direkter Weg verband den alten Grüneburgpark mit dem Palmengarten. Im Laufe der

Zeit wurde auch der Botanische Garten in den Gartenkomplex „Parklandschaften in und am Palmengarten" einbezogen.

Im Palmengarten selbst waren alle Gewächshäuser samt Palmenhaus durch Sonderbewilligungen gründlich erneuert und die Kesselanlagen verbessert worden. Die Wasserversorgung wurde ausgebaut; es gab über 210 Hydranten im Garten. Die Weiher wurden entschlammt, die Entwässerung verbessert. 1937 entstand ein neuer Musikpavillon an der alten Stelle, der dann im Feuersturm des März 1944 in Flammen aufging. In diesen Jahren wurde auch die alte Hängebrücke über den Bootsweiher abgebrochen. Statt dessen konnte man auf einem Wasserpfad den Weiher überqueren. Im Norden baute man einen neuen Eingang.

Im Palmengarten war alles „auf Zukunft" programmiert. Mit dem Erwerb des Grüneburgparks 1936 kam eine Gewächshausgruppe hinzu, die früher der Wein- und Pfirsichtreiberei sowie der Überwinterung von Kübelpflanzen vorbehalten war. Die Gewächshäuser mußten überholt werden und waren für die Vorkultur von Schaupflanzen vorgesehen. Aber dazu sollte es nicht mehr kommen. Das Grüneburgschlößchen wurde als vornehme, musikfreie Gaststätte zu einer Attraktion in dieser Parklandschaft. 1944 wurde es ein Opfer der Brandbomben. Hier wurde die Gesellschaft „Reichsarboretum" am 28. August 1938 gegründet. Der Gedanke dazu war bereits 1929 in Köln erarbeitet worden. Köln sollte in 1000 ha Land eine der drei Hauptanlagen, die Systematik der Dendrologie, beheimaten. Weitere 1000 ha standen dort zur Verfügung. Andere Flächen waren außer in Frankfurt in Karlsruhe, Freiburg/Breisgau und Graz vorgesehen.

Die 75 ha Park-Garten-Landschaft am Palmengarten sollte nicht nur die „Frankfurter Außenanlage" des Reichsarboretums und der Rosen-Sichtungsanlage aufnehmen, sondern war als Gelände für eine große, schon genehmigte, internationale Gartenbau-Ausstellung 1941 vorgesehen. Die Entwicklung über die Ginnheimer Höhe in die Flußaue der Nidda hatte Bromme schon damals ins Auge gefaßt.

Diese Idee einer „großen" Lösung unter Aufhebung der Miquelstraße war leider nur von sehr kurzer Dauer. Für den Frankfurter Teil war die geographisch-soziologische Anlage im Niddatal vorgesehen, und zwar das linksseitige Niddatal von der Ginnheimer Höhe bis nach Hausen, Eschersheim und Heddernheim, im Gebiet der Bundesgartenschau 1969 und 1989. Nahe dem „Woog" sollte ein 9 ha großer Weiher für Regen- und Oberflächenwasser geschaffen werden, um das Kleinklima günstig zu beeinflussen. Die 80 000 cbm Erdaushub sollten für die Ausbildung von Erdriegeln zum Abweisen östlicher Kaltluftströme verwendet werden.

In diesen Jahren „der nationalen Erneuerung" hatte man sich gelegentlich auch auf alte Weisheiten zurückbesonnen und nutzte solche, um einer „deutschen" oder naturgemäßeren Lebensweise das Wort zu reden. Oft war es aber nur das Bemühen um Autarkie, die ernährungsmäßige und rohstoffliche Selbstversorgung. So entstand im

Palmengarten im Bereich der Gärtnerei ein Kräutergarten, der für sich etwas sehr Schönes ist. Wenn man aber daran denkt, daß hier Schulkinder als Heilkräutersammler für die Kriegsmaschinerie trainiert wurden, wirkt diese Naturliebe verwerflich.

In „Blumen und Palmen" vom Juli 1939 erfahren wir von der Rosen-Neuheiten-Beobachtungsstelle im Palmengarten. Damit trat Frankfurt neben die Rosengärten von Sangershausen/Thüringen und Ütersen/Holstein. Im Sommer 1937 wurden 5000 Unterlagen mit 140 verschiedenen Edelrosen veredelt. Bis Kriegsausbruch fanden jährliche Rosenprüfungen unter der Leitung von Fritz Encke statt.

Eine wertvolle Vergrößerung des alten Palmengartens entstand 1937 durch die Angliederung des 20 ha großen Grüneburgparks, den die Stadt im Jahr zuvor erworben hatte. Dazu kamen weitere 20 ha des zwischen den beiden Parkanlagen gelegenen Freigeländes. Um beide Parkanlagen miteinander verbinden zu können, wurde der als Riegel wirkende Botanische Garten an die Nordflanke des Freigeländes verlegt und auf 4,5 ha vergrößert, der alte Garten sollte dem Palmengarten zugeschlagen werden. Dieser neue Botanische Garten wurde unverzüglich begonnen und in den Grundzügen bis 1939 fertiggestellt. Der Kriegsausbruch verhinderte nicht nur die Fertigstellung, sondern auch die im vergrößerten Palmengarten für 1941 geplante Reichsgartenschau. In den letzten Jahren vor dem Krieg hatte der Palmengarten wieder einen Höhepunkt seiner Entwicklung erreicht. Es gab täglich zwei Konzerte. Der Garten war wieder zu einem gesellschaftlichen Mittelpunkt der Stadt geworden. — Doch kommende Ereignisse kündigten sich im Frühjahr 1939 an.

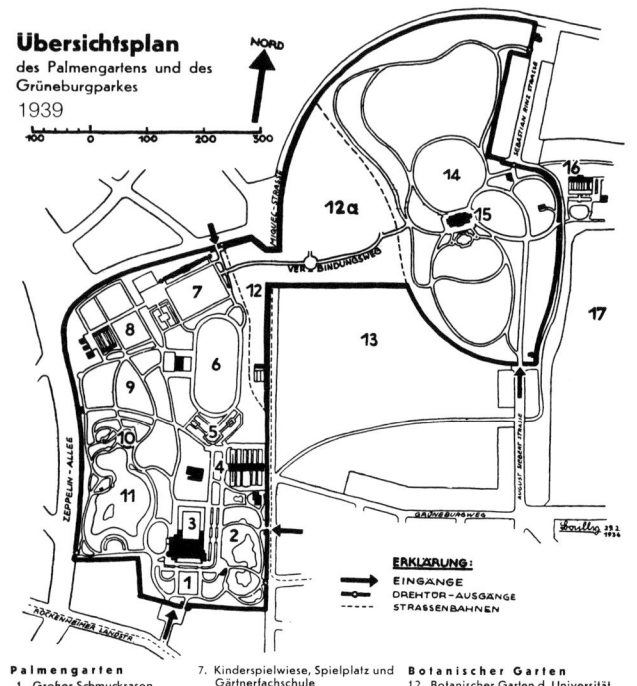

**Übersichtsplan**
des Palmengartens und des
Grüneburgparkes
1939

NORD

**Palmengarten**
1. Großer Schmuckrasen
2. Alter Parkteil mit kleinem Weiher und Seerosenteich
3. Gesellschaftshaus, Palmenhaus mit Blütengang
4. Pflanzenschauhäuser
5. Rosengarten
6. Tennisplatz (Eisbahn) mit Sportkaffee

7. Kinderspielwiese, Spielplatz und Gärtnerfachschule
8. Anzuchts- und Versuchsgärtnerei u. Staudenmauer, Sommerblumen
9. Liegewiese und Alpenrosenweg
10. Alpen- und Steingarten, Staudenwiese
11. Großer Weiher, Bootshaus und neuer Kinderspielplatz

**Botanischer Garten**
12. Botanischer Garten d. Universität
12a. Neue Pflanzengeograph. Anlage
**Grüneburgpark**
13. Freie Parklandschaft
14. Grüneburgpark
15. Caféschlößchen Grüneburg
16. Gärtnerei des Grüneburgparkes
17. Park der JG. Farbenindustrie AG. (nicht öffentlich zugänglich)

**ERKLÄRUNG:**
→ EINGÄNGE
⇒ DREHTOR-AUSGÄNGE
--- STRASSENBAHNEN

# Der Zweite Weltkrieg und der Wiederaufbau im Palmengarten

## *Beschlagnahmungen und Bemühungen*

Am 7. März 1939 wurde der Große Saal des Palmengartens durch die Reichsgetreidestelle für Lagerzwecke beschlagnahmt. In einer Konferenz des Reichsbeauftragten mit dem Oberbürgermeister und Staatsrat Dr. Krebs und dem Gauleiter und Reichsstatthalter für Hessen-Nassau Sprenger wurde erreicht, daß der Palmengarten, da er kürzlich renoviert worden war, von der Einlagerung verschont bleiben sollte. Am 18. Juli 1939 waren die Räume im Gesellschaftshaus für Polizei und Sicherheitshilfsdienst bereitzustellen. Am 28. August 1939 beschlagnahmte Hauptmann Silbersdorff das Gesellschaftshaus und belegte es mit vier Hundertschaften Schutz- und Hilfspolizei. Doch auf Anordnung des Oberbürgermeisters räumte die Polizei bis auf den Westflügel das Haus, der Besuch des Gartens war wieder möglich. „Zur Stärkung der inneren Front sollen Veranstaltungen für die Bevölkerung und die Wehrmacht im erneuerten Palmengarten-Festsaal wieder stattfinden." Am 25. September 1939 forderte der Palmengarten von der Reichsstelle für Bekleidung 725 qm Verdunkelungsstoffe an. Ende Oktober 1939 zog die Luftschutzfeuerwache aus den Gefolgschaftsräumen in die Villa Leonhardsbrunn. Ab 1. Juli 1940 übernahm Hugo Doetsch die Pacht des Gesellschaftshauses. Er erhielt von der Polizei je qm Fläche 2 Reichspfennige pro Tag als Entschädigung. Mitte Februar 1942 wurde das Gesellschaftshaus als Reserve-Lazarett sichergestellt. Mitte August 1942 wurde diese Verfügung wieder aufgehoben; die Polizei aber blieb. Im September 1943 sollte in der Gartenbauschule eine Hollerith-Abteilung untergebracht werden. Im Verwaltungsgebäude war der Stab der Dulag (Durchgangslager) bis Ende April 1944 untergebracht. Außerdem waren dort Nachrichtenoffiziere der Wehrmachtskommandantur tätig. Aber das sind nur „Splitter" der Ereignisse während des Krieges.

Der Ausbruch des Krieges Anfang September 1939 legte alle großangelegten Bemühungen um eine „große Lösung Palmengarten" lahm. Das Ziel der gärtnerischen Betriebsleitung war es, nun die wertvollsten und empfindlichsten Pflanzenbestände zu erhalten und die Gebäude und technischen Anlagen gegen Kriegseinwirkungen zu sichern. Wie schon im ersten Weltkrieg kehrte in den Palmengarten und in den Grüneburgpark wieder der Gemüseanbau ein. Krankenhäuser, Lazarette und Volksverpflegungsstellen wurden mit wertvollem Frisch- und Frühgemüse versorgt. Diese Gemüseproduktion nutzten später die amerikanischen Besatzungstruppen noch einige Jahre aus.

Im November 1941 trat Max Bromme mit einem weiteren interessanten Gedanken zur Förderung des Palmengartens hervor. Er begründete ein „Archiv für Gartenkunst und Zierpflanzenkunde" in Frankfurt. 1938 erwarb die Stadt die „Sammlung Bedau", garten- und pflanzengeschichtliche Literatur hohen Ranges. Bromme tätigte weitere Ankäufe in Holland, Belgien und Frankreich. Er hoffe, zusammen mit der 1919 durch die Senckenbergische Bibliothek übernommenen Bücherei der ehemaligen Frankfurter Gartenbau-Gesellschaft „Flora" ein großes Spezialarchiv gründen zu können. Mit dem Verein „Bücherei deutschen Gartenbaues" in Berlin mit 40 000 Bänden war eine Zusammenarbeit abgesprochen. Das Archiv war in den Räumen der „Gesellschaft Reichsarboretum e. V." in der Bockenheimer Landstraße 102 untergebracht — bei einem verdienten Palmengartenfreund, der vor den braunen Machthabern geflohen war. Nach Kriegsende kam das Archiv in den Palmengarten und wurde gemäß Beschlüssen des Magistrats und der Stadtverordneten-Versammlung der Stadt- und Universitätsbibliothek zugeführt.

Von 1929 bis Kriegsende und noch darüber hinaus wirkten im Palmengarten an erster Stelle Fritz Encke als technischer Leiter, Gartenbauinspektor Albrecht Bailly im Freiland, Garteninspektor Ulrich Wolf und Garteninspektor Werner. Während der Überleitung 1929 bis 1931 leitete Dipl.-Kfm. Binder die Verwaltung, nach der Verstadtlichung Oberinspektor Kahlert, sodann Stadtamtmann Akker, später Stadtamtmann Georg Kroth.

## Der Kampf um die Pflanzenschätze

Bis zum Frühjahr 1944 blieb der Garten vor schwerwiegenden Kriegs- und Fliegerschäden verschont. Viele Menschen suchten und fanden hier Erholung. Im März 1944 wurden bei Fliegerangriffen zwei Drittel der Glasdächer zerstört. Das Grüneburgschlößchen und der Westflügel des Gesellschaftshauses brannten ab. Bis Ende August konnten alle Glashausschäden wieder beseitigt werden.

Bis zum August 1944 wurden die Konzerte unter Richard Limpert in einer dem Ernst der Zeit entsprechenden Form durchgeführt.

Am 12./13. September 1944 wurde bei einem schweren Bombenangriff auf Bockenheim erneut der Palmengarten in Mitleidenschaft gezogen. Der Musikpavillon brannte bei diesem Angriff ab, die Glashausflächen gingen wiederum zu einem Großteil zu Bruch, ein Brand im Gesellschaftshaus konnte gelöscht werden.

Die wenigen Gärtner und Handwerker unter Leitung von Fritz Encke dämmten die Brandherde ein, brachten es fertig, bis zum Winter einen Teil der Häuser wieder zu verglasen und die Pflanzensammlungen in diese Häuser zusammenzuräumen. Die großen, alten Palmen im Palmenhaus konnten nicht gerettet werden, sie erfroren im Laufe des Winters. Bis zum Einrücken der Amerikaner in Frankfurt am 25. März 1945 blieb der Garten vor weiteren größeren Schäden verschont. Der Garten wurde sofort von den alliierten Streitkräften besetzt und am 5. Mai 1945 in den Sperrbezirk miteinbezogen. Von diesem Zeitpunkt an begann — dank des Interesses und des Bekanntheitsgrades des Gartens in Amerika — der schrittweise Wiederaufbau.

Vor allem rollte der höchst nötige und kaum erreichbare Koks an. Das Palmenhaus, die Blütengalerie und die Pflanzenschauhäuser wurden wieder verglast und voll in Betrieb genommen. Das Palmenhaus wurde innen wieder hergerichtet und neu bepflanzt. Die Wiederherstellung des Parkes wurde in Angriff genommen. Auch das Gesellschaftshaus wurde generalüberholt. Der Wiederaufbau des Westflügels ließ noch auf sich warten. Es ist eine der vortrefflichsten Leistungen von Fritz Encke, daß die Sammlung tropischer Pflanzen zu über 80% gerettet werden konnte. Es dürfte die vollständigste Sammlung sein, die den Krieg überlebt hat.

So einfach war der Wechsel vom Krieg zum Frieden.

## Die Amerikaner im Palmengarten

Für die amerikanischen Streitkräfte, die sich das IG-Farben-Hochhaus in der Nähe vom Palmengarten und Grüneburgpark als Hauptquartier ausgesucht hatten, war der Palmengarten, der zum Glück von den Bombenteppichen verschont geblieben war, eine sehr willkommene Einrichtung zur Erholung. Gartenbaurat Fritz Encke und den verbliebenen Mitarbeitern wurde Sergeant Dustin Gunn vorgesetzt. Im Gesellschaftshaus zog das amerikanische Rote Kreuz ein und richtete einen Club ein.

Vom 1. August 1945 liegt von Fritz Encke eine Aufstellung der Gewächshauspflanzen vor, die 1128 Arten und 55 Unterarten in 512 Gattungen beinhaltet. Am 1. Januar 1938 hatte der Garten 1658 Arten und 157 Unterarten in 654 Gattungen. Und wenn man die Vergleichszahlen 1931 mit 2140 Arten und 1933 mit 3197 Arten heranzieht, bemerkt man, welch einem ständigen Wandel eine derartige Sammlung unterworfen ist. In diesen Zahlen sind weder Freilandgehölze, Stauden noch Sortimente von Sommerblumen, Rosen, Chrysanthemen, Pelargonien, Fuchsien, Dahlien, Schwertlilien usw. enthalten. Wenn man bedenkt, daß zweimal die Glasbedachung der Häuser zerstört war und „nur" die großen Palmen erfroren sind, ist das eine großartige Leistung.

Am 18. September 1945, nachdem der Krieg auch in Ostasien zu Ende war, wurde der Palmengarten Service Club unter Leitung der USFET Special Service und der ARC eröffnet. Eine Bildergeschichte in der Zeitung DOG TAG vom 5. Oktober 1945 preist die Errungenschaft für die Soldaten als eines „berühmten europäischen Hauses". Denn nirgendwo in Europa könne so viel geboten werden an Unterhaltung, Erholung und Vergnügen. Dieser Garten sei schon vor dem Krieg ein „Muß" für jeden Deutschland-Besucher gewesen.

Das gesellschaftliche Leben der Stadt habe sich hier abgespielt und die Karnevalszeit sei der Höhepunkt gewesen. Die frühere Bedeutung des Gartens für den Sport wird erwähnt. Vor 10 Jahren sei der „Green Castle" Park dem Garten angefügt worden und die Verbindung zu einer Einheit mit dem Botanischen Garten wenige Jahre später erreicht worden. Das Party House sei soweit instand gesetzt, daß es den Anforderungen eines Clubs gerecht werde.

Man könne einen ganzen Tag in diesem Wunder der Natur verbringen, ohne behaupten zu können, alles gesehen zu haben. Ein Faltprospekt sollte für den Besuch werben. Im Dezember 1945 besuchte Madame Eisenhower die GIs im Palmengarten. Der American Red Cross Club als „The Garden Spot of Frankfurt" gab ein wöchentliches Programm „This Week at Palmengardens" zum Aushängen heraus. Es ist erstaunlich, was alles geboten wurde. Aus DOG TAG vom Freitag, 12. April 1946, erfahren wir, daß Mr. Gunn, Allied Civilian Manager, 75 Gärtner und Arbeiter unter sich hat und daß zu Ostern, 14. April, besonders im Haus 3 Orchideen blühen, daß die Häuser von 8 bis 17 Uhr geöffnet sind für alle Soldaten und alliierten Zivilangestellten. Täglich ist um 15 Uhr eine Führung durch die Häuser angesetzt. Am Ostersonntag fand ein Konzert mit Eoa Prchlikova, Sopran; Richard Kubla, Tenor; Manon Maron, Tanz, und Georgette Novotua von der Prager Nationaloper statt. Am 20. April 1946 schrieb Lambert Underwood in „Hard Times", the head gardener, Fritz Encke, habe erklärt: Orchideen, Insektenfangende Pflanzen, Lebende Steine und die Victoria seien die am meisten bewunderten Pflanzen in den Schauhäusern. — Ab August 1946 erscheint „Palmengarden Weekly".

A MERRY CHRISTMAS AND A HAPPY NEW YEAR

Gedicht eines ungenannten GI, 1946:

*The Palm House*

*Here are the beauties of nature;*
*A touch of the Master's hand,*
*Amid of chaotic corruption*
*Stands Palmengarten land.*

*The charm of a tropical island*
*By the arch of the greenhouse is spanned,*
*Neither cold nor frost or a rain comes*
*To Palmengarten land.*

*How stately, so tall, so majestic!*
*No ounce of rapture is banned,*
*From the joy and the thrill*
*Of a visit to Palmengarten land.*

*It seems that the other fine corners*
*Of mother earth's face I have scanned,*
*How not had the same inspiration*
*Of Palmengarten land.*

1947 bekamen Kinder unter 14 Jahren ohne Erwachsene Zugang in den Palmengarten. Das wurde aber im Juli wieder aufgehoben. Die Begründung dafür war folgende:

„Weil sich unhygienische und ungesunde Verhältnisse herausgebildet haben. Die Kinder, die das Gelände regelmäßig aufsuchen, sammeln sich bei der Imbiß-Bar an, in der Essen verabreicht wird, sie essen Speisen, die in den Mülleimer geworfen wurden und auch Speisen, die unachtsamer Weise auf den Boden gefallen sind. Angesichts dessen, daß viele amerikanische Soldaten auf dem Gelände anwesend sind, betteln die Kinder auch um Zigarettenstummel, Süßigkeiten, Kaugummi und Röstmais. Es hat sich also gezeigt, daß der Zweck, der mit der Freigabe des Geländes verbunden war, nicht erreicht wurde."

Das wundert einen nicht, wenn man sich zurückerinnert, daß 1947 ein Hungerjahr war. Im „Occupation Chronicle" vom 30. April 1947 lesen wir von Mr. Gunns Sorge um das Gemüse, das vorwiegend im Grüneburgpark gezogen wurde: 125 000 Salatköpfe, 70 000 Pfund Tomaten, je 50 000 Weiß- und Blumenkohl, dazu 50 000 Spargelpflanzen. Das Saatgut war aus USA gekommen.

In „Desert Plant Life", IX, 1946, berichtet Don McGill über seine Zeit in Frankfurt und im Palmengarten, über die Kakteen- und Sukkulentensammlungen und seine Freundschaft mit Fritz Encke, der ihm aus der Bücherei, die ausgelagert war, interessante Literatur ausgeliehen hatte.

Am 3. Mai 1948 öffneten sich die Tore des Palmengartens wieder für die deutschen Besucher. Bis der Garten ganz in deutsche Hände überging, mußten weitere 5 Jahre vergehen.

In diesen Jahren wurden jährlich rund 1000 Tonnen Kohle verheizt, das Gartenpersonal zählte 64 Mitarbeiter. Nach der Währungsreform am 20. Juni 1948 zahlten die US-Streitkräfte DM 48 000 Nutzungsgebühren pro Jahr, verringerten aber unter Sergeant Polidora die Gärtner auf 35; die anderen mußten von der Stadtkasse entlohnt werden.

## Die Wiedergründung des Vereins „Freunde des Palmengartens" 1947

Der alte Verein „Freunde des Palmengartens" war wie alle Vereinigungen durch Kontrollratsgesetz aufgelöst worden. Amtmann Fr. Acker ergriff die Initiative zu einem Neuanfang und lud einige Herren — Karl Forster, Franz Dermer, Paul Beyer, Fritz Encke, Prof. Laibach, F. Börner und Fr. Stolze — als Arbeitsausschuß in das damalige Verwaltungsbüro, Siesmayerstraße 2—4, auf den 23. Juli 1947 ein, um den Verein neu zu gründen.

Vorausgegangen war ein Besuch von Herrn Acker vom Palmengarten bei Dr. Lübbecke. Er hatte berichtet, daß General Lucius Clay persönlich erklärt habe, der Palmengarten würde in Kürze den Bürgern Frankfurts wieder offenstehen. Man wolle für die besonders notwendige Pflege und Erweiterung den alten Verein wiederaufleben lassen, aus dem er 1933 mit 20 anderen Herren bei seinem Übergang in einen von einem nazistischen Führer geleiteten Bund ausgetreten war, weil er die Gleichschaltung nicht hatte mitmachen wollen. Dr. Lübbecke, ebenfalls bei den Altstadtfreunden engagiert, bat Dr. Peter Bartmann, das ihm angetragene Amt des 1. Vorsitzenden anzunehmen. Damit sei ein gutes Stück Alt-Frankfurter Kultur zu retten.

Als Vorsitzender sollte eine „unbelastete Person" vorgeschlagen werden. Der Termin für die Mitgliederversammlung war der 1. September 1947. Auf dieser Wiedergründungsversammlung wurde Dr. Peter Bartmann zum 1. Vorsitzenden, Dr. Fried Lübbecke zum Schriftführer und Paul Beyer zum Kassenführer von den 22 anwesenden Altmitgliedern gewählt.

Unter den Anwesenden befinden sich auch Erich Forster, Friedrich Stolze, Robert Mertens, Hugo Doetsch, Franz Dermer, Fritz Encke, Maria Bromme, H. Knörr, Richard Limpert. In der Vorstandssitzung vom 8. September 1947 wurden erste Schritte zur Regulierung und Aktivierung überlegt. Die Presse — Frankfurter Rundschau, Neue Presse — und Radio Frankfurt sollten auf den Garten aufmerksam machen. Vorträge wurden vorbereitet, um die Mitglieder wieder zu interessieren. Schließlich sollte die Militärregierung gebeten werden, für vier Führungen des Vereins den Palmengarten freizugeben. Es wurde ein Arbeitsausschuß mit den Herren Acker, Encke, Forster und Knörr gebildet. Herr Acker sollte sich um die Benutzung des Saales im Senckenbergmuseum bemühen. Am 1. Oktober 1947 wurden 1000 gedruckte Einladungen verschickt, in denen die Gründung und die alten und neuen Ziele des Vereins dargestellt wurden. Der Jahresbeitrag war auf 6 Reichsmark festgesetzt worden. Die

Ziele wurden mit Worten Goethes „Aus einer Reise am Rhein, Main und Neckar in den Jahren 1914 und 1815" umschrieben:

*„In einer lebensreichen Stadt sollte sich alles aufsuchen, was miteinander einigermaßen verwandt ist, und so sollte Botaniker, Blumist, Kunstgärtner, Obst- und Küchengärtner sich nicht voneinander sondern, da sie sich einander wechselweise belehren und nutzen können."*

Die Militärregierung hatte den Festsaal bereits für die Konzerte der Museumsgesellschaft freigegeben, so hoffte man, daß zeitweise Räume für die Gesellschaft freigegeben würden. Da der Garten durch die bisherigen Fachkräfte gepflegt wurde, hoffte man außerdem auf einen baldigen Gartengenuß. Für Samstag, 11. Oktober 1947, 17 Uhr lud der Verein zu einer Feierstunde in den großen Hörsaal des Natur-Museums Senckenberg ein. Programm: Franz Schubert: „Der Hirt auf dem Felsen", eine Symphonie für Klarinette und Pianoforte. Ausführende: Elisabeth Rosenkranz, Sopran; Emma Lübbecke-Job, Klavier; Eduard Leibhold, Klarinette. Dr. Peter Bartmann: „Der Palmengarten" (Ansprache), Dr. Fried Lübbecke „Goethe als Gärtner" (Vortrag mit Lichtbildern) und als Schluß Robert Schumann, „Phantasie-Stücke für Klavier und Klarinette."

Weitere Vorträge scheiterten zunächst an der Raum- und Heizungsfrage. So wurden Vorträge in den Sommer 1948 verschoben. Am 9. Dezember 1947 regte Dr. Lübbecke ein Konzert im Palmengartensaal mit Werken Frankfurter Komponisten wie Telemann, Pfitzner, Hindemith und Hessenberg an. Das Homburger Symphonieorchester verlangte nur 1500 Reichsmark, nur den Saal zu finden war schwierig.

## Amerikaner und Stadt arrangieren sich

Erst am 3. Mai 1948 konnte die Freigabe des Gartens für alle Bürger erreicht werden, zunächst nur wochentags — Montag bis Freitag, 12 bis 19.30 Uhr. Die Anlagen und Sammlungen konnten in gemeinsamen finanziellen Anstrengungen der Stadt Frankfurt und der amerikanischen Zivilverwaltung wieder völlig hergestellt werden. Im Mai und Juni strömten über 90 000 Besucher in den Palmengarten.

Die Konzerte wurden zunächst auf der südöstlichen Wirtschaftsterrasse und bei ungünstiger Witterung im Palmenhaus unter Richard Limpert aufgenommen. Am Mittwochnachmittag waren Gastspiele des Unterhaltungsorchesters von Radio Frankfurt unter Leitung von Erich Börschel angesagt. Problematisch blieb die Einrichtung einer Gaststätte. Man fand schließlich eine Lösung im Erdgeschoß des sogenannten Beamtenhauses Siesmayerstraße 61, dort wurden am 24. Dezember 1948 die „Palmengarten-Stuben" eröffnet. Im Sommer wurde die Terrasse am Bootsweiher bewirtschaftet. Ab 18. Juli 1948 gab es wieder ein Programm mit Konzertfolgen und einen Übersichtsplan, der die „kleine Lösung Palmengarten", also ohne die Erweiterung durch den Grüneburgpark und den Botanischen Garten der Universität, signalisierte. 1949 beseitigte man die letzten Trümmer im Palmengarten, auch die des Musikpavillons. 2000 Deutsche Mark für den Wiederaufbau hatte die Gewerkschaft „Öffentliche Dienste, Transport und Verkehr" gespendet. Damit konnte man wenigstens die Umfassungsmauer als Schallrückwand aufführen. Als Bedachung benutzte man bunte Sonnenschirme. Es war also zunächst kein Tempel. Lange Zeit, von Mai 1898 bis 1930, stand der aus Stein erbaute Tempel im „Heiratsgärtche". Er war Wahrzeichen und Problemkind zugleich. Man hat immer wieder daran herumprobiert. 1934 entstand ein neuer, dem Stil der großen Terrasse nach dem Umbau angeglichen, mit Kunsthölzern teuer ausgestattet, der aber die großen Fliegerangriffe nicht überstanden hat. Am 13. Oktober 1948 berichtete Madlen Lorey in der Frankfurter Neuen Presse, daß der Palmengarten eigentlich 80 Jahre alt sei, aber infolge der Währungsreform habe man das Jubiläum in aller Stille begangen. Und durch die Geldreform sei die Besucherzahl von 12 000 bis 13 000 auf 5000 bis 6000 zurückgegangen. Sie berichtete vom Umzug der 8 m hohen Palme Washingtonia vom Marburger Botanischen Garten ins Frankfurter Palmenhaus. Diese Palme wuchs bis zum Herbst 1979 an der gleichen Stelle und mußte dann sterben, nachdem sie das Glasdach abgehoben hatte.

Im Sommer 1948 hatte sich die Tanz- und Gymnastikschule Lotte Müller im linken Seitenflügel von Haus Leonhardsbrunn niedergelassen. 1970 hörten die Nachfolgerinnen mit diesen Kursen auf. Die Gärtnerische Berufsschule wartete dringend auf den Raum, der dann behelfsmäßig in drei Schulräume umgebaut wurde.

Mit Beginn des Jahres 1949 wurde der Verein „Freunde des Palmengartens" wieder sehr aktiv. Treffen in den Palmengarten-Stuben, Führungen und Vorträge vermehrten das Interesse. Für den 23. Mai 1949 war gemeinsam mit dem Palmengarten und dem Verband der Blumengeschäftsinhaber ein Frühlingsfest mit Blumenschau geplant.

Am 15. Januar desselben Jahres fand unter dem Protektorat von Oberbürgermeister Dr. Walter Kolb in sämtlichen Räumen des Gesellschaftshauses und des Palmenhauses der 1. Internationale Filmball nach dem Kriege statt. Viele bekannte Schauspieler reisten von Hamburg in zwei Schlafwagen an. Unter den Gästen befanden sich: Hertha Feiler, Carola Höhn, Geschwister Hoepfner, Viktor de Kowa, Michael Jary, Just Scheu, Bruno Krüger, Peter Pasetti, Heinz Rühmann. Auch die Kinder feierten am 3. August wieder im Palmengarten, nachdem schon im Frühjahr die Osterhasen für die Kinder in den Palmengarten gekommen waren. Der große Spielplatz wurde hergerichtet und mit neuen Geräten aus eigener Werkstatt bestückt.

1950 fand vom 8.–10. September die erste Gartenbaumesse nach dem Kriege im Palmengarten statt, von Bürgermeister Dr. Leiske eröffnet. Der Landesverband Hessen des Gemüse-, Obst- und Gartenbaus nahm damit eine alte Tradition wieder auf; die Gartenbaumessen hatten bis 1938 jährlich im Herbst stattgefunden. An Pfingsten überraschte die Besucher eine neue Bestuhlung im Park — 300 Stühle und 100 Bänke. Obwohl das Gesellschaftshaus nur montags zur Verfügung stand, wurde es voll ausgenutzt mit Bällen, Modenschauen, Konzerten, Frauen-Nachmittagen. Am 18. August gab es auch wieder ein Sommerfest.

1950 hatte Richard Limpert das Programm für die Sommerspielzeit vom 14. Mai bis zum 30. September neugestaltet. Die Sonntags-Frühkonzerte wurden als volkstümliche Symphonie-Konzerte gegeben. Ferner fanden zwei Dirigenten-Gastspiele mit zeitgenössischen Kompositionen statt, sieben Solisten-Abende, zwei Rundfunkübertragungen und Serenadenkonzerte des Philharmonischen Vereins von 1834 sind erwähnenswert. Dazu gesellten sich unter der Regie von Verwaltungsleiter Kroth zahlreiche Ballett- und Tanzvorführungen; das war der Beginn der Tanzabende.

In diesem Jahr konnte auch das Verwaltungsgebäude wieder instand gesetzt werden. Es war zunächst für polnische alliierte Truppenangehörige beschlagnahmt gewesen. Im 1. Stock mußten die Decken wegen Brandschäden und Schwammbildung erneuert werden. Das Treppenhaus mußte völlig überholt werden.

Für 1951 wurden wieder einschneidende Einsparungen im Musiketat vorgenommen. Die Weiher-Gaststätte sollte von der Monopolstellung des Pächters Doetsch gelöst werden, um eine Konkurrenz zum Nutzen der Besucher zu entfachen. Man dachte wieder an die neuzeitliche Gestaltung des Festsaals. Die Galerie sollte herausgenommen werden und die Empore gestaffelt und um 3 bis 4 m vorgezogen werden. Eine Hängedecke sollte eingezogen und die Bühne nach rückwärts, also an die Ostseite, verlegt werden. Unter dem Palmenhaus sollte eine zusätzliche volkstümliche Gaststätte eingerichtet werden. Die Parkplätze an dem Trümmergelände vor dem Haupteingang wären dringend zu vergrößern gewesen, um Großveranstaltungen und Kongresse aufnehmen zu können. Daraus ist leider nichts geworden.

Im März 1951 feierte man die 80 Jahre seit Eröffnung des Palmengartens — endlich einmal ohne Krieg und nicht in völlig hoffnungsloser Finanzmisere. Man war allerorten beim Wiederaufbau. Eine Ausstellung der Entwicklungsgeschichte mit Plakaten, Statistiken und anderen Dokumenten im Palmenhaus führte bis in die Gegenwart.

Die offizielle Festfeier fand als Frühlingsfest am 21. Mai statt. Auch der neue fertiggestellte Musiktempel konnte mit „Die Himmel rühmen des Ewigen Ehre" unter Leitung von Kapellmeister Richard Limpert in „vorzüglicher Qualität" übergeben werden. Außer der Jubiläumsschau bot der Garten noch eine Kakteen-Ausstellung im Juni, die Rosenschau im Juli, eine Zimmerpflanzenschau im August, die Obstschau der Kleingärtner im September und natürlich auch die Gartenbaumesse. Im Dezember 1951 sollte in Zusammenarbeit mit der Palmengarten-Gesellschaft erstmals nach dem Kriege wieder das Winterfest „Frohsinn unter Blumen" stattfinden. 1951 startete Amtmann Kroth die Werbeaktion „Tanz durch den Sommer".

Am 12. Juli 1952 konnte die neue 900 qm große Ausstellungshalle, das heutige Karl-Egle-Haus, unter Mithilfe des Landesverbandes Hessen für Gartenbau entstanden, durch Oberbürgermeister Dr. Walter Kolb und Staatssekretär Bach von der Landesregierung in Wiesbaden mit der Ausstellung „Blumen und Früchte" feierlich eröffnet werden.

Die Rosenschau am 26./27. Juli fand regen Besuch. Die Azaleenschau in der neuen Halle setzte neue Maßstäbe. Nun fand auf Anregung von Bürgermeister Dr. Leiske, dem Dezernenten des Palmengartens, im Frühjahr (21./22. März) und im Herbst (12./13. September) eine Gartenbaumesse unter der Regie von Erich Müller, dem Geschäftsführer des Landesverbandes Hessen und unter dem Vorsitz von Wilhelm Wollrab statt. Im August sah man Gladiolen und Dahlien ausgestellt.

### Die gestalterische und bauliche Entwicklung im Garten 1953 bis 1968

Am 14. Juli 1953 wurde endlich, nach über neun Jahren Besatzung, das Gesellschaftshaus freigegeben. In diesen Jahren sollen mehr als 1 Million alliierte Soldaten als Besucher den Palmengarten betreten haben. Sie haben zur Erhaltung wesentlich beigetragen; zum Glück haben sie nicht die Idee eines Schwimmbades im Palmenhaus verwirklicht. Der Wintergarten und der Hochzeitssaal wurden unverzüglich renoviert, die Arbeiten waren bis Ende August ausgeführt. — Im Oktober und November bildete die Chrysanthemenschau den Abschluß des Gartenjahres.

1954 stand im Zeichen des Umbaus des Festsaales. Nach den Plänen von Oberbaurat Ueter wurde am 1. Juni unter den Bauleitern Freund und Matthes begonnen. Nach drei Monaten waren die Tätigkeiten beendet. Ziel war, in einer modernen Form einen schönen, zweckmäßigen Raum zu schaffen. So blieben die Grundmaße bestehen, die Wände wurden verblendet, die Glaskuppel abgedeckt, aber die Klimbschen und Achenbachschen Deckenbilder erhalten, ebenso die Empore mit dem Geländer. Aller Stuck ist gefallen. Die großen Säulen sind verschwunden. Zwei große Beleuchtungskörper ließen den Saal erstrahlen. Die Bühne ist geblieben, wo sie war.

Der Saal wurde am 6. September 1954 durch Bürgermeister Dr. Leiske, Stadtrat Dr. Altheim und Stadtverordnetenvorsteher Edwin Höcher in einer kleinen Feier der Öffentlichkeit übergeben. Zu gleicher Zeit entstand auch das Buffet auf den Ostterrassen und ersetzte ein provisorisches Holzhaus auf der unteren Terrasse. Das Inspektor-Wohnhaus in der Anzuchtgärtnerei wurde generalüberholt und wieder mit einem Satteldach versehen. Durch die Stiftung von 5000 DM des Hessischen Rundfunks konnte der Musikpavillon endgültig fertiggestellt werden.

Am 30. September 1955 ging Richard Limpert nach 28 verdienst- und wechselvollen Jahren in den Ruhestand. Sein Nachfolger trat am 1. Oktober 1955 den Dienst an. Es war Helmut Steinbach, der inzwischen der Musikabteilung als Leiter vorsteht. Am 20. September 1956 starb Oberbürgermeister Dr. Walter Kolb, der große Gönner des Palmengartens. Am 29. Juli 1956 fand anläßlich des 100. Todestages von Robert Schumann ein Symphoniekonzert statt. Walter Spahlinger spielte den Solopart im Cellokonzert.

An Sonntagvormittagen wurden unter Leitung von Karl Wagner heitere Matineen veranstaltet. Allmählich führten sich die Rosenschau, die Osterschau und die Chrysanthemenschau in steter Regelmäßigkeit als Wechselausstellungen ein. Dazu gesellten sich die Gartenbaumessen im Frühjahr und im Herbst. Dazwischen wurden weitere Ausstellungen ausgerichtet, im August 1956 eine deutsch-holländische Gemeinschaftsschau „Nelken, Rosen, Gladiolen", die große Zimmerpflanzenschau im August.

1957 gab es 8000 Abonnenten. In diesem Jahr wurden die Schauhäuser 4, 5 und 10 erneuert. 1957 führte Helmut Steinbach sechs große Sonderkonzerte am Donnerstagabend als Sinfoniekonzerte ein, außerdem fanden Frühkonzerte an Sonntagen statt. Der größte Erfolg war ein Mozart-Sonderkonzert am 23. Juni 1957.

Von 1953 bis 1960 wurden mit einem Aufwand von über 700 000 DM alle Gewächshäuser überholt. Von 1955 bis 1958 wurde rund um das Gesellschaftshaus renoviert. 1959 entstand der Eingang Siesmayerstraße neu. 1960 wurde der Eingang Palmengartenstraße neu erbaut und das Wirtschafts- und Personalgebäude in der Nähe des Maschinenhauses für 256 000 DM errichtet. 1960 wurde Bürgermeister Rolf Menzer neuer Dezernent des Palmengartens.

In diesen Jahren wurde der alte Botanische Garten, 1905/1907 angelegt, als viertes Teilstück dem Palmengarten angegliedert. Einige Jahre später konnte ein Teilstück wieder an die Botanik abgegeben werden. Dabei erbte der Palmengarten die über 300jährige Eibe des ehemaligen Senckenbergianums.

1961 wurden die Gewächshäuser in der Gärtnerei erneuert (337 000 DM), 1962 der Rosengarten neu angelegt (255 000 DM) und der Westflügel des Gesellschaftshauses wieder in neuer Form errichtet (fast 3 Millionen DM). 1962 wurde das Palmenhaus generalüberholt (650 000 DM), der Tropengarten umgestaltet (100 000 DM), eine Rollschuhbahn eingerichtet (40 000 DM) und das alte Werkstattgebäude umgebaut und renoviert (165 000 DM). Im Jahre 1963 wurden die Gewächshäuser im alten Botanischen Garten neu erstellt (300 000 DM), die Terrassen am kleinen Weiher wurden neugestaltet (75 000 DM). Die internen Instandsetzungen im Gesellschaftshaus verschlangen 1964 fast 500 000 DM, die Renovierung des Verwaltungsgebäudes 140 000 DM, und schließlich kostete die völlige Erneuerung der Blütengalerie 1,6 Millionen Mark. Zum Abschluß dieser Periode wurde 1966 das Personalwohnhaus Siesmayerstraße 81 auf den Grund- und Kellermauern des alten Betriebsgebäudes des Botanischen Gartens für etwa 300 000 DM neu erbaut. Von 1953 bis 1966 hat die Stadt also rund 9,5 Millionen DM in den Palmengarten investiert.

Die gartenarchitektonische Gestaltung in den 50er und 60er Jahren lag in den Händen von Gartenarchitekt Otto Derreth. Er hat im Verständnis der Nachkriegszeit dem Palmengarten an vielen Stellen ein neues Gesicht gegeben. Große Verdienste hat Derreth sich außerdem um die Gestaltung und Ausführung der vielen Sonderschauen im Ausstellungshaus bis in die 70er Jahre hinein erworben. Dafür wurde er mit der Goldmedaille des Palmengartens geehrt.

1959 wurde Kurt Lotz Verwaltungsleiter im Palmengarten, Alfred Feßler übernahm die Inspektorenstelle. 1963 wurden zum ersten Mal über eine Million Besucher gezählt. In diesem Jahr dachte man im Palmengarten in der Vorplanung nicht nur an die Bundesgartenschau 1969, sondern zuerst an das 100jährige Bestehen des Gartens. Im Investitionsprogramm hatte man sich die Verlegung der Tennisplätze in den Grüneburgpark für 1965 vorgenommen. Außerdem wollte man ein großes Tropenhaus erstellen. Dafür kamen zwei Standorte in Betracht, die Fläche der Ausstellungshalle mit einer Verbindung zur Blütengalerie oder als vorgelagerte Querhalle vor die Pflanzenschauhäuser. Die Ausstellungshalle sollte verlegt werden und ebenfalls eine neue Ausstellungshalle im Südteil des alten Botanischen Gartens erstellt werden.

Aber es sollte wieder einmal anders kommen im Palmengarten. Die wirtschaftliche Rezession Mitte der 60er Jahre veranlaßte Magistrat und Stadtverordnetenversammlung, die Option für eine Bundesgartenschau 1969 an den Zentralverband Gartenbau in Bonn zurückzugeben. Das spürte auch der Palmengarten. Die Verlegung der Tennisplätze wurde zum dritten Mal aufgeschoben, die Pläne für ein Tropenhaus wurden fallengelassen und die neue Ausstellungshalle wurde storniert.

Trotzdem gab es gewaltige Fortschritte zu verzeichnen. Die Zahl der Pflanzen in den Schau-Gewächshäusern vermehrte sich von 2674 im Jahre 1954 auf 7839 Arten 1965. Der Garten zählte fast 14 000 Abonnenten und verzeichnete eine konstante Besucherzahl von über 1 Million pro Jahr. 1966 wurde Bürgermeister Dr. Wilhelm Fay zum neuen Dezernenten des Palmengartens gewählt.

In der Rezession war wieder der Rotstift angesetzt worden. Organisationsüberprüfungen wollten die Selbständigkeit des Palmengartens nicht nur in Frage stellen, sondern ihn einfach dem Gartenamt unterstellen, der Leiter des Gartens wurde zurückgestuft. Direktor Encke hatte jedoch Besitzstandswahrung. Am 31. Oktober 1967 legte Professor Dr. Karl Egle, Ordinarius für Botanik an der Johann Wolfgang Goethe-Universität Frankfurt, auf Bitten von Bürgermeister Dr. W. Fay dem Oberbürgermeister Prof. Dr. Willi Brundert und dem Magistrat ein Ex-

posé vor, in dem er die wissenschaftliche Bedeutung des Palmengartens hervorhob und die verwaltungsmäßige Unabhängigkeit forderte. Auch Direktor Encke gab einen umfassenden Rechenschaftsbericht im gleichen Tenor ab. Am 18. Februar 1968 wurde die Selbständigkeit durch den Beschluß der Stadtverordnetenversammlung bestätigt. Die Gefahr der Unterordnung war gebannt.

Auf Betreiben von Professor Egle und in Anerkennung seiner Verdienste um die Pflanzensammlungen im Palmengarten und seines literarischen Werks wird Direktor Fritz Encke am 10. Juli 1968 zum „doctor philosophiae naturalis honoris causa" durch die naturwissenschaftliche Fakultät der Frankfurter Universität promoviert.

Im Palmengarten wie in der ganzen Stadt waren die Dinge mit dem Baubeginn der U-Bahn und dem um sich greifenden Hochhausbau in vielerlei Weise in Bewegung geraten. Der Tennisclub sah eine Chance, seine Plätze für die Zukunft im Palmengarten zu sichern und trat als Mäzen auf. Auf seine Kosten sollte an der Siesmayerstraße eine Tennis-Ausstellungshalle für zwei Spielfelder (1700 qm) für 700 000 DM gebaut werden und zum 100jährigen Jubiläum dem Palmengarten geschenkt werden. Der Tennisclub sollte das Recht haben, von Oktober bis April die Halle 25 Jahre lang benutzen zu können, in der verbleibenden Sommerzeit dann der Palmengarten. Am 30. Juli 1968 verabschiedete der Magistrat diese Vorlage. Sie wurde aber im Dezember 1968 auf Betreiben des Palmengartens in den Ausschuß-Beratungen der Stadtverordneten-Versammlung abgesetzt.
Ähnlich schwierig gestaltete sich die höchst nötige Erneuerung der Heizzentrale, ein Projekt von 2,5 Millionen. Sie sollte an der gleichen Stelle wieder gebaut werden, entweder mit Leichtöl oder mit Gas befeuert, damit die schwer bedienbare und immer teurer werdende Koksfeuerung ersetzt werden könnte. Zu dieser Zeit kam aber eine weitere der zahllosen Bauvorschriften heraus: das Immissionsschutzgesetz. Danach mußte für Ölfeuerung ein 65 m oder für Gas ein 45 m hoher Schornstein errichtet werden — und das mitten im Garten, wie es ehedem bis Anfang der 30er Jahre gewesen war. Auch diesem Vorschlag konnte der neue Leiter des Palmengartens nicht zustimmen. Diese Bauvorlage wurde ebenfalls abgesetzt.

### Erinnerungen an den alten (zweiten) Botanischen Garten und die alte Eibe

Wie bekannt, war der erste Botanische Garten des Dr. Johann Christian Senckenberg in der Nähe des Eschenheimer Turmes 1773 unter dem Stiftsgärtner J.H. Bäumerath fertiggestellt worden. Um die Jahrhundertwende mußte er dem Baudruck, wie das bei Grünanlagen so oft der Fall ist, weichen. Zum Teil wurde er schon früher durch stiftungseigene Gebäude überbaut. Am 18. August 1903 kam nach langwierigen Verhandlungen zwischen der Stadtverwaltung Frankfurt und der Dr. Senckenbergischen Stiftung ein Vertrag zur Verlegung zustande, der den Garten in die Nähe des Palmengartens bringen sollte.

Der Vertrag wurde aber erst 1954 eingelöst. 1906 war, wie vertraglich geregelt, kein Gartengelände angeboten worden. Die Stiftung kaufte 1907 aus dem Besitz der Familie Rothschild 1,4 ha Land auf der „Ginnheimer Höhe" am Nordostrand des Palmengartens. Der alte Ginnheimer Landweg bildete die Ostgrenze und der Ginnheimer Steg, der ehemals über die Landwehr führte, war der nördlichste Punkt. Der alte Garten beherbergte im Freiland und Gewächshaus auf 6941 qm Fläche nicht weniger als 4340 Pflanzen. Obergärtner Rudolf Günther hatte 1907 und 1908 sehr erfolgreich die Umquartierung der Pflanzen, besonders der Bäume und Sträucher, zum neuen Standort durchgeführt.

Von besonderer Bedeutung für die Gärtnerei war die Umsetzung der alten 300jährigen Eibe von „der schlimmen Mauer" zur 3,5 km entfernten Ginnheimer Höhe. Die Eibe war 12 m hoch und hatte einen Stammdurchmesser von 73 cm. Günther ließ den Baum umgraben, ein 4 × 4 m große Kiste darumherum anfertigen, die etwa 900 Zentner oder 4,5 Tonnen schwere Last mit Winden hochhieven und auf ein Holzrollensystem lagern. Mit Straßendampfwalzen bewegte sich der Transport in 17 Tagen vom Eschenheimer Turm über die Hochstraße vorbei am Opernhaus, Reuterweg, Grüneburgweg und der Siesmayerstraße zum neuen Standort. Den Transport hatte das alteingesessene Fuhrunternehmen Delliehausen für 4000 Mark übernommen, die durch private Spenden aufgebracht worden waren. Die Eibe hat dieses Schicksal überstanden. Sie steht noch, aber in den nächsten Jahren muß sie, um zu überleben, baumpflegerisch behandelt und verjüngt werden.

Erst 1914 konnten die neuen (dritten) Gewächshäuser und das Gärtnerhaus bezogen werden. 1964 wurde die vierte Gewächshausanlage im alten verbliebenen nördlichen Gartenteil erstellt. Der größte Teil des alten Gartens mit dem alten Gärtnerhaus und den Häusern ging 1961 an den Palmengarten. Diese Häuser wurden 1963 bis 1966 durch neue, Annex und Personalgebäude, ersetzt. Die Gewächshäuser wurden im Sommer 1981 durch die neuen Botanischen Sammlungshäuser nördlich des Personalgebäudes ersetzt.

Der sensationelle Transport des 300jähr., 900 Zentner schweren Eibenbaumes mittelst Rollen, Eisenketten und Dampfwalzen von dem Senckenbergischen Stift durch die Hochstraße, über Opernplatz, Leerbach-, Wolfgang- und Miquelstraße nach dem neuen botanischen Garten im Mai und Juni 1907

# „Ein Schwabe folgt einem Kölner"

So lautete die Überschrift einer führenden Frankfurter Zeitung am 5. September 1968. Es war die Verabschiedung von Direktor Dr. h.c. Fritz Encke nach 39jähriger Tätigkeit im Palmengarten, dessen Leitung er seit Anfang 1945 innehatte. Oberbürgermeister Prof. Dr. Willi Brundert überreichte ihm die Ehrenplakette der Stadt. Fritz Encke bedankte sich und bekannte, „er habe wie ein Freiherr arbeiten können".

Dr. Gustav Schoser, 1924 in Trochtelfingen/Hohenzollern geboren, bisher Hauptkonservator am Botanischen Institut und Garten der Universität Tübingen, übernahm als Nachfolger seine neue Aufgabe mit dem alten Wahlspruch des Grafen Eberhard im Bart, des Begründers der Universität Tübingen, dessen Wappenzeichen die Palme war, die er bei einer Wallfahrt ins Heilige Land Mitte des 15. Jahrhunderts erwählt hatte: „Attempto — ich wage es". Der neue Mann war durch eine Dreierkommission — Bürgermeister Dr. W. Fay, Prof. Dr. Karl Egle und Gartenbaudirektor F. Encke — dem Magistrat vorgeschlagen, von der Magistrats-Personalkommission einstimmig angenommen und am 10. Juni 1968 vom Magistrat bestätigt und vorgestellt worden. Noch im Herbst 1968 wurde mit einigen dringend erscheinenden Arbeiten — Vorbereitung der 100-Jahr-Feier, Herausgabe eines Jubiläumsbuches, Entschlammung des Bootsweihers — unverzüglich begonnen. In Aussicht genommene Projekte, auch die Mittelmeeranlage zwischen der damaligen Ausstellungshalle und den Schauhäusern, wurden, obwohl zunächst keine Mittel vorhanden waren, in Angriff genommen und noch rechtzeitig fertiggestellt. Vor der Ausstellungshalle wurde leihweise ein Gewächshaus aufgestellt, das von März bis Oktober 1969 die Jubiläumsschau „100 Jahre Palmengarten" aufnahm.

## 100 Jahre Palmengarten — 1969

Das Jubiläum war eine Gelegenheit, den Palmengarten im Bewußtsein der Frankfurter, ihrer Freunde und Besucher zu vertiefen. Presse und Fernsehen waren neben der eigenständigen und staatlichen Werbung sehr hilfreiche Medien. Der Hessische Rundfunk drehte einen 40 Minuten langen Farbfilm über den Garten, der mehrmals in Abständen im Hessischen Fernsehen gezeigt wurde. Zur Präsentation einer Institution gehört ein Identifikationsmerkmal, ein Zeichen. So gab man den Auftrag zum Entwurf eines Palmengarten-Signets an das Atelier Winter und Bischoff. Das inzwischen wohlbekannte Palmengarten-Emblem ist ausgewählt und danach eingeführt worden. Plakate verkündeten dieses neue Zeichen bundesweit, da die deutsche Städte-Reklame-GmbH in den Sommermonaten 1969 dankenswerterweise in vielen Städten der Bundesrepublik, auch in Kurorten und Feriengebieten das Palmengarten-Plakat klebte. Unter der Redaktion von Dr. Günther Vogt erschien, pünktlich zum Festakt, ein kleines Jubiläumsbuch im Waldemar Kramer Verlag Frankfurt. Die städtischen Körperschaften hatten für den 7. März 1969 zu einem Festakt alle Ehrenträger der Stadt Frankfurt, Freunde aus Botanik und Gartenbau, in den im Herbst zuvor frisch hergerichteten Festsaal eingeladen. Helmut Steinbach spielte mit dem verstärkten Palmengarten-Orchester einleitend das Trompetenkonzert von Fasch. Danach folgte die Festansprache von Oberbürgermeister Prof. Dr. Brundert. Den Festvortrag hielt Prof. Dr. Wolfgang Haber aus München-Freising: „Mensch — Natur — Pflanze". Der Abend klang in beschwingten Tanzweisen aus. Am gleichen Tag wurde die von Christian Roth gestaltete Jubiläumsschau und die von Otto Derreth in bisher bewährter Weise geplante und ausgeführte Frühlingsblumenschau in der Ausstellungshalle eröffnet. Otto Derreth benutzte einen Teil der Halle, um in einem der Gründerzeit entsprechenden Stil auszustellen, im anderen Teil präsentierte er den Frühling in der zeitgemäßen Weise. Am 3. Mai fand im Gesellschaftshaus ein großer Jubiläumsball statt, der sich großen Zuspruchs erfreute.

Das Jubiläumsjahr brachte für die Besucher eine Reihe neuer Ausstellungen. Im Mai und Juni waren es die Kakteen, im September Blumen und Früchte und im Oktober Bäume und Pilze des Waldes, was die Besucher anzog. Höhepunkt der Schauen bildete die erstmals abgehaltene Orchideenschau vom 28. bis 30. November in Verbindung mit dem deutschen Orchideenkongreß. Diese Ausstellung leitete eine Serie von Orchideenausstellungen in Deutschland ein. Auf diesem Kongreß wurde Dr. Gustav Schoser zum Präsidenten der Deutschen Orchideen-Gesellschaft gewählt. Nachdem es ihm mit Unterstützung seines Vorgängers Prof. Dr. Haber bei der 6. Welt-Orchideen-Konferenz in Sydney/Australien im September 1969 gelungen war, die Option für die 8. Welt-Orchideen-Konferenz in Frankfurt zu erhalten, war ein Weg für die weitere Entwicklung des Palmengartens vorgezeichnet.

Das Jahr schloß mit der erstmals gestalteten Ausstellung „Advents- und Weihnachtsdekorationen". 12 Ausstellungen fanden in der Halle und im Freien statt, dazu kamen die Sonderausstellungen. Das hatte es bisher noch nie im Palmengarten gegeben. Diese Ausstellungen boten den Besuchern sehr viel Neues und Anregendes. Der Palmengarten war erneut ins Bewußtsein gekommen, war Teil der lebendigen Stadt.

Mit dem Erfolg des Jubiläumsjahres reiften Gedanken heran, in freier Zusammenarbeit mit den Pflanzenliebhaber-Gesellschaften den Palmengarten zu ihrem Zentrum und Sammelpunkt zu machen. Der Dezernent, Bürgermeister Dr. W. Fay, unterstützte diese Bemühungen tatkräftig, indem er Vergünstigungen dafür erwirkte. In diesem Zusammenhang siedelten sich die Büchereien der Deutschen Orchideen-Gesellschaft, der Deutschen Kakteen-Gesellschaft, der Iris und Lilien (Stauden)-Gesellschaft, der Sitz der Bromelien-Gesellschaft im Palmengarten an. Mit den anderen Pflanzen-Liebhabergesellschaften, dem Verein der Rosenfreunde, Dahlien-Gladiolen, der Rhododendron-Gesellschaft und anderen Vereinigungen wurden die Kontakte intensiviert. Diese Bemühungen führten leider nur teilweise zum erwünschten andauernden Erfolg.

## Ein neuer Palmengarten reift heran

### Gedanken zur Palmengarten-Idee von heute und morgen

Der Palmengarten ist eine Bürgergründung und ist im Laufe seiner Geschichte immer mehr ein Bürger- und Volksgarten geworden. Unter diesem Gesichtspunkt ist er wesentlich durch die Zeitläufe und deren geistige Strömungen bestimmt. Nicht zu allen Zeiten ist das Interesse an Pflanzen gleich groß und das stürmische Verlangen nach mehr Grün ist ebensolchen Großstimmungslagen unterworfen. Um so wichtiger ist die gleichbleibende Stetigkeit, mit der eine Institution Palmengarten betrieben wird. Er muß sich in seiner Identität erhalten, er muß sich aber genauso aktiv und anpassungsfähig in die Zukunft hinein entwickeln. Er kann nicht von außen bestimmt werden. Im Garten leben, ihn ständig beobachten und ihn stets neu erfahren, so vermag man ihn selbst lebendig zu erhalten. Das Lebendige sind zunächst die Pflanzen und ihre Darstellung, die den Garten bestimmen, ihm sein eigenes Gepräge geben, ihn zu jenem unverwechselbar typischen Palmengarten in Frankfurt machen. Zu diesem Lebendigen gehören auch die Menschen, die einen, die ihn als Garten hegen und pflegen und die anderen, die sehen und schauen. In dieses Wechselspiel fügen sich in natürlichem Verhältnis Tiere ein, die einen ihnen gemäßen Lebensraum vorfinden oder die in einen ihnen zuträglichen eingewöhnt werden. Darüber hinaus befördert ein sich vornehmlich dem Menschen öffnender Garten Geselligkeit, Erlebnis, Festfreude, auch Augenweide, Anregung, Wissen und Kenntnisse. Die Begründer wollten „für alle Zeiten — eine Stätte der Erholung und der Freude" schaffen. Zum 100jährigen Jubiläum wurde dieses Vermächtnis neu formuliert: „Neues sehen, herrlich entspannen, unterhalten werden". Diese Gedanken beinhalten so viele wesentliche aktive und passive Belange menschlichen Seins, daß sie durch vordergründige, schnellebige zeitgenössische Sentenzen des vergangenen und gegenwärtigen Jahrhunderts nicht in ihrer richtig verstandenen Gültigkeit und Wichtigkeit infrage gestellt werden können. Viele Thesen, die aufgestellt wurden und werden, berühren oft nur wenige Menschen. Allen Menschen ist aber die Einbettung in natürliche und zeitliche Abläufe erkennbar und erfaßbar. Deshalb gehen die Menschen in einen Garten, wie schon Kung-futse vor 2500 Jahren gewußt hatte. Es muß also die Aufgabe der

Verantwortlichen für den Palmengarten sein, selbst zu sehen, nachzudenken, zu planen und dann zu handeln, damit ein Garten nicht nur immer jung bleibt, sondern daß er jeden Tag, jede Stunde Neues erfahren läßt, daß man gerne hingeht und sich wohl fühlt und daß man mit Freude in den Alltag zurückkehrt.

Unsere Besucher

Die Vielen, die aus verschiedenen Anlässen den Garten besuchen, kommen aus ebenso zahlreichen Beweggründen. Wohl führt die meisten Besucher die Freude an Pflanzen und Blumen in den Garten. Sie haben keine besonderen Vorstellungen. Sie wollen sich gerne davon überraschen lassen, was es zu sehen, zu erfahren gibt. Es sind Menschen, die nur gelegentlich kommen oder andere, die sehr oft den Garten besuchen. Beide Gruppen bringen großes Interesse mit und sind bereit, Neues zu sehen und Altes wiederzusehen. Aus der einzigartigen Aufgabe eines öffentlichen Schaugartens erwächst nicht nur die Verpflichtung, stets das Bestmögliche anzubieten, sondern auch die noch größere Aufgabe, selbst nicht nur Neues darzustellen, sondern auch neue Möglichkeiten, neue Erkenntnisse, neue Entwicklungen aufzuzeigen oder gar voranzutreiben. Das hat nichts mit dem ständigen Zuwachs zu tun, sondern ist ureigene Wesensart des Lebendigen, das sich in der Pflanze äußert. Diesen ständigen Wandel im Werden und Vergehen sichtbar zu machen und zu verdeutlichen, ist eine der wichtigsten Aufgaben des Gartens. Aber die Praktiker, die Liebhaber, die Ästheten, die Bildungsbeflissenen und Bildungshungrigen dürfen nicht zu kurz kommen. Die Beziehung „Pflanze — Mensch" kann in vielerlei Weise gesehen, belebt und bewältigt werden.

Von der Mitte der 60er Jahre bis Mitte der 70er Jahre bewegte sich die Besucherzahl um 1,1 Millionen im Jahr. Auch kühler Frühling oder verregneter Sommer brachten auf andere Weise den Ausgleich. Und endlich spiegeln sich die Lebensgewohnheiten im Besuch wider. Angebote, Sommerabende im Garten zu verbringen, können die Verlockungen des Bildschirmes gering erscheinen lassen. Durch Arbeitszeitverkürzung traten Veränderungen im Tagesablauf ein, die Medien haben sich angepaßt. Das Angebot „Garten" ist gleichbleibend mit den Jahren und den Jahres- wie den Tageszeiten. Eine „Königin der Nacht" erblüht eben nur zu später Stunde, das kann man nicht einfach umfunktionieren. Bei den Abonnenten oder Dauerkarteninhabern beobachtet man ebenfalls Schwankungen in der Zahl von Jahr zu Jahr. Das mag in der allgemeinen Bewegung der Bevölkerung begründet sein. Sicher gibt es auch Menschen, die dem Garten unzufrieden den Rücken kehren. Auch damit müssen wir rechnen. Man kann enttäuscht sein, wenn man seine Lieblingssorten bei Rosen, Orchideen, Bromelien oder Sommerblumen nicht wiederfindet. Man kann an der Art der Bepflanzung Anstoß nehmen. Derartige Gesichtspunkte sind tausendfältig. Eine kritische Anmerkung:

In zunehmendem Maße verstehen viele Menschen unserer Zeit öffentliche Einrichtungen als Selbstbedienungsläden, ohne jedoch dafür zu bezahlen. Damit sind nicht

die berühmt-berüchtigten „Ableger" gemeint, die man mit den Fingern abknipst, in der Tasche verschwinden läßt und nach ein oder zwei Jahren stolz als „Eroberung" vorzeigt. Es sind die Diebstähle der Pflanzen gemeint, die nach jahre- oder jahrzehntelangem Suchen oder schwierigster Aufzucht von fanatischen „Liebhabern" gestohlen werden. Das führt zwangsläufig zu Schutzmaßnahmen, die Verschluß oder Abschluß der Pflanzen bedeuten.

Mit der Weltorchideenschau 1975 hatte der Palmengarten einen beträchtlichen Zuwachs an Besuchern. Seitdem besuchen jährlich 1,4 bis 1,5 Millionen den Palmengarten. Das erfordert fortgesetzte Anstrengungen. Der Zugang zum Garten hängt wesentlich von der Anbindung an die öffentlichen Verkehrswege ab. Parkraum im und um den Palmengarten gibt es fast nicht. Und wer will heute schon lange Fußmärsche in Autostraßen durchstehen? Mit Ausnahme von Osten bestehen gute Verkehrswege zur Autobahn und zu den Bundesstraßen. Bis 1986 wird die U-Bahn den Palmengarten erreichen. Gegenwärtig wird der Palmengarten mit Straßenbahn und Bussen gut bedient. Auf die Lebensgewohnheiten muß sich also auch der Garten einstellen; er muß immer wieder im Wandel der Zeiten und der Meinungen anziehend wirken. Ein Garten lebt nicht für sich allein, wenn er selbst lebendig sein will.

## Wichtige Ereignisse zwischen 1970 und 1980

Die öffentlichen, heißen Diskussionen um den Standort des Frankfurter Fernmeldeturms berührten 1970 auch den Palmengarten. Neben dem endgültigen Standort kamen als Möglichkeiten der Grüneburgpark und die Tennisplätze im Palmengarten zur Sprache. Diese Lösung mußte rundweg abgelehnt werden, der größte Teil des Gartens wäre untergegangen. Am 5. Juni 1970, anläßlich der 1. Bromelienschau, trafen sich auf Anregung von Professor Werner Rauh vom Botanischen Garten der Universität Heidelberg eine Anzahl von Liebhabern und gründeten die Deutsche Bromelien-Gesellschaft. Dr. Gustav Schoser wurde zum 1. Vorsitzenden gewählt. Für etliche Jahre diente „Der Palmengarten" als Publikationsorgan bis 1979 eine eigene Zeitschrift entstand. Werner Motschenbach betreut als Bromelienspezialist die Geschäftsstelle.

Am 28. Juli 1970 fand ein Gespräch zwischen Vertretern der Berufsgärtner und ihren Verbänden, dem Landeswirtschaftsministerium, der Gesellschaft der Freunde des Palmengartens und dem Palmengarten über den weiteren Ausbau der Ausstellungen statt. Leider hat diese Arbeitsgemeinschaft zu keinem konkreten Ergebnis geführt.

„100 Jahre Musik im Palmengarten" war 1971 der Leitgedanke unserer Arbeit. Anfang Juni besuchte IOS — Internationale Sukkulenten Forschung — die systematisch aufgebaute Kakteenausstellung anläßlich ihrer Tagung in Heidelberg. Ein Gartenmarkt für Liebhaber startete im März. Der Bundeswettkampf der Floristen um die Goldene Rose 1971 mit dem ersten Sommernachtsball und -fest am 4. September ist ein weiteres herausragendes

Ereignis. Der Vorsitzende der Bezirksstelle Frankfurt, Heinrich Rühl, hatte sich unter der Schirmherrschaft von Bürgermeister Dr. W. Fay erfolgreich darum bemüht. Die Aufgaben bestanden für die 10 Landessieger zum Teil darin, in 30 Minuten einen Brautstrauß, in 15 Minuten einen Geschenkstrauß und in 30 Minuten eine Wahlarbeit zu gestalten.

Im Juli 1972 eröffnete der Palmengarten mit dem neuen Dezernenten für Soziales und Freizeit, Stadtrat Martin Berg, seine batteriebetriebene Park- und Kindereisenbahn. Bürgermeister a.D. Dr. W. Fay, zu dessen Zeit die Bahn mit geliehenem Geld finanziert und gebaut wurde, war bei der Einweihung mit dabei. Bis die Bahn abbezahlt war, dauerte es nur sechs Jahre. Nachdem es zunächst etliche Meinungen dagegen gab, ist sie heute nicht mehr wegzudenken.

Ende November 1972 war zum zweiten Mal der Deutsche Orchideen-Kongreß in Frankfurt. Mit der Vorbereitung auf die Weltkonferenz 1975 wurde begonnen. 1973 brachte dem Palmengarten den Wechsel in der Bewirtschaftung des Gesellschaftshauses zum 1. Januar. Die Familie Doetsch-Etzold war seit 1. Januar 1940 im Palmengarten tätig und hat wechselvolle Zeiten erlebt. Sie eröffnete nun einen eigenen Betrieb in Königsstein/Taunus. Hauptpächter wurde nunmehr aufgrund eifriger Bemühungen durch Herrn Bruno Schubert und Herrn Banze die Henninger-Bräu, die die Familie Kurt Wille als Unterpächter präsentierte.

Im September 1974 veränderte Oberbürgermeister Rudi Arndt die Zuständigkeit der Dezernenten für verschiedene Ämter. Der Palmengarten wurde zusammen mit dem Zoologischen Garten dem Dezernat Kultur und Freizeit (VII) mit Stadtrat Hilmar Hoffmann als Dezernent zugewiesen.

Am 6. September 1974 starb Gartenbaudirektor Max Bromme hochbetagt. Er ist auf dem Bockenheimer Friedhof beigesetzt. Wenige Wochen später, am 23. September, starb der sehr verdiente, langjährige Schriftführer der Gesellschaft der Freunde des Palmengartens, Ernst Völker.

Im Juli und August veranstaltete der Palmengarten mit 12 Frankfurter Künstlern eine Ausstellung im Freien „Plastiken im Grünen".

Die Welt-Orchideen-Konferenz 1975

Vom 10. bis 17. April 1975 fand die 8. Welt-Orchideen-Konferenz und die Weltorchideenschau im Palmengarten statt. Sie wurden zum Jahrhundertereignis im Garten und in der Stadt. Die Frankfurter hatten wieder ihr grünes Herz entdeckt. In dieser Woche besuchten mehr als 250 000 Menschen den Palmengarten. Außer dem Konferenzprogramm und zwei Teilausstellungen, die die Deutsche Orchideen-Gesellschaft organisiert hatte, richtete der Palmengarten 12 weitere Ausstellungen aus. Für die Ausstellung der Orchideengärtner aus aller Welt konnte der bekannte Gestalter Carl Hägele aus Esslingen ge-

wonnen werden. Er errichtete eine 3000 qm große Zelthalle auf der großen Wiese vor Haus Leonhardsbrunn. 52 Aussteller vereinigten sich zum Thema „Orchideen — Edelsteine der Natur". Nirgendwo hatte man je zuvor eine so einheitlich aufgebaute und wohlgelungene Ausstellung gesehen. In der Ausstellungshalle, die wesentlich umgestaltet war, zeigten die deutschen und europäischen Orchideen-Liebhaber ihre Schätze. In Haus 10 und Haus 13 waren europäische Orchideen zu sehen. Im Haus 5 stellten die überseeischen Orchideenliebhaber-Gesellschaften ihre Pflanzen aus. Die Mittelhalle zeigte Orchideen aus Botanischen Gärten: Singapore, Hamburg, Hannover-Herrenhausen, Port Moresby/Papua New Guinea, Heidelberg und Zürich. Die „Orchideen in der Floristik" gestaltete in der Blütengalerie Peter Assmann, Siegen. 12 Meisterfloristen aus der Bundesrepublik waren dazu eingeladen. „Orchideen in der Kunst" hatte die Vizepräsidentin, Frau Charlotte Ottens, Bad Homburg, ausgerichtet. Diese Kunstausstellung wurde im Tennisclubhaus gezeigt. Orchideen und Ikebana konnte man in japanischen Teehäuschen am kleinen Weiher bewundern, im Gesellschaftshaus die Literaturschau, die Briefmarkenausstellung und die Orchideen-Lehrschau von Kew Gardens. Die Orchideen-Systematik präsentierte sich als Ausstellung nach dem neuen Briegerschen System in der neuen Schattenhalle. Direkt dabei war die Technik- und Zubehör-Ausstellung. In den Gewächshäusern der Gärtnerei konnte man Orchideen und Zubehör beim Verband deutscher Orchideenbetriebe erstehen. Fast 100 Vorträge wurden im Festsaal und dem nahen Hörsaal der Biologie den 1500 Konferenzteilnehmern angeboten. Es gab Römerempfang und Frankfurter Abend neben den Banketten und sonstigen Abendveranstaltungen. Aus 68 Nationen waren Orchideenfreunde zusammengekommen, auch aus der DDR, der ČSSR, Polen, Ungarn und der UdSSR. Das gab es bisher nur einmal und hat sich bis jetzt leider nicht wiederholt. Der Palmengarten war damit wieder in das Bewußtsein der ganzen Welt gerückt. Und selbst schlimmste Gewittergüsse konnten dieses Fest der Orchideen nicht stören.

Ein halbes Jahr später verlor der Palmengarten einen seiner treuesten Freunde: Professor Dr. Karl Egle starb am 26. Oktober 1975. Zur Erinnerung an den weitgereisten Botaniker trägt das Subtropen-Pflanzen-Schauhaus seinen Namen: Karl-Egle-Haus.

1976 entfaltete der Palmengarten mit Ausstellungen in London — Chelsea Flower Show, auf dem Europäischen Orchideen Kongreß im Amsterdam, in Sankt Gallen und Baden-Baden große Aktivitäten.

Kapellmeister Richard Limpert, der von 1930 bis 1955 erfolgreich im Palmengarten wirkte, starb am 14. April 1976. Erstmals veranstaltete die Gesellschaft der Freunde des Palmengartens den Ball „Silvester unter Palmen".

1977 setzt der Palmengarten seine intensiven Bemühungen um die Gunst der Besucher fort. Auf drei Ausstellungen der Bundesgartenschau in Stuttgart — Insektivoren, Kakteen und andere Sukkulente, Orchideen und Bromelien —, auf der Chelsea Flower Show in London, in

Southport/England und in Straßburg stellte der Palmengarten erfolgreich Orchideen aus. Am 5. März versuchte man es wieder mit einem Frühlingsball. Bei der 9. Welt-Orchideen-Konferenz in Bangkok, Thailand, zeigte der Palmengarten erfolgreich Orchideen und erhielt die Goldmedaille. Orchideen erfreuten Pflanzenfreunde in Paris (März), in Dijon (April) und auf der Chelsea Flower Show in London (Mai). Der Fotowettbewerb, der durch den Verband Deutscher Amateurphotographen, Verein VADV, seit Frühjahr 1977 ausgeschrieben war, konnte im Juli abgeschlossen werden. Das Ergebnis war nicht überwältigend, obwohl 400 Einsendungen vorlagen.

1979 zeigte in mehrfacher Hinsicht neue Aktivitäten. Carl Hägele übernahm die Gestaltung von fünf Blumenschauen (Ostern, Rosen, Sommerblumen, Orchideen International und Weihnachten). Die Genossenschaft der Friedhofsgärtner Frankfurt führte zum 50jährigen Bestehen im September ihren Leistungsstand vor. Helmut Steinbach erhielt zum 50. Geburtstag die Ehrenplakette der Stadt Frankfurt. Im Juni initiierte er eine Woche „Komponisten in Frankfurt". Aus dieser Initiative des Palmengartens ergab sich eine gute Zusammenarbeit mit der Stadt- und Universitätsbibliothek, der Musikhochschule, dem Hessischen Rundfunk und den Freunden der Kirchenmusik. Heinz Werner Wunderlich präsentierte die 20. Saison „Jazz im Palmengarten". Otto Zielinski, der langjährige hochverdiente Rosengärtner und Personalrat, ging aus gesundheitlichen Gründen vorzeitig in Ruhestand.

1980 vereinte im Juni die Staudenfreunde zum Iriswettbewerb im Palmengarten. „Der japanische Garten — seine Geschichte und seine Elemente", vorbereitet durch Irmgard Schaarschmidt-Richter, realisiert durch Profesor Mori aus Kyoto und zwei Gartenmeister fand sehr reges Interesse. Helmut Steinbach feierte 25jähriges Dienstjubiläum und war mit Kinderkonzerten unter Mitwirkung von Elmar Gunsch sehr erfolgreich. Am 7. Februar 1980 verstarb der frühere Dezernent und Freund des Palmengartens, Bürgermeister a.D. Dr. Wilhelm Fay. Am 27. April verlor der Palmengarten den Orchideenfreund Guido F. J. Pabst aus São Paulo.

1981 beschäftigte den Palmengarten die „Bedrohte Pflanzenwelt", die Dorothea Fränz, Grüne Schule Palmengarten, vorbereitet hatte. Frau Loki Schmidt präsentierte am 11. Mai eine Ausstellung „Aus Liebe zur Natur". Der Palmengarten zeigte mehrere Themenkreise auf Ausstellungen zur Bundesgartenschau Kassel und beschickte die 10. Weltorchideenschau in Durban/Südafrika.

Carl Hägele, der Gestalter der Blumenschauen, wurde dem Palmengarten durch einen unerwarteten Tod am 12. März genommen. Rolf Walz, Heilbronn, sein langjähriger Assistent, übernahm diese wichtige Aufgabe. Helmut Steinbach präsentierte zum zweiten Mal „Komponisten in Frankfurt". Und am 1. Juni waren es 50 Jahre, daß der Palmengarten in städtische Regie genommen worden ist. Und die Gesellschaft der Freunde des Palmengartens ist ebenfalls 50 Jahre alt.

## Die finanzielle Lage

Der Verwaltungshaushalt mit den laufenden Kosten hat sich von 1969 bis 1981 von 2,7 Millionen DM auf 10,7 Millionen DM erhöht. Bei fast gleichbleibendem Mitarbeiterstand sind die Personalkosten im gleichen Zeitraum um 300 Prozent gestiegen. Die Einnahmen aus Eintrittsgeldern und Pachtzins (Restaurant) betrugen 1970: 1,3 Millionen DM, 1980: 2,56 Millionen DM. Durch die Löhne und die Preisentwicklung ist der Zuschußbedarf zunehmend höher geworden.

## Die Mitarbeiter

Der Mitarbeiterstab im Palmengarten ist relativ konstant. Der Palmengarten hatte zu Beginn der 70er Jahre einige Arbeiter- und wenige Gärtnerstellen nicht sofort besetzen können. So kamen einige Gastarbeiter für das Freiland und die Heizungsbedienung hinzu, die sich sehr gut bei uns eingelebt haben und zum Teil gut vorangekommen sind.

Die Mitarbeiter im Palmengarten
Eine tabellarische Aufstellung gibt den besten Überblick, Stand 1981:

| Abteilung | Beamte | Angestellte | Arbeiter | Bemerkungen |
|---|---|---|---|---|
| Direktion | 1 | 1 | — | |
| Verwaltung | 2 | 9 | — | auch Kassen (7) |
| Wissenschaft u. Pädagogik | 1 | 3 und Hilfskräfte | — | Grüne Schule (1) |
| Bot. Sammlungen | — | 6 | 17 | |
| Freiland u. Sammlungen | — | 4 | 25 | |
| Gärtnerei u. Sammlungen | — | 4 | 10 | |
| Betriebstechnik | — | 2 | 15 | |
| Musik | — | 3 | — | |

An dieser Stelle muß die unermüdliche Arbeit des Personalrats im Palmengarten herausgestellt werden. Arthur Siegel hatte in erprobter Weise den Vorsitz und war in den 60er und 70er Jahren hervorragend durch Otto Zielinski als Vertreter unterstützt worden. So konnten immer wieder neue Wege für ein gutes Einvernehmen zwischen dem Amt und den Mitarbeitern beschritten werden. Was der eine nicht fertigbrachte, versuchte im Sinne des Betriebsfriedens der andere. Die Arbeit führte Hans Gohr im ungeteilten Personalrat fort, um im Herbst 1981 die Wahl des neuen amtseigenen Personalrates vorzubereiten. Diese Zusammenarbeit kann als ein Beispiel dienen, wie oft widersprüchliche Standpunkte doch in gutem Einvernehmen gelöst werden können.
An Veränderungen bei den leitenden Mitarbeitern im vergangenen Jahrzehnt ist folgendes zu berichten: Bis Sommer 1969 war Kurt Lotz Verwaltungsleiter, ihm folgte bis Herbst 1971 Heinrich Dippel. Von da ab nahm Helmut Henzner mit viel Engagement diese Aufgabe wahr. Ihm

folgte für kurze Zeit Kurt Schmidt, den am 1. März 1978 Bernd Schumann ablöste. Heribert von Esebeck, wissenschaftlicher Mitarbeiter, ging am 30. November 1978 in den Ruhestand und war noch längere Zeit nebenberuflich tätig. Ihm folgte Dipl.-Ing. Bruno Müller, der bisher die gärtnerische Leitung des Kurparkes in Badenweiler innehatte.

Friedhelm Bechthold, der lange Jahre Sachgebietsleiter der Botanischen Sammlungen war, trat am 31. Dezember 1977 in den Ruhestand. Auch in der Musikabteilung gab es einige Veränderungen. Der Solomusiker und Orchesterwart Walter Spahlinger ging in den Ruhestand. Karl Barborowski übernahm dann diese Stelle als Soloklarinettist und wurde Orchesterinspektor. In dieser Funktion ist er für die leichtere Musik zuständig, wie es ehedem Karl Wegner unter Richard Limpert war. Seit April 1981 gehört Kilp der Musikabteilung als Orchesterwart an. Am 1. August 1980 konnte nach jahrelangen Bemühungen die Stelle eines Pädagogen zur Betreuung der zahlreich uns besuchenden Schulklassen geschaffen werden. Diese Stelle wurde Dorothea Fränz als Kustodin übertragen.

Der Bedarf an hochqualifizierten Gärtnern, die an Pflanzen interessiert und fähig sind, Spezialkulturen zu betreuen, ist nach wie vor groß. Seit Mitte der 20er Jahre hat der Palmengarten in eigener Regie Gärtner ausgebildet und wurde zu einer bevorzugten Lehrstätte. 1974 wurde die Gärtnerausbildung in der Stadtverwaltung zentralisiert, aus den Lehrlingen wurden im Sinne der Zeiterscheinungen Azubis, Auszubildende. Der Palmengarten wie die anderen grünen Ämter der Stadt hatten keinen Einfluß auf die Auswahl der Bewerber. Sie wurden nach einem Testverfahren ausgewählt und den Ämtern zugeteilt, Die Theorie sollte durch bestellte Ausbilder und durch die Berufsschule vermittelt werden. Die praktische Ausbildung geriet ins Hintertreffen. Die Bemühungen für eine praxisnähere Ausbildung und eine stärkere Zuordnung zum Betrieb erscheint in Zukunft unbedingt erstrebenswert. Da die Personalkosten ständig steigen, ist eine gute Ausbildung zur Anwendung aller Techniken im Gartenbau unerläßlich.

## Die Pflanzensammlungen im Palmengarten

Durch die Übernahme der Biebricher Pflanzenschätze hatte der Palmengarten in seinem Pflanzensammel- und Pflanzenkulturprogramm die Richtung erhalten. Auch der Qualitätsanspruch an die Sammlung war damit vorgegeben. Diese Tradition, vor über 110 Jahren übernommen, setzt uns heute noch Maßstäbe. Es ist eine der vornehmsten Aufgaben des Gartens, die Pflanzensammlungen nicht nur zu erhalten, sondern ständig weiter auszubauen und zu verbessern. Diese Sammlungen sind besonders unter dem Blickwinkel der Besucher zu sehen, die botanischen Besonderheiten müssen geeignet dargestellt werden. Auch die Leistungen der Pflanzen und ihre Blütenpracht und natürliche Schönheit steht bei uns mehr im Vordergrund als in rein wissenschaftlichen botanischen Gärten.

Die botanischen Sammlungen

Die Pflanzensammlungen unter Leitung von Heinz Undt bestehen aus einer Vielzahl tropischer und subtropischer Pflanzen, meist aus Naturformen. Palmen, Kamelien, Azaleen und Orchideen waren einst die Paradepflanzen. Durch den Namen „Palmengarten" fühlt der Palmengarten sich den „Fürsten" des Pflanzenreiches, den Palmen, nach wie vor sehr verpflichtet. Die Sammlungen enthalten heute über 260 Palmenarten, das sind mehr als 10% der bekannten Arten. Sie wachsen langsam heran. Im November 1969 erhielt der Palmengarten durch eine Spende des Landesverbandes Gartenbau neun große Palmen (Phoenix, Trachycarpus und Chamaerops) in schweren Kübeln, die im Sommer die Besucher im Freien erfreuen. Das ist die lebendige Verbindung von drinnen und draußen.

Die Orchideen-Sammlung vermehrte sich um ein Mehrfaches. Die Mitglieder dieser Pflanzenfamilie sind zu Favoriten der Pflanzenliebhaber aufgestiegen. Verbesserte Kultur- und Anzuchtmethoden, die der Palmengarten in zahlreichen Ausstellungen aufgezeigt hat, waren der Anreiz für viele Pflanzenfreunde. Die Sammlung im Palmengarten hatte schon von Anfang an Züchtungen im Sortiment. Sie spielen heute durch die zunehmende Ausrottung der natürlichen Arten für den „Konsum" eine wichtige Rolle. Daher vermehrten die Gärtner des Palmengartens neben den reinen Arten auch die Zahl und Qualität der Hybriden. Sie wurden durch umfangreiche Schenkungen von Generalkonsul Bruno Schubert, Frankfurt, und Fritz Heider, Wörth/Donau, bereichert. Schenkungen von Guido Pabst und Fritz Dungs aus Brasilien, von Ludwig Müller und Clarence Horich aus Costa Rica sind neben vielen kleineren ebenfalls in den Sammlungen vertreten. Bei den botanischen Arten sammelt der Palmengarten hauptsächlich Paphiopedilum, Dendrobium, die Cattleya-Gruppe (Laclia, Schomburgkia, Eipdendrum, Encyclica, Sophronitis, Brassavola u. a.), Cymbidium, Vanda mit Verwandten sowie Phalaenopsis, dazu die Oncidium-Odontoglossum-Gruppe. Es handelt sich um Orchideen mit besonders auffallenden, schön gefärbten und bizarren Blüten. Die Kultursorten (Hybriden) der Cymbidium- und der Cattleya-Gruppe sind inzwischen in der Gärtnerei heimisch geworden. Der Neuerwerb aus Aufzuchten, eigene Aufsammlungen und Schenkungen sichern die weltweit anerkannte Sammlung in ihrem Bestand.

Bromelien, die Ananasgewächse, erfreuen sich großer Beliebtheit bei den Besuchern. Sie bieten mit und ohne Blüte Blickpunkte für die Besucher. In ständigem Wechsel durch Tausch und Aufsammlung wie Aufzucht aus Samen ist eine einmalig reichhaltige und sehenswerte Sammlung entstanden. Werner Motschenbach hat vieles in Brasilien selbst gesammelt. Seit Ende der 20er Jahre, als die Kakteen in die Gunst der Pflanzenliebhaber kamen, wurde diese Kakteen- und Sukkulentensammlung schrittweise aufgebaut. Sie enthält ebenso altehrwürdige Stücke wie botanische Seltenheiten oder gar eigene

Züchtungen von Blattkakteen mit farbenprächtigen großen Blüten. 1937 kamen erstmals Samen madagassischer Sukkulenten in den Palmengarten. Weitere Aufsammlungen durch Hans Koch, Isenburg, und Werner Rauh, Heidelberg, brachten dem Palmengarten Unikate von hohem Wert. Günter Andersohn sammelte wiederholt in Niederkalifornien, in Mexiko, auch in Süd- und Südwestafrika. Aber es wachsen ständig neue Arten aus Aussaaten dazu, um die Attraktionen dieses Sammlungsbereiches zu erhalten oder verwüstete Pflanzen zu ersetzen.

Insektenfangende Pflanzen üben immer wieder einen besonderen Reiz auf die Besucher aus. Die Sammlung umfaßt alle bekannten Gattungen mit den meisten Arten. Es gehören die Nepenthes (der Kannenstrauch) aus den Tropen dazu; Drosera und Drosophyllum (Taublatt), Byblis und Roridula, Sarracenia und Cephalotus wie Heliamphora, die Darlingtonia (Kopralilie) und die Dionaea (Venusfliegenfalle). Der Palmengarten hat viele Pflanzen selbst aus Samen aufgezogen und gesammelt, getauscht oder durch Kauf erworben. Wichtig in der Sammlung tropischer Pflanzen waren auch von Anbeginn die Aronstabgewächse (Araceae), die Ingwergewächse (Zingiberaceae), tropische Wasserpflanzen (Viktoria-Arten), Euryale ferox, tropische Seerosen, schwimmende Pflanzen wie Eichhornia und Pistia oder Pflanzen der Sumpfküsten (Mangrove). Die vielfältige und artenreiche Familie der Begonien ist ebenso zu nennen wie die Feigengewächse (Moraceae), einige tropische Gräser (Bambusgewächse) und eine stattliche Anzahl von Rank- und Schlingpflanzen (Alamanda, Thunbergia, Passiflora, Lapageria, Freycinetia, Kürbisgewächse).

Interesse finden immer wieder tropische Nutzpflanzen mit verschiedenartiger Verwendung. Pflanzen, die der Ernährung dienen (Reis, Manihot, Batate, Brotfrucht, Zukkerrohre), Obstpflanzen (Banane, Mango, Avocado) und Genußpflanzen (Tee, Kakao, Kaffee) will der Palmengarten zeigen. Sogenannte technische Pflanzen, die Öl (Ölpalme, Kokospalme), Fasern (Ramie, Baumwolle, Kapok, Sisal) und die Gewürze (Pfeffer, Paprika, Vanille) liefern, geben einen Einblick in die Schätze der Pflanzenwelt.

Diese Aufzählung kann nur pauschale Angaben machen. Jeder Pflanzenfreund kann das ganze Jahr über auch in den Gewächshäusern unentwegt auf Entdeckungsreise sein, kann Neues sehen.

*1980 wurden in der Kalthausabteilung kultiviert:*

| Topfpflanzen | | Stück |
|---|---|---|
| Begonia semperflorens Topf | 2 Sorten | 50 |
| Browallia | 5 Sorten | 280 |
| Cineraria | 5 Sorten | 1200 |
| Campanula medium | 4 Sorten | 90 |
| Calceolaria | 6 Sorten | 1400 |
| Canna | 73 Sorten | 1300 |
| Cyclamen | 24 Sorten | 2350 |
| Capsicum | 7 Sorten | 140 |
| Coleus | 10 Sorten | 900 |

| | | |
|---|---|---|
| Fuchsia | 150 Sorten | 5000 |
| Impatiens | 28 Sorten | 1250 |
| Kalanchoe | 14 Sorten | 2270 |
| Lilium | 13 Sorten | 1550 |
| Primula vulgaris | 7 Sorten | 10000 |
| Primula obconica | 11 Sorten | 950 |
| Primula malacoides | 9 Sorten | 1130 |
| Primula sinensis | 5 Sorten | 170 |
| Primula kewensis | 2 Sorten | 280 |
| Pelargonium grandiflorum | 40 Sorten | 800 |
| Pelargonium peltatum | 13 Sorten | 1600 |
| Pelargonium zonale | 47 Sorten | 1250 |
| Pelargonium zonale F1 | 10 Sorten | 400 |
| Rehmannia angulata | | 100 |
| Torenia | | 280 |
| Solanum | 3 Sorten | 120 |

| Sommerflor | | |
|---|---|---|
| Ageratum | 10 Sorten | 1500 |
| Cheiranthus | 5 Sorten | 400 |
| Viola wittrockiana | 85 Sorten | 10000 |
| Bellis perennis | 10 Sorten | 2000 |
| Myosotis sylvestris | 5 Sorten | 500 |
| Begonia tuberhybr. | 60 Sorten | 4000 |
| Begonia semperflorens | 12 Sorten | 5000 |
| Salvia splendens | 6 Sorten | 500 |
| Gazania-Hybriden | 5 Sorten | 500 |
| Senecio bicolor | 3 Sorten | 600 |
| Verbena-Hybriden | 12 Sorten | 500 |
| Verbena | 5 Arten | 250 |
| Lobelia fulgens | 2 Sorten | 300 |
| Lobelia erinus | 5 Sorten | 600 |
| Chrysanthemum frutescens | 3 Sorten | 450 |
| Chrysanthemum paludosum | | 200 |
| Chrysanthemum ptarmicaefolium | | 150 |
| Chrysanthemum parthenium | 2 Sorten | 200 |
| Cuphea ignea | | 250 |
| Nicotiana | 8 Sorten | 500 |
| Petunia-Hybriden | 60 Sorten | 4000 |
| Lavatera trimestris | 2 Sorten | 200 |
| Penstemon | 3 Sorten | 300 |
| Dahlia variabilis | 3 Sorten | 200 |
| Dianthus F1 Hybriden | 12 Sorten | 600 |
| Antirrhinum | 12 Sorten | 1200 |
| Cleome spinosa | 3 Sorten | 150 |
| Pennisetum | 2 Arten | 200 |
| Dorotheanthus bellidiformis | | 100 |
| Rudbeckia hirta | 5 Sorten | 400 |
| Amaranthus | 6 Sorten | 400 |
| Phlox drummondii | 3 Sorten | 200 |
| Tagetes | 80 Sorten | 5000 |
| Helianthus | 6 Sorten | 120 |
| Zinnia | 8 Sorten | 600 |
| Celosia | 16 Sorten | 800 |
| Zierkohl | 8 Sorten | 250 |
| Salvia patens | | 50 |
| Salvia farinacea | | 200 |
| Salvia coccinea | | 50 |
| Salvia horminum | 2 Sorten | 150 |

| Sommerflor | | Stück |
|---|---|---|
| Cobaea scandens | | 50 |
| Exacum affine | | 200 |
| Perilla frutescens „Nankinensis" | | 50 |
| Polygonum capitatum | | 100 |
| Euphorbia marginata | 3 Sorten | 50 |
| Thunbergia alata | 2 Sorten | 150 |
| Arctotis | | 100 |
| Asclepias curassavica | | 60 |
| Papaver commutatum | | 50 |
| Commelina coelestis | | 50 |
| Sanvitalia procumbens | | 100 |
| Kochia scoparia „Trichophylla" | | 100 |
| Salpiglossis | 2 Sorten | 100 |
| Humulus scandens | 2 Sorten | 50 |
| Tithonia rotundifolia | | 50 |
| Tricholaena rosea | | 50 |
| Hedychium gardnerianum | | 25 |
| Cladanthus arabicus | | 80 |
| Quamoclit coccinea | | 25 |
| Quamoclit lobata | | 25 |
| Eccremocarpus scaber | | 20 |
| Dolichos lablab | | 20 |
| Mirabilis jalapa | | 50 |
| Datura | 3 Sorten | 50 |
| Schizanthus | 2 Sorten | 100 |
| Nemesia | | 100 |
| Gomphrena globosa | | 100 |
| Mimulus | 3 Sorten | 150 |
| Lampranthus | | 50 |
| Lobularia maritima | 3 Sorten | 200 |
| Ipomoea | 2 Sorten | 50 |
| Zierkürbis | 3 Sorten | 75 |
| Ricinus | 3 Sorten | 50 |
| Coix lacryma-jobi | | 25 |
| Tropaeolum | 3 Sorten | 150 |
| Zea mays | | 50 |
| Lathyrus odoratus | 9 Sorten | 180 |
| Calendula officinalis | 3 Sorten | 175 |
| Helichrysum | 6 Sorten | 200 |
| diverse Sommerflor-Arten | 50 Arten | 8000 |

1980 wurden folgende Pflanzen in der Moorbeetabteilung kultiviert und erhalten:

| Topfchrysanthemen | 50 Sorten termin-gesteuert | 4000 |
|---|---|---|
| Schnittchrysanthemen | 40 Sorten u. NK | 3500 |
| Freilandchrysanthemen | 6 Sorten Schnitt- u. Beet-pflanzen | 600 |
| Chrysanthemen | 10 Sorten Stamm- u. Kübelform | 600 |
| Azaleen | 100 Sorten | 2000 |
| winterharte Freilandazaleen | 20 Sorten | 200 |
| Hydrangea macrophylla | 18 Sorten 2 Sätze | 1800 |

| | | Stück |
|---|---|---|
| Camellia | 250 Sorten   5 Arten | 350 |
| Erica gracilis | 3 Sorten | 1500 |
| Erica-Hybriden | 2 Sorten | 300 |
| Erica | 20 Arten | 200 |
| Agapetes | | 40 |
| Callistemon | 2 Arten | 80 |
| Myrtus | | 120 |
| Pimelea ferruginea | | 20 |
| Boromia | | 15 |
| Laurus | Hochstamm, Spindel, Busch und Kugel ca. 1,80 m | 7 |
| Cattleya | | 1800 |
| Cymbidium | | 1100 |
| Epidendrum | | 100 |
| Oncidium | | 35 |
| Schomburgkia | | 30 |
| Sobralia | | 1 |

Mehrjährige Bunt- und Grünpflanzen (Warmhaus) 1980

| Codiaeum variegatum | versch. Sorten | 1000 |
|---|---|---|
| Dieffenbachia picta | u. andere Arten | 500 |
| Aglaonema | 5 Arten | 150 |
| Monstera deliciosa | | 100 |
| Ficus | 25 Arten | 500 |
| Philodendron | versch. Arten | 100 |
| Spathiphyllum wallisii | 3 Sorten | 300 |
| Fittonia verschaffeltii | 3 Sorten | 500 |
| Dracaena sanderana | versch. Arten | 100 |
| Pachystachys lutea | | 100 |
| Chlorophytum comosum | | 1500 |
| Seemannia latifolia | | 50 |
| Asparagus | 3 Arten | 200 |
| Epipremnum aureum | | 100 |
| Ensete ventricosum | | 50 |
| Medinilla magnifica | | 40 |
| Impatiens-Hybriden | 7 Sorten | 450 |
| Peperomia | 12 Arten | 600 |
| Strelitzia reginae | | 100 |
| Pilea cadierei | | 600 |
| Schefflera | 2 Arten | 200 |
| Cissus | 2 Arten | 150 |
| Setcreasea purpurea | | 30 |
| Grevillea robusta | | 25 |
| Stephanotis floribunda | | 10 |
| Hoya | 3 Arten | 12 |
| Bougainvillea glabra | 12 Sorten | 60 |
| Pisonia umbellifera | | 100 |
| Clusia rosea | | 100 |
| Pseuderanthemum atropurpureum | | 180 |
| Hibiscus rosa-sinensis (Mischung) | | 100 |
| Streptocarpus-Hybriden | 12 Sorten | 500 |
| Brunfelsia pauciflora | | 25 |
| Tetrastigma voinieranum | | 50 |
| Coleus-Blumei-Hybriden | 3 Sorten | 250 |
| Sansevieria | 5 Arten | 150 |
| Episcia reptans | | 100 |
| Anthurium | 2 Arten | 100 |

| | | Stück |
|---|---|---|
| Ardisia crenata | | 300 |
| Vriesea splendens | | 500 |
| Columnea | 3 Sorten | 150 |
| Begonia | 3 Arten | 150 |
| Plectranthus variegatus | | 200 |
| Iresinen | 5 Sorten | 500 |
| Lantana-Camara-Hybriden | 6 Sorten | 1500 |
| Caladium-Hybriden | 13 Sorten | 450 |
| Aphelandra squarrosa | 4 Sorten | 450 |
| Achimenes-Michelssen-Hybr. | 12 Sorten | 2000 |
| Farne | 27 Arten | 1800 |
| Begonia-Elatior-Hybriden | 13 Sorten | 1600 |
| Begonia Gloire de Lorraine | 2 Sorten | 700 |
| Saintpaulia ionantha | 10 Sorten | 1200 |
| Sinningia speciosa | 15 Sorten | 3000 |
| Euphorbia pulcherrima | 10 Sorten | 2200 |
| Amaryllis-Hybriden | 10 Sorten | 500 |
| Begonia Rex-Hybriden | 15 Sorten | 1000 |
| Palmen | versch. Arten | 1000 |
| Trachycarpus fortunei | | 400 |
| Coffea arabica | | 100 |
| Ixora coccinea | | 50 |
| Aeschynanthus speciosus | | 50 |
| Hypocyrta glabra | | 30 |
| Cyperus alternifolius | | 100 |
| Hydropflanzen | versch. Arten | 600 |
| diverse Arten und Sorten | | 600 |

1980 wurden in der Gärtnerei folgende Blumenzwiebeln abgetrieben:

| | Sorten | Stück |
|---|---|---|
| Frittilaria | 3 | 150 |
| Hyazinthen | 17 | 4500 |
| Tulpen | 58 | 28800 |
| Narzissen | 20 | 8800 |
| Muscari | 2 | 17000 |
| Krokus | 12 | 7400 |
| Iris | 15 | 5500 |
| Scilla | 5 | 2250 |

*Die Gärtnerei und die Zierpflanzensammlung*

Diese Sammlung unter der Leitung von Hubertus Gog hat ein weit gestecktes Feld zu beackern. Hier werden nicht nur Zehntausende von Ein- und Zweijahresblumen für die Bepflanzung herangezogen, Chrysanthemen und Weihnachtssterne in Terminkulturen gesteuert, die Treiberei von Zwiebelgewächsen und Ziergehölzen betrieben, sondern auch zahllose Blütenpflanzen des Kalt- und Warmhauses ausstellungsreif kultiviert.

In die Schmuckbeete im Freiland wurden außerdem eingepflanzt: 28 000 Tulpen, 5000 Narzissen, 3000 Hyazinthen, 8000 Krokus und 10 000 sonstige Blumenzwiebeln.

Durch die Ausdehnung der Schmuckbeete im alten Garten sind die vorgenannten Zahlen inzwischen um 15% gestiegen. Die Kameliensammlung wurde 1974 durch einige große, etwa 100 Jahre alte Pflanzen aus dem Ber-

liner Botanischen Garten bereichert. Durch Ankauf von neuen Hybriden aus England, Frankreich, Belgien, Italien und Japan hat der Palmengarten über 275 Sorten in Kultur.

Das Azaleen-Sortiment wird in enger Fühlung mit Züchtern auf dem neuesten Stand gehalten. Durch Sonderausstellungen wie Pelargonien und Fuchsien erweitert sich jedes Sortiment um die gezeigten Neuzüchtungen und durch Ergänzung bewährter älterer Sorten.

Andere Moorbeetpflanzen wie Erica und Epacris werden gepflegt. Ein ausgedehntes Sortiment an Kübelpflanzen ist vorhanden: Datura, Zierbanane, Erythrina, Lantanen, Plumbago, Fuchsien, Clivia, Abutilon sowie Kalt- und Warmhauspflanzen werden betreut. Das vollständige Marktsortiment an Farnen ist vertreten.

Im Freiland:
Sortimente, Schmuckbeete, Sichtung

Die Bemühungen unter der Leitung von Willi de Ginder, „exotische" Gehölze zu zeigen, sind erwähnenswert. Durch Auslese und Versuche sind eine Reihe chinesischer Hanfpalmen (Trachycarpus fortunei) im großen Blumenstück und im Tropengarten ausgepflanzt und überdauern mit Winterschutz unsere Fröste, auch die „Blitzfröste" 1978/79 mit Temperaturstürzen von 25 °C innerhalb von 12 Stunden, erfolgreich. Cypressen, Pinien und immergrüne Magnolien gesellen sich diesen Palmen zu. Selbst die Südtanne (Araucaria) und die Kreppmyrte (Lagerstroemia indica) halten in diesem Frankfurter Klima im Freien aus.

Eucalyptus-Arten, Albizzia-Auslesen und die japanische Wollmispel gehören in diese Versuchsreihe, betreut von Dipl.-Ing. Bruno Müller.

Im vergangenen Jahrzehnt wurde versucht, die immergrünen Gehölze zu ergänzen, soweit dies wegen des Klimas und der innerstädtischen Lage des Gartens möglich ist. Bisher sind im Garten an größeren immergrünen Laubgehölzen vertreten: Quercus cerris, Q. ilex, Q. x turneri „Pseudoturneri", Q. x hispanica „Lucombeana", Magnolia grandiflora, Ilex in mehreren Arten und Sorten. An Nadelgehölzen seien genannt: Araucaria araucana, Cedrus atlantica, C. brevifolia, C. deodara, C. libani und Sorten, Abies concolor, A. koreana, A. pinsapo, Picea breweriana, P. omorika, Pinus aristata, P. monophylla, P. pinea, P. strobulus, P. nigra ssp nigra, P. wallichiana, P. cembra, Sequoiadendron giganteum, Sequoia sempervirens, Torreya unicifera, Calocedrus decurrens, Tsuga mertensiana. Nennswerte Laubgehölze: Fagus sylvatica „Atropunicea" (Blutbuche), F.s. „Pendula" (Hängebuche), Acer monopensulanum, A. saccharinum, A. capillipes, A. circiantum, A. mandshuricum, A. nicoense, Corylus colurna (Baumhasel), Castanea sativa (Edelkastanie), Quercus x leana (Bastardeiche), Q. imbricaria (Schindeleiche), Q. libani (Libanoneiche), Trochodendron aralioides (Radbaum), Cercis siliquastrum (Judasbaum), Cornus-Arten, verschiedene Magnolia-Arten, Gleditsia triacanthos (Lederhülsenbaum), Maclura pomifera (Osagedorn), Carya-Arten, Juglans-Arten, Parrotia persica, Catalpa-Arten (Trompetenbäume), Euodia hupehensis (Stinkesche), Staphylea colchica (Pimpernuß), Cercidiphyllum japonicum (Katsurabaum).

Durch die Zusammenarbeit mit der Deutschen Stauden-Gesellschaft kam 1972 die Irissammlung von Veitshöchheim in den Palmengarten. Sie bestand hauptsächlich aus den hohen Bartiris-Züchtungen von Goos und Koenemann. In den folgenden Jahren kamen die Medaillenträger aus der ganzen Welt hier zusammen. Unter Dr. E. Haslinger wurde eine Irisbewertung der Gesellschaft eingerichtet, die durch den Arbeitskreis Wörfel fortgeführt wird.

Ansehnlich war bisher das Sortiment an Erica und Calluna, das aber weiter ergänzt wurde durch englische Sorten. Auch Saxifraga und Sedum-Arten sind stattlich vertreten. Mit Bruno Müller hielten die Hemerocallis (Taglilien) im Palmengarten Einzug. Er sichtet und bewertet die Züchtungen dieser Gattung. Außerdem wurden die Sammlungen von Narzissen, Paeonien (Pfingstrosen), Kniphofia (Fackellilie), Hosta (Schattenlilie), Yucca (Palmlilien) angelegt und erweitert. Eine Sammlung europäischer Orchideen kämpft um ihre Existenz. Rosen gibt es in einem Rosengarten seit 1887. Sie spielen auch im Palmengarten der Gegenwart eine große Rolle, in Zukunft sollen sie noch mehr in den Mittelpunkt rücken.

Die Ausstellungen der 70er Jahre

Blumenschauen und Ausstellungen, eine der Besonderheiten und Eigenarten des Palmengartens, entwickelten sich unter der Regie von Heribert Eid zu einem wesentlichen Anziehungspunkt.

Die Ausstellungszeit von März bis Jahresende bietet eine Vielfalt bleibender und wechselnder Themen. Als Grundgerüst haben sich in den letzten Jahren herausgebildet: Frühlingsschau, Osterblumenschau, Rosenschau, Sommerblumenschau, Chrysanthemenschau und Weihnachtsschau, 1970 fand im Juni die erste deutsche Bromelienschau statt. Im Juli und August zeigte der Palmengarten „Pflanzen im Büro". Bei der Dahlien- und Gladiolenschau Ende August taufte Bürgermeister Dr. W. Fay eine schwefelgelbe Kaktusdahlie des Züchters Heinz Teuscher, Bonn-Basel, auf den Namen „Frankfurter Palmengarten". Im November gab es in Zusammenarbeit mit dem Leiter der Landesstelle für Vogelschutz, Dr. Keil, die Ausstellung „Vogelschutz". Zum ersten Male richtete der Palmengarten „Weihnachtliche Dekorationen" aus. Seitdem ist auch diese Schau nicht mehr aus dem Programm wegzudenken. 1971 ist im Mai und Juni eine systematisch ausgebreitete Darstellung der Kakteenfamilien mit Hilfe der Kakteen-Freunde unter Franz Strnad in Frankfurt bewundert worden; im Juli erblühten viele Lilien. Pflanzen für den Blumenfreund füllten die Ausstellungshalle in den Sommerferien und Bromelien erfreuten noch einmal die Besucher Anfang November. Ab März zeigte der Palmengarten eine Dauerausstellung: Balkonschmuck im Wandel der Jahreszeiten.

„Exotica" (Kakteen, Sukkulente, Aquarien und Terrarien) nannte sich eine Gemeinschaftsschau vom 31. Mai bis 18. Juni 1972; die Frankfurter Liebhaber beschickten in Verbindung mit dem Senckenbergmuseum diese Ausstellung.

In den Sommermonaten Ende Juli bis Anfang September zeigte der Palmengarten in „Tropicana" exotische Pflanzen-Schönheiten. Eine Ausstellung Mitte September stellte Dahlien vor, und zum Deutschen Orchideen-Kongreß Ende November zeigten Gärtner und Liebhaber die Wunderwelt der Orchideen. Mit 15 Ausstellungen im Palmengarten und drei auswärtigen bewältigte der Palmengarten ein Riesenprogramm. Zwei Ikebana-Ausstellungen waren dabei und während der Sommerferien „Brunnen in Haus und Garten". Auf der Internationalen Gartenbauausstellung IGA 73 in Hamburg stellte der Palmengarten einmal Orchideen, das andere Mal botanische Seltenheiten aus.

1974 gab es Blumen für Heim und Garten von Ende Mai bis Mitte Juni zu bewundern. Im September belehrte eine Pilzausstellung Sammler und Selbstversorger. Zur Wiener Internationalen Gartenbau-Ausstellung WOG 74 ist der Palmengarten dreimal gefahren: im April mit Orchideen, im Juni mit buntblättrigen Pflanzen und im August mit Heidegewächsen. Im Jahre der Weltorchideenschau 1975 präsentierte der Palmengarten anschließend in der Blütengalerie als neuer Ausstellungshalle Zierpflanzen im Mai und Juni, in der Sommerzeit Begonien, Buntnesseln und Gloxinien, im September Bromelien als zunehmend beliebte Zimmerpflanzen. Auf der Bundesgartenschau in Mannheim war der Palmengarten im Juni mit insektenfangenden Pflanzen und im August mit Palmen und botanischen Raritäten vertreten.

1976 gab es im Frühjahr Ikebana als Festschmuck und im Juni „Exotica" zu sehen. In St. Gallen, Amsterdam, der Chelsea Flower Show in London und in Baden-Baden stellte der Palmengarten Orchideen aus.

Schwertlilien und Stauden fanden sich Ende Mai 1977 in der Blütengalerie ein. Daran schloß sich im Juni die erste große Ausstellung in der Bundesrepublik über Pflanzen in Hydrokultur an. Alle namhaften Betriebe waren als Aussteller vertreten. Zum Sommernachtsfest Ende August arrangierte der Palmengarten mit geschnittenen Sommerblumen eine Ausstellung.

Von 1978 an zeigen die Jungfloristen im Frühjahr und Sommer ihre Prüfungsarbeiten in der Blütengalerie. Carl Hägele aus Esslingen übernimmt von jetzt an die Gestaltung der Blumenschauen zu Ostern, für die Rosen, die Sommerblumen und ab 1979 auch zu Weihnachten. Eine große Bonsai-Ausstellung mit dem Bonsai-Zentrum Heidelberg präsentierte japanische Zwergbäume und begeisterte viele Besucher im Mai. Im Sommer stellte der Palmengarten Pflanzen für die Fensterbank und das Kleingewächshaus aus. Ganz großes Interesse fand die Ausstellung „Exotische Früchte" mit Importen aus vielen Ländern, vor allem aus Indonesien. Zur Weihnachtsschau zeigte Anton Teppert, Hanau, Metallarbeiten.

Wieder waren es die Orchideen, die dem Palmengarten bei der 9. Weltorchideen-Konferenz in Bangkok/Thailand weltweite Anerkennung brachten, ebenfalls in Paris, in Dijon und bei der Chelsea Flower Show in London. Verliehene Auszeichnungen sind der Beweis für die gezeigten Leistungen.

1979 stelle man besonders die Kulturen der immer besser ausgestatteten Gärtnerei heraus. Im April und Mai waren es Calceolarien, Cinnerarien und Hortensien. Im Anschluß daran bis Mitte Juni Coleus, Fuchsien und Pelargonien zusammen mit Rosenbildern von Thomas Zach. Im August waren es Begonien, Gloxinien, Streptocarpus und Usambara-Veilchen. Im Juli präsentierte der Palmengarten den Besuchern „Heilpflanzen unserer Heimat" als Pflanze, Droge und Bild-Text-Dokumentation Für die Freunde der Trockenblumen gab es aus der Privatsammlung Edelmar Krauter, Stuttgart, viel Unbekanntes zu erfahren. Anfang November konnte das Palmenhaus wieder für Besuche geöffnet werden. Carl Hägele hatte etliche Pflanzen herausgenommen und neue Elemente und Pflanzen nach einem alten Vorbild eingefügt. Zur Wiedereröffnung des Palmenhauses und in der Blütengalerie waren für zwei Wochen die Orchideen anmutige Gäste. Auch auf auswärtigen Ausstellungen war der Palmengarten wieder eifrig bemüht, für Frankfurt eine gute Visitenkarte abzugeben.

Bei der Bundesgartenschau in Bonn stellte der Palmengarten im Juli „Pflanzliche Delikatessen", im Oktober Orchideen und Bromelien aus. Orchideen präsentierte der Palmengarten auch beim Europäischen Orchideen-Kongreß in Zürich und bei der Orchideenschau in Hannover. Auf der Chelsea Flower Show London glänzte man mit Kakteen und anderen Sukkulenten und errang einen zweiten Preis, die Banksian Silver Gilt Medal.

Das Jahr 1980 brachte den Besuchern des Palmengartens zwei wesentliche Ausstellungen. „Der japanische Garten — seine Entstehung und seine Geschichte", vorbereitet durch Ingeborg Schaarschmidt-Richter, gestaltet durch Professor Osanu Mori aus Magano/Japan. Die andere Schau stellte mit dem Großbetrieb Pelargonien-Fischer in Hillscheid/Westerwald die heutigen Züchtungen von Pelargonien vor. Außerdem gab es Bromelien mit der Tillandsia grandis im Mai, Pfingstrosen und Schwertlilien Anfang Juni zu sehen. Große Bewunderung erregte Carl Hägeles Sommerblumenschau, die Schau mit den Jedermannsblumen. Im Mai präsentierte der Palmengarten beim Deutschen Kakteen-Kongreß Kakteen und andere Sukkulente.

Für 1981 konnte der Palmengarten zahlreiche neue Kamelien-Sorten im März und April vorstellen. Großes Interesse fand die Ausstellung „Bedrohte Pflanzenwelt" Ende April/Anfang Mai mit großer Beihilfe anderer Organisationen und Vereinigungen. „Die Bäume Europas" erinnern ebenfalls an unsere Umwelt. Im September gab es erstmalig mit Fuchsien-Baum, Leonberg, eine Ausstellung zu Fuchsien. Im November eine Ausstellung mit dem Thema „Pflanzen brauchen Licht". Auswärts zeigt der Palmen-

garten Orchideen in Schwetzingen, bei der Bundesgartenschau in Kassel Kakteen und Sukkulente, Pflanzliche Delikatessen sowie Orchideen und Bromelien. Orchideen finden ebenfalls den Weg zum 10. Weltorchideen-Kongreß in Durban/Südafrika.

Ausstellungen waren von Anbeginn wesentlich für die Institution Palmengarten. Die Überlegungen eilen auch jetzt der Zeit weit voraus, um den Besuchern stets zu zeigen, welche Pflanzenschätze er bewundern, neu für sich entdecken kann.

## Die Musik in den 70er Jahren

Pflanzen und Musik bilden im Palmengarten eine glückliche Synthese- oder biologisch gesagt: sie leben in einer äußerst harmonischen Symbiose. Wie die Darstellung der Pflanze sich wandelt, obwohl wir immer wieder die gleichen Arten und Gestalten vorzeigen, so wandelt sich die Darbietung der Musik im Garten. Da Musik die Menschen erfreuen soll, ist der Hörende der Bezugspunkt bei der Planung der musikalischen Darbietungen.

Im den 50er und 60er Jahren gab es von Mitte Mai bis Anfang September ein Palmengarten-Orchester. Studenten und Pensionäre fanden sich unter Helmut Steinbachs Dirigentenstab zusammen und spielten eifrig im Pavillon oder, vertrieben durch Regen und Kälte, in irgendeinem Saal des Gesellschaftshauses. Zwischendurch wurde Verstärkung zu Sonderkonzerten herbeigerufen. Man dachte eifrig bemüht nach, und für 1972 präsentierte Helmut Steinbach sein neues Palmengarten-Musik-Konzept. Es war bestimmt von einer größeren finanziellen Effizienz, von größerer Originalität und größerer Variabilität, aber auch von viel mehr Arbeit für die Organisatoren.

Wie sieht das Konzept aus? Verzicht auf ein kleines, nur zeitlich begrenztes Orchester; Engagement so vieler Musiker, wie es die Original-Partitur erfordert und damit original besetzte Darbietungen; Möglichkeiten für das Engagement guter bis herausragender Musiker; Suche nach einem Stammzuhörerkreis, besonders bei Konzerten klassischer Musik.

Dies führte zur Begründung der „Philharmonischen Gesellschaft Frankfurt", zur Durchführung der Konzerte und zu einer Interessengemeinschaft mit den „Freunden der Kirchenmusik" unter ihrem langjährigen Präsidenten Arnold Thrun, der leider am 29. Dezember 1980 verstarb. Diese gute Tradition wird unter seinem Nachfolger Kantor Herbert Manfred Hoffmann fortgesetzt. Die Qualität der Konzerte verbesserte sich erheblich, an den Pulten sitzen jetzt Musiker von Rundfunk, Opernhäusern und Musikhochschulen. Auf diese Weise konnte Helmut Steinbach die schon zur Tradition gewordenen sieben Zykluskonzerte der Sommersaison einführen, konnte außerdem bedeutende Orchester hierher einladen und wurde selbst als Dirigent an auswärtige Orchester verpflichtet. Matineen und Serenaden gewannen an Bedeutung.

1971 war Friedrich Gulda in einem klassischen Klavierkonzert und tags darauf mit einem Jazzkonzert der Star des Sommers. Am Samstagnachmittag wurde auf der Wiese „Beat und Rock" für die Teens und Twens angeboten. Nach vier Sommern hat der Palmengarten diese Veranstaltung wieder abgesetzt. Das war im Jahre 100 der Musik im Palmengarten. Die Zeiten für die Musik waren sehr vielfältig und auch dornenreich. Dr. Gustav Funke schildert dies ausführlich in „Der Palmengarten", 1971, S. 34-40.

Mit den Jahren fanden die Zykluskonzerte ihren eigenen Stil. Nach dem Umbau der Bühne im Festsaal 1974 gab es wieder Anpassungsschwierigkeiten; denn Mehrfachfunktionen unter ein Dach zu bringen, ist alles andere als einfach. Zur Weltorchideen-Konferenz komponierte Wilhelm Rettich, Baden-Baden, der letzte noch lebende Reger-Schüler, die Orchideenhymne mit dem Orchideenmotiv. Ein Festkonzert fand begeisterte Akklamation bei den Konferenzteilnehmern aus aller Herren Länder.

Die Tanzabende waren Mitte der 70er vom Mittwoch auch auf den Freitag ausgedehnt worden, 1979 wieder auf Mittwoch beschränkt. Jazz gibt es seit 1959 alle vierzehn Tage am Donnerstagabend unter der Regie von Heinz Werner Wunderlich, Baden-Baden. Seit 1980 wechselt wöchentlich der reine Jazz mit dem heiteren Dixieland.

1979 erhielt Helmut Steinbach zum 50. Geburtstag in Würdigung seiner Verdienste um die Musik im Palmengarten durch Oberbürgermeister Dr. Walter Wallmann die Ehrenplakette der Stadt Frankfurt. Der Präsident der Freunde der Kirchenmusik hatte ihm bei seiner Amtsübergabe die Bachplakette überreicht.

„Komponisten in Frankfurt" präsentierte Helmut Steinbach vom 12. bis 18. Juni in fünf Konzerten. Die Musikhochschule unter Hans-Dieter Resch brachte Werke von Friedrich Zipp, Felix Mendelssohn-Bartholdy und Paul Hindemith zu Gehör. Das hr-Rundfunkorchester unter Christian Stalling spielte unterhaltende Musik von Wolfgang Rudolf, Erich Börschel, Willi Czernik, Johannes Pütz, Friedrich Siebert, Christian Stalling und Gerhard Ahl. Am 15. Juni konzertierte Herbert Manfred Hoffmann an der Orgel der Heiliggeist-Kirche mit Stücken von Joseph Joachim Raff, Philipp Mohler, Kurt Hessenberg, Heinz Werner Zimmermann und Paul Hindemith. Ein Kammerkonzert an der Musik-Hochschule und ein Festkonzert unter Leitung von Helmut Steinbach im Palmengarten mit Werken von Georg Philipp Telemann, Ludwig Spohr, Hans Pfitzner und Joseph Joachim Raff beschlossen diesen erfolgreichen Versuch. 1981 folgt die zweite Veranstaltungsreihe dieser Thematik.

1980 konnte Helmut Steinbach auf eine 25jährige Tätigkeit im Palmengarten zurückblicken. Neu auf dem Programm für 1980 standen die Kinderkonzerte mit Elmar Gunsch als Sprecher, veranstaltet in Verbindung mit dem Stadtschulamt. Neu auch die Opernkonzerte in Gemeinschaft mit der Volksbühne.

Die Musik im Palmengarten erfreut sich gleichbleibender Beliebtheit. Viele Menschen kommen hierher, um Musik zu hören. „Sich entspannen" und „unterhalten werden" als eine der wesentlichsten Aufgaben im Palmengarten wird durch die Musik, ernst und heiter, erfüllt. Die Musik lebt im Palmengarten, und der Garten lebt durch die Musik, die in ihm erklingt.

## Die Öffentlichkeitsarbeit des Palmengartens

Mit der Schaffung des Palmengarten-Emblems 1969 und der zeitgemäßen Interpretation der Palmengarten-Idee „Neues sehen, herrlich entspannen, unterhalten werden" durch Christian Pfautsch als Texter und PR-Berater war eine klare Richtung für werbende Maßnahmen vorgezeichnet. Als Grafik-Designer kam 1970 Paul Schuster mit großem Engagement für Beratung und Entwurf hinzu. Er hat die Farbskala Grün und die anderen Farbskalen-Plakate im Laufe der Zeit aus Zwischenlösungen heraus entwickelt. Dazu kamen klare Schriftzüge und Schriftbilder, die von weitem sichtbar das Etikett „Palmengarten" tragen. Prospekte und Plakate sind Signale in Stadt und Land.

Seit 1979 erscheint jährlich der „Palmengarten-Begleiter", 1980 auch in japanischer, 1981 in englischer Sprache. Weitere fremdsprachige Ausgaben sind geplant. Jährlich sind etwa 50 000 Plakate zu disponieren, etwa 50 Presse-Mitteilungen zu verschicken, Tages- und Monatsprogramme herzustellen und zu verteilen - etwa 250 000 Stück pro Jahr. Mit Rita Wolf haben wir eine engagierte Sachbearbeiterin gewonnen.

Jährlich verschickt der Palmengarten Samenlisten zum Samenaustausch mit anderen botanischen Gärten, der Index Seminum erscheint in 500 Exemplaren. Führungen, Vorträge und Beratungen werden auf Aufforderung durchgeführt. 1980 ließen wir eine Monovisionsschau mit 240 Aufnahmen und 20 Minuten Laufzeit als Einführung in den Palmengarten herstellen. Sie wird als Videoband hergestellt und kann auch auswärts auf den Besuch des Palmengartens vorbereiten.

Der Palmengarten will diesen Weg, der bisher in Stetigkeit Erfolg gebracht hat, mit Bedachtsamkeit weitergehen.

## Grüne Schule Palmengarten

Die Kenntnisse über die Pflanzen und ihre Welt sind nicht mehr selbstverständlich. Der in der Stadt wohnende Mensch hat die natürliche Verbindung zur Natur verloren, weil er nicht mehr täglich mit ihr verbunden ist, nicht mehr in und mit ihr lebt. Die Rationalisierung und die Verteilungsmechanismen in großem Maßstab haben auch pflanzliche Erzeugnisse zu Produkten gemacht. Wie sollen Menschen, die den Kontakt mit der Natur und ihren Abläufen nicht mehr täglich erfahren, sie verstehen? Welche Gesetzmäßigkeiten, welche Notwendigkeiten, welche Voraussetzungen für das Leben im allgemeinen und für Pflanzen im besonderen bestehen, kann man nur im

Kontakt mit der Natur, auch der gezügelten Natur im Garten, erfahren und erfassen.

Daher ist es von großer Bedeutung, daß jungen Menschen ein Interesse an Pflanzen vermittelt wird. Jede Begegnung mit Pflanzen sollte zu einem Erlebnis werden, auch Besuche im Palmengarten. Sicher ist es schwierig, Kinder allgemein für Pflanzen zu interessieren. Man kann Pflanzen wohl anfassen, man kann daran riechen, man kann sie zerstören, da sie sich nicht zur Wehr setzen können. Auch das ist ein Kontakt! Aber das kann nicht unser Ziel sein.

Es kann ein erstes Ziel sein, sich an Pflanzen zu freuen. Das kann auf vielerlei Weise geschehen. Die Freude ist äußerlich, ohne Folge für den Menschen. Sie verpflichtet zu nichts. Sie besteht „nur" im Schauen, Wahrnehmen, Nachdenken. Das zeigt sich bei vielen Besuchern im Palmengarten, daß das eine Weise des Erlebnisses und des Kontaktes mit Pflanzen ist. Vielleicht ist dieser Schritt der wesentliche, denn er wird in Freude vollzogen. In innerer Entspannung ist der Mensch aufgeschlossen. Das Erlebnis ereignet sich bei einem Schulausflug, bei einem Senioren-Nachmittag, beim Sonntagsspaziergang, beim Konzert, beim Tanzabend. Die Atmosphäre des Gartens stellt Beziehungen her.

Aus der Freude kann Neugierde, Wissensdrang, praktisches Interesse erwachsen. Das führt zu einem engeren Kontakt, zu einer gesuchten und gewollten Begegnung mit Pflanzen und denen, die sich um Pflanzen bemühen, die sie pflegen. Das ist der erste Schritt auf dem Wege zum Verständnis, daß Pflanzen leben und zum Leben gewisse Voraussetzungen brauchen.

Das Angebot der Eindrücke und der Vielfalt ist unendlich groß und vielleicht verwirrend. So leisten Führungen unter bestimmten Leitlinien wertvolle Hilfe für den, der sich mit Pflanzen befassen will oder der tiefer in das Verständnis eindringen möchte.

Die Grüne Schule will das im Palmengarten ständig greifbare Anschauungsmaterial in pädagogischer Aufbereitung darbieten. Sie soll eine Hilfe für Schüler und Lehrer sein, Pflanzen- und Pflanzenteile anfassen, sie untersuchen zu können. So sind nicht alltägliche Themenkreise von Dorothea Fränz ausgearbeitet worden, die nun von Schulklassen „erprobt" werden im Hinblick auf ihren Inhalt und Erlebnisgehalt. Es sind z. B. insektenfangende Pflanzen, Kakteen und andere Sukkulente, tropische Nutzpflanzen, vegetative Vermehrung von Pflanzen.

In diesem Sinne sind Führungen im Palmengarten „Grüne Schule in der Praxis". Theoretiker und Praktiker müssen versuchen, als „Transformer" für interessierte Menschen zu dienen. Die Palmengarten-Zeitschrift, im Frühjahr 1933 von Max Bromme als Palmengarten-Mitteilungen gegründet, hat in verschiedenen anderen Titeln die Zeiten überdauert. Heute ist sie ein wichtiges Instrument der pädagogischen Umsetzung von Botanik und Gärtnerei für jedermann. Je enger der Bezug zum Geschehen

im Palmengarten mit dem Inhalt der Zeitschrift gelingt, um so klarer kommt die ihr zugedachte Aufgabe zum Ausdruck. Sie kann und muß nur immer „Mittel zum Zweck" sein.

„Grüne Schule Palmengarten" ist unser aller Auftrag, die Pflanzenschätze des Gartens allen Menschen mit botanisch-gärtnerischen Herzen zugänglich in Wort, Schrift, Bild und Ton zu machen, damit die Menschen, die sich dem Leben und dem Künftigen verpflichtet fühlen, nicht nur leben, sondern in Freude leben können; leben können in und mit einem Garten, der leben und leben lassen schon immer als Leitgedanken vertreten hat.
Die Grüne Schule Palmengarten hat Zukunft!

## Der technische Betrieb

Ohne die Technik im Hintergrund, wofür Hans Buhlmann der verantwortliche Leiter ist, läßt sich ein großer Garten nicht betreiben. Dies gilt nicht nur für das Funktionieren von Gewächshäusern. Die Technik schafft die Voraussetzungen dafür, daß es im Garten wachsen und blühen kann. Wasser, elektrischer Strom und Wärme müssen zu jeder Zeit bereitstehen.

Sehr viele Pflanzen, vor allem in den Gewächshäusern, sind darauf angewiesen, um leben zu können. Daher ist nicht nur Tag- und Nachtkontrolle nötig, auch die fortgesetzte Wartung der Anlagen ist zwingend. Dazu kommen eine ganze Reihe handwerklicher Arbeiten, die mit der Darstellung der Pflanzen in den Schauhäusern und in den Ausstellungen zusammenhängen. Mechaniker, Elektriker, Maler, Glaser und Schreiner haben alle Hände voll zu tun, nicht nur alles in Gang zu halten, sondern auch die Wünsche und Vorstellungen der Gestalter zu verwirklichen.

Schon bei Gründung des Palmengartens war die Wasserversorgung mitentscheidend für die Standortwahl. Nachdem 1974 aus wirtschaftlichen Gründen die Main-Flußwasserversorgung gekappt wurde, galt es erneut, die eigenen Möglichkeiten zu ergründen. Nach der Entschlammung des großen Weihers im Herbst 1968 gingen die Handwerker daran, den alten Tiefbrunnen beim Maschinenhaus wieder in Gang zu bringen. Seit 1969 wird dieses Brunnenwasser in eine Kammer geleitet und damit die große Fontäne im Weiher gespeist; der Überlauf fließt in den Weiher. Das Wasser für den Wasserfall wird über Filter dem Weiher selbst entnommen. Die alten Sammelleitungen bestehen noch, führen dem Weiher dieses Wasser sowie alles nicht verunreinigte Oberflächenwasser zu. In der Gärtnerei wurde die Wasserader des Leonhardsbrunn 1976 erbohrt. Dieses Wasser wird über einen Brunnen dem neuen Quellteich am Eingang Zeppelinallee zugeführt und fließt in einem Bachlauf in den Bootsweiher. Dort wird über eine Pumpenkammer das Wasser in den Quellteich zurückgeführt. Der künftige Wasserpflanzenteich wird in dieses Wasserlaufsystem einbezogen. Der vordere Teil des Gartens wird aus einer Druckhöhlungs- und Mischungsanlage am kleinen Weiher im Südosten des Gartens an der Siesmayerstraße versorgt. Dort ist eine Trinkwassereinführung, eine zweite wurde 1980 an der Zeppelinallee hergestellt. Die Niederschläge, die auf die Dächer fallen, werden aufgesammelt und in den Gewächshäusern nach mechanischer Reinigung zum Sprühen und Gießen verwendet. Das Sprengen der Freilandflächen geschieht mit Wasser aus den Teichen, soweit es der Pegelzustand zuläßt, anderenfalls muß teures Trinkwasser dafür verwendet werden. Da das uns gelieferte Wasser rund 18°d.H., also recht kalkhaltig ist, wird für die neuen Schauhäuser kalkfreies Osmose-Wasser genommen, mit dem das Trinkwasser bis zu einer Härte von 6-8°d.H. verschnitten wird.

Die Wärmeenergie wird für das Gesellschaftshaus und das Palmenhaus seit 1980 aus Erdgas produziert. In der Gärtnerei und im Betriebsgebäude ist Flüssiggas und Erdgas die Energiequelle. Für die Zentrale „Neue Mitte" ist Erdgas, für die Wärmepumpen Diesel vorgesehen. Ersatzbrennstoff ist in allen Fällen Flüssiggas, das in Leihtanks vorrätig gehalten wird.

Die Versorgung mit elektrischem Strom besorgen die Stadtwerke mit einem Trafo an der Siesmayerstraße und einem Trafo im neuen Betriebsgebäude Miquelallee.

1968 waren an Schauhausflächen das Palmenhaus mit 1600 qm, die Blütengalerie mit 1000 qm, die Ausstellungshalle Karl-Egle-Haus mit 900 qm und die Pflanzenschauhäuser mit 3400 qm vorhanden. Nach der Weltorchideenschau 1975 wurde das Karl-Egle-Haus mit den Pflanzen subtropischer Gebiete (Mittelmeerraum, Japan, China, Australien, Neuseeland, Kapland und Südamerika) bepflanzt. Diese Pflanzen der Winterregengebiete führten bisher ein Schattendasein. Im Sommer standen sie hinter dem Rosengarten beziehungslos im Freien, im Winter mußte man sie in Haus 5, im Sommerblütenpflanzenhaus, zusammenrücken. Die Sukkulenten der Blütengalerie wurden in Haus 5 den Kakteen benachbart aufgebaut. Die Kamelien und Azaleen wurden teils im Karl-Egle-Haus, teils in neuen Häusern der Gärtnerei untergestellt. Die Blütengalerie wurde damit wieder frei und konnte nun, wie zu Anfangszeiten des Palmengartens, zur Ausstellungsgalerie werden. Trotz mancher nicht unberechtigter Einwände hat sich diese Neuerung bewährt. Das Palmenhaus, das im Inneren seine ursprüngliche Gestalt zeigt, ist nach wie vor als Raum beeindruckend. Von 1947 bis 1979 waren die Palmen, besonders die Kentien, so stark gewachsen, daß sie mit 100 Exemplaren eine Monokultur darstellten. Mit der baulichen Generalüberholung im Sommer 1979 war auch die Neuordnung der Pflanzenbestände notwendig und möglich. 1977 konnte das alte Rohrflanschen-System vom Anfang des Jahrhunderts durch Edelstahlrohre ersetzt werden. Die Wasserverluste betrugen täglich mehr als 10 cbm. Nach den Vorbildern der ersten Palmenhausperiode ging Carl Hägele daran, vom Erscheinungsbild und von der Artenzahl her betrachtet, den Pflanzenbestand des Palmenhauses ganz zu verjüngen.

Neben der besseren Belüftungsmöglichkeit durch Lichtkuppeln im First des Palmenhauses wirkte sich die Vernebelungsanlage äußerst günstig auf den Pflanzenwuchs

aus. Über 50 Mikrodüsen zerstäuben mit 38 atü Druck Wasser, so daß sich natürlicher Nebel bildet, der langsam absinkt und nicht näßt. Änderungen in der Wegeführung bedingten einen verbesserten Lichteinfall und Betrachtungswinkel.

Ein weiterer wesentlicher Gesichtspunkt in der Präsentation der Pflanzen ist, sie in eine möglichst natürliche Umgebung zu pflanzen. Die Töpfe und Kübel mußten vor den Augen der Besucher verschwinden. Die Schau der Pflanzen sollte nicht nur ein Aneinanderreihen sein. Schrittweise änderte man deshalb alle Schauhäuser nach diesem Grundsatz. Das war auch deshalb möglich, weil im Annex auf dem Gelände des alten Botanischen Gartens von 1969 bis 1972 480 qm zusätzliche Hochglasfläche für die Sammlung von Kalthauspflanzen, temperierten Orchideen, und 1972 durch die Palmengartengesellschaft gestiftet, ein Kakteenkulturhaus errichtet wurde. Vor diesem Hintergrund wurde das Kakteenhaus im Sommer 1976 neugestaltet. Man verwandte das mittlerweile in den Handel gekommene vulkanische Lavagestein aus der Eifel. Für Haus 8 (Bromelien), das 1977 natürlicher und besuchergerecht gestaltet wurde, benutzte man Taunusquarzit für die Einfassungen und zur Gestaltung Basaltsäulen aus dem Vogelsberg. 1978 war Haus 7, das Urwaldhaus, an der Reihe. Holzschwellen ergaben die Wegbegrenzungen, Akazienstämme dienten als Epiphytenunterlage. Kann mit breiteren Wegen der Urwaldcharakter wiederhergestellt werden? Das war für viele die bange Frage. Aber schon nach einem Jahr war alles mehr denn je zuvor überwuchert. Hier wie im Bromelienhaus wirkt sich eine einfache Sprühdüsenleitung über den Heizrohren zur Erhöhung der Luftfeuchte sehr günstig aus.

Mit diesen neugestalteten Gewächshäusern wollten die Verantwortlichen für den Palmengarten künftige Absichten deutlich werden lassen. Einerseits sollten die Pflanzen so nahe wie möglich an das Auge der Besucher gebracht werden, andererseits sollten sie auch gegen mutwillige Beschädigungen oder Diebstahl geschützt sein.

## Die Gesellschaft „Freunde des Palmengartens", der „Förderverein Frankfurter Palmengarten"

Der „Verein Freunde des Palmengartens", am 1. Juni 1931 gegründet, als die Gesellschaft Palmengarten am Ende war und die Stadt liquidierte, erfreut sich steigender Beliebtheit. In den 50er Jahren unter Vorsitz von Professor Egle, dann unter Landwirtschaftsrat Franz Dermer und nach dessen Tod unter Professor Wilhelm Lötschert aktivierte er vornehmlich den gärtnerischen Berufsstand und botanisch interessierte Liebhaber. Danach übernahm Erich Forster den Vorsitz.

In den 60er und 70er Jahren hat sich vor allem Frau Johanna Wahl um die Mitglieder und die Gesellschaft bemüht. Ende der 70er Jahre wurde der Vorstand erweitert, unter anderem durch Manfred Meyer, der fachspezifische Reisen in Verbindung mit dem Palmengarten innerhalb der Bundesrepublik, nach der Schweiz und Italien, nach Frankreich und nach England organisiert. Vermehrte persönliche Kontakte der Vorstandsmitglieder Heinrich Reitz und Claire Schneider mit den Teilnehmern der Vorträge, Führungen im Palmengarten und Studienreisen führten der Gesellschaft in kurzer Zeit über 50% neue Mitglieder zu. Zum 50jährigen Jubiläum zählt die Anzahl der Mitglieder fast 750 Personen. Es wäre sehr schön, wenn diese Entwicklung anhielte; denn einziger Zweck dieser Gesellschaft ist, „den Palmengarten nach allen Seiten zu fördern".

Der „Förderverein Frankfurter Palmengarten" erwuchs aus dem Wunsch, durch unabhängige Öffentlichkeitsarbeit, durch die Herstellung von Filmen aus dem Palmengarten zum Beispiel, für den Garten in den Medien zu werben. Dieses „Pflänzchen" lebte nur von 1972 bis 1977.

### Der Palmengarten auf dem Weg ins zweite Jahrhundert

Dieser Weg begann, als der Magistrat den Hauptkonservator Dr. Gustav Schoser am 10. Juni 1968 einstimmig zum neuen Leiter des Palmengartens wählte. Eine Fachzeitschrift schrieb damals: „Nun bekommt Dr. Gustav Schoser mit der Leitung des Frankfurter Palmengartens ein Aufgabengebiet, das seine praktischen Fähigkeiten, seine bautechnischen Spezialkenntnisse und seine züchterischen und pflanzenkundlichen Neigungen fast ideal vereint. Als Ziele seiner Arbeit in Frankfurt nennt er das freie Publikum und die gartenbauliche Praxis." (Der Erwerbsgärtner, 1968, S.1554).

In einem Exposé für den Dezernenten heißt es am 21. Juli 1968: „Für eine rationale Arbeitsweise im Garten ist die Zusammenfassung funktioneller Einheiten anzustreben; denn der Palmengarten hat in erster Linie den Besuchern zu dienen." Nach der Amtsübernahme am 5. September 1968 erfolgt am 12. Dezember 1968 die Vorlage eines Entwicklungsprogrammes, des 12-Punkte-Programms für den Palmengarten, an den Dezernenten Bürgermeister Dr. Wilhelm Fay:

„Punkt 1. Herausnahme des Verkehrs aus dem Garten, Verlegung an die Peripherie. Punkt 2. Neue Heizzentrale — auch wegen Schornsteinhöhe — in die Randzone an der Siesmayerstraße. Punkt 3. Die Musik benötigt mindestens 500 qm Fläche im Park zu ihrer Entfaltung. Punkt 4. Heizung und Werkstätten sollten zusammenliegen. Punkt 5. Die Ausstellungshalle soll erneuert werden und mit der Blütengalerie verbunden werden. Punkt 6. Mistbeetkästen in der Gärtnerei sollten durch einfache Gewächshäuser ersetzt werden. Punkt 7. 1500 qm Fläche Glashaus ist für die botanische Sammlung nötig. Punkt 8. Die Schauhäuser sind so umzugestalten, daß darin pflanzliche Lebensgemeinschaften der Tropen gezeigt werden können. Punkt 9. Statt der alten Werkstattgebäude ist ein Schauhaus für die Subtropenflora zu erstellen (750 qm). Punkt 10. In der Nähe des Steingartens ist ein ostasiatischer Garten anzulegen. Punkt 11. Statt der Tennisplätze soll das Leben der Pflanzen in Schau- und Versuchsdarstellungen erklärt werden. Punkt 12. Bau einer Überwinterungshalle für Palmen und Mittelmeerpflanzen."

Am 20. Dezember 1968 erklärte sich Dr. Fay nach eingehender Erörterung mit den vorgelegten 12 Punkten einverstanden. Das bedeutete: keine Tennishalle im Palmengarten, keine Heizung mit Schornstein in der Gartenmitte. Am 23. Dezember 1968 ging ein entsprechendes Schreiben an Baudezernenten Dr. Hans Kampfmeyer. Dabei wurde der Grüneburgpark als Standort für die Tennisplätze, den Wünschen des Clubs folgend, vorgeschlagen. Darauf wurden die zur Beratung anstehenden Vorlagen des Magistrats zurückgezogen. Am 30. März 1969 wurde vom Palmengarten ein detailliertes Raumprogramm mit genauen Angaben der Klimabedingungen vorgelegt, das einschließlich Musikzentrum und Betriebshof 7.500 qm umfaßte. Am 10. Juni 1969 fand zwischen Palmengarten-Dezernent Dr. Fay, Bau-Dezernent Dr. Kampfmeyer, Gartenamtsleiter, Hochbauamtsleiter, dem Stadtplanungsamt und dem Palmengarten ein grundlegendes Gespräch statt. Dr. Schoser erläuterte seine Vorstellungen im Detail:

1. Neue Heizzentrale im Nordwesten des Gartens. 2. Neue Betriebszentrale in Verbindung mit Heizung und Gärtnerei. 3. Eine neue Ausstellungshalle ist erforderlich. 4. Pflanzenschauhäuser müssen erneuert und erweitert werden. 5. Musikpavillon liegt an falscher Stelle. Neubau eines Musikzentrums unbedingt nötig. 6. Schaffung von Wohnraum für Bedienstete im Garten. 7. Darstellung des Pflanzenlebens in Schauversuchsanordnungen.

Die beiden Dezernenten begrüßten die Grundsätze als überzeugenden Weg zur Neugestaltung des Palmengartens. Baudezernent Dr. Kampfmeyer unterstrich die Notwendigkeit, alle technischen und betrieblichen Einrichtungen zu konzentrieren. Außerdem empfahl er die Schaffung eines dritten Eingangs an der Zeppelinallee. Eine Arbeitsgruppe wurde eingerichtet und eine Rangfolge der einzelnen Baumaßnahmen aufgestellt, wie sie ungefähr von Norden nach Süden fortschreiten könnten.

In der Arbeitsgruppe mit dem Gartenamt wurde ein gartengestalterisches Konzept erarbeitet, das einerseits die kleine Lösung ohne Grüneburgpark festschreibt, andererseits die „innere Erweiterung des Gartens" befürwortet (21. Oktober 1969). Die Baudirektoren Rotermund und Jung vom Hochbauamt (HBA), Baudirektor Lahme vom Amt für technische Anlagen (ATA), Gartenbaudirektor Sallmann als „grüner Oberplaner" und Dipl.-Ing. Rombusch vom Gartenamt, Frau Dipl.-Ing Hahn vom Stadtplanungsamt und Dr. Schoser vom Palmengarten wurden sich einig in folgenden Punkten:

1. Der Versorgungsbereich mit Heizung, Werkstätten, Sozialräumen; Erweiterung der Gewächshäuser für Gärtnerei und Freiland mit Überwinterungshalle sowie die Sozialräume sind am Nordwestrand des Palmengartens an der Ecke Zeppelinallee/Miquelallee zu erstellen.

2. Schaugewächshäuser sollten an der Siesmayerstraße erstellt und die Pflanzenschauhäuser in der Folge ersetzt werden. Die Sammlungshäuser (Annex) sollten somit in Verbindung mit den Schauhäusern kommen. Die Verlegung des Einganges Siesmayerstraße in den neuen Schauhauskomplex wird erörtert (Parkplatzfrage, Verbindung zum Grüneburgpark), aber keine Einigung der Standpunkte wird erreicht.

3. Eine neue Ausstellungshalle an bisheriger Stelle ohne Anbindung an Palmenhaus und Schauhäuser unter Einbeziehung der vorhandenen Betriebsräume wird empfohlen.

4. Das Musikzentrum soll am Rande der Tennisplätze entstehen, auf den Tennisplätzen sind Freizeitgärten zu planen. Nach Fertigung von Planungsskizzen soll für dieses Konzept die Zustimmung der Körperschaften erreicht werden. Jeder Bauabschnitt sollte überdies in sich funktionsfähig sein. Das am 23. Oktober 1969 aufgestellte vorläufige Raumprogramm ging in 30 Exemplaren an 12 verschiedene städtische Dienststellen. Am 12. Juli 1970 wurde durch den Palmengarten ein Entwurf des neuen „Gesamtkonzeptes Palmengarten" als Magistratsvorlage vorgelegt. Er stellte die vorher genannten Gesichtspunkte deutlich dar. Als wesentliche Zielsetzung wurde schon damals „Bildung in der Freizeit" herausgestellt.

In Monaten sich hinziehender Einzelgespräche mit den zu beteiligenden Ämtern wurde am 9. Dezember 1970 ein weiterer Entwurf zur Diskussion gestellt. Das Stadtplanungsamt hatte am 21. Januar 1971 Bedenken gegen eine zu nahe Position des Betriebshofes an der Zeppelinallee und wünschte das Offenhalten der Grünzone für eine mögliche Erweiterung in den Grüneburgpark. Am 22. Februar 1971 einigte man sich endlich auf die zu bestellenden Gutachter Dr. Neumann/Eckebrecht und Blomeier/Heise, so daß schließlich die Vorlage M88 am 13. März 1972 an den Magistrat gelangte, nachdem zuvor Revisionsamt, Stadtkämmerei, Hauptamt und Lenkungsgruppe zugestimmt hatten.

Am Montag, dem 8. Mai 1972, fand eine gemeinsame öffentliche Sitzung des Wirtschafts- und des Bauausschusses im Westsaal des Palmengartens zum Gesamtkonzept Palmengarten statt. Es gab eine öffentliche Anhörung für den Palmengarten, die dreieinhalb Stunden dauerte. Die anwesenden Bürger zeigten sich der neuen Gesamtkonzeption gegenüber sehr negativ eingestellt. Sie befürchteten, daß der „Englische Garten" einem vergrößerten botanischen Teil geopfert werden sollte. Es wurde auf die Ortssatzung des Denkmalschutzes hingewiesen. Die meisten Diskussionsredner waren der Ansicht, es sei überflüssig und überhaupt nicht notwendig, im Palmengarten etwas zu ändern. Für die „Oase der Ruhe" sah man große Gefahren. Die Vermehrung der Attraktionen vernichte die ursprüngliche Art. Einigkeit im Kreise der Bürger war in der Frage der Erneuerung der technischen Anlagen. Vertretern der Aktionsgemeinschaft Westend wurde von Mitgliedern der SPD- und CDU-Fraktion gesagt, daß unter den jährlich 1,2 Millionen

Besuchern nicht nur Bewohner des Westends seien. Stadtverordneter Riedel (CDU) stellte fest, der Palmengarten sei nicht nur der Hauspark des Westends, STV Rudolph (FDP) betonte, daß die Ruhe im Garten gefährdet werde und im Grunde von einem Abschied des Englischen Gartens gesprochen werden könne. STV Keitel (CDU) plädierte für den Fortgang der Vorlage mit dem Zusatz, bei der Planung die Anregungen der öffentlichen Anhörung zu prüfen und gegebenenfalls zu berücksichtigen. Daraufhin erfolgte einstimmige Annahme durch die beiden Ausschüsse, vorbehaltlich der Zustimmung des Haupt- und Finanzausschusses. Unter Ziffer 2 der Vorlage wurde dem Bau eines Gewächshausblockes für die Zierpflanzenzucht des Palmengartens (M132) zugestimmt. Am 18. Mai 1972 beschloß die Stadtverordnetenversammlung mit den Stimmen der SPD und CDU gegen die der FDP mit einer Enthaltung die Grundsatzplanung Palmengarten (§ 3235). Der Magistrats-Beschluß datiert vom 29. Mai 1972. Der Beschluß beinhaltete, daß zur Sicherung des Betriebes, unabhängig vom Gesamtkonzept, der Werk- und Wirtschaftsbereich mit der Betriebstechnik (Strom-, Wärme- und Wasserversorgung) sowie Werkstätten und den erforderlichen Betriebs- und Sozialräumen erstellt werden müsse. Der Standort der notwendigen Bauten an der Nordwestseite des Palmengartens galt entsprechend dem Gesamtkonzept als festgelegt und durfte bei den gutachtlichen Entwürfen nicht mehr in Frage gestellt werden. Der Antrag Nr. 1339 der FDP-Fraktion vom 11. Mai 1972 auf weitere öffentliche Diskussion wurde damit abgelehnt.

Da Kommunalwahlen anstanden, riet Leberecht am 10. Mai 1972 in der Frankfurter Neuen Presse: „Die Zukunft des Palmengartens liegt nicht in spektakulären Plänen. Sie liegt in seiner Vergangenheit." Zu den Äußerungen der FDP betonte Dr. W. Fay wiederholt: „Der Garten soll belehren, unterhalten und zur Erholung dienen", genau wie vor 100 Jahren. Außerdem: „Wir zerstören nichts, wir verlebendigen."

Am 22. Juni 1972 veröffentliche Wolfgang Baumert in der Frankfurter Neuen Presse einen ganzseitigen Beitrag: „Rummelplatz oder Oase der Stille? Das Palmengarten-Kleinod aus der Jahrhundertwende in der Diskussion." Der Artikel signalisierte die Ausbaustufen, erklärte das Mißtrauen und stellte die Gesprächsbereitschaft des Palmengartens heraus. Denn „zu treuen Händen" sollte weiter diskutiert werden, von Stufe zu Stufe, daß nach Herzog Adolf von Nassau „die Freude an Blumen und Pflanzen im Menschen stets wiederkehrt und nie erstirbt."

In einem Interview mit Dr. Schoser wurden die Gedanken weitergeführt, die die Diskussionen erbracht hatten. Das rief die Kollegen Planer zum Einspruch auf. Das Rad der Stadtgeschichte hatte sich jedoch weitergedreht. Stadtrat Martin Berg wurde neuer Dezernent für den Palmengarten und entschied dann am 23. Januar 1973, daß zwei gutachtliche Entwürfe unter Beteiligung der Gartenarchitekten Eckebrecht und Heise vergeben würden. Der Palmengarten habe die Aufgabe zu übernehmen, die Verhandlungen mit den Bauämtern und den einzelnen Architekten zu führen. Nach einigem Hin und Her wurden Architekt Dr. Neumann, Frankfurt, und Dipl.-Architekt Hermann Blomeier, Konstanz, für gutachterliche Entwürfe beauftragt. Der Entwurf für die Ausschreibung der Gutachten wurde zwischen den beteiligten Ämtern am 29. November 1973 besprochen und verabschiedet. Als generelle Ziele wurden vorgegeben: 1. Wahrung des Gesamtcharakters des Gartens als botanisch-dendrologischer Schaugarten, 2. Einfügung des zu bearbeitenden Kernstückes an die vorhandenen historischen Teile, 3. Die Durchführung des Vorschlages muß in funktionsfähigen Teilabschnitten erfolgen können. Als wichtigste Planungsziele werden hervorgehoben: Zentrale Erschließung des Gartens aus der Siesmayerstraße, Vorschläge für die Gestaltung der ausgelobten Fläche, Neugestaltung der Schaugewächshausanlagen mit Sammlungshäusern, Planung eines botanischen Bildungs- und Kulturzentrums, Planung eines multimedialen Forums. Für die Schaugewächshäuser: Regenwald, Monsunwald, Hartlaubwald, Dornenwald sind je 1500 qm Grundfläche vorzusehen.

Das multimediale Forum sollte etwa 1000 Sitzmöglichkeiten haben, die Nebenräume könnten im bisherigen Tennisclubhaus ausgewiesen werden. Am 31. Januar 1974 fand eine Begehung der Landes-Denkmalspflegerkommission im Palmengarten statt. „Das Pflanzenschauhaus gilt aufgrund seiner eigenwilligen Form als städtebaulicher Akzent und als architektonisches Beispiel der für die wilhelminische Ära typischen Eisen-Glas-Bauweise. Die Kommission war sich daher einig, daß der derzeit schlechte bauliche Zustand des Gebäudes nicht Grund zum Abriß sein müsse, sondern entsprechende Sanierung angebracht sei. Die in der Form veränderten Pflanzenschauhäuser auf beiden Längsseiten gelten als nicht erhaltenswert im Sinne des Denkmalschutzes." Dieser Empfehlung stimmten — bei zwei Enthaltungen — sämtliche Mitglieder der Kommission zu.

Am 20. Juni 1974 beschlossen die Stadtverordneten den Bau eines Gewächshauses in der Gärtnerei für Warmhauspflanzen mit 1000 qm Fläche für 670.000 DM.

Im August 1974 erfolgte die Abgabe der Gutachten. Da sich Dipl.-Architekt Blomeier und Gartenarchitekt Heise während der Bearbeitung trennten, gingen drei Gutachten ein. Von September 1974 bis Januar 1975 fand nach Aufstellung eines ausführlichen Kriterienkataloges unter Federführung von Frau E. Hilken, HBA, die Vorprüfung der beteiligten Ämter statt. Die beste architektonische Lösung brachte Dipl.-Architekt Blomeier, Konstanz, ein; den besten gartengestalterischen Entwurf Gartenarchitekt Heinz Eckebrecht, Kelkheim. Die Hauptprüfung fand am 14. August 1975 im Palmengarten in Anwesenheit der beiden zuständigen Dezernenten Stadtrat H. Hoffmann für den Palmengarten, Stadtrat Krull für die technischen Ämter, sowie der Amtsleiter der mit der Planung befaßten Ämter Hochbauamt, ATA, Gartenamt, Dezernatsverwaltungsamt Bau, Dezernatsbüro Kultur und Freizeit und Palmengarten-Verwaltung. Das Ergebnis der Vorprüfung wurde gebilligt. Der Palmengarten schlug eine Reduzie-

rung der überbauten Fläche um rund 25% vor. Bis Mitte November 1975 sollten diese Vorgaben überarbeitet sein. Ferner wäre zu überlegen, ob die Mittelhalle mit Kuppel der alten Schauhäuser nicht als Eingangshalle genutzt und ein überdachter Gang von dort zum Gesellschaftshaus vorgesehen werden könnte. Der Entwurf des am 25. September 1975 vorgelegten, reduzierten Raumprogrammes wurde am 12. Dezember 1975 in der Arbeitsgruppe verabschiedet. Das reduzierte Gesamtkonzept beinhaltete:

1. Kuppel und Mittelhalle der Schauhäuser werden um 90 ° gedreht und bilden Eingang, botanisch-biologisches Bildungszentrum (Palmengartenschule) sowie ein Gartenrestaurant.
2. Die Tiefgarage soll aus Kostengründen nur eingeschossig gebaut werden.
3. Das Multimediale Forum soll durch den Erfolg der Weltorchideenschau auf 2.500 qm erweitert werden und mit einer zu öffnenden Glaskuppel ausgestattet werden.
4. Die neuen Schaugewächshäuser sollen in acht kleinen Einheiten gegliedert und zu Gruppen zusammengefaßt werden, wobei eine Einheit (Biotop oder Vegetationseinheit) etwa 600 qm groß sein sollte (Mangrove, Regenwald, Nebelwald, Dornbusch, Savanne, Hartlaubwald). Um die Baukosten in Grenzen zu halten, soll keine Vollklimatisierung erfolgen.

Die Baugenehmigung für das Sozial- und Betriebsgebäude verzögerte sich durch den beabsichtigten Ausbau der Zeppelin-Miquelallee auf Kosten des Palmengartens. Am 6. Oktober 1976 billigte Stadtrat Krull als Baudezernent die neuerarbeitete Gesamtplanung von Dipl.-Architekt Hermann Blomeier und Gartenarchitekt Heinz Eckebrecht. Obwohl die Tennisplätze zum 31. Dezember 1975 vorsorglich gekündigt wurden, sollten die Planungen so vorangetrieben werden, daß diese zunächst nicht tangiert würden.

Im Januar 1977, vor den Kommunalwahlen, wurden die bisherigen Planungsergebnisse summiert. Sie ergaben eine Investitionssumme von rund 36 Millionen DM. Die Planung löste im Magistrat auf Vorschlag des Planungsdezernenten Dr. Haverkamp den Wunsch aus, die Ausrichtung einer Bundesgartenschau 1987 unter Einbeziehung des Palmengartens bei dem Zentralverband Gartenbau in Bonn anzustreben. Am 23. Februar 1977 präsentierte Kulturdezernent Hilmar Hoffmann im Palmengarten die erarbeitete Lösung. Sie fand in den Medien sehr günstige Aufnahme. Im Sommer 1977 wurde die neue Überwinterungshalle für 85.000 DM erstellt, und zwei alte Holzschuppen in der Gärtnerei wurden abgebrochen. Die dritte Kostenschätzung für das Betriebs- und Sozialgebäude in Höhe von 5,5 Millionen DM wurde durch die STV-Versammlung beschlossen.

Der Neubau begann am 17. April 1979, im Laufe des Monats Mai 1981 konnte er bezogen werden.

Die Grundsatzplanung Palmengarten als Gesamtkonzept (Raum- und Bauprogramm) ging am 11. Juli 1977 auf den Weg, ohne das Ziel zu erreichen.

Eine zweite Fassung fand die Billigung des Magistrats. Am 4. Oktober 1978 stellte Stadtrat Brück die endgültige Grundsatzplanung als Magistratsbeschluß (M352) unter Oberbürgermeister Dr. Walter Wallmann in Höhe von 36 Millionen DM vor.

Zwischenzeitlich wurde der dritte Eingang an der Zeppelinallee mit der gärtnerischen Umgestaltung des Nordbereiches vorgetragen und genehmigt. Gleichzeitig wurde die Restaurierung der Villa Leonhardsbrunn mit Gesamt-

## In Planung und Ausführung

**Bockenheimer Landstrasse**

kosten von 3,4 Millionen DM vorangetrieben. Nach fast zwei Jahren Bauzeit war im Herbst 1981 der Bezug des Mittelteiles und der Seitenflügel für die gärtnerische Berufsschule möglich. Die Gewächshäuser für Hochgebirgspflanzen und die Glastürme waren etwa gleichzeitig benutzbar. Die Botanische Sammlung konnte im September 1980 für 2,7 Millionen DM begonnen werden und war im Sommer 1981 fertig. Die Schauhausgruppe Nord mit Mangrove, Nebelwald, Monsunwald und Regenwald und dem Orchidarium mit der Heizzentrale „Neue Mitte" beschloß die Stadtverordnetenversammlung am 24. Februar 1981 mit einer Bausumme von 25 Millionen DM. Als nächste Maßnahme ist der Bau der Sommerbühne, die Renovierung des ehemaligen Tennisclubhauses als künftiges Musikhaus und der von der SPD-Fraktion beantragte Duft- und Tastgarten vorgesehen. 1981/1982 soll der Lichthof am Irissaal im Westflügel des Gesellschaftshauses als Bühne mit in den Baukörper einbezogen werden. Die Schauhausgruppe Süd mit Halbwüste, Dornbusch, Savanne und Hartlaubwald und Insektivorum soll 1982/1983 in Angriff genommen werden.

Die letzten beiden Bauabschnitte stellen die Gartengestaltung der „Neuen Mitte" mit dem Rosengarten und der Brunnenhalle und die Restaurierung und Gewinnung der Mittelhalle und der Kuppel der alten Schauhäuser als Eingang, Grüne Schule Palmengarten und Gartenrestaurant dar.

Durch die klare Stellungnahme von Oberbürgermeister Dr. Walter Wallmann und die Zustimmung der CDU- und der SPD-Fraktion in der Stadtverordnetenversammlung zur vorgelegten Gesamtplanung können wir mit der Realisierung in der geplanten Zeit rechnen.

Wenn das Gesamtkonzept 1987 verwirklicht ist, wird der Palmengarten seine bisher höchste Entfaltungsstufe erreichen. Die geschaffenen Möglichkeiten der Pflanzendarstellung ergeben für den Betrachter und Besucher wie für den Gestalter und Gärtner neue Dimensionen. In einer kostbaren Fassung muß sich ein kostbarer Juwel entfalten. Dann können mehrere Generationen von hier aus ihr Pflanzenweltbild entwickeln und begründen, wie es bei den Schöpfungen 1869 und 1906 bis heute sichtbar nachwirkt. Der Lauf der Zeit wird fortschreiten, und verantwortliche Menschen in dieser Stadt werden sich in 10, 20 oder mehr Jahren überlegen müssen, wie jene grüne Großeinheit von jetzigem Palmengarten, Botanischem Garten und Grüneburgpark wieder herzustellen ist. Sie hatte Max Bromme ja schon einmal von 1936 bis 1945 gegenseitig geöffnet und zusammengefügt. Das „Grüne Herz" Frankfurts zerbrach leider.

*Wenn man aber den Willen hat, eine Erkenntnis zu verwirklichen, dann wird einem der Mut und Kampfgeist dazu geschenkt. Wir können nicht alle, und jeder für sich, auf etlichen Gebieten hervorragende Erkenntnisse haben. Wer aber auf seinem Gebiet Weitblick und Erkenntnis besitzt, der muß diese, seine Überzeugung zum Nutzen des ganzen Gemeinwesens verfechten und durchstehen.*

Ziel zukünftiger Stadtplanung muß die Wiederherstellung des großen „Grünen Herzens" Palmengarten sein.

1 Eingang Palmengartenstraße, U-Bahn
2 Gesellschaftshaus
3 Gartentempel
4 Rhododendrongarten mit kleinem Weiher
5 Palmenhaus
6 Blütengalerie
7 Verwaltungsgebäude
8 Mittelmeergarten
9 Historisches Schauhaus mit Eingangskuppel, Grüne Schule Palmengarten, Gartencafé u. Restaurant, Tiefgarage Zu- und Ausfahrt
10 Schauhaus: Trockene Tropen (Halbwüste, Dornbusch, Savanne, Hartlaubwald)
11 Biologischer Lehrpfad
12 Schauhaus: Feuchte Tropen (Monsunwald, Regenwald, Nebelwald, Mangrove)
13 Botanische Sammlung
14 Duft- und Tastgarten
15 Großer Spielplatz
16 Lange Wiese mit Spielbrunnen

17 Haus Leonhardsbrunn: Gärtnerberufschule, Häuser für alpine Pflanzen, Turmgewächshäuser
18 Betriebsgebäude und Garagen
19 Zierpflanzengärtnerei
20 Überwinterungshaus
21 Eingang Zeppelinallee
22 Große Wiese mit Quellbecken „Leonhardsbrunn", Bachlauf und Gärten der Sortimente
23 Sommerbühne mit Konzertmuschel und Tanzfläche
24 Musikhaus
25 Wasserpflanzenteich
26 Japangarten, Steingarten, Heidegarten
27 Großer Weiher und Hängebrücke, Wasserfall
28 Liegewiese, Minigolf, Kinderautos
29 Rosengarten mit Brunnenhalle
30 Kleiner Kinderspielplatz, Kleineisenbahn

## Über das Wesen der Pflanzen

*Wachstum und Entwicklung der Pflanzen*

Pflanzen besitzen zwei wichtige Eigenschaften; die erste: sie können wachsen und sich selbst ernähren, die zweite: sie bilden Zellwände, die jede Pflanzenzelle umhüllen. Diese beiden Eigenschaften im Leben der Pflanzen stehen nicht beziehungslos nebeneinander, vielmehr ergeben sich alle anderen Eigenschaften der Pflanzen aus dieser Beziehung.

Die Pflanzen haben also die Fähigkeit, die körpereigenen Strukturen und Einheiten aus unbelebten Stoffen zu bilden. Die nötige Energie dafür nehmen sie aus der Strahlung der Sonne. Sie bilden mit Hilfe von Sonnenenergie und Blattgrün in der Pflanzenzelle aus Wasser und aus dem Kohlensäuregas der Luft Kohlenhydrate, also Zucker. Diesen Vorgang bezeichnet man als Kohlenstoffassimilation oder Photosynthese. Diese Assimilationsfähigkeit der grünen Pflanzen ist die Grundlage für alles Leben auf der Erde. Dabei sind drei Vorgänge von Bedeutung:
1. Strahlungsenergie aus dem Kosmos wird als chemische Energie gebunden,
2. anorganische Stoffe werden in organische Stoffe verwandelt und
3. da bei diesem Vorgang neben Zucker auch Wasser und Sauerstoff entsteht, wird der Sauerstoff, den die Organismen veratmen, ständig erneuert.

Wie groß ist die Leistung? Eine Blattfläche von 1 qm bildet in 1 Stunde 1 g Zucker (Glucose = einfachstes Kohlenhydrat). Aber nicht alle grünen Pflanzen haben die gleichen Fähigkeiten, organische Substanz zu bilden. Selbst die Wurzeln der Pflanzen können das in der Regel nicht. Daneben gibt es Organismen, die ihre Energie aus Stoffumsetzungen gewinnen. Man nennt diesen Vorgang Chemosynthese (Schwefel-, Stickstoff-, Eisenbakterien). Außerdem findet man Pflanzen, die den Kohlenstoff aus organischen Verbindungen gewinnen, die von anderen Lebewesen gebildet worden sind. Fäulnisbewohner (Saprophyten) entnehmen organische Nahrung toter Substanz; Schmarotzer (Parasiten) nehmen ihre Kohlenhydrate aus lebender Substanz anderer Organismen. Fäulnisbewohner sind Bakterien und Pilze. Schmarotzer können ebenfalls Bakterien und Pilze sein. Sie schädigen meist durch Giftstoffe. Bei den höheren Pflanzen gibt es zwei Formen von Parasitismus: 1. Halbparasiten besitzen grüne Blätter, entnehmen den Wirtspflanzen Wasser und Nährsalze (z. B. Mistel, Wachtelweizen, Klappertopf, Au-

gentrost). 2. Unter Ganzparasiten versteht man Pflanzen ohne grüne Blätter aber mit Blüten, die aus den Wirtspflanzen Wasser, Nährsalze und durch Anschluß an die Assimilationsleitbahnen auch organische Substanzen entnehmen (Kleeseide, Schuppenwurz, Orobanche-Arten usw.). Eine andere Gruppe bilden die Insektivoren (auch Karnivoren genannt). Es sind insektenfangende Pflanzen mit grünen Blättern, die sich selbst ernähren können. Stickstoffverbindungen verschaffen sich insektivore Pflanzen durch Tierfang. Sie leben meist auf stickstoffarmen Böden (Moor). Der Abbau der eiweiß- und damit stickstoffhaltigen Bestandteile erfolgt durch auflösende Enzyme. Pilze und Algen können auch zu gegenseitigem Nutzen zusammenleben, das sind die Flechten. Diese Organisationsweise nennt man Symbiose (= Zusammenleben).

Man kennt außerdem die Symbiose bei höheren Pflanzen: zwischen Wurzel und Pilz. Diese Beziehung bezeichnet man als Mykorrhiza (= Pilz-Wurzel). Der Pilz liefert Wasser und Nährsalze und bezieht Kohlenhydrate. Es gibt außensitzende (ektotrophe) — bei vielen Waldbäumen — und in den Zellen sitzende (endotrophe) Mykorrhiza (Orchideen, Erika-Gewächse).

Die Pflanzen gewinnen durch die Assimilation Traubenzucker und dessen Abkömmlinge, dazu gehört auch Cellulose. Sie ist die Bausubstanz der Zellwände, die als äußere Begrenzung der lebenden Zelle wie eine Ausscheidung abgelagert wird. Diese Eigenschaft scheint grundsätzlicher zu sein als die Autotrophie (= Selbsternährung).

Wachstum und Entwicklung von Organismen sind die Grunderscheinungen des Lebens. Unter Wachstum versteht man eine Zunahme des Pflanzenkörpers als Formveränderung, die nicht rückgängig zu machen ist.

Die Gesamtheit der Erbanlagen besteht aus drei Anlagengruppen, 1. den Anlagen, die in den Strukturen des Zellkernes liegen (DNS), 2. die im Plasma liegen und 3. den Erbanlagen, die in den Plastiden vorgegeben sind. Die Gesamtheit der Erbanlagen bestimmt die Verhaltensweise des Lebewesens Pflanze auf äußere Einflüsse (= Umweltfaktoren). Die Gestaltbildung ist das Ergebnis des Zusammenwirkens aller Erbanlagen und der Außenfaktoren. Hier ist es wichtig zu verstehen, daß bei der Betrachtung und Kultur von Pflanzen innere und äußere Ursachen für die Gestalt und für den Formwechsel verantwortlich sind.

*Erscheinungs- und Lebensformen der Pflanzen*

Die Lebewesen, auch die Pflanzen, bestehen aus Zellen. Von der Gestalt und von ihrer Aufgabe her gesehen, sind sie die Grundbaueinheiten des Pflanzenkörpers. Robert Hooke hat 1667 diese Eigenschaft am Flaschenkork entdeckt. Die Zellgröße ist sehr verschieden, in der Regel 10 — 100 Tausendstel Meter. Einige wenige lange Zellen gibt es: Leinfaser 5 cm, Baumwollfaser 3 — 5 cm, Milch-

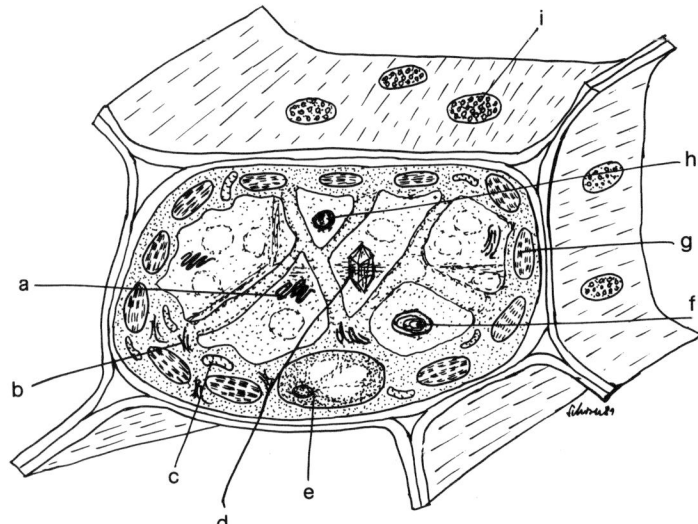

Zelle. a Endoplasmatisches Reticulum, b Golgiapparat, c Mitochondrium, d Zellsaft mit Kristallen, e Zellkern mit Kernkörper, f Stärkekorn, g Blattgrünkörper (Chlorophyll), h Chromoplast (Karotin), i Tüpfel

röhren einige Meter. Die Form der Zelle ist ihrer Aufgabe angepaßt und daher sehr vielfältig. Es gibt Zellen, die in allen Richtungen die gleiche Länge haben; sie bilden die Bausteine des Grundgewebes der Pflanzen (Parenchym). Die Zellwand ist eine feste Hülle, die das Protoplasma, den gesamten Zellinhalt, umschließt. Das Protoplasma besteht aus dem Zellkern, den Plastiden und Mitochondrien. Alle drei Zellorganellen tragen bestimmte Funktionen. Sie können sich nur aus sich selbst bilden durch Teilung oder Abtrennung. Daneben gibt es noch andere Gebilde, Stärkekörner, Fettröpfchen, Kristalle oder den Zellsaft, der die Hohlräume ausfüllt. Das Zellplasma ist ein kolloidales Gemisch organischer und anorganischer Verbindungen mit Wasseranteilen um 90%. Die Trockensubstanz besteht zu 40—50% aus Eiweißkörpern, zu 15—20% aus Kohlenhydraten, zu 10—20% aus Fetten, zu 2—3% aus Lipoiden.

Die Endprodukte des Stoffwechsels (Salze, Kohlenhydrate, Eiweißstoffe, Fette/Öle, Farbstoffe, Duftstoffe, Bitterstoffe etc.) werden in den Zellhohlräumen (Vakuolen) gelagert oder ausgeschieden. Die Stoffumsetzungen in der Pflanzenzelle regulieren die Enzyme, die — in großer Zahl vorhanden — als Biokatalysatoren fungieren.

Der Zellkern, meist einer je Zelle, ist Hauptträger der Erbsubstanz. Er hat eine der Zellgröße entsprechende Größe und steht im Gleichgewicht zu Plasmamenge. Nimmt die Plasmamenge ein zu großes Volumen ein, führt das zur Kern- und damit zur Zellteilung. Das ist Wachstum. Der Zellkern führt zwei Arten von Teilung durch: 1. die Wachstumsteilung (Mitose) und 2. die Reifeteilung (Meiose). Die Wachstumsteilung wird durch die gleichartige Verdoppelung der Kernsubstanzen erreicht. Die Reifeteilung verläuft in zwei Schritten. Zunächst wird die Substanz verdoppelt, um die Zahl der Merkmale zu erhalten, danach wird für die Bildung der Geschlechtszellen die Zahl der Merkmale halbiert. Auf diese Weise erfolgt die Durchmischung väterlicher und mütterlicher Merkmale.

In der Zelle finden wir Plastiden, Körper, die linsen- oder kugelförmig sind und Einschlüsse haben können. Man unterscheidet Chloroplasten (grüner Blattfarbstoff Chlorophyll), Chromoplasten (durch Karottenfarbstoffe gefärbt) und Leukoplasten (farblos); sie sind die Stärkebildner.

Die Mitochondrien sind stäbchen-, ei- oder kugelförmig und sind die „Kraftwerke der Zellen".

Verbände gleichartiger Zellen sind Gewebe, im einfachsten Falle Zellhaufen. Bei höheren Pflanzen übernimmt jede Gewebeart eine ihr eigene Aufgabe. Es gibt Bildungs-(Entstehungs-) und Dauergewebe.

Bildungsgewebe liefern die Zellen für das Dauergewebe. Aus einer befruchteten Eizelle entwickelt sich bei höheren Pflanzen durch Teilung der Embryo. Alle Zellen sind zunächst entwicklungsfähig. Bildungsgewebe des Keimlings heißen Urmeristeme. Folgemeristeme gehen als Neubildung aus Dauergewebe hervor.
Das Dauergewebe tritt als Grundgewebe, als Abschlußgewebe, als Festigungsgewebe, als Leitgewebe, als Absorptionsgewebe und als Ausscheidungsgewebe bei der höheren Pflanze auf. Das Grundgewebe bildet die Hauptmasse krautiger Pflanzen, starker Wasserverlust führt zum Welken der Pflanze. Das Grundgewebe hat meist bestimmte Aufgaben (Assimilation, Speicherung, Stoffleitung, Durchlüftung).
Das Abschlußgewebe ist meist eine einschichtige Haut, in die Spaltöffnungen für den Gasaustausch und Wasserdampfaustausch eingebaut sein können. Der Verdunstungsschutz wird durch Wachsschichten, Haare und andere Ausstülpungen reguliert. Auch Korkgewebe, das als sekundäres Gewebe aus einem Folgemeristem entsteht, ist ein Abschlußgewebe. Die Spaltöffnungen werden durch Korkwarzen (Lentizellen) ersetzt.
Das Festigungsgewebe besteht in wachsenden Pflanzenteilen aus Zellen mit verdickten Zellwänden (Collenchym). Bei ausgewachsenen Geweben sind es Steinoder Fasergewebe aus toten Zellen mit starken, gleichartigen Wandverdickungen (Sklerenchym).

Das Leitgewebe transportiert das Wasser sowie die Bau- und Betriebsstoffe der Pflanze. Es gibt von der Aufgabe her gesehen zwei verschiedenartige Leitsysteme:
1. Siebröhren. Sie bestehen aus lebenden Zellen mit siebartigen Querwänden zum Transport organischer Stoffe wie Zucker. Die Leitgeschwindigkeit beträgt einige Meter pro Tag.
2. Gefäße; es sind tote Zellen zur Wasserleitung und zur Festigung des Pflanzenkörpers.

Das Aufsauggewebe dient der Wasser- und Substanzaufnahme. Sie erfolgt mit Hilfe junger Wurzeln in der Rhizodermis, der Schicht mit Wurzelhaaren, die eine bis zu 18fach vergrößerte Oberfläche hat und die nur wenige Tage lebt. Bei Orchideen und Luftaronstabgewächsen bilden sich Luftwurzeln, die Wasser und Nährstoffe aufnehmen können. Bei den Bromelien gibt es besondere Saughaare zur Stoffaufnahme.

*Ausscheidungsgewebe* gibt es für Abfallstoffe (Exkrete) oder für Sekrete (Duft-Lockstoffe). Manche Pflanzen verfügen über Wasserdrüsen (Gräser, Fuchsia, Alchemilla). Viele Blüten scheiden in Nektardrüsen zuckerhaltiges Wasser aus (Nektarien). Bei den Insektivoren werden eiweißspaltende Sekrete ausgeschieden (Verdauungsdrüsen). Pflanzen scheiden keine Exkremente aus. Sie speichern Stoffwechselendprodukte in Geweben als Öl, Harz Balsam, Kautschuk usw. So findet man Exkretzellen mit Ölen bei Pfeffer-Lorbeer und Osterluzeigewächsen. Exkretlücken gibt es in Schalen von Citrusfrüchten, Myrten- und Primelgewächsen. Harzgänge finden wir bei Koniferen, Ölgänge bei Doldenblütlern und röhrenblütigen Korbblütlern. Milchröhren (ungegliederte oder gegliederte) gibt es bei Wolfsmilch-, Gummibaum- und Mohngewächsen.

Pflanzenorgane:
Damit bezeichnet man *Sproßachse, Blatt* und *Wurzel*.

An der *Sproßspitze* ist der Vegetationspunkt als Spitze eines Kegels. Er ist kegelartig, kuppig oder grubig. Seitliche Auswachsungen sind die Blattanlagen, die zunächst im Wachstum die Sproßspitze umhüllen. Hinter dem Vegetationspunkt bildet sich das Stamm- und Hüllgewebe. Man nennt diese Entwicklung Differenzierung des Gewebes. Mit der Entwicklung tritt auch Dickenwachstum ein. Die Sproßachse streckt sich und gliedert sich weiter in Leitbündel, Festigungsgewebe und Deckgewebe. Bei zweikeimblättrigen Pflanzen sind die Leitbündel im Kreis angeordnet, auch bei Nacktsamern, bei Einkeimblättrigen sind sie verstreut. Nacktsamer und dikotyle Pflanzen zeigen das zweite Dickenwachstum. Eine Bildungsschicht (Cambium) als Ring bildet nach innen Holz und außen Bast. Durch Zuwachszonen entstehen Jahresringe. Das Holz dient der Wasserleitung, der Festigung und als Speicher. Die Elemente des Holzes sind längs angeordnet.

Das *Blatt* hat meist eine Ober- und Unterseite mit Adern oder Nerven. Blätter haben auch Längen-, Breiten- und Dickenwachstum. Das Blatt besteht aus verschiedenen Schichten; die Ober- und Unterseite ist mit einer Zellschicht bedeckt, der Epidermis. Durchschnittlich sind 200 – 400 Spaltöffnungen pro qmm eingebettet. Über diese findet der Gasaustausch statt.

Das Zwischengewebe besteht aus zwei Schichten, der Palisadenschicht und der Schwammschicht. Die Beschaffenheit des Blattes hängt auch von äußeren Einflüssen ab. Es gibt verschiedenartig gebildete Blätter. Diese Merkmale dienen als Erkennungszeichen. Die Blätter leben oft nur eine Vegetationsperiode lang. Beim Laubfall bildet sich ein Trennungsgewebe aus. Bei immergrünen Pflanzen bleiben die Blätter mehrere Vegetationsperioden erhalten.

Die *Wurzel* ist ein Dauergewebe mit einer Haube an der Wurzelspitze. Nach der Wurzelspitze folgt die Wurzelhaarzone, dann die Verzweigungszone. Auch die Wurzel hat einen ihr eigenen Aufbau, zeigt ein zweites Dicken-

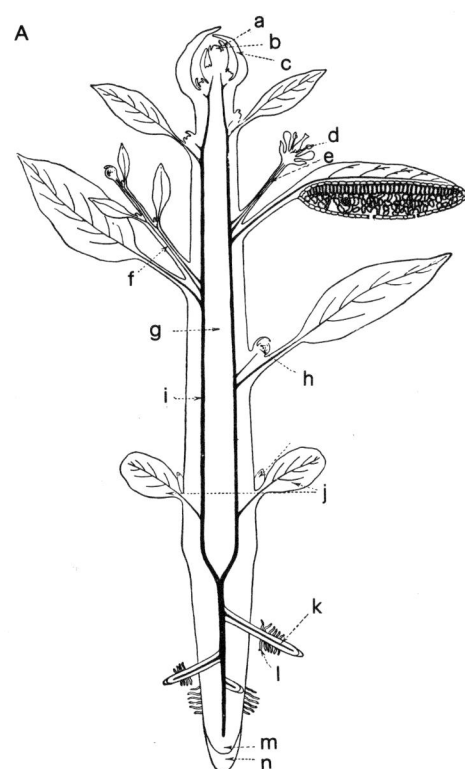

A Bauplan einer Samenpflanze (verändert nach J. Sachs). Endknospe mit a Blattansatz, b Wachstumsspitze und c Jungblatt, d Blüte, e Blütenstiel, f Seitenzweig, g Mark, h Seitenknospe in Blattachsel, i Leitgewebe, j Keimblätter, k Seitenwurzel, l Wurzelhaare, Wurzel mit m Wurzelspitze und n Wurzelhaube

B Bau eines Sprosses, besonders die sekundäre Verdickkung mit einem Holzkörper mit den Funktionen: Wasserleitung, Festigung und Speicherung. a Holzfasern, b Bastgewebe, c Leitgefäße (Tracheen mit Tüpfeln, Quer-, Ring-, Schraubenleisten), d Holzparenchym mit Speicherzellen

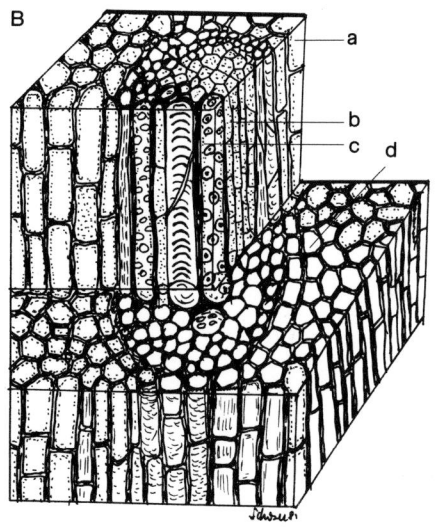

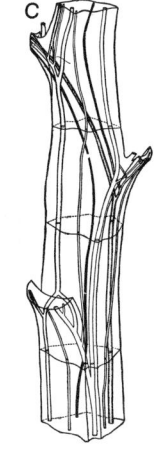

C Gefäßsystem in einem Kartoffelsproß (Solanum tuberosum)

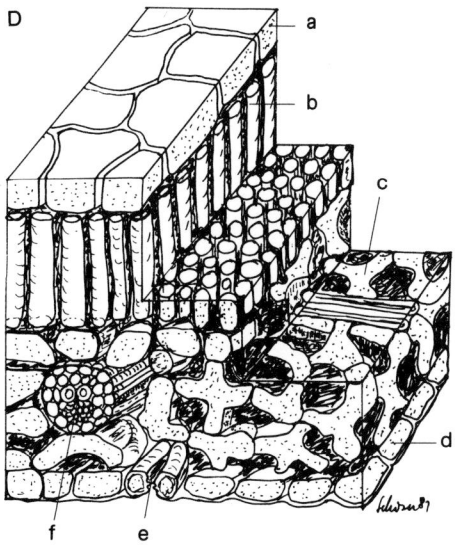

D Blattbau
a Oberhautschicht
b Palisadengewebe
c Schwammgewebe
d Unterhautschicht
e Schließzelle
f Leitbündel

wachstum und erzeugt Holz, alles ist ähnlich wie beim Sproß.

Die *Gestalt der Pflanzen* können wir nach ihrer Ausbildung in drei Organisationsstufen einteilen: Einzeller ( = Protophyten), wie Bakterien, teils Algen, teils Pilze; ungegliederte Pflanzen (Thallophyten = „Lagerpflanzen"), die in feuchtem Milieu leben, z. B. Grün-, Braun-, Rotalgen, vielzellige Pilze, Flechten. Pflanzen, die einen Körper aus Sproßachse, Blatt und Wurzel besitzen, heißen *Kormophyten* („Gestaltpflanzen"). Sie zeigen einen Bauplan, der aus einer Grundform ableitbar ist. Die Wurzel dient der Verankerung, der Wasser- und Nährsalzaufnahme. Der Sproß ist oberirdisch und besteht aus Sproßachse und Blättern. Das Blatt ist das Assimilations- und Transpirationsorgan. Die Sproßachse trägt die Blätter und enthält die Leitungsbahnen.

Der *Same* ist ein eingehüllter Keimling. Man kann bei ihm alle Grundorgane erkennen. Nach der Zahl der Keimblätter teilt man die Samenpflanzen ein: Dikotyle (Zweikeimblättrige), Monokotyle (Einkeimblättrige) und Gymosperme (Nacktsamer) mit zwei oder mehr Keimblättern. Die Sproßachse ist als Keimachse (Hypokotyl) vorgegeben. Da der Keimling (Embryo) chlorophyllfrei ist, braucht er Bau- und Betriebsstoffe. Er erhält sie aus dem Nährgewebe (Endosperm) oder aus der Keimachse. Im Samen sind gespeichert Kohlenhydrate, Fette und Öle, Eiweißstoffe. Die Wasseraufnahme des Samens löst die Keimung aus.

Die *Sproßachse* ist durch die Ansatzstellen der Blätter gegliedert. Sie bilden Knoten (Nodium) und teilen den Sproß in Sproßglieder (Internodium). Bleibt die Sproßachse gestaucht, haben wir es mit Rosettenpflanzen zu tun. Es gibt drei Arten von Blattstellungen: wirtelig, zweizeilig und schraubig. Damit soll eine gegenseitige Verschattung verhindert werden. Beim Sproß gibt es zwei Arten der Verzweigung: gabelige (dichotom) oder seitliche Verzweigung. Die Seitenverzweigung zeigt zwei Formen. Die eine hat eine durchgehende Hauptachse mit untergeordneten Seitenzweigen (Monopodium). Die andere zeigt stärkeren Wuchs der Seitenachse, die Hauptachse wird unterdrückt (Sympodium). Bei den Blütenständen (Infloreszenzen) sind die Grundlinien des Aufbaues die gleichen wie beim Sproß.

## Metamorphosen bei Pflanzen

Unter Metamorphose versteht man die „Umwandlung" der Grundform. Sie stellt eine Anpassung an besondere, vom normalen Falle abweichende Aufgaben dar. Linné hat den Ausdruck Metamorphose geprägt. Goethe hat ihn 1790 in seinem „Versuch, die Metamorphose der Pflanzen zu erklären", in die Botanik eingeführt. Die idealistische Morphologie (Gestaltlehre) nimmt die Umwandlungen als Ergebnisse von Veränderungen oder Abweichungen einer idealen, geforderten „Urpflanze" in

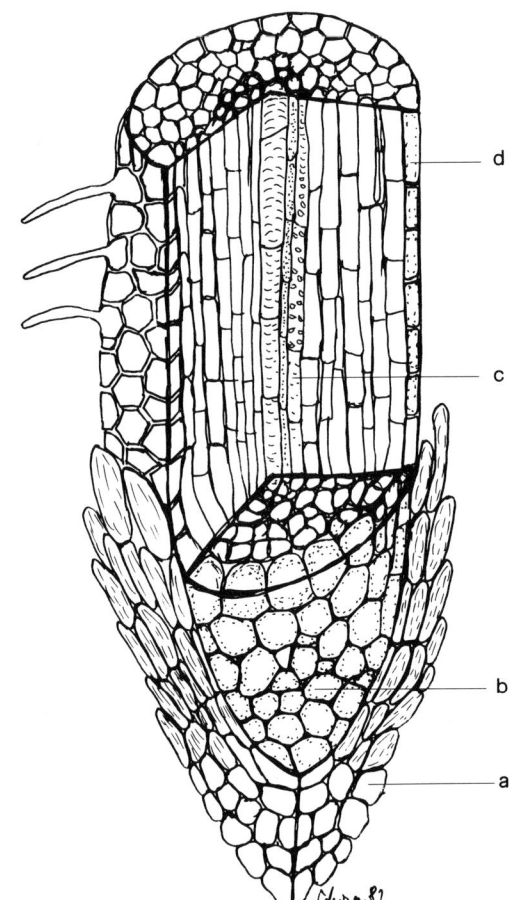

Bauplan einer Wurzelspitze. a Wurzelhaube, b Wurzelspitze, c Zentralzylinder mit Gefäßen, d Wurzelrinde mit Wurzelhaaren

Anspruch. Nach unseren heutigen Erkenntnissen sehen wir Metamorphosen als reale Produkte einer gerichteten Entwicklung an. Am Beginn der Entwicklung des Individuums erkennt man keine Unterschiede zu den „normalen" Bildungen des Pflanzenkörpers. Gelegentlich sind auch heute noch äußere Einflüsse wirksam, wie die Entwicklung einer Anlage verläuft. Daher können die im Laufe der Stammesgeschichte erworbenen Metamorphosen nicht anders gedeutet werden.

Die Metamorphosen des Sprosses dienen vorwiegend der Assimilation, der Stoffspeicherung, der Abwehr und dem Klettern. Junge Sproßachsen assimilieren wie Blätter, obwohl man diese Funktion als Nebenaufgabe ansehen muß. In einigen Fällen bilden aber die Seitenachsen laubblattähnliche Formen aus. Sie heißen Phyllokladien. Sie sind im inneren Bau beidseitig gleichen Laubblättern sehr ähnlich. Sie unterdrücken die normalen Laubblätter. Da sie sehr derb gebaut sind, bleiben die Verdunstungsverluste niedriger, das Phyllokladium erfüllt die Aufgabe besser als ein normales Laubblatt. Das Taxusgewächs Gymnocladus canadensis besitzt auffallende fiederblattähnliche Phyllokladien. Sie erscheinen als Kurztriebe von Achseln von Nadeln. Muehlenbeckia platyclada, eine zweikeimblättrige Pflanze mit landwurmähnlichem Achsensystem, ist ein anderes Beispiel. Misteln besitzen ähnliche Form, die als Flachsproß Platykladium heißen. Bei den Wolfsmilchgewächsen ist die Gattung Phyllan-

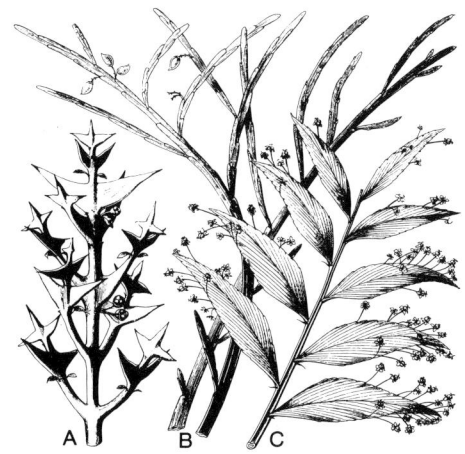

Flachsproßgewächse
A Colletia cruciata, B Carmichelia australis,
C Phyllanthus speciosus

thus mit blattähnlichen Seitensprossen versehen. Phyllanthus speciosus besitzt nur an der Hauptachse Schuppenblätter. In den Achseln entwickeln sich schmale, aber zweiseitige Kurztriebe, die in zweizeiliger Anordnung als Seitenachsen zweiter Ordnung lanzettliche Phyllokladien hervorbringen. Es erscheint ein fiederblattähnliches Gebilde; die am Rande sprossenden kleinen Schuppen, aus deren Achseln Blütenstände entspringen, lassen aber erkennen, daß wir Sprosse vor uns haben. Häufig findet man blattförmige Sprosse bei Spargelgewächsen, wie Ruscus (Mäusedorn), Semele androgyna, Danae racemosa. Diese kurzen Flachsprosse tragen in der Blattmitte oder am Rande Blüten, die in den Achseln der Schuppenblätter stehen. Besonders auffällig ist dies bei Asparagus. Diese nadelförmigen Phyllokladien (Kladodien) treten in ungeraden Zahlen in Büscheln auf. Ein erstes Phyllokladium bildet an seinem Grund ein weiteres aus und so fort.

Die Verdickung von unterirdischen oder kletternden Achsen, zylindrisch oder abgeflacht, heißt *Rhizom* oder Wurzelstock. Die Zwischenknoten sind meist kurz. Diese verdickten Achsen dienen der Speicherung von Baustoffen, z. B. Stärke, Wasser. Manche stehen senkrecht. An der Sproßspitze steht oft eine Blattrosette (Aeonium, Sempervivum). Die Hauptwurzel geht verloren, es bilden sich sproßbürtige Wurzeln. Manche wirken als Zugwurzeln, die das Rhizom unter den Erdoberfläche mit der Rosette am Boden abschließen. Aufrechte Rhizome können sich verzweigen, es entsteht ein mehrköpfiger, rasenförmiger Wurzelstock (Primel-, Wegerich-, Grasnelken-Arten). Waagerechtliegende Rhizome sind meist „zusammengesetzt" und besitzen sproßlustige Wurzeln. Bilden alle „Ausläufer" oberirdische Sprosse, dann entstehen „Polster" (Huflattich, Brennessel, Gräser). Unterirdische Ausläufer dienen der ungeschlechtlichen Vermehrung.

Als *Knollen* bezeichnet man unterirdische, fleischig verdickte Gebilde. Sie können umgewandelte Sprosse oder Wurzeln sein.

Geht die Knollenbildung vom Hypokotyl (unter dem Keimblatt) aus, dann schwillt dieser Teil schon von Anfang an bauchig an und bleibt kurz. Das ist die Bildungsweise der Knollen des Alpenveilchens und des Winterlings. Auffallend ist die Knollenbildung von Testudinaria elephantipes (Dioscorea-Gewächse). Die Knolle besitzt sekundäres Dickenwachstum, der Körper, der von schuppenartigen Korkplatten besetzt ist, sieht wie eine Schildkröte aus. Die Hypokotylknollen von Myrmecodia- und Hydnophytum-Arten gehören hierher. Sie besitzen Klammer- und Wurzeldornen. Das Innere besteht aus einem wasserspeichernden Gewebe, das von großen Hohlräumen durchsetzt ist und von zahlreichen Ameisen besiedelt ist. Sie schleppen Humus ein, was eine gute Voraussetzung für eine Biozönose ist.

Als Knollenbildung an einer Seitenachse ist die Kartoffel zu nennen. Die Knolle ist als Sproß an den Narben von Schuppenblättern erkennbar. Aus den Achseln brechen die Langtriebe hervor. Ähnlich ist es bei Topinambur (Helianthus tuberosus).

Durch starke Stauchung und Anschwellung entstehen *Knollen* als externe Rhizome (Crocus, Gladiolus). Die Knolle besteht aus wenigen, angeschwollenen Internodien. Sie bildet an der Spitze Blätter und Blüten und erneuert sie durch eine Achselknospe. Die Herbstzeitlose (Colchicum autumnale) besitzt Knollen, die fast nur aus einem Internodium bestehen, die Blüte ist ein Achselsproß der Knolle, der Laubblätter bildet, seine Basis verdickt sich zur neuen Knolle. Ein Laubblatt bildet die braune Scheide um die Knolle.

Oberirdische Knollen sind für sehr viele epiphytische Orchideen kennzeichnend. Sie entspringen als Seitenachsen einem oder mehreren Internodien, die Schuppenblätter, einige Laubblätter und Blüten tragen.

Sproßdorne sind Kurztriebe, die als Auswüchse an beliebiger Stelle an der Achse, z. B. Dornen der Rosen, entstehen können. Bei Gleditschia triacanthos findet man dreispitzige Sproßdornen. Sie entstehen aus der untersten Knospe der Blattachsel und bilden aus den beiden Vorblättern je einen Seitendorn. Das gilt auch für die Schlehe, den Sanddorn, die Hauhechel und Ginsterarten. Bei Colletia (südamerikanische Rhamnacee) sind die Laubblätter klein und hinfällig, dafür assimilieren die Dornen, auch beim Ginster und Verwandten (Ulex, Spartium, Sarothamnus u. a.). Man nennt sie Rutensträucher. Die Sproßdornen sind meist sekundär verdickt und werden durch den Holzkörper starr.

Die *Sproßranken* sind als Ranken umgebildete Sprosse, z. B. die Ranken der Wein- und Passionsblumengewächse. Bei Passiflora entspringen die Ranken in den Blattachseln und bleiben unverzweigt. Beim Wein gibt es Lang- und Kurztriebe. Die Langtriebe sind Sympodien, in deren Laubblattachseln sich Kurztriebe bilden. Das dem obersten Laubblatt gegenüberstehende Aststück bildet dann eine verzweigte Ranke. Kletterhaken oder Hakenranken sind die Kurztriebe von Uncaria, die sich zu Haken einkrümmen.

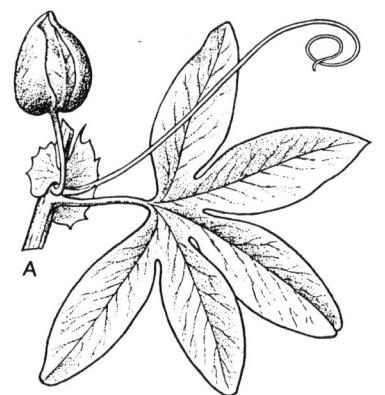

A Passionsblüte (Passiflora coerulea)
Das Achsenstück besitzt ein Laubblatt (mit Nebenblättern), aus dessen Achsel eine Ranke entspringt. Dieser Rankensproß trägt seitlich eine Blüte. Das Deckblatt der Blüte ist mit der Blütenachse kongenital verwachsen und wird erst unmittelbar unter der Blüte frei. Hier bildet es mit zwei Vorblättern der Blüte einen dreiblättrigen Hüllkelch um die Blütenknospe

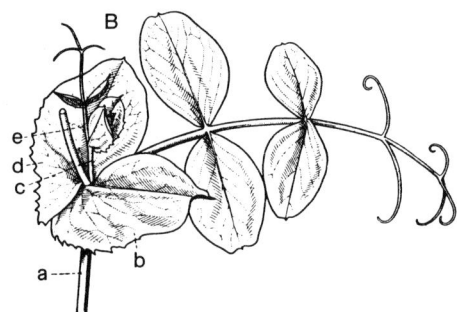

B Erbse (Pisum sativum)
a Stengelstück mit b Laubblatt und Seitensproß in dessen Achsel, c Endabschnitt der Spreite, d Stipeln, e Vorblatt des Seitensprosses als Ranken

C Kletterpalme (Desmoncus sp.)
Gefiedertes Blatt mit Hakenbildung am Ende der Spindel (Rhachis)

D Uhrfederranken als Seitensproß 2. Ordnung bei Strychnos minor (trop. Loganiacee), a Endknospe der sekundären Achse, b Blattnarbe an der Primärachse

E Klimmhaken als Seitensproß bei Uncaria glabra (trop. Rubiacee)

G Sproßstück mit Blatt, dessen Spreite mit einer Ranke endigt bei Flagellaria indica, tropische Kletterpflanze

F Achsenstück mit paarigen Nebenblattdornen bei Acacia spec. aus Südafrika.
Die gefiederten Blätter sind abgefallen, ihre Narben sind die kleinen, in der Mitte des Dornenpaares erscheinenden Kreise

## Metamorphosen des Blattes

Das Grundgewebe von Blättern kann Wasser und organische Stoffe speichern. Bei den Zwiebeln fungieren die Blattorgane als Speicher. Zwiebeln bestehen aus einer gestauchten, breitkegelförmigen Achse, der Zwiebelscheibe, die an ihrer Basis (Zwiebelboden) Wurzeln bildet, und den Zwiebelschuppen. Sie überleben den oberirdischen Teil. Türkenbund und Feuerlilie haben Zwiebeln mit Niederblättern, die sich dachziegelartig überdecken. Bei der Tulpe sind sie röhrig geschlossen. Bei Küchenzwiebeln und Lauch sind es die Blattscheiden abgestorbener Laubblätter. Die Hyazinthe baut ihre Zwiebel aus Niederblättern und Blattscheiden auf. Beim Schneeglöckchen entsteht die Blüte seitlich, die Hauptachse wächst weiter. Bildet sich der Blütensproß endständig, erfolgt die Zwiebelbildung aus einem Achselsproß. Bei den Gesnerien kennen wir Übergänge zwischen Rhizom und Zwiebel. Die unterirdischen Sprosse sind mit fleischigen Schuppenblättern besetzt. Bei Brutzwiebeln (Feuerlilie, Zahnwurz u. a.) handelt es sich um einen Kurztrieb mit fleischigen Nebenblättern. Die Brutknospen von Poa alpina, Agave, Rhizophora usw. lassen sich hier anschließen.
Die auffälligsten Blattumwandlungen sind schlauch- und kannenartige Blätter. Die kletternde Gattung Dischidia (Asclepias-Gewächse) zeigt Übergänge zwischen eingewölbten und urnenförmigen Blättern. Bei Dischidia vahlei sind die kreisrunden Laubblätter stark gewölbt. Die am gleichen Knoten entspringenden Haftwurzeln wurzeln innerhalb der Blattwölbung am Stamm. Bei D. rafflesiana gibt es normale, dickfleischige Blätter, andere bilden sich zu Urnen um. In die Öffnung stülpt sich die Blattspitze ein. Von den am gleichen Knoten erscheinenden Wurzeln dienen einige der Befestigung, die stärkere dringt in die Urne ein, verzweigt sich und nutzt den von Ameisen eingetragenen und gebildeten Humus.
Schlauchförmige Blätter bilden Sarracenia und Darlingtonia aus. Bei ihnen ist die Blattoberseite die äußere Seite. Die Kannen bei Nepenthes und Cephalotus entsprechen nur einem Blatteil.
*Blattdornen* bilden Agaven und Palmen an ihren Spitzen aus. Die Dornen der Kakteen sind umgewandelte Blätter. Bei der Rotang-Palme (Calamus spec.) sind die Endfieder der mehrere Meter langen Blätter in scharfe, zurückgebogene Dornen umgewandelt. Die Nebenblätter verdornen bei sukkulenten Euphorbien, auch bei Robinien. Bei Akazien werden Nebendornen sehr groß, sind hohl und werden von Ameisen bewohnt.

FLORE D'AMÉRIQUE
*Collection de Fleurs et Fruits des plus remarquables*

d'après nature par Deniasse.

LE BANANIER ( Musa Paradisica.)

Ce fruit excellent sert de nourriture aux habitants d'Amérique ; il remplace parfaitement le pain de froment.

Paris chez Gihaut frères B<sup>d</sup> des Italiens, S.

Ein Palmfächerblatt (Livistona australis)
Baumfarn, Cyathea australis
Im Palmenwald zu Frankfurt (Chamaerops
humilis und Trachycarpus fortunei), (Seite 82)

Peint d'après nature par Mme Berthe Hoola van Nooten, à Batavia.

Chromolith. par G. Severeyns Lith. de l'Acad. Roy. de Belgique.

**ZALACCA EDULIS.** REINW.

Emile Tarlier éditeur à Bruxelles.

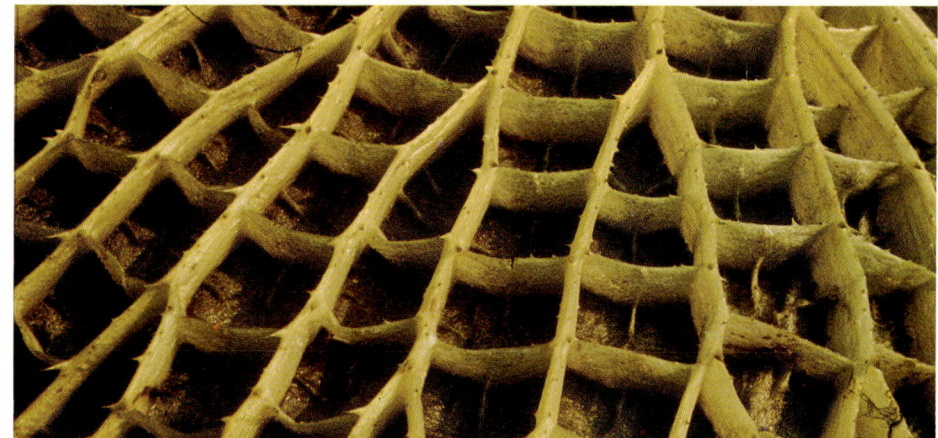

Amazonaswasserlilie, Victoria amazonica mit
Blüte

Die „Architektur" des Victoriablattes, Unterseite

Wasserlilien, Nymphaea-Hybriden kalter und
warmer Gewässer

links, von oben:
Heliocereus speciosus, (Cactaceae)
Rhipsalidopsis rosea
Rebutia carminea
rechts, von oben:
Mammillaria zeilmanniana
Cleistocactus buchtienuii
Sulcorebutia anigurallii
Mammillaria theresae

Heliocerus speciosus (Seite 87)

Tacitus bellus

Lebende Steine, Lithops aus Südafrika

Titanopsis, sukkulenter Korbblütler aus Südafrika (unten)

Die Königin der Nacht, Selenicereus grandiflorus aus Zentralamerika (Seite 88)

Muschia wollastonii (Campanulaceae)
Glockenblumengewächs, ein Eremit der
Kanarischen Inseln

Warszewiczia coccinea, Rubiaceae aus
Zentralamerika

Schamhafte Sinnpflanze, Mimosa pudica aus
dem tropischen Amerika (links unten)

Das Schauhaus mit Kuppel von 1905/06

Rhododendron stenophyllum aus Borneo,
eine der vielen Kostbarkeiten
(Seite 91)

Erica aus Südafrika

Taglilien, Hemerocallis-Hybride, eine von
Hunderten aus dem Schau- und Prüfungs-
sortiment

Hohe Bartiris, Gartenhybride, eine von
Hunderten im Palmengarten, Blütezeit Ende Mai

Seite 92:
links von oben:
Kamelienblüte, einer der über 250 Sorten in
der Gärtnerei

Azaleenblüte, Rhododendron indicum-Hybride

rechts, von oben:

Rhododendronblüte im Frühsommer

Kirschblüte

Bromelien (Zisternenpflanzen), Epiphyten der
tropischen Amerikas

Pitcarnea heterophylla
Aechmea serrata
Nidularium innocentii
Aechmea victoriana
Neoregelia carolinae tricolor
Aechmea magdalenae (Seite 94)

Gesellschaftshaus
(Seite 96)

*Blattranken* entstehen aus Blättern oder Blatteilen. Gloriosa superba, Flagellaria indica haben uhrfederartig eingerollte Blattspitzen. Vielfältig sind die Fiederranken der Bignoniengewächse, sie können Krallen ausbilden (Bignonia unguis-cati). Bei Kürbisgewächsen ist die Ranke ein Seitensproß zweiter Ordnung. Bei einigen Pflanzen ranken nur die Blütenstiele (Tropaeolum, Clematis).
*Phyllodien* entstehen, wenn die Blattspreite unterdrückt wird und der Blattstiel als Assimilationsorgan ausgebildet wird. Sie ist eine Anpassung an Trockenresistenz (Xeromorphie). Phyllodien können rund oder flächig sein (Acacia, Oxalis).

## Metamorphosen der Wurzel

Auch die Wurzeln übernehmen Sonderaufgaben, die eine Umwandlung herbeigeführt haben. Das gilt besonders für Epiphyten. Sie alle bilden Kletterwurzeln aus. Im Boden ist die häufigste Art der Metamorphose die Ausbildung eines Speicherorganes, seltener sind Atemwurzeln, gelegentlich bilden sich Stützwurzeln, auch Dornwurzeln.

*Speicherwurzeln* sind besser als Rüben bekannt. Sie bestehen aus sekundärem Gewebe, nur bei den Einkeimblättrigen stammen sie aus Primärgewebe. Knollenförmige Wurzeln treten beim Spargel, Asphodelus, bei Dahlien und Dioscorea-Arten auf.

*Stützwurzeln* sind bekannt von den Schraubenbäumen (Pandanus), bei Palmen (Iriartea), auch beim Mais.

Wurzeldornen besitzt die Hypokotyl-Knolle von Myrmecodia. Die *Dornwurzeln* der Palme Acanthorhiza sind verhärtete Fasern. Als *Nestwurzeln* bezeichnet man verdornte Seitenwurzeln bei Grammatophyllum, Cymbidium u. a. Orchideen, die von den Befestigungswurzeln abzweigen, senkrecht nach oben wachsen, um ein humussammelndes Nest zu bilden.

*Haft- und Kletterwurzeln* sind eine Besonderheit von epiphytischen Pflanzen und einigen Lianen. Sie bilden sich oft substratabhängig und schmiegen sich der Unterlage an. Viele Wurzeln, die Licht erhalten, vergrünen. Bei epiphytischen Orchideen können blattgrünführende Wurzeln (Phalaenopsis) assimilieren. Da Wurzeln keine Spaltöffnungen ausbilden können, werden für den Gasaustausch gelegentlich Pneumathoden geschaffen. Sie treten besonders gehäuft in der Mangrove auf. Sonneratia bilden auf horizontal verlaufenden Beiwurzeln über den Schlick ragende Wurzeln aus. Avicennia-Arten, ebenfalls aus der Mangrove, haben Durchlaßzellen, ähnlich dem Holunder.

## Die Lebenserscheinungen der Pflanzen

Die Erfahrungen zeigen uns, daß Pflanzen sich verändern. Es handelt sich dabei um Vorgänge bei Geweben und Organen. Um diese Erscheinungen zu erfassen und zu verstehen, nutzt man Methoden der Physik und Chemie, um gesetzliche und in der Folge auftretende Vorgänge verstehen zu lernen. Die Eigenart des Lebendigen besteht im Aufbau komplizierter körpereigener Substanzen aus einfachen Stoffen und im Abbau dieser Substanzen zu einfachen Stoffen, um dabei Energie zu gewinnen. Der eine ist der Baustoffwechsel, der andere der Betriebsstoffwechsel.

## Die Wasseraufnahme

Untersucht man die stoffliche Zusammensetzung der Pflanze, erfährt man, daß die Masse der Pflanze überwiegend aus Wasser besteht, bei Wasserpflanzen mehr als 90%, krautige Pflanzen 80—90%, Holz 40—50% und trockene Samen 10—15% Wasser. Die außer dem Wasser verbleibende Trockensubstanz enthält mineralische und organische Bestandteile. Die Untersuchung zeigt ein Überwiegen von Kohlenstoff, etwa 50%, Sauerstoff (O), Wasserstoff (H), Stickstoff (N), Schwefel (S) und Phosphor (P). Das sind die Grundbausteine. Daneben findet man in weit geringerer Menge metallische und nichtmetallische Elemente, die — wenn sie wichtig und in kleinen Mengen wirksam sind — Spurenelemente heißen.
*Wasser* ist für die Pflanze ein wichtiger Baustoff und zugleich ein Transportmittel. Die Wasseraufnahme kann ein rein physikalisch-chemischer Vorgang sein. Wasser ist aber für jede Art aktiven Lebens notwendig. So verteilen sich im Wasser gelöste Stoffe gleichmäßig und gelöste Stoffe treten durch feinporige Trennwände (Membran) mit verschiedenem Widerstand hindurch. Lösungen von Wasser mit verschiedenem Inhalt an gelösten Stoffen üben in angrenzenden Bereichen einen Druck aufeinander aus. Es entsteht ein Wanddruck = osmotischer Druck. Lösungen mit gleichem Druck heißen isotonisch. Sind zwei Lösungen verschiedener Konzentration angrenzend, ist die eine schwächere hypotonisch, die andere hypertonisch. Die Pflanzenzelle folgt diesen Erkenntnissen. Durch den Druck, den in Wasser gelöste Substanzen auf die Zellwand ausüben ( = Turgordruck), entsteht eine Spannung, die Pflanzen oder Pflanzenteilen Festigkeit verleiht. Welken ist Turgorverlust durch Wasserverlust. Was für die Zelle gilt, läßt sich auch für das Gewebe nachweisen.
Die *Wasseraufnahme* bei den Landpflanzen erfolgt vorwiegend auf osmotischem Weg durch die Wurzelhaare aus dem Boden. Es ist in freier Form oder als Haftwasser festgehalten. Unter Saugkraft des Bodens versteht man die Kraft, mit der das Haftwasser festgehalten wird. Hoher Salzgehalt erhöht die Saugkraft. Bei normalen Böden ist diese Kraft um 5 atm. Daher müssen Moor- und Salzpflanzen große Widerstände überwinden.

Oberirdische Pflanzenteile geben Wasser ständig ab, weil zwischen ihnen und der umgebenden Luft ein Druckunterschied besteht. Man nennt das Transpiration. Eine Birke mit 200 000 Blättern verdunstet pro Tag um 70 Liter, an warmen Tagen bis 400 Liter, eine Sonnenblume 1 Liter am Tag. Die Transpiration bedeutet Kühlung für die Pflanze und einen fortgesetzten Wasserstrom. Die Verdunstung von Wasserdampf erfolgt über die Spaltöffnungen. Manche Pflanzen haben eigene Vorrichtungen für Wasseraustritt aus dem Blatt: Wasserspalten. Der Vorgang wird als Guttation bezeichnet (Gräser, Fuchsie, Kapuzinerkresse, Frauenmantel). Unter Blutung versteht man Wasseraustritt aus einer Holzwunde. Das Wasser enthält meist Salze, im Frühjahr auch Zucker.

Die *Wasserleitung* in der Pflanze erfolgt von der Wurzel zu den Blättern in Leitbündeln oder im Holz. Die Wasserleitung muß Höhen bis 150 m (Eucalyptus, Mammutbaum) überwinden. Die Leitgeschwindigkeit ist unterschiedlich und hängt von der Porenweite ab: Eiche 20 – 45 m/h, Kletterpflanzen bis 100 m/h, Nadelhölzer 1 m/h, Kräuter bis 60 m/h.

Die Hauptkräfte des Wassertransportes entstehen durch die aus der Verdunstung sich ergebende Saugkraft. Wichtig sind die ununterbrochenen Wasserfäden in der Pflanze.

Wasser-Nährstoffaufnahme der Wurzel, Verhalten der Wurzel im Boden.
a Lufträume im Boden, b Teil einer Wurzel mit c Wurzelhaaren

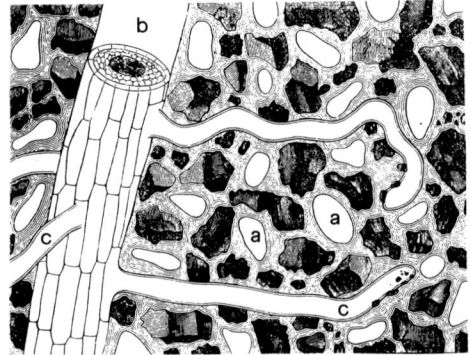

### Die Ernährung der Pflanze

Die Pflanze ernährt sich aus dem Kohlenstoff und Sauerstoff aus der Luft und holt alle anderen Elemente aus dem Boden, die in Form von Salzen vorliegen. Die Salze liegen als Karbonate, Sulfate, Phosphate, Silikate usw. vor. Nicht alle Elemente, die die Pflanze aufnimmt, sind für sie lebensnotwendig. Unentbehrlich sind: K, Ca, Mg, Fe und H, O, S, N, P, C. Immer der Stoff, der am wenigsten vorhanden ist, bestimmt die Entwicklung (Gesetz des Minimums). Salze müssen in ausgewogener Form vorhanden sein, sonst können sie giftig sein. Die Salze sind in wäßriger Umgebung aufgespalten in Ionen und können durch die Wurzeln im Wasser gelöst aufgenommen werden.

Die Pflanze besitzt ein Wahlvermögen und ein Speichervermögen für Salze. Bei vielen Pflanzen hängt die Salzaufnahme vom Säuregrad des Bodens ab. Davon hängt wiederum die Zusammensetzung der Flora ab. Auf sauren Böden leben säureliebende, kalkfliehende Pflanzen (azidophil), so die Pflanzen der Moore. Auf kalkreichen (alkalischen) Böden wachsen die entsprechenden Pflanzen.

In ungestörter Natur werden alle abgestorbenen Pflanzenteile zersetzt und stehen den Pflanzen wieder zur Verfügung. Nährstoffe in bewirtschafteten Gebieten muß man zuführen als Kunstdünger oder organischen Dünger aus Abfällen.

Etliche Bakterien haben die Fähigkeit, den Luftstickstoff im Boden zu binden. Durch späteren Zerfall der Wurzelorgane wird der Stickstoff frei und zugänglich. Pflanzentypisch: der Aufbau von Kohlehydraten aus Kohlendioxyd und Wasser durch die grüne Pflanze am Licht. Das Licht als Energiequelle wandelt in der Photosynthese die Strahlungsenergie in chemische Energie um. Das Licht wird durch Farbpigmente (Chlorophyll u. a.) absorbiert, besonders im blauen und roten Spektralbereich. Um die Klärung dieses Vorganges sind viele Forscher noch heute bemüht. Licht ist also ein weiterer wichtiger Außenfaktor. Pflanzen können sich zwar an Lichtintensitäten etwas anpassen, jedoch gibt es ausgesprochene Sonnen- und Schattenpflanzen.

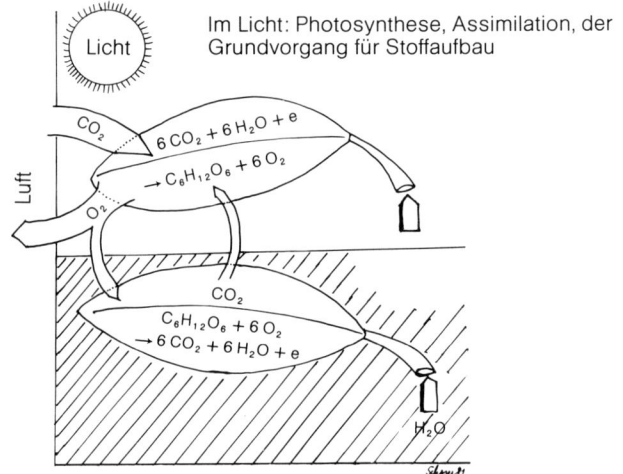

Im Licht: Photosynthese, Assimilation, der Grundvorgang für Stoffaufbau

$$6\,CO_2 + 6\,H_2O + e$$
$$\rightarrow C_6H_{12}O_6 + 6\,O_2$$

$$C_6H_{12}O_6 + 6\,O_2$$
$$\rightarrow 6\,CO_2 + 6\,H_2O + e$$

Im Dunkeln: Respiration, Dissimilation, Atmung

### Das Wachstum

Pflanzen haben drei Bereiche, das embryronale (Keimlings-)Wachstum, das Streckungswachstum und das Differenzierungswachstum. Das Keimlingswachstum geht in den Meristemen vor sich. Eine andauernde Plasmavermehrung ist für Zellteilungen verantwortlich. Für das Plasmawachstum sind Wirkstoffe in Spuren notwendig. Das ist einmal der Vitamin-B-Komplex (Aneurin, Riboflavin u. a.) und der Bioskomplex (Biotin, Inosit usw.). Bei Streckungswachstum als Übergang zum Dauerzustand entwickeln sich die Zellen meist in einer Richtung. Die Steuerung dieses Wachstums erfolgt durch Wuchsstoffe (Auxine), wichtigstes Auxin: β-Indolylessigsäure = IES. Die Wirkung der IES ist von der Konzentration abhängig. Der Umschlagspunkt für Förderung und Hemmung ist verschieden bei Pflanzenorganen. Die Konzentrationen liegen bei $10^{-6}$ g/ml bis $10^{-10}$ g/ml. Hemmstoffe wirken als Antagonisten und damit als Wachstumsregulatoren. Gibberelline aus Pilzen fördern das Streckungswachstum der Internodien.
Im *Differenzierungswachstum* erfolgt die Ausbildung der Zellen für die spätere Funktion nach vorgegebenen Anlagen (Gewebekulturen).

*Außenfaktoren* können Wachstum beeinflussen. Die *Temperatur* beeinflußt embryonales und nachembryonales Wachstum. Die Optimumkurve, die für jede Pflanzenart verschieden ist, bewegt sich zwischen 10° und 35 °C. Das *Licht* bewirkt Reaktionen der Pflanzen (Förderung, Hemmung, Vergeilung).

Das *Hellrot-Dunkelrot-System* (Phytochrom-System) beruht auf Erkenntnissen, daß die rote Strahlung gestaltbildend wirksam ist. Das Hellrot (660 nm) fördert das Flächenwachstum der Blätter und hemmt das Internodien- und Hypokotylwachstum. Das Dunkelrot (730 nm) verhindert Hellrotwirkung. Den endgültigen Einfluß übt die letzte Bestrahlung aus.

## Die Organbildung

Die Pflanzen und ihre Organe sind polar angelegt, sie haben einen Grund und eine Spitze. Dieses Prinzip gilt bis zur Zelle. Diese Polarität der Zellen ist die Voraussetzung für die Differenzierung, daß es ein Oben und Unten, daß es verschiedenartige Gewebe und damit Organe gibt. Die Sproß-Wurzelpolarität beruht auf dem polaren Wuchsstofftransport.

Die Pflanze hat verschiedene Wachstumszonen. Embryonales Wachstum findet man in den Vegetationspunkten. Diese Zonen des embryonalen Wachstums sind bei der Pflanze zeitlebens vorhanden. Daher sind Pflanzen „offene Gestalten".

Die Organe des Pflanzenkörpers entwickeln sich in wechselseitiger Abhängigkeit. Nur einzelne Möglichkeiten entfalten sich. Wechselseitigen Einfluß üben die Ernährung und die Wuchsstoffverteilung aus.

## Die Gestaltbildung

Äußere Einflüsse bedingen die Entfaltung vorhandener Gestaltungsanlagen, die Auslösung des Gestaltungsvorganges.

Das Licht wirkt als gestaltbildender Reiz, z. B. Sonnen- und Schattenblätter. Vergeilung tritt bei zu wenig Licht auf.

Gestaltveränderungen werden auch durch die Wirkung der Schwerkraft ausgelöst, z. B. bei Blüten. Berührungsreize lassen bei manchen Pflanzen Haftscheiben oder Senker entstehen. Andere Pflanzen schützen sich gegen zu hohe Wärme durch einen Haarfilz. Die Pflanzen haben die Fähigkeit, verlorene Teile zu ersetzen. Die Wiederherstellung aus der Wundfläche ist selten. Ersatz (Regeneration) kann durch die Entfaltung ruhender Anlagen oder die Neubildung von Organen erfolgen. Veredelungen (Pfropfen, Kopulieren, Okulieren) sind Transplantationen. Reis und Unterlage können ganz verwachsen.

Wachstum und Entwicklung verläuft nicht gleichmäßig, sondern in Perioden oder Phasen.

Die vegetative Phase des Wachstums ist endogen, sie verläuft selbständig (autonom). Das Klima der gemäßigten Zonen bewirkt gleichartige und gleichzeitige Entwicklungsphasen. Die Pflanzen haben eine Vor-, Haupt- und Nachruhe. Das gilt für die Knospen wie für die Samen. Die Keimung wird durch Außenfaktoren gesteuert, wie Frost, Licht, Dunkelheit. Im Fruchtfleisch finden sich oft Hemmstoffe (Blastokoline), so daß die Keimung meist außerhalb der Frucht möglich ist.

Die Blühreife der Pflanzen hängt von inneren und äußeren Faktoren ab. Man kennt Winter- oder Sommer-Annuelle, die Keimung findet im Herbst oder im Frühjahr statt. Unter Vernalisation versteht man eine Kältebehandlung zum Brechen der Keimruhe. Viele Pflanzen der gemäßigten Zonen blühen daher in den Tropen nicht, sie wachsen nur vegetativ.

Die Dauer der Lichteinwirkung ist für das Blühverhalten mancher Pflanzen wichtig. Man nennt diese Erscheinung *Photoperiodizität*. Dabei unterscheidet man vereinfacht gesagt zwischen Kurztagpflanzen (KTP), Langtagpflanzen (LTP) und tagneutralen Pflanzen.

Kurztagpflanzen (KTP) kommen zur Blüte, wenn die tägliche Beleuchtungsdauer nicht länger als 12 Stunden ist, sie müssen also ununterbrochen 12 Stunden dunkel stehen. Viele tropische Pflanzen (Reis, Hirse, Hanf, Soja, Baumwolle) gehören dazu. Langtagpflanzen benötigen über 12 Stunden Beleuchtung; die kritische Tageläuge liegt bei mindestens 12 Stunden Lichteinfluß. Diese Pflanzen kommen auch im Dauerlicht zur Blüte. Dazu gehören Pflanzen aus Breiten mit sommerlichen Langtagen (Getreide, Erbse, Spinat, Möhre, Senf). Langtagwirkung erzielt man durch Zusatzlicht in der Dunkelphase. Pflanzen, die als Kosmopoliten überall vorkommen, sind tagneutral.

Diese photoperiodische Wirkung ist durch das Phytochrom-System gesteuert. Es ist ein Pigmentsystem in den Blättern, das auf hellrote und dunkelrote Strahlung anspricht. Die Bestrahlung eines einzigen Blattes einer Pflanze genügt, um die Reaktion auszulösen.

Unabhängig davon existieren Blühhormone, wie man durch Pfropfungen bewiesen hat. Durch Einwirkung von Gibberellin können Langtagpflanzen im Kurztag blühen und kältebedürftige Pflanzen auch bei hohen Temperaturen erblühen (Vernalisation). Durch Hungernlassen (Wasser- und/oder Nitratentzug, Ringelung des Sprosses) kann man die Blühwilligkeit fördern oder erzwingen.

## Pflanzen bewegen sich

Daß die Pflanzen — und zwar alle — Bewegungen ausführen, blieb sehr lange unerkannt. Man stellte falsche Vergleiche an. Heute weiß man, daß die Befähigung zur selbständigen Bewegung eine Grundeigenschaft lebender Substanz ist. Das Plasma in jeder Zelle bewegt sich selbst.

Man muß aktive und passive Bewegungen unterscheiden. Passive Bewegungen sind bei der Verbreitung von Samen und Früchten am Werk, auch bei der Verbreitung von Sporen und Pollen durch Luft, Tiere und Wasser.

Bei den aktiven Bewegungen sind rein mechanische die einfachen Vorgänge. Sie beruhen auf der Fähigkeit, von Membranen Wasser aufzunehmen und wieder abzugeben. Auch die Haft-Kraftwirkung des Wassers bestätigt sogenannte Kohäsionsmechanismen. Die Spannungen lebender Gewebe können die erforderliche Energie liefern. Bei diesen Explosionsmechanismen sind lebende Zellen beteiligt.

Von größerer Bedeutung sind Bewegungen, die einen Ortswechsel oder eine Änderung der Organlage im Raum ermöglichen. Eine freie Ortsbewegung kann nur erfolgen, wenn die Pflanze nicht statisch im Substrat verankert ist. Sie kommt daher nur bei freilebenden Pflanzen vor, die eine eigene aktive Bewegung durchführen können. Diese Bewegungen verlaufen in bestimmte Richtungen. Sie hängen von einem äußeren Reiz (Licht, Schwerkraft, chemischer Stoff) ab. Diese Bewegungen heißen Taxien. Es gibt also Phototaxis, Chemotaxis, Geotaxis. Festverwurzelte Pflanzen können nur ihre Organe bewegen. Sie verlaufen in der Regel so langsam, daß sie mit dem Auge nicht verfolgt werden können. Der Zeitraffer macht die Bewegungen aber sichtbar. Teils sind diese Bewegungen von außen unabhängig, sie sind autonom. Das kann ein für allemal festgelegt sein und in einer Richtung verlaufen. Die Blüten von Krokus schließen immer, wenn die Temperatur unter 0° ist. Die Temperatur verursacht zwar diese Bewegung, die Bauverhältnisse der Blüte regeln aber den Ablauf der Bewegung. Solche Bewegungen nennt man nastisch oder Nastien (Photo-, Thermogeonastie).

Andere Bewegungen sind in ihrer Richtung von der des beeinflussenden Reizes abhängig. Sie müssen nicht unbedingt in gleicher Weise erfolgen, haben aber immer eine Beziehung zu ihr. Pflanzensprosse (z. B. Zimmerpflanzen) krümmen sich bei einseitiger Beleuchtung zum einfallenden Licht. Sie stellen sich im Laufe der Zeit senkrecht zum einfallenden Licht ein, dabei bewegen die Pflanzen allmählich die Blattspreiten senkrecht zur Einfallsrichtung des Hauptlichtes. Sie stehen transversal. Solche Bewegungen heißen Tropismen oder Wendungen (Photo-, Geo-, Chemotropismus).

Taxien, Tropismen und Nastien sind Reizbewegungen. Der Reiz wirkt nur als Auslöser, die Vorgänge, die zur Reaktion führen, sind nicht erkennbar.

Bei den Schleudermechanismen ist ein einheitliches Konstruktionsprinzip erkennbar. Der Mechanismus beruht auf einer Schwellschicht und einer Widerstandsschicht. Die Schwellschicht ist blasebalg- oder harmonikaähnlich aufgebaut. Sie ist für langsame wie schnelle Entfaltungsbewegung geeignet.

Pollenausschleuderung bei der Orchidee Cata setum: In der Blütenmitte steht die Säule, die vorne eine Narbenhöhle besitzt. Auf dem gewölbten Ende sitzt die einzige Anthere (Gymnostemium). Diese enthält zwei Pollinien. Über der Narbenhöhle befindet sich ein Dach (Rostellum), dessen äußerste Zellschichten sich als festes Band (Stipes) ablösen. Das Band endet in einer kissenförmigen Klebescheibe. Beidseits der Säule springen bei männlichen Blüten zweihornartige Fortsätze (Antennen) über die Lippe der Blüte vor. Eine leichte Berührung der Antennen führt zum Ausschleudern des Pollinariums. Dies ist der Verband: Klebescheibe, Stipes, Pollinien, die mit diesem durch feine Bänder verbunden sind. Vor der Abschleuderung herrscht im Stipes eine starke Gewebespannung. Die Berührung der Antennen führt ein Trenngewebe des Rostellums zu einer Turgorsenkung (Innendruck), die den Verband lockert, so daß die Spannung im Stipes nicht zu halten ist. Das Pollinarium wird, die Klebescheibe voraus, vorgeschleudert, der Stipes streckt sich zum Spannungsausgleich gerade. Das Labellum bietet den Holzhummeln Futterstoffe. Wenn sie diese fressen, berühren sie die Antennen und bekommen das Pollinarium auf den Rücken geschleudert, dieses klebt fest. Beim Besuch der weiblichen Blüte werden die Pollinien in den Narbenschleim gedrückt, wobei sie in Narbennähe festkleben.

Unter Tropismen versteht man Krümmerbewegungen von Pflanzenorganen, deren Richtung eine Abhängigkeit von der des auslösenden Reizes aufweist. Als Reizanlaß dient ein örtliches Reizgefälle, z. B. der Abfall der Lichtintensität. Es ist notwendig, daß durch den Außenfaktor eine physiologische Verschiedenheit antagonistischer Seiten geschaffen wird. Geotrope Reaktionen z. B. verlaufen immer in einer für die Pflanze zweckmäßigen Weise. Das Winden der Pflanzen ist das Ergebnis von einem Zusammenwirken autonomer und geotroper Tendenzen.

Bei den nastischen Bewegungen hat die Richtung der Bewegung keine Beziehung zu der des auslösenden Reizes. Schlafbewegungen des Tag-Nachtwechsels sind nyktinastische Bewegungen. Die auffälligste Nastie vollzieht sich bei Mimosa pudica. Von der Stoßstärke hängt offensichtlich die Gesamtreaktion ab. Die Reizleitung pflanzt sich innerhalb von Sekundenbruchteilen um 5 bis 100 mm fort.

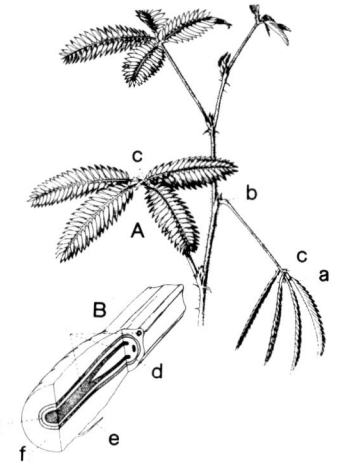

Mimosa pudica
A Sproßteil mit einigen Fiederblättern, a das Blatt hat auf Berührungsreiz reagiert, b Primärgelenk, c Sekundärgelenk, B Bau eines Primärblattgelenks, schematisch, d Bastscheide, e Fühlborste, f Bewegungsgewebe aus turgeszenten Zellen, g Kollenchym, h Leitbündel

Reizbare Staubblätter besitzen manche Kompositen, wie Centaurea, Buberis, Mahonia, Sparmannia, Helianthemum, manche Kakteen. Reizbare Narben haben manche Scrophulariaceen, wie Mimulus, auch Bignoniaceen. Die Bewegung besteht im Zusammenklappen der Narbenlappen.

Die Schlafbewegungen sind Hebe- und Senkbewegungen, die in einem 12stündigen Wechsel und 24-Stunden-Rhythmus sich wiederholen. Es sind endogene Bewegungen. Viele Blüten haben mit dem Tag-Nachtwechsel eine innere Uhr. Aber Temperaturschwankungen können diese verfälschen.

An autonomen Organbewegungen fällt einem das Seitenblättchen von Desmodium gyrans ein, die in Gelenkpolstern ausgeführt werden. Die Bewegung verläuft in der Art eines Kegelmantels. Die Blättchenspitze beschreibt den kreisförmigen Boden eines Kegels im Ablauf von einer Minute. Dieser Vorgang kann gut beobachtet werden.

Die freie Ortsbewegung ist eine Befähigung niederer Pflanzen: Bakterien, Blaualgen, Kieselalgen, Geiselalgen, Schmuckalgen, Kugelalgen. Die Mehrzahl dieser Formen bewegt sich mit Hilfe von Wimpern (Zilien) oder Geißeln (Flagellen). Die Bewegung der Geißeln entspricht einer Schrauben- oder Ruderbewegung. Die Geißeln bewegen sich autonom, ihre Geschwindigkeit kann durch Außenfaktoren geändert werden. Die Bewegungen vollziehen sich im Verhältnis zur Körperlänge sehr rasch. Wenn eine Geißelalge in einer Sekunde einen Weg von 1 mm zurücklegt, ist es das 60fache der eigenen Körperlänge. Für ein 4 m langes Auto würde das eine Geschwindigkeit von 240 m/sec. oder fast 1000 Kilometer/Stunde bedeuten. Jede Bewegung kommt bei Sauerstoffmangel zum Stillstand. Die Energie zur Bewegung stammt aus Atmungs( = Verbrennungs)vorgängen.

Obwohl viele Bewegungserscheinungen seit mehr als 100 Jahren erforscht werden, sind viele Einzelheiten der Bewegungen bei Pflanzen noch nicht vollständig geklärt.

Die Fortpflanzung der Pflanzen

Die Fortpflanzung dient der Art-Erhaltung; neue Individuen werden erzeugt. Dieser Vorgang wird durch Ausbildung und Abtrennen von Zellgebilden erreicht, die lebensfähig sind und aus sich den gleichen Organismus aufbauen können, aus dem sie hervorgegangen sind. Diese Gebilde heißen Keime.

Nach der Art der Weiterentwicklung unterscheidet man zwei Möglichkeiten der Fortpflanzung:

1. Die ungeschlechtliche (asexuelle, vegetative) Fortpflanzung führt in direkter Fortentwicklung der Keime zu neuen Individuen.
Die Ausbildung von Brutknöllchen (Zwiebelzahnwurz, Allium-Arten) oder von Brutknospen des Brutblattes (Bryophyllum), auch Winterknospen von Wasserpflanzen, Ausläufer, Knollen, Wurzelstücke und Stecklingen, gehören dazu.

2. Die geschlechtliche (sexuelle) Fortpflanzung vollzieht sich in der Verschmelzung zweier je einzelliger Keime (Gameten) zu einer Zygote, aus der ein neues Individuum entsteht.
Diesen Vorgang bezeichnet man als Befruchtung oder Kopulation. Die Gameten besitzen den halben Kernschleifensatz (Chromosomen) als Hauptträger der Erbinformation. Die Zygote und die sich daraus entwickelnde Pflanze sind diploid, haben also den doppelten Chromosomensatz. Bei den höheren Pflanzen ist der weibliche Gamet (Eizelle) unbeweglich und die männlichen Gameten (Spermatozoiden) beweglich oder unbeweglich (Spermatien). Es gibt im Ausnahmefall Entwicklungen aus unbefruchteten Gameten (Parthenogenese = Samenlose Früchte).

Die Fortpflanzung der Samenpflanzen

Von der äußeren Gestalt und Entwicklung betrachtet gibt es Nacktsamer (Gymnospermae, Nadelgehölze) und Bedecktsamer (Angiospermen).

Die Samenpflanzen (Spermatophyten) bilden an den Sproßenden Träger für die Organe der Geschlechtszellen aus (Sporophylle). Der männliche Blütenstand wie der weibliche oder beide, meist vereinigt zu einem Blütenstand, sind von Blattorganen (Perianth) umhüllt. Das Perianth ist entweder einfach (Perigon) oder aus Kelch (Calix) und Krone (Corolla) aufgebaut. Die Kelchblätter heißen auch Sepalen und die Kronblätter Petalen. Der männliche Blütenstand besteht aus dem Staubblatt (Stamen), das in den Staubfaden (Filament) und den Staubbeutel (Anthere) gegliedert ist. Die Anthere wiederum setzt sich aus zwei Staubbeuteln (Theken) mit je zwei Pollensäcken zusammen. In den Pollensäcken erfolgt die Bildung der Pollenkörner. Jede Art hat ihre Pollenkörner. Noch nach Jahrtausenden lassen die Pollenkörner die Zuordnung zur Art zu.

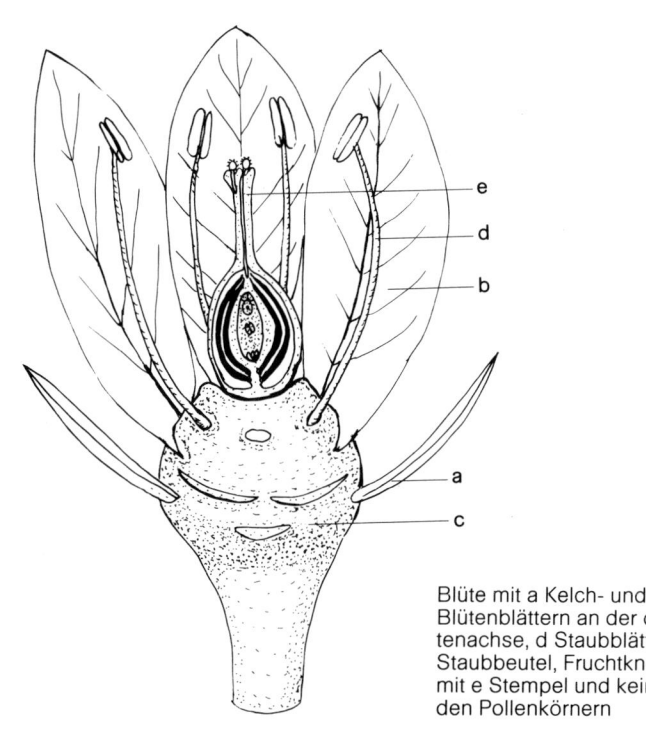

Blüte mit a Kelch- und b Blütenblättern an der c Blütenachse, d Staubblätter mit Staubbeutel, Fruchtknoten mit e Stempel und keimenden Pollenkörnern

Der weibliche Blütenstand besteht aus den Fruchtblättern (Karpelle). An ihnen stehen die Samenanlagen frei (= Nacktsamer) oder umschlossen (= Bedecktsamer). Bei den Bedecktsamern sind die Fruchtblätter zu einzelnen Fruchtknoten oder zu einem einzigen verwachsen, wodurch ein gekammerter Hohlraum entsteht. Der Stempel besteht aus Fruchtknoten, Griffel und Narbe.

Die Stellung des Fruchtknotens in der Blüte ist oberständig (z. B. Tulpe), mittelständig in einem Becher (z. B. Kirsche) und von der Blütenachse ganz umwachsen, also unterständig (z. B. Schneeglöckchen).
Die Samenanlagen stehen an besonderem Gewebe der Fruchtblätter, der Plazenta. Dazu unterscheidet man drei Typen von Plazenten im Fruchtknoten: wandinnenständige (I), zentralwinkelständige (II) und zentralständige (III).

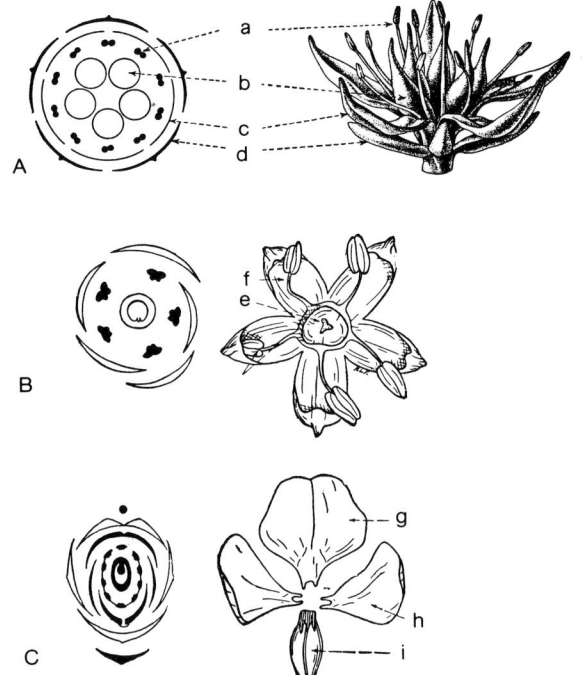

*Die Blüte*

Staub- und Fruchtblätter bilden neben den sterilen Kelch- und Kronblättern eine Blüte. Es gibt aber verschiedene Formen der Zuordnung dieser vier Blattarten:

1. Staub-, Frucht-(mit Kelch- und Kron-)Blätter sind in einer Blüte vereint = zwittrige Blüte. Dieser Typ ist der der meisten Blütenpflanzen.

2. Staubblätter und Fruchtblätter mit/ohne Kelch-/Kronblättern stehen in getrennten Blüten, aber auf der gleichen Pflanze (z. B. Hasel, Buche, Eiche), dann ist diese Art einhäusig (monözisch).

3. Die Staubblätter und Fruchtblätter stehen auf verschiedenen Pflanzen (männliche und weibliche Pflanzen), dann ist diese Pflanze zweihäusig (diözisch) z. B. Lichtnelke.
Daraus ergibt sich der Bau der Bedecktsamerblüte, wie man aus dem Schema ersehen kann.

Die Ökologie der Bestäubung

Die Bestäubung ist die Übertragung der Pollenkörner auf die Narbe der Bedecktsamer oder die Samenanlagen der Nacktsamer.

Bei Zwitterblüten kann dieser Vorgang in der gleichen Blüte vor sich gehen. Dies nennt man Selbstbestäubung. Meist findet Nachbar- oder Fremdbestäubung statt. Meist ist die Fremd- oder Kreuzbestäubung am erfolgreichsten. Sie steigert auch die Neukombination von Erbanlagen. Meist sind bewegte Luft oder sich bewegende Lebewesen Pollenüberträger.

Die Blütenökologie ist durch J. G. Koelreuter (1733 – 1806), besonders durch Chr. K. Sprengel (1750 – 1816) mit seiner Schrift „Das entdeckte Geheimnis der Natur im Bau und in der Befruchtung der Blumen" (1793) und später durch Ch. Darwin entwickelt worden.

Blüte und Blütendiagramm (nach Eichler)
A vom Mauerpfeffer (Sedum), B von Zuckerrübe (Beta vulgaris), C von Puffbohne (Vicia faba)
a Staubfaden, b Stempel, c Blumenblatt, d Kelchblatt, e Fruchtknoten, f Blütenhülle, g Fahne, h Flügel, i Längsrippe

Blütenstände

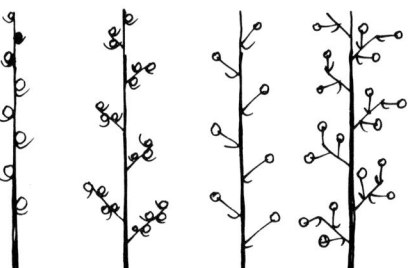

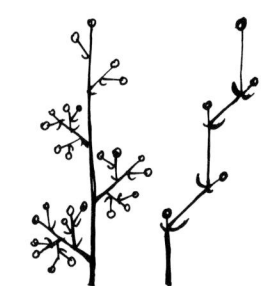

Ähre   Doppelähre   Traube   Doppeltraube   Rispe   Wickel

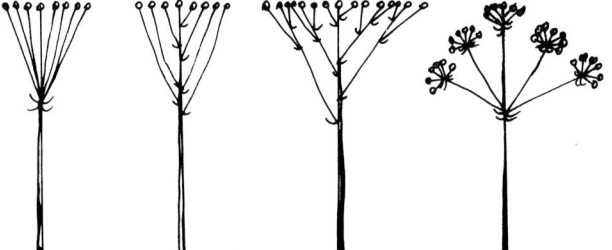

Dolde   Doldentraube   Doldenrispe   Doppeldolde

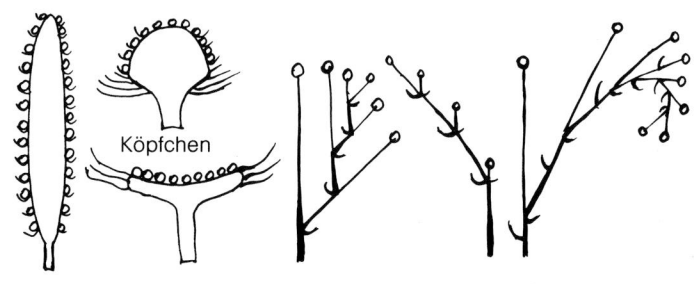

Kolben   Körbchen   Fächel   Schraubel   Sichel

102

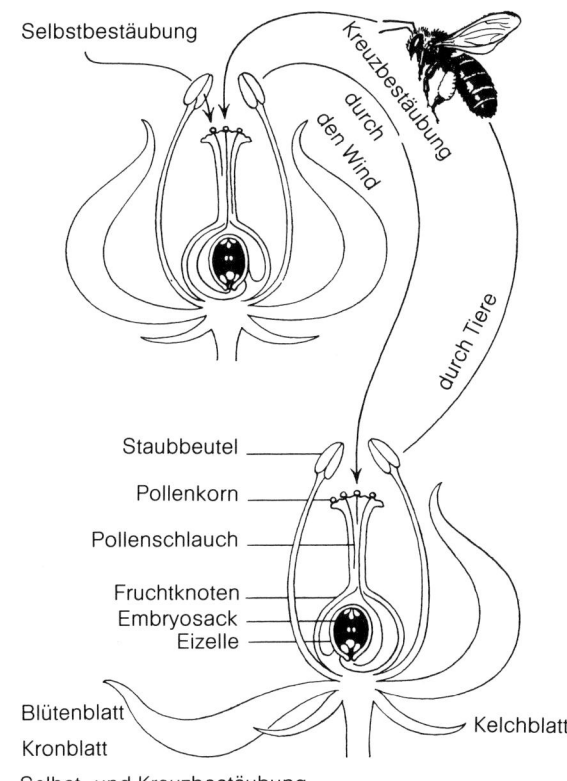

Selbstbestäubung

Kreuzbestäubung durch den Wind

Kreuzbestäubung durch Tiere

Staubbeutel
Pollenkorn
Pollenschlauch
Fruchtknoten
Embryosack
Eizelle

Blütenblatt
Kronblatt
Kelchblatt

Selbst- und Kreuzbestäubung

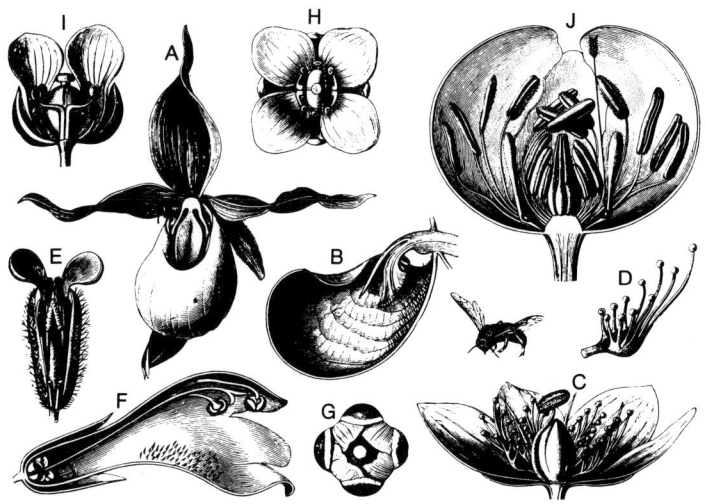

Einrichtungen zum Aufladen des Pollens auf die blütensuchenden Insekten.
A Blüte des Frauenschuhs (Cypripedium calceolus), B Längsschnitt durch das Labellum und die Befruchtungssäule, C Blüte des Studentenröschens (Parnassia palustris), D ein Honigblatt der Parnassia, E Blüte der Malcolmia maritima, F Längsschnitt durch die Blüte des Leonurus heterophyllus, G, H Blüte der Kernera saxatilis in verschiedenen Entwicklungsstadien (von oben gesehen), das vordere Kelchblatt und die zwei vorderen Kronenblätter weggenommen, J Längsschnitt durch die Blüte des Trollius europaeus

Fremdbestäubung ist bei allen getrennt-geschlechtlichen Pflanzen notwendig. Ist eine Bestäubung einer Pflanze mit eigenen Pollen nicht möglich, spricht man von Selbststerilität, die man von Stein- und Kernobstarten her kennt. Die Bestäubung kann ebenfalls durch die Heterostylie erschwert sein. Dabei kommen 2 oder 3 auf verschiedene Pflanzen einer Art verteilte Blütentypen, die sich durch die verschiedene Länge bzw. Ansatzhöhe der Griffel unterscheiden (Primeln, Lein u. a.). Staubblätter und Narben können aber auch bei einer Pflanze zu verschiedener Zeit bestäubungsreif werden. Werden die Staubblätter zuerst reif, spricht man von Vormännlichkeit (Proterandrie), sind es zuerst die Narben, dann ist es Vorweiblichkeit (Proterogynie). Beispiele: Korbblütler, Glockenblumen. Doldengewächse, Storchschnabelgewächse sind proterandrisch; Wegerich, Aronstab, Osterluzei sind proterogyn. Sind beide gleichzeitig reif, bezeichnet man dies als homogam. Sind die Staubbeutel und Narben räumlich so gesetzt, daß eine Selbstbestäubung nicht möglich ist, spricht man von Herkogamie. Nach den äußeren, wirksamen Kräften zur Pollenübertragung unterscheidet man wind-, tier- und wasserblütige Samenpflanzen.

*Windblütigkeit* (Anemogamie) benötigt große Pollenmengen, leichtschwebende Pollen und freiliegende Narben. Die Pollen der Windblütler (Hasel, Kiefer, Gräser etc.) sind leicht zu sehen und werden gelegentlich als „Schwefelregen" niedergeschlagen. Die Schwebefähigkeit ist durch geringes Gewicht sichergestellt. Pollenverwehungen können über Hunderte von Kilometern gehen, bis in Höhen von 1000 bis 1500 m. Da viele Windblütler „Frühblüher" sind, stäuben sie vor der Belaubung.

Die *Tierblütigkeit* (Zoogamie) ist vorherrschend. Zwei große Tiergruppen sind in den gemäßigten Zonen beteiligt: Insekten und Vögel; in den Tropen spielen die Fledermäuse und kleine Beuteltiere eine Rolle. Unter den Insekten sind es besonders die Bienen und Hummeln, sodann die Tagfalter, Schwärmer und Eulen, schließlich Fliegen und Käfer. Die Tierbestäubung ist schon im Perm nachweisbar. Von den Vögeln sind in der Neuen Welt die bis in Höhen von 5000 m beobachteten Kolibris tätig, in der Alten Welt sind es die Honigfresser und Honigvögel. Die Entwicklung der Vogelbestäubung hat sich seit der Kreidezeit in wechselseitigen Anpassungen vollzogen. Tierblütigkeit setzt einen regelmäßigen Besuch, genügend langen Aufenthalt, mechanische Stabilität der Blüte und regelmäßige Berührung von Pollen und Narbe voraus. Der Pollen muß außerdem an bestimmten Stellen so gut haften, daß die Übertragung gewährleistet ist. Die Tiere finden in den Blumen meistens Nahrung aus überschüssigem Pollen (Eiweiß, Fett, Kohlehydrate, Vitamine) und Nektar. Dies gilt für „Pollenblumen" wie Rose, Anemone, Mohn. In seltenen Fällen erzwingen Blumen den Aufenthalt der Tiere auch ohne Gegengabe als „Falle", auch der Fortpflanzungstrieb der Tiere kann zur Bestäubung ausgenutzt werden. Besondere Verhältnisse liegen bei der Feige vor.
Die Tierbestäubung ist die vorherrschende Pollenübertragungsart. Als Überträger findet man vorwiegend Insekten aller Art, in den Tropen sind es auch Vögel (bei Vogelblumen) und seltener Fledermäuse. Für die Tierbestäubung sind einige Voraussetzungen notwendig:
1. Die Anlockung der Tiere durch die Blüte mit dem Gesichtssinn und dem Duftsinn,
2. das Nahrungsangebot in der Blüte als Lockmittel (Nektar) oder als Futter,

3. die Anpassung der Blüte an den Bestäuber als Lande-
platz, als Falle, als Klappe, als Bürste,
4. die Sicherung der Pollenübertragung durch die äußere
Beschaffenheit (Kleber, Stacheln). Die Bestäubung ist für
die Erhaltung und Verbreitung der Arten einer der ent-
scheidensten Vorgänge für die Pflanzen und deren Entwicklung insgesamt (Evolution).

Die mechanischen Einrichtungen der Blüten stellen eine
spezifische Anpassung an den Körperbau der Bestäuber
dar. Hebel-, Klemm-, Klebe- oder Schleudervorrichtun-
gen gewährleisten die Pollenübertragung. Gleitfallenblu-
men bei Aronstabgewächsen, Orchideen, Asclepiada-
ceen, Korbblütler, Schmetterlingsblütler sind teilweise
die Anwendung dieses Prinzips.

Die Vogelblumen sind anders eingerichtet. Sie liefern
keine „Unterlippe" als Sitzeinrichtung. Die Kolibris besuchen die Blüte freischwebend oder der Besuch erfolgt
von einem festen Sitz aus. Diese Blüten sind duftlos, besitzen aber deshalb besonders reine und grelle Farben
und Farbkontraste: Blau, Gelb, Grün, Rot. Das wichtigste
ist ein reicher Fluß von dünnflüssigem Nektar, um den
Durst der Vögel zu stillen. Der Pollen wird am Schnabel
oder am Kopf übertragen.

Fledermäuse bestäuben Bignonien- und Bombaxgewächse. Die freistehenden oder hängenden Blüten sind
groß und fest, daß sich die Tiere anklammern können.
Die Blüten entfalten sich abends oder nachts, strömen
Düfte aus den gärenden Säften, bilden große Mengen
Nektar und Pollen. Davon sollen bestimmte Fledermäuse
leben.

Nur wenige Blütenpflanzen werden unter Wasser bestäubt; es sind dies das Seegras (Zostera) und das
Hornblatt (Ceratophyllum). Bei allen anderen Wasserpflanzen besteht die Wasserblütigkeit darin, daß die Pollenkörner auf der Wasseroberfläche treiben und per Zu-
fall die Narbe erreichen.

In der Blütenbiologie und der Blütenökologie gibt es interessante Vorgänge zu beobachten und wir sind noch
lange nicht am Ende der Erkenntnisse angelangt.

*Die Bestäubung der Blüten*

Unter Bestäubung versteht man die Übertragung des
Pollens auf die Narbe (Bedecktsamer) oder die Samenanlagen (Nacktsamer). Bei Zwitterblüten ist die Selbstbestäubung möglich. Fremdbestäubung fördert die Neuver-
bindung von Merkmalen und führt zu besserer Nachkom-
menschaft. Manche Zwitterblüten sind selbststeril. Viele
Pflanzen verhindern die Selbstbestäubung. Staubblätter
und Narbe werden zu verschiedenen Zeiten reif oder die
räumliche Anordnung läßt die Selbstbestäubung nicht
zu.
*Die Befruchtung* besteht in der Verschmelzung einer Sa-
men- und einer Eizelle, daraus bildet sich die Zygote. Der
andere Kern aus der Samenzelle verschmilzt mit dem (di-
ploiden) Endospermkern, woraus sich das Nährgewebe
(Endosperm) entwickelt. Das ist die sogenannte „doppelte Befruchtung" der Bedecktsamer.

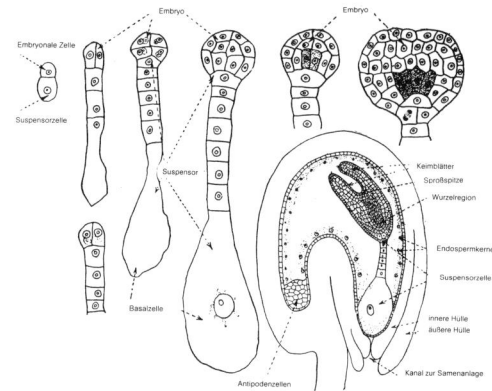

Entwicklung eines Keimlings (Hirtentäschelkraut, Capsella bursa-pastoris)

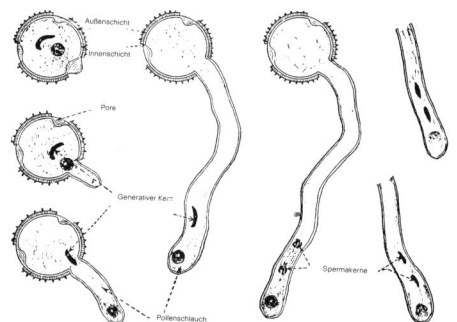

Stadien der Pollenkeimung

Die Samenentwicklung und die Fruchtbildung

Aus der befruchteten Eizelle (Zygote) entsteht in einer
Reihe von Teilungsschritten der eigentliche Embryo. Das
Endosperm ist das Nährgewebe, das durch die Samenschale aus dem umgebildeten Hüllblättern eingeschlossen ist. Der Same ist also ein von einer Hülle umgebener
weiblicher Fruchtstand, in dem sich auf geschlechtliche
Weise ein Embryo entwickelt hat.

In diesen Vorgängen wird der Fruchtknoten zur Frucht
umgewandelt. Die Fruchtwand (Perikarp) baut sich aus
drei Schichten auf: Außen-Mittel-Innenschicht = Exo-
Meso-Endocarp.

Die Früchte kann man in mehrere Gruppen einteilen:
*Schließfrüchte:* Die Fruchtwand bleibt geschlossen, die
Frucht löst sich mit dem Samen ab. Beispiele: *Nuß,* z. B.
Haselnuß, Buche, Eiche. Sonderformen: Fruchtwand und
Samenschale sind verwachsen: Karyopse bei Süß-Grä-
sern oder die Achäne bei Körbchenblütlern. *Spaltfrucht*
ist mehrsamig, zerfällt in einsamige Früchte (Doldenblüt-
ler, Malve). *Bruchfrucht* ist mehrsamig, zerfällt einsamig
(Lippenblütler). *Steinfrucht* (Haut-Fleisch-Stein) bei Kir-
sche, Aprikose, Olive, Walnuß, Kokosnuß. *Beere:* Die
Fruchtwand ist fleischig und meist mehrsamig (Kürbis,
Gurke, Tomate, Citrus, aber einsamig bei Dattelpalme).
*Spring- und Streufrüchte* öffnen sich und streuen Samen
aus; sie sind mehr- bis vielsamig. Die *Balgfrucht* aus ei-
nem Fruchtblatt springt an der Bauchnaht auf (Eisenhut,
Trollblume, Schwalbenwurz). Die *Hülsenfrucht* springt an
Bauch- und Rückennaht auf. Die *Schote* hat zwei ver-

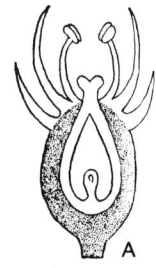 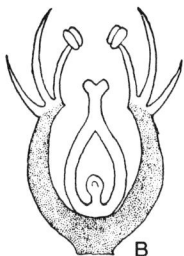 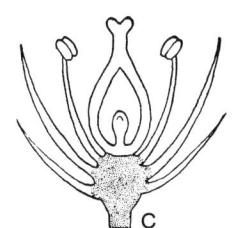

Blüten-Fruchtknoten-Längsschnitt.
A hypogyn, unterständiger Fruchtknoten, B perigyn, mittelständiger Fruchtknoten, C epigyn, oberständiger Fruchtknoten

Sammelfrüchte, balg-, nuß- oder steinfruchtartig

 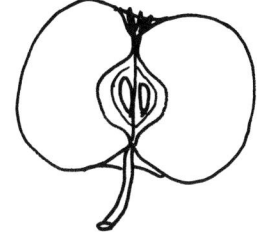   

Trollblume          Apfel   Birne                Mispel

Hagebutte      Himbeere        Brombeere        Erdbeere

Fruchtformen

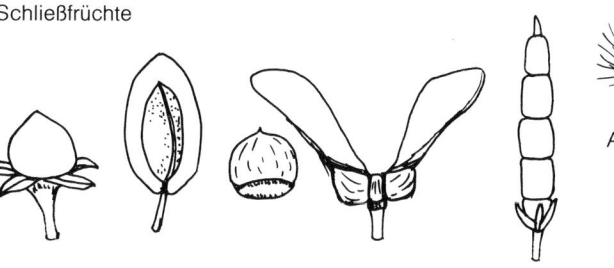

Kapsel

Einzelfrüchte

Deckelkapsel

Balg      Hülse      Spaltkapsel      Porenkapsel

Schließfrüchte

Achäne

Beere   Steinfrucht   Nuß   Spaltfrucht   Bruchfrucht  Karyopse

wachsene Fruchtblätter, die aufklappen (Kreuzblütler). Die *Kapsel* (Spalt-, Poren-, Deckelkapsel) hat sich aus mehreren verwachsenen Fruchtblättern entwickelt. *Echte Früchte* bilden sich aus ober- oder mittelständigen Fruchtknoten. Beim unterständigen Fruchtknoten bildet sich eine *Scheinfrucht* (Apfel, Birne). Als *Sammelfrüchte* bezeichnet man Einheiten, wenn *Teilfrüchte* zu einer Verbreitungseinheit herangewachsen sind: Himbeere, Erdbeere und in umgekehrter Anordnung becherförmig (Hagebutte) oder in der Vereinigung von Einzelfrüchten aus Einzelblüten (Maulbeere, Feige, Ananas).

Die Verbreitung von Samen und Früchten

Samen und Früchte werden durch den Wind, das Wasser, durch Tiere und Menschen verbreitet.

Die Windverbreitung erfordert geringes Gewicht und eine Flugvorrichtung (Korbblütler, Hochblätter, Orchideen). Für die Wasserverbreitung ist eine lufthaltige Fruchtwand oder Teile davon oder die Unbenetzbarkeit der Samen wichtig. Die Tierverbreitung erfolgt durch Anheften (Klette) oder durch den Verzehr der Lockspeisen, wie des fleischigen Samenmantels (z. B. Eibe) oder wohlschmekkender Früchte.

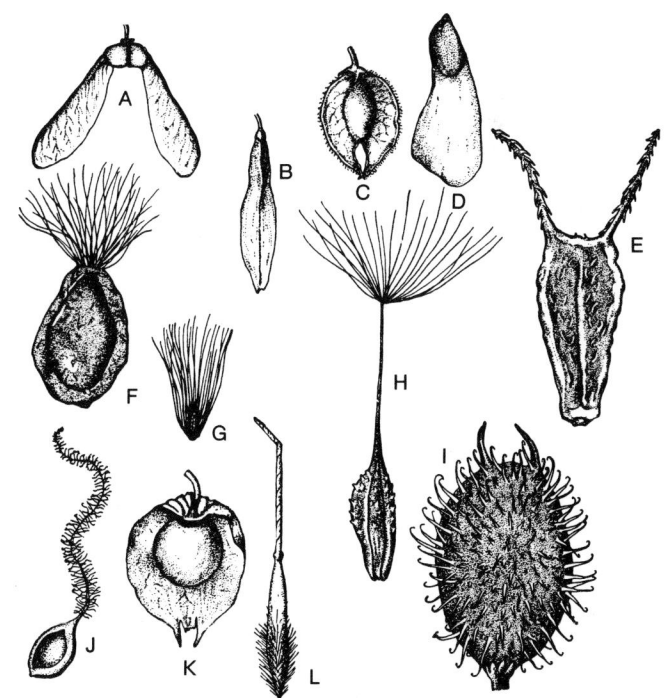

Ausbreitungsvorrichtungen von Samen
A geflügelte Frucht des Ahorn (Acer), B geflügelte Frucht der Esche (Fraxinus), C geflügelte Frucht der Ulme (Ulmus), D geflügelter Samen der Kiefer (Pinus), E stachelige Frucht vom Zweizahn (Bidens), F Schwalbenwurzgewächs (Asclepias), Samen mit Haarbüschel, G haariger Samen der Baumwolle (Gossypium), H Frucht des Löwenzahns (Taraxacum) mit fallschirmartigem Haarbüschel, I Frucht der Schalenklette mit Haken versehen, J Frucht der Clematis mit langem gefiederten Fortsatz, K Frucht der Zwergkirsche (Physalis) mit häutigem Kelch, L Frucht des Federgrases (Stipa) mit Granne

# Pflanzen besiedeln die Erde

Die Pflanzen sind in Aufbau und Lebensweise mehr oder weniger an die Umwelt angepaßt. Daher beobachtet man bei Pflanzen gleicher klimatischer Standorte ähnliche Merkmale und bei solchen verschiedenartiger Klimate große äußere Unterschiede. Die Sonnenstrahlung als Energiequelle, der Kohlenstoffhaushalt wie der Stickstoffhaushalt, der Mineralstoffhaushalt und der Wasserhaushalt bestimmen die Lebensmöglichkeiten der Pflanzen. Das Klima zeigt den Lebensbereich der Pflanzen auf, die Jahreszeiten bestimmen die aktiven Lebensphasen.

Pflanzen besiedeln nahezu alle Lebensräume der Erde. Als vor Jahrmillionen die Pflanzen das Wasser verließen und an Land gingen, war ihre Umwelt Wasser, Luft und Gestein (Hydrosphäre, Atmosphäre, Lithosphäre). Durch das Zusammenwirken von Mikroorganismen und Tieren entstand das Substrat der Pflanzen: der Boden, die Pedosphäre.

Die Hydrosphäre umfaßt rund 70% der Erdoberfläche. Die Gewässer haben unterschiedlichste Zusammensetzung in den Elementen und in der Durchmischung.

Die Atmosphäre versorgt die Pflanzen mit Sauerstoff und Kohlendioxid und nimmt der Pflanze den Wasserdampf ab. Auch feste und gasförmige Verunreinigungen enthält die Luft.

Die Lithosphäre ist die mineralische Grundlage für alle Organismen. Sie ist das Ausgangsmaterial für die Bodenbildung. Der *Boden* ist aus mineralischen und organischen Substanzen zusammengesetzt. Er entsteht in

Abhängigkeit von Umweltbedingungen mit Hilfe von Lebewesen, wobei gleichzeitig die Verwitterung mineralische Grundstoffe freisetzt. Ein natürlicher Boden ist in seiner Art durch Klima, Pflanzendecke, Bodenorganismen, Gesteinsuntergrund und Beeinflussung des Menschen bedingt. Der Boden wirkt als großer Puffer, da er sehr ausgleichend ist und nicht schnell auf Veränderungen reagiert.

Die meisten Böden in feuchten Gegenden reagieren schwach sauer bis neutral, Moorböden sehr sauer, Salz- und Sodaböden trockener Gebiete alkalisch. Der Säuregehalt des Bodens entsteht durch Auswaschung, durch Säuren aus den Lebenskreisläufen und durch Stoffwechselvorgänge bei der Atmung und Gärung im Boden. Je nach Ausgangsgestein stellt sich der Boden, durch die inneren und äußeren Vorgänge beeinflußt, allmählich auf einen bestimmten Säuren-Basen-Spiegel ein. Kalkböden sind vor allem durch das Karbonat-Hydrokarbonatsystem gepuffert, also durch das Salz einer starken Base ($CaCO_3$) und einer schwachen Säure ($Ca(HCO_3)_2$). Die Bodenreaktion verändert sich aber in Abhängigkeit von den Niederschlägen im Laufe des Jahres. Die Bodenreaktion wirkt sich auf den Boden in seiner Struktur, Verwitterung und Humusbildung und damit auf das zur Verfügung stehende Nahrungsangebot aus. Die Bodenreaktion hat unmittelbaren Einfluß auf die Pflanzen. Die meisten Pflanzen ertragen keine stark saure oder stark alkalische Reaktion. Man spricht bei vielen Pflanzen von Standortanzeigern. Der günstigste Reaktionsbereich für die Pflanzen liegt im neutralen bis schwach sauren. Von dieser Bodenreaktion hängt auch die Verfügbarkeit der Nährstoffe im Boden ab.

Die *Biosphäre* der Erde ist der Lebensraum der Lebewesen, die etwa je 100 m über und unter die Oberfläche reicht. In dieser Sphäre leben die Pflanzen, denen zufällt, durch die Photosynthese Energie aus dem Weltraum einzufangen und festzulegen. Insgesamt nehmen sie rund 99% der Gesamtmasse aller Lebewesen ein. Durch diese biologische Masse ist die Pflanzendecke ein stabilisierender Faktor im Kreislauf der Stoffe. Die Pflanzenmasse beeinflußt das Klima ganz wesentlich.

## Das Ökosystem

Gemeinschaften von Organismen und die unbelebte Umwelt sind in der Natur vielfältig miteinander verflochten. Einen einheitlichen Ausschnitt der Biosphäre nennt man Ökosystem. Es ist ein ganzheitliches Gefüge von Lebewesen und deren anorganischer Umwelt, das für sich betrachtet lebensfähig ist. Ökosysteme sind eine Wiese, ein See, ein Wald. In einem solchen System unterscheidet man verallgemeinert Erzeuger, Verbraucher und Zersetzer, wobei eine vielfältige Abhängigkeit und Koppelung unter den drei Komponenten auftritt. Über eine Nahrungskette, das ist die Folge von Fressen und Gefressenwerden, bleibt der Energiefluß im System gewährleistet. Die Energie fließt immer nur in einer Richtung, während die Stoffe kreisen. Jeder Kreislauf der

Umweltbereiche und ihre Beziehungen zum Wasserkreislauf
Pedosphäre, Hydrosphäre, Lithospäre, Biosphäre, Atmosphäre,
G = Grundwasser

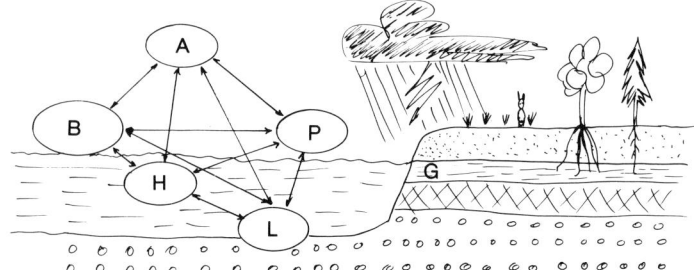

Bioelemente vollzieht sich in drei Bereichen: in der Pflanze, im Ökosystem und in der Biosphäre. Die Pflanze nimmt Stoffe auf, baut sie in körpereigene Substanzen ein oder verwertet sie im Betriebsstoffwechsel und scheidet sie aus. Im Ökosystem beginnt die Stoffbewegung mit dem Erzeuger und führt über Zwischenverbraucher und Zersetzer zum Ausgangspunkt zurück. Dieser Kreislauf ist an geochemische Stoffumlagerungen angeschlossen, die nicht auf das Ökosystem begrenzt, sondern mit der Biosphäre verknüpft sind. Daher ist dieses System offen.

Man unterscheidet zwei Grundtypen von biogeochemischen Stoffkreisläufen:
1. Den Gasumlauftyp (Kohlenstoff als $CO_2$, Sauerstoff $O_2$, Wasser $H_2O$) und
2. den erdgebundenen Umlauftyp der Bioelemente Schwefel, Phosphor, Calcium, Kalium usw. Der Stickstoffkreislauf steht in der Mitte, da die Pflanzen den Stickstoff aus dem Boden aufnehmen, obwohl die Hauptmasse des Stickstoffs in der Luft als Stickstoffgas enthalten, aber für die Pflanze nicht direkt aufnehmbar ist. In einem Ökosystem gibt es fördernde und hemmende biotische Einflüsse.

Der Mensch ist ein umweltabhängiges Wesen und im Ökosystem ein Faktor. Dabei greift er durch seine kulturelle Entwicklung bewußt und zielgerichtet in das Naturgeschehen ein und schafft anthropogene Lebensstätten. Wenn er seine Sonderstellung mißbraucht, zerstört er die Natur.

## Die Sonnenstrahlung als Energiequelle

Alles Leben auf der Erde wird durch den Zustrom der Energie von der Sonne erhalten. Die Strahlung ist die Energiequelle für den Wärmehaushalt, den Wasserhaushalt und den Haushalt der organischen Substanz. Nur 47% der auftreffenden Strahlung erreicht die Oberfläche der Erde. Das für uns sichtbare Licht macht 40—45% der Strahlung zwischen 380—720 nm (= Licht) aus. Diese Strahlung wird durch die Farbpigmente der grünen Blätter aufgenommen und gewährleistet den Aufbau und Umsatz der gesamten Biomasse. Das Blatt ist also der Strahlungsempfänger. Ein Teil der Strahlung wird zurückgeworfen und der andere Teil wird durchgelassen.

Im Verlauf der Jahreszeiten ändert sich das Energieangebot und zugleich die Lichtverteilung in der Biosphäre. Im Winter gelangen in einem kahlen Laubwald 50—70% der Energie auf den Boden, bei voller Belaubung 5—10%. Die Bodenflora erträgt diesen Wandel im abgestimmten Lebenszyklus.

## Der Wärmehaushalt

Pflanzen haben die gleiche Temperatur wie ihre Umgebung, sie sind poikilotherm. Jedoch kann die Temperatur der oberirdischen Pflanzenteile durch Energieaustausch mit der Umgebung erheblich von der Lufttemperatur abweichen. Der Energieumsatz ist standortbezogen. Die langwelligen Strahlen werden in der Atmosphäre absorbiert (besonders vom Wasserdampf). Die Luft erwärmt sich; der Energieüberschuß der Einstrahlung wird in der Biosphäre für die Photosynthese der Pflanzen, die Erwärmung der Pflanzenmasse, des Bodens, der Luft und für Verdunstungsvorgänge verbraucht.

Ausreichende Wärme ist eine Grundvoraussetzung für Leben. Jeder Lebensprozeß ist auf bestimmte Temperaturgrenzen abgestimmt. Landbewohnende, höhere Pflanzen haben einen Lebensbereich zwischen -5° und +55 °C, zwischen +5 und +40 °C sind sie produktiv. Wir kennen die Kälte- und Hitzestarre. Das Leistungsoptimum liegt bei 20—30 °C, wobei in der Regel ein Tag-Nacht-Temperaturwechsel förderlich ist. Es gibt eine Tagesrhythmik des Temperaturverlaufes. Zuckerrohr und Erdnuß wachsen auch ohne Tagesgang gut. Die Temperaturspanne für die Keimfähigkeit von Samen ist breit. Tropenpflanzen keimen zwischen 20—30 °C, Gebirgspflanzen benötigen zwischen 5 und 30 °C.

Die *Blütenbildung* vollzieht sich innerhalb eines engen Temperaturbereiches. Viele Pflanzen der gemäßigten Zonen bedürfen der kalten Jahreszeit. Sie werden blühbereit, wenn die Pflanzen wochenlang bei Temperaturen zwischen +3 und +5° standen, das ist die Vernalisation (= Frühjahrskeimstimmung). Zur Samen- und Fruchtreife sind höhere Temperaturen erforderlich als zum Abschluß von Sproß- und Wurzeltrieben.

Die Temperaturverteilung auf der Erde scheint dem Pflanzenwuchs ungünstig gegenüberzustehen. Nur ein Drittel der Landoberfläche der Erde ist das ganze Jahr über frostfrei. Episodische Fröste sind sehr gefährlich, da sie Pflanzen in empfindlichen Lebensphasen überraschen können. Zelltod tritt beim Über- und Unterschreiten kritischer Temperaturen auf. Wenn die Zellstrukturen und Zellfunktionen plötzlich geschädigt werden, dann stirbt das Protoplasma sofort.

## Die Lebensgemeinschaft der Pflanzen

Eine örtlich begrenzte Gemeinschaft von Pflanzen, nicht die einzelne Pflanze, ist die kleinste Einheit der Vegetation, die wir als Pflanzendecke erkennen und begreifen können. Eine derartige Lebensgemeinschaft (= Biozönose nach Möbius) lebt als eine Gesellschaft von Lebewesen an einem bestimmten Ort und unter bestimmten Bedingungen. Diese Gemeinschaft zeichnet sich durch die ihr eigenen Lebensvorgänge und Leistungen aus. Es gibt zwischen den Lebewesen vielfältige Beziehungen, wie Nahrungsketten, Kreisläufe, hemmende und fördernde Wirkungen, Abstoßung und Verträglichkeit.

Für den Lebensraum bzw. den Ort verwendet man oft „Umwelt" und/oder „Standort". Unter Umwelt versteht man alle äußeren Lebensbedingungen, die auf eine Lebensgemeinschaft einwirken: Tag- und Jahreszeiten, Licht, Wärme, Wasserverhältnisse, Gaszusammensetzung der Umgebung, Beschaffenheit und Bestandteile des Bodens. Umwelt ist also das Zusammenwirken aller

Faktoren, von denen das Leben eines Lebewesens oder einer Lebensgemeinschaft beeinflußt wird. Der Begriff „Standort" hat sich allmählich vom rein örtlichen Bezug auf die Qualität eines Ortes verlagert. Und damit hängt die Beschaffenheit von Faktoren ab, der geographischen Lage, der Höhe über dem Meer, der Oberflächenform und -beschaffenheit, der Grundwasserverhältnisse, des Entwicklungszustands des Bodens. Unter einem Biotop versteht man den Wuchsort einer bestimmten Lebensgemeinschaft. In einem Ökosystem vollziehen sich im Zusammenspiel vieler Vorgänge mineralische und organische Kreisläufe, Folgen von Lebenserscheinungen in regelmäßigem und zufälligem Wechsel.

Von der gesamten Lebensgemeinschaft hebt sich als Teil die Pflanzengesellschaft ab. Sie ist der erfaßbare Pflanzenbestand, der sich nach Art und Zahl der Pflanzen unterscheidet. Andererseits kann man Lebensgemeinschaften nach pflanzlichen (floristischen) Merkmalen kennzeichnen. Diese Kennzeichnung liefert die Möglichkeit der Verständigung und des Vergleiches. Die Beschreibung eines Pflanzenbestandes auf einer ausgewählten Fläche in der Art einer Auflistung der angetroffenen Pflanzenarten ist die Grundlage der Beschreibung.

Eine Pflanzengesellschaft ist durch die in ihr enthaltenen Arten und Mengen, durch ihre Wuchsform und ihre Erscheinungsform charakterisiert. Dadurch sind innere Lebensabläufe vorgegeben, die den Standort mit einschließen.

Den Gestalttypus der Vegetation bezeichnet man als „Pflanzenformation". Man versteht darunter das geschlossene Erscheinungsbild einer Lebensgemeinschaft, z. B. Klasse der Wälder (in den Tropen: immergrüne Tiefland-Regenwälder, immerfeuchte Tiefland-Sekundärwälder, immergrüne Flußuferwälder, Überschwemmungsauenwälder, immergrüne Bergwälder, immergrüne Gebirgs-Nebelwälder, immergrüne Saisonregenwälder, immergrüne Monsun-Trockenwälder, Mangrove-Wälder — in den Subtropen: Lorbeerwälder, Hartlaubwälder, Trockenwälder — in den temperierten Zonen: Nadelwälder, Laubwälder, Auenwälder) mit rund 30 Formationen. Die Klassen der „offenen" Baumgehölze, der Strauchformationen, des „offenen" Graslandes sind ebenso zahlreich. Die Formationen: Stauden- und Kräuterfluren, Zwergstrauch, Wüste, Binnengewässer und Meer sind weniger aufgegliedert.

Klima und Pflanzenwelt

Der Stand der Sonne bestimmt den Energiefluß auf die Erde. Die Energiezufuhr ist richtungsabhängig in Verbindung mit der Erdumdrehung und dem Erdumlauf. Die Energie ist ein sich periodisch ändernder Umweltfaktor, der allen Zonen und allen Organismen eine tages- und jahreszeitliche Periodik aufzwingt.

Die Tageszeiten sind durch die Erdrotation bedingt (Photoperiodismus). Es gibt auch eine Erwärmungs- und Abkühlungsperiodik (Thermoperiodismus). Die höchste Tageswärme wird 1 — 2 Stunden nach dem höchsten Sonnenstand erreicht, die Tiefsttemperatur am Ende der Nacht. In den Tropen gibt es ein Tageszeitenklima, da der Tag-Nacht-Wechsel größere Temperaturunterschiede aufweist als die Jahreszeiten.

Die Jahreszeiten sind durch die Verschiebung der Tag-Nachtdauer gekennzeichnet. In mittleren Breiten dauert der Tag im Sommer 16 Stunden, im Winter nur 8 Stunden. Dem Wechsel der jahreszeitlichen Lichtperiode folgt der Jahresgang der Temperatur. Wir haben im Winter eine lichtarme, kalte Jahreszeit (Jahreszeitenklima). Selbst periodische Trockenzeiten können das Vegetationsgeschehen unterdrücken. Durch die Wechselwirkung (Periodik) der Sonneneinstrahlung, der Tageslänge, der Temperatur und der Niederschläge werden die Lebensbedingungen der Pflanzen in der Vegetationsperiode bestimmt. Diese äußeren Faktoren in Verbindung mit den inneren Faktoren (Erbanlagen und Wirkstoffeinflüsse) greifen in die einzelnen Lebensphasen der Pflanzen ein. Das Wachstum und die Entwicklung sind die sichtbaren Lebensvorgänge der Pflanzen, die ihre Lebensabläufe bestimmen.

Die Erscheinungen des Wetters sind für die Existenz und das Leben der Pflanzen von entscheidender Bedeutung. Klimafaktoren beeinflussen gegenseitig Temperatur, Feuchte, Wind, Bewölkung und Niederschlag in der Abhängigkeit der Einstrahlung. Von der räumlichen Ausdehnung her gesehen spricht man von Makroklima, Meso- oder Mikroklima. Unter Makroklima versteht man das Großklima, das zur Unterteilung der Erdoberfläche in Klimazonen dient. Das Mesoklima ist das Lokalklima eines Tales, Gebirges oder einer Stadt. Unter Mikroklima faßt man kleine, begrenzte Bereiche zusammen, die bodennah und räumlich wenig ausgedehnt sind. Die Grenzen sind gleitend. Grob gesehen haben wir auf der Erde fünf Klimazonen:

Die Tropenzone zwischen den Wendekreisen, die nördliche und südlich gemäßigte Zone, die jeweils an die Polarkreise reichen und die nördliche und südliche Polarzone.

Weltkarte der Hauptklimazonen der Tropen und Subtropen (nach H. Walter)

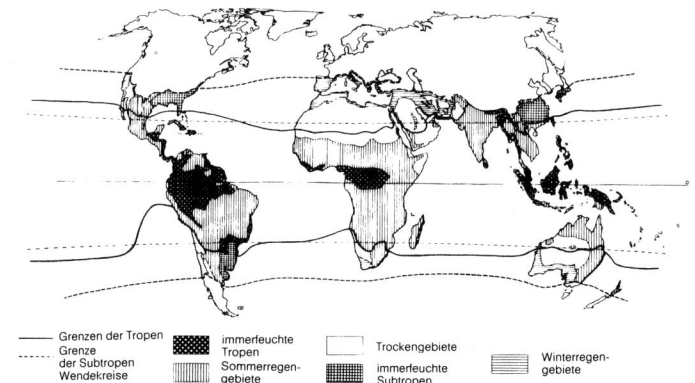

| | | |
|---|---|---|
| —— Grenzen der Tropen | ▓ immerfeuchte Tropen | ☐ Trockengebiete |
| ---- Grenze der Subtropen Wendekreise | ▥ Sommerregengebiete | ▦ immerfeuchte Subtropen |
| | | ▤ Winterregengebiete |

Diese Einteilung erweist sich für die Pflanzenwelt jedoch als zu einfach. *Tropisches Klima* kann man daher in immerfeuchte und teilfeuchte Zonen einteilen. Immerfeuchte Tropen treffen wir in Indomalaysia, in Neuguinea, auf den Philippinen, im westlichen Hinterindien, in Sri Lanka, auf Ostmadagaskar, im zentralen und westlichen Afrika, im atlantischen Brasilien, im Amazonas-Orinoco-Becken, im östlichen Zentralamerika und in der Karibik an. Tropische Regengebiete kennzeichnen Nordaustralien, Südneuguinea, weite Teile von Hinterindien, Vorderindien, West- und Zentralmadagaskar, weite Gebiete Afrikas, große Teile Süd- und Mittelamerikas. Tropische Trockenklimate trifft man im nördlichen Zentralaustralien, in Südarabien, im nördlichen Ost-, Zentral- und Westafrika (Sahelzone), in Teilen der West-Anden und des südwestlichen Nordamerikas. Das Tropenklima ist durch die ganzjährige Mitteltemperatur von über 18 °C charakterisiert.

Der *tropische Regenwald* ist immergrün und empfängt in jedem Monat wenigstens 100 mm Niederschläge. Das Monatsmittel der Temperatur schwankt um 2 °C, die Tagesschwankungen liegen zwischen 2 und 9 °C. Der Regen fällt meist am Nachmittag als Gußregen. Bei klarem Himmel ist die Sonneneinstrahlung so stark, daß auf Blättern Übertemperaturen von 10 – 15 °C auftreten. Die Luftfeuchte sinkt auf 50%, es tritt ein Sättigungsdefizit an den Blättern auf. Sind die Blätter ledrig (Gummibaum, Philodendron), eignen sich diese Pflanzen als Zimmerpflanzen. Pflanzen im Waldschatten stehen in dauernd hoher Luftfeuchte, das Wasser tropft ab. Sie erhalten kein direktes Sonnenlicht, die Temperaturunterschiede sind gering. Die Böden der Regenwälder sind meist sehr alte und verwitterte Silikatgesteine, die als rotbraune Lehme (Laterit) in Erscheinung treten. Sie sind humus- und nährstoffarm. Die Bodenreaktion ist sauer (pH = 4,5 – 5,5). Der gesamte Nährstoffvorrat ist in der oberirdischen Pflanzenmasse enthalten. Jedes Jahr stirbt ein Teil der Pflanzen ab, der rasch zersetzt und sofort weiter

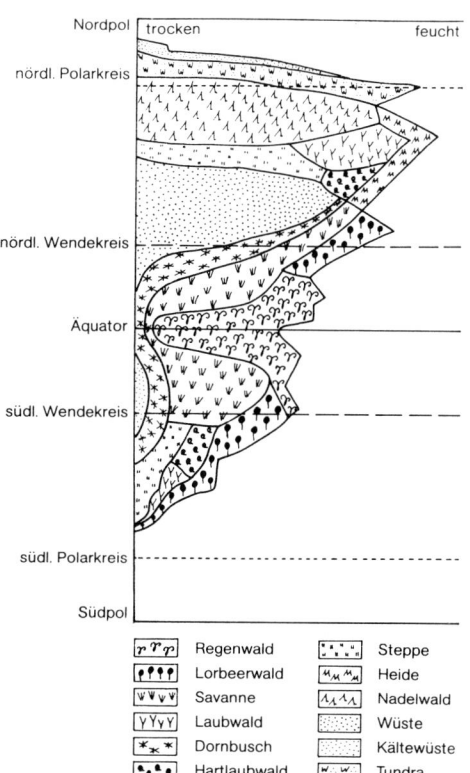

Vegetationsverteilung in Abhängigkeit von der geographischen Breite

verwertet wird. Das Wasser ist sehr salzarm. Die Braun- oder Schwarzfärbung des Wassers hängt vom Huminsäuregehalt ab. Auf diese Weise kann der tropische Wald Jahrtausende leben. Bei Rodung findet fast vollkommener Verlust des Nährstoffgehaltes statt. Der Folgewald ist wesentlich spärlicher, und erneute Rodung durch den Wanderackerbau läßt nur Farne (Pteridium, Gleichenia) aufkommen. Der letzte Schritt ist die Vergrasung durch Alang-Alang-Gras (Imperata).

Tropenwälder auf Kalkgestein sind selten. Der Kalk wird leicht gelöst; Erdtrichter (Dolineneinbrüche) sind die Folgen, die sich mit Bauxiterde füllen. Die Flora ist sehr vielgestaltig.

Der *Tiefland-Regenwald* ist die produktivste Lebensgemeinschaft. Sie besitzt einen großen Arten- und Formenreichtum mit zwei bis vier Kronenstockwerken, einer Strauchschicht und einer Bodenschicht. Die Höhe schwankt zwischen 30 und 60 m, aus der Luft wirkt die Oberfläche sehr unruhig. Die größte Artenzahl besteht aus den Holzpflanzen (Bäume, Lianen, Baumfarne, Epiphyten). Je Hektar Wald findet man zwischen 40 und 100 verschiedene Arten. Neben der bekannten Kronenbaumform stehen der Schopfbaum der Palmen und ähnliche Gestalten. Auffallend sind am Grunde der Stämme Brettwurzeln und Stelzwurzeln. Die Stämme sind meist sehr schlank. Das Kronendach läßt nur rund 1% des eingestrahlten Lichtes auf den Boden fallen. Das Laub der Bäume ist dem Lichtgenuß angepaßt. Manche Blätter haben Träufelspitzen für schnellen Wasserablauf. Der Laubwechsel vollzieht sich das ganze Jahr über, ebenso die Blüte und die Fruchtreife. Die „Laubschütte" ist die plötz-

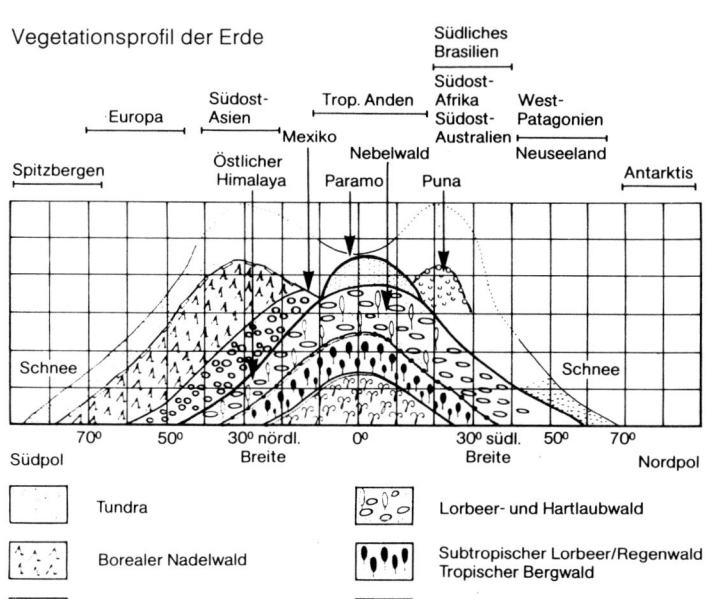

Vegetationsprofil der Erde

liche Entfaltung eines neuen Zweiges mit allmählicher Bildung des Festigungsgewebes. Durch das ständige Wachstum sind keine Jahresringe erkennbar.

In Südost-Asien sind über 50% der Arten Zweifruchtflügler (Dipterocarpaceen). Die Verteilung der Palmen ist ebenso unterschiedlich. In Afrika sind fast keine anzutreffen. Da das Klima gleichbleibend ist, findet man im Regenwald keine allgemeine Blütezeit. Manche Bäume sind zwischendurch ganz oder teilweise kahl. Viele Tropenbäume zeigen die Stammblütigkeit (Kauliflorie). Die Blüten erscheinen am Stamm. Diese Bäume werden meist von Fledermäusen bestäubt und die Samen durch sie verbreitet.

Die Strauch- und Krautschicht ist einige Meter hoch. Man findet oft Pflanzen mit samtenen oder bunten Blättern. Parasiten trifft man gelegentlich (Balanophora, Rafflesia), außerdem viele Schlinger (Lianen) und Aufsitzer (Epiphyten). Diese Lebensarten sind durch den Kampf ums Licht bedingt. Sie keimen auf den Bäumen und leben darauf, nutzen sie nur als Unterlage. Bei den Lianen unterscheidet man Spreizklimmer, z. B. Kletterpalme Calamus (Rotang); die Wurzelkletterer (viele Aronstabgewächse) haften mit den Wurzeln am Stamm; Windepflanzen besitzen in Blatt- oder Sproßspitzen gute Greiforgane. Die tropischen Lianen sind langlebig, obwohl sie keinen eigentlichen Holzkörper ausbilden. 90% aller Schlinger ist tropischen Ursprungs.

Die Kletterpflanzen (Lianen) besitzen oft dicke Stämme mit zahlreichen hängenden Luftwurzeln. Sie streben dem Licht zu, um im Kronenbereich Blüten und Früchte zu bilden. Epiphyten („Überpflanzen", Aufsitzer) besiedeln die Astgabeln hoher Bäume. Viele Orchideen und Bromelien zählen dazu. Baumwürger entstehen als Keimpflanzen in Astgabeln, senken Luftwurzeln am Stamm nach unten und umwachsen langsam den Trägerbaum, der dann abstirbt (Gummibäume, Ficus). Krautstämme (Bananen) gibt es ursprünglich nur hier.

Die Epiphyten sind sehr arten- und zahlreich vertreten. Sie besiedeln auch Felswände. Die Wasseraufnahme ist nur im Regen möglich. Daher ist der regelmäßige Regen wichtiger als die Menge. Viele Epiphyten bilden Organe aus, um Wasser speichern zu können. Luftwurzeln haben die Fähigkeit, Wasser aufzunehmen, ebenso wie die Saugschuppen der Bromelien. Farne (Nestfarne, Geweihfarne) bilden ihren eigenen „Blumentopf".

Die Mangrove sind immergrüne Küsten-Sumpf-Wälder, die täglich zweimal durch salzige Schlammwässer überflutet werden. Die Bäume sind 5 bis 20 m hoch. Bei Ebbe sind die Stelz- oder Atemwurzeln freigelegt sichtbar. Das Laub der Bäume ist hart, wasserspeichernd und scheidet Salz aus. Das Holz ist gerbstoffhaltig, und manche Arten besitzen „lebensgebärende" Organe zur Ausbreitung. Diese Vegetationszone ist sehr artenarm. Auf der Meeresseite überwiegen die Stelzwurzelbäume (Rhizophora-Typus) und auf der Landseite die Atemwurzelbäume (Sonneratia-Typus). Oft entsteht an der Grenze des Überflutungsstreifens durch erhöhte Salzanhäufung eine vegetationslose Zone.

Mangrovewälder sind durch täglich zweimaliges Überspülen in der Flut ausgewiesen. Die Bäume bilden undurchdringliche Dickichte.

Der Berg-Nebelwald ist eine Abart des tropischen Regenwaldes, der in der Höhenschichtung zwischen 1000 und 2000 m liegt. In Asien sind die Zweifruchtflügler beherrschend (Dipterocarpaceen), dann Myrtengewächse, Dilleniaceae, Ebenholz-Arten u. a., manche liefern eßbare Früchte. Die Blätter der Bäume sind hier kleiner. Nadelförmige Blätter treten reichlicher auf, Lianen sind weniger häufig. Es mehren sich aber die Kräuter (Epiphyten, Farne, Moose), auch die Orchideen. Im Nebel- oder Wolkenwald (etwa 1500 – 2000 m) findet man dicke Polster von Moosen und Farnen auf den Stämmen wie auf dem Boden.

Das Wachstum verläuft ebenfalls ganzjährig. Der Wald ist artenärmer, reicht bis 20 m hoch und hat höchstens zwei Kronendachschichten. Besondere Wurzelausbildungen fehlen ebenso wie die Kauliflorie und die Träufelspitzen. Oft findet man breitnadelige Podocarpus-Arten. Bambus ist gut vertreten, im Kraut dominieren Farne. Die Epiphyten sind sehr zahlreich.

Die Gebirgs-Nebelwälder an der Waldgrenze haben die höchsten Niederschläge. Die Formation heißt in Amerika auch Cloud forest. Die meist kugelartigen Bäume haben dicke Stämme und glatte Rinde. Das Laub ist derb, glänzend oben, unten bereift oder behaart. Baumfarne, Palmen oder Nadelhölzer (Podocarpus, Libocedrus, Juniperus) kommen vor. Üppiger Epiphytenbewuchs fällt auf, meist sind es Moose, Farne und Flechten. Bambus- und Gunnera-Arten sind hier zuhause, auch Aralien und Erica-Gewächse.

Die alpinen Regionen der Tropen sind weniger artenreich. Häufig sind es Erikagewächse (Rhododendron, Vaccinium), auch Korbblütler, die man antrifft.

Páramos heißt die alpine Stufe der feuchten Tropen Südamerikas, die dauerfeucht-nebelig und kalt ist. In dieser Zone gibt es häufig stammförmige Körbchenblütler. Diese Kompositen haben die Blätter schopfförmig angeordnet, oft sind sie weißfilzig. In den Anden sind es die Espeletien, in Zentralafrika die Baum-Senecio-Arten, in Indonesien die Anaphalis-Arten.

Sekundärwälder im Tiefland heißen in Brasilien Capoeira. Sie sind im Aufbau einförmiger und besitzen meist nur zwei Baumschichten aus Weichhölzern mit dichtem Lianenwuchs. Sträucher, Farne und Bambusse bilden einen dichten Teppich.

Flußuferwälder tragen reiche Bodenvegetation mit vielen Palmen (Nypa fruticans) durchsetzt.

Überschwemmungssumpfwälder in Flußauen und Altwässern haben meist kein Unterholz, wenige Lianen, dafür häufig Bambusdickichte. Einkeimblättrige Pflanzen (Schraubenbäume, Palmen) herrschen vor. In Asien z. B. Raphia, Calamus, Metroxylon; in Südamerika: Mauritiapalme; in Afrika: Phoenix reclinata und in Nordaustralien: Archontophoenix-Arten.

Der *Monsunwald* zeigt jahreszeitliche Schwankungen in Abhängigkeit von Monsunwinden, die aus bestimmten, wechselnden Richtungen wehen. In der trockenen Jahreszeit sind die meisten Bäume kahl, in der Regenzeit belaubt. Durch diese Periodik ist oft die Blüte der Pflanzen gesteuert. Der tropische Regenwald bleibt in seiner Zusammensetzung mehr oder weniger erhalten, nur sind die Bäume weniger mächtig. Die Monsunwälder haben ihre größte Ausdehnung im asiatischen Bereich. Sie schließen einerseits an den Regenwald an, andererseits an Trockenwälder, Savannen oder Dornbusch. Die Monsunwälder mit über 2000 mm pro Jahr an Niederschlägen sind reich an Lianen, Epiphyten und Bambus, Bodengräser fehlen. Für trockenere Gebiete ist der Teakbaum (Tectona grandis, Verbenaceae) typisch, erreicht aber im natürlichen Wald höchstens 10% des Bestandes. Nördlich des Äquators sind die Bäume von Mai an kurz vor der Regenzeit belaubt bis Dezember/Januar. Südlich des Äquators sind diese Wälder von Juli bis Oktober ohne Laub. In Australien sind die Wälder von anderer Artenzusammensetzung und passen nur bedingt in das Schema. In den amerikanischen Tropen finden wir Monsunwälder an den Ost-Anden, in Guayana, Venezuela, Kolumbien, auch an der Pazifikküste Zentralamerikas und auf Kuba. Dazu rechnen kann man die *Feuchtsavannen* der Llanos des Orinoco, die Campo sujo und C. limpo in Zentralbrasilien. In Afrika gehört das nach Norden an das Regenwaldgebiet angrenzende Land zu den „Feuchtsavannen". Die Übergänge sind nach beiden Seiten unscharf.

*Regengrüne Monsunwälder* mit 3 bis 5 Trockenmonaten haben einen zweischichtigen Kronenaufbau, wobei die obere Schicht laubwerfend ist. Der Teakbaum blüht in der Regenzeit, andere in der Trockenzeit. Unter den wenigen Epiphyten sind die parasitären Loranthaceae häufig. Bambus als Strauchschicht und Bodengräser wie Farne sind relativ spärlich. Der 10—15 m hohe Cerrado Brasiliens gilt als Sekundär-Monsunwald. Den tropischen, regengrünen Trockenwald kann man als „Obstbaumsavanne" bezeichnen. Die Bäume sind 8—20 m hoch, borkig berindet, bedornt; trockenverträgliche Schopfbäume sind relativ häufig (Palmen, Palmfarne).

Das halbfeuchte Klima ist durch 3 bis 5 Trockenmonate und 800 bis 2000 mm Regen pro Jahr gekennzeichnet. Die Vegetation ist dann besonders begünstigt, wenn die Regenzeit mit höheren Temperaturen gekoppelt ist.

Der Monsunwald erzeugt etwa 50 t organische Substanz pro ha, der tropische Regenwald bis 200 t im Jahr. Durch den Laubfall entsteht eine Humusschicht.

Grasland als Vegetationsform ist in allen Klimazonen weit verbreitet. Weite Flächen gehen auf den Einfluß des Menschen zurück. Grasfluren treten in natürlicher Form da auf, wo für Wälder geringere Entwicklungsmöglichkeiten bestehen, auch an solchen Stellen, wo das Klima infolge Wasser- oder Temperaturdefizits keinen lückenlosen Baumwuchs zuläßt. Viele Begriffe gehen durcheinander.

Die von Schmidthüsen gegebene Vorstellung ist eine verständige Gliederung dieser Pflanzenformation. Savannen sind Grasfluren der feuchten und periodisch trockenen Tropen, die mit Bäumen und Sträuchern durchsetzt sind. Allen gemeinsam ist die bodendeckende Grasschicht. Höhe und Wuchsform der Pflanzen hängt hier von der Feuchte ab. Die *Feuchtsavannen* sind periodisch grüne, tropische Hochgrasfluren mit laubwerfenden Bäumen und immergrünen Galeriewäldern in Tälern oder Mulden. Die Krautschicht besteht aus Grashorsten (1,5 bis 3 m hoch), die in der Regenzeit fast 100% decken und höchstens 5% Tageslicht durchlassen. Die untere Schicht ist bis 1,0 m hoch und deckt etwa die Hälfte des Bodens mit Zwergsträuchern und Zwiebelgewächsen. Die Bäume sind eine Auslese brandbeständiger Arten, regengrün mit großen weichen Blättern und dickborkigen Stämmen. Auch Palmen und andere Immergrüne kommen vor. Die Galeriewälder bleiben vom Feuer verschont. Sie sind meist immergrün, artenreicher, vom Regenwaldtyp.

Die *Savanne* im Gebiet der Trockenwälder ist vorwiegend halbjährig trocken, 500—1200 mm Niederschläge im Jahr. Die Böden sind stark verwittert. Es gehören hierzu die Miombowälder (= Mopanewälder), mit regengrünen Hülsenfrüchtlern (Leguminosen) und Schirmbäumen. In Südamerika gibt es nur wenige Orte diesen Charakters als schmale Küstenstreifen, in Asien sind es der Dekkan, Oberlinna und das Menam-Becken.

Die *Dornsavannen* (Dornbusch) kommen in verschiedenen Klimazonen vor. In den Tropen in Nordost-Brasilien, in Ostafrika, Nord- und Ost-Australien, Kalahari, Gran Chaco, Mexiko, Pazifikküste von Mittelamerika, Venezuela und Sahelzone. Diese Gebiete haben tropische Sommerwärme und keinen Frost bei 250—750 mm Niederschlag pro Jahr. Diese Formation ist sehr vielgestaltig:
1. Die *Dornsavanne* ist eine Grasflur bis 1 m Höhe mit Dorngehölz.
2. Die *Dornbaumsavanne* hat als Typ die Caatingewälder Brasiliens und den Brigalow-Wald in Australien.
3. Die grasarme Sukkulenten-Strauchformation der Winter- und Sommerregengebiete.

Der Dornbusch steht im Grenzgebiet zur Wüste. Die *Halbwüsten und Wüsten* lassen sich schwer trennen. Ihre größte Ausdehnung erfahren sie im kontinentalen Trockengürtel der Nordhemisphäre der Alten Welt. Dieser umfaßt die Ostkanaren, die Sahara, die Arabische Halbinsel, den Südiran bis Nordwest-Indien und Zentralostafrika (Erythrea, Somali). Der Jahresniederschlag liegt unter 50 mm.

Unter *Trockensavannen* versteht man Grasfluren der tropischen Tiefländer mit 5—7 Trockenmonaten und 500—1000 mm Niederschlägen. Es sind die „Obstgartensteppen" mit 1 bis 2 m hoher Grasflur und laubwerfenden Bäumen, bis 10 m Höhe, mit Schirmkronen (Saman), auch mit Palmen und sukkulentstämmigen Laubbäumen. Epiphyten sind selten, Lianen fehlen. Die Trockensavannen sind artenarm.

111

*Dornbaum- und Sukkulentenwälder* erhalten 250 – 800 m Niederschläge. Es ist 8 – 9 Monate trocken im Jahr. Dornbäume und Schirmkronbäume mit hartem Holz, aromatischen Ölen sind häufig, Extreme bilden blattlose Stammsukkulente als Säulen oder Kandelaber bis 10 m Höhe. Epiphyten sind selten. Die Caatinga-Wälder Brasiliens sind ein Typus.

Die *offenen Baumgehölze* sind sehr verbreitet. Dazu sind Baumsavannen, Palmen- und Pandanus-Formationen (Mauritiapalme, Borassus- und Hyphaenepalme in Afrika, Borassus in Indien und Sri Lanka) zu rechnen, ebenfalls Phoenix dactylifera und Phoenix canariensis. Im Mittelmeerraum sind es Quercus ilex und Q. suber, die die Savanne bilden; die Koniferen sind mit Pinus hartwegii in Mexico vertreten.

*Dornstrauchsavannen* in Gebieten mit 8 – 10 Trockenmonaten und wechselnden Niederschlägen zwischen 200 – 700 mm zeigen einen harten Graswuchs bis 50 cm Höhe. Die Grashorste sind regengrün, mit wenigen immergrünen Büschelgräsern durchsetzt. Holzpflanzen sind bis 3, selten bis 8 m hohe Dornbäume, sukkulentstämmige Laubbäume und blattlose Stammsukkulente. Lianen und Epiphyten fehlen gänzlich.
Ein weiterer Typus sind die *Überschwemmungs-Savannen* mit bis 3 m hohen Grasfluren, meist baumfrei, längere Zeit unter Wasser. Auf und an den aus schwerem Schwemmland bestehenden Bodendämmen stehen Palmen, in Südamerika Mauritia vinifera und Copernicia cerifera und in Afrika Hyphaene-Arten und Borassus (Delebpalme). Palmen können auch in der Grasflur stehen. Diese Formation findet man in Westindien, den Llanos von Venezuela, im Orinoco-Delta, am Amazonas, am Kongo, Nil und anderen Flüssen Afrikas, auch in Nord-, West- und Nordost-Australien.
Die *Termitensavannen* sind eine Sonderform, bei denen in wechselgrünen Grasfluren durch Termiten oder Ameisen mit den Nestbauten feuchteliebende Gehölze eingeschleppt und erhalten werden. Die Termitenwaldinseln entsprechen in der Art den Galeriewäldern. Im Bereich der Termitenbauten ist der sonst verdichtete Boden bis 8 m Tiefe durchlüftet und durchmischt.

Die *Halbwüsten* sind als wintergrüne Trockensteppen zu beschreiben. Zahlreiche sukkulente Pflanzen prägen das Bild. Es sind die Gebiete der Somalihalbinsel, der Nord- und Süd-Sahara (Sahelzone), Nordwest-Mexiko, Niederkalifornien, Südarizona, weite Gebiete Nord- und Mittelchiles, Südwestafrika, Nordwest- und Zentral-Australien.

Die *Steppen* sind einerseits immergrüne Hochlandfluren (Páramo, Tussoch, Puna) mit borstigen Büschelgräsern. Die Pampa ist eine immerwarme, halbfeuchte (semihumide), regengrüne Steppe. Die Prärie- oder Schwarzerdesteppe ist eine sehr artenreiche, 0,5 bis 2 m hohe Gras- und Staudenflur. Kennzeichnend ist die jahreszeitlich farbenfrohe Blütenfolge, die im Frühjahr in der Blüte der Geophyten (Zwiebel-Knollen-Gewächse) am eindrucksvollsten ist.

Unter *Wiesen* und *Matten* versteht man einen geschlossenen Rasen von krautigen Pflanzen und weichen, rasenbildenden Gräsern mit gleichmäßigem Feuchtebedarf und mäßiger Winterkälte. Natürlich sind Wiesen der kühlgemäßigten Zone und alpine Matten.

Die *Trockenrasen* (z. B. „Steppenheide") sind Gras-Stauden-Rasen mit örtlicher warmer Lage. Die Hauptblütezeit ist Frühjahr und Herbst mit vielen Endemiten. Der Steppe im weitesten Sinne sind alle Arten von Wiesen und Weiden, „Schneetälchen", Grastundren, Feucht- und Salzfluren zuzurechnen.

Als *Stauden- und Kräuterfluren* treten (Nephrolepis, Gleichenia), Staudensümpfe (Taro, Gunnera chilensis, Phomium tenax, Isoetes) oder im anderen Extrem die Kräuterfluren der „Blühenden Wüste" auf.

Die *Subtropen,* die sich um die Wendekreise herumgruppieren lassen, haben teils immerfeuchtes Klima, teils Sommer- oder Winterregen, auch einige Trockengebiete. Immerfeuchte Subtropengebiete sind Südjapan, Mittel- und Südchina, Nordneuseeland, Südbrasilien und das südöstliche Nordamerika. Sommerregengebiete findet man in Nord- und Ostaustralien, im östlichen Südafrika und im südwestlichen Nordamerika. Winterregen fällt in Süd- und Westaustralien, in Vorderasien, im Mittelmeergebiet, in Mittelchile und in Kalifornien. Das Subtropenklima hat selten und kurzfristig Temperaturen um den Gefrierpunkt, in den Sommern erreichen die Temperaturen tropische Werte.

*Immergrüne Regenwälder* sind den tropischen sehr ähnlich. Die Vegetationsschicht ist bis 40 m hoch, in der Blütenpflanzen und holzige Epiphyten vorherrschen, auch Palmen gibt es.

Der *Lorbeerwald* steht dem Hartlaubwald nahe. Man trifft auf viele Farne, auch Baumfarne. Das Lorbeerblatt unterscheidet sich kaum von dem Hartlaubblatt. In Australien erreicht die Baumschicht mit Eucalyptus bis 70 m Mächtigkeit (E. grandis, E. pilularis, E. saligna). Hierzu rechnet man auch Höhenwälder von Madagaskar, Ostafrika, Bolivien, Venezuela, Britisch-Guayana. Winterregengebiete sind Gebiete in den Passaten: Azoren, westl. Kanaren, Mittelchile, Kapland, Südaustralien/Tasmanien.
*Hartlaubwälder* sind hochstämmig und geschlossen, haben Winterregen. Die Strauchschicht ähnelt der Macchie. Der Baumbestand zeigt eine Kronenschicht, wobei die chilenische Palme (Jubaea chilensis) als Oberholz erscheint. Eucalypten und Casuarinen sind wichtig. Epiphyten fehlen. Blätter sind überzogen mit Wachs oder Lack, ätherische Öle verbreiten Duft, Pinus-Arten sind häufig. Die Ruhezeiten liegen im kühlen Winter und im trockenen Sommer. Blütezeit ist der Winter. In diesem Wald sind die Zwiebelgewächse und Knollenpflanzen, auch Stauden und Kräuter angesiedelt. Geschlossene Palmenwälder trifft man in Ostperu und Mittelchile an.
*Koniferen-Trockenwälder* mit Pinus sabiniana, P. coulteri gibt es in Californien; im Mittelmeerraum P. halepensis, P. sabina; in Japan P. thunbergii; in Australien Callitris-Arten.

*Gebirgs-Nadelwälder* mit endemischen Arten finden sich als isolierte Bestände im südlichen Südamerika: Araucaria-Arten, Libocedrus auch in Neuseeland. Fitzroya (Chile), Sciatopytis (Japan) sowie Cedrus, Phyllocladus und Dacrydinum.

*Temperierte Regenwälder* in Neuseeland und Tasmanien besitzen reichlich Baumfarne (Cyathea, Dicksonia, Alsophila), außerdem Podocarpus dacrydioides und in Süd-Chile Fitzroya patagonica.

*Zwergstrauchformationen* kommen in Randgebieten der Wälder bei Wasser- oder Wärmemangel vor. In den Tropen sind es die Halbwüsten mit den sukkulenten Pflanzen, auch der nordamerikanische Creosotbusch (Larrea tridentata mit mehrjähriger Keimdauer) oder die „Anabasis"-Polster (Fredolia aretioides) der Nordsahara. Hartpolstermoore in den hohen Anden und anderwärts (Lepidophyllum, Azorella, Bolax, Distichia, Monostachys mit Eriocaulon, Oreobolus auf Hawaii, auch Donatia). Sukkulente Halbwüsten existieren in Niederkalifornien und in der Karru Südafrikas, wozu auch die Zwergbäume Welwitschia, Aloe dichotoma und in Asien Haloxylon zählen. Die *Gariden* trifft man vorwiegend in subtropischen Winterregengebieten an. Es sind Hartlaubstrauchformationen, die anthropogen (unter Menscheneinfluß) entstanden und aus Hartlaub-Nadelwäldern hervorgegangen sind. Meist sind sie stark beweidet. Andere Namen sind: Garrigue, Tommillares, Phrygana, Trachiotis im Mittelmeerraum oder Fynbos (Südafrika). Weit verbreitet ist die Kermeseiche (Quercus coccifera) und die Zwergpalme (Chamaerops humilis). Die Loma-Gariden, im Küstennebelbereich Nord-Chiles typisch, aber sonst in Subtropen weit verbreitet mit Zwergsträuchern und Annuellen und Zwiebelgewächsen reich besetzt, ist eine weitere Erscheinungsform. Man findet niedrige, schlangenförmige und kugelige Kakteen, darunter Opuntien. Eine reiche, vom Regenfall abhängige Frühlingsflora mit Liliengewächsen (Scilla, Leucocoryne, Pasithea), Rittersterngewächsen (Tecophila, Placea, Hippeastrum), auch Cordia, Bahia, Heliotropium, Ademisia, Tropaeolum, Schizanthus, Solanum, Malvastrum, Verbena, Nolana, Argylia (Bignoniaceae), Balbisia, Calandrinia und Calceolaria. Die *Heiden* sind Formationen feuchtkühler Gebiete wie tropischer Hochgebirge (Páramo in Südamerika mit Zwergschopfbäumen = „Frailejones") oder borealpolarer Zonen mit Farnen und Bärlapp sowie Zwergstrauchheiden (Gaultheria, Calluna, Pernettia, Azorella, Acaena), dazu Erica- und Myrtengewächse. Hochmoore und Tundren sind die feuchteren bis subarktischen Formationen. Unter *Wüsten* versteht man Teile der Erdoberfläche, die so gut wie keinen Bewuchs tragen (Sahara, Namib, Zentralaustralien, Nordchile). Es gibt gleitende Übergänge. Vereinzelt trifft man aber immer wieder auf an die Trokkenheit angepaßte Pflanzen. Solche Pflanzen sind Zygochloa paradoxa (Hostgras, Cyperaceae), Spinifex-Gras (Triodia basedowii), Tillandsia-Arten in Chile. In warmen Trockenwüsten entstehen bei unterirdischer Wasserzufuhr *Oasen* sehr verschiedener Formationen, z. B. Palmhaine, Wadis.

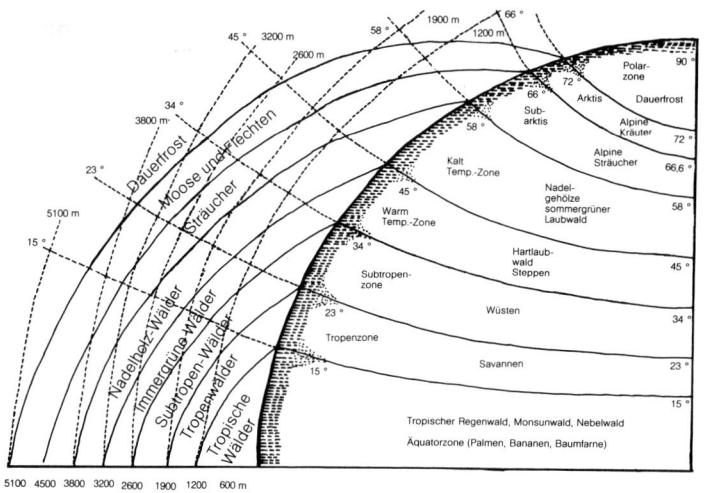

Vegetation-Klimazonen-Höhenzonen-Diagramm

Die Vegetation der *Binnengewässer* kann sehr vielfältig sein. In den Tropen: Pandanus-Arten, Palmen, Zyperngräser, Süßgräser, Victoria, Euryale, Eichhornia usw. In sommergrünen Gebieten Nymphaeen, Potamogeton usw.

Diese Darstellung kann in diesem Rahmen nur unvollständig sein. Sie soll zum Überlegen anregen, aber auch deutlich machen, daß auch im Palmengarten bei weitem nicht alles darstellbar ist.

Insgesamt stellt man beim intensiven Studium der Vegetationsgürtel fest, wie schwer es ist, größere Zusammenhänge aufzuzeigen und darzustellen. Man mag aber daraus auch erkennen, wie wichtig es ist, nicht nur die Arten der Pflanzen zu erhalten, sondern ebenfalls für ausreichende, bestandsschützende Vegetationsgebiete oder Schutzgebiete zu sorgen. Denn der Mensch als gestaltender Faktor der Erde scheint mächtiger als die Kräfte der Natur zu sein. Daher ist es höchste Zeit, daß jeder diese Probleme erkennt und seinen Beitrag zur Lösung beiträgt. Pflanzenschutz ist Lebensschutz.

Die Verbreitung der Pflanzen

Die geographische Verbreitung der Pflanzen ist im Hinblick auf die Verbreitung der Pflanzenarten oder in bezug auf das Vorkommen von Gattungen, Familien und Ordnungen auf der Erdoberfläche von Interesse.

Die Aufzeichnung des Vorkommens einer Pflanzenart ergibt eine Arealkarte. Das Areal ist der Lebensbereich einer Art. Die Größe der Areale ist sehr unterschiedlich und muß in der erdgeschichtlichen Entwicklung gesehen werden. Pflanzen, die in allen Erdteilen anzutreffen sind, heißen Kosmopoliten. Dazu gehören z. B. der Löwenzahn (Taraxacum officinale), das Hirtentäschelkraut (Capsella bursa-pastoris), das Knäuelgras (Dactylis glomerata), die Brennessel (Urtica dioica), der Froschlöffel (Alisma plantago), die Wasserlinse (Lemna minor). Die Endemiten bilden das andere Extrem, sie leben in einem sehr eng begrenzten Gebiet. Relikt-Endemismus liegt beim Ginkgo biloba, der heute nur noch in einem kleinen Teil Chinas natürlich vorkommt, der vor den Eiszeiten weitverbreitet auch in Europa heimisch war. Viele Endemiten gibt es auf der Südhalbkugel in Australien-Neuseeland, in Südafrika auf isolierten Inselgruppen, auf Hawaii, den Osterinseln usw. Häufen sich Arten einer Gattung in einem Gebiet, dann spricht man von einem Sippenzentrum.

Nach der Verbreitung der Pflanzen zu schließen, unterscheidet man sechs Florenreiche unterschiedlicher Größe. Das flächenmäßig größte ist die Nordhalbkugel = *Holarktis*. Die Tropen der Alten Welt (Asien und Afrika) bilden die *Paläotropis* ( = Altwelttropen). Die *Neotropis* umschließt Mittel- und das nördliche Südamerika. Die *Australis* ist auf Australien beschränkt. Die *Capensis* umfaßt nur das südafrikanische Kapland. Die *Antarktis* umfaßt das südlichste Amerika, Südneuseeland und viele Inseln samt der Antarktis.

seln), das nordafrikanisch-indische und das ostasiatische Florengebiet.

Die *tropischen Florenreiche* haben gemeinsame Pflanzenareale bei Palmen, Aronstab-, Ingwer-, Lorbeer-, Myrten-, Schwarzmund-, Wolfsmilch-, Pfeffer-, Maulbeer- und Seidenfadengewächsen. Das sind pantropische Florenelemente. Altwelttropisch sind die Schraubenbäume (Pandanus) und die Zweifruchtflügler (Dipterocarpus), dagegen sind neuwelttropisch Kaktus-, Ananas- und Blumenrohrgewächse, auch die Gattungen Agave, Yucca, Fuchsia usw.

Die *Australis* ist wintermild mit Hartlaubgewächsen, Savannen, Dornbusch, Steppen und Wüsten. Unter 10 000 Arten gibt es 8 000 Endemiten. Vorherrschend sind die Myrtengewächse mit über 600 Eucalyptusarten, Silberbaumgewächsen (Grevillea, Hakea, Banksia), vielen Acazien, Casuarinen und „Grasbäumen" (Xanthorrhea).

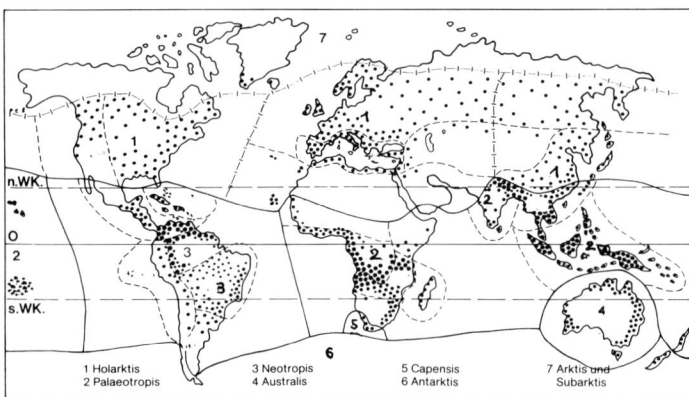

Orchideen-Areale der Florenreiche

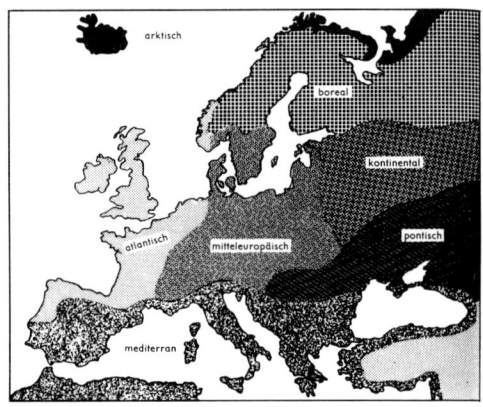

Florenbezirke Europas

*Florengebiete* nennt man die kleineren Einheiten. Jedes Florengebiet ist durch gewisse Leitpflanzen in den Pflanzenformationen gekennzeichnet. Die *Holarktis* hat ein *arktisches* Florengebiet um den Nordpol. Es ist baumlos und ohne einjährige Pflanzen — die Tundra. Nach Süden schließt sich in der ganzen Nordhemisphäre die „boreale Nadelwaldzone" an. Vorherrschend sind Bäume (Birke, Fichte, Tanne, Lärche, Kiefer), Kräuter, Gräser.

Das *zentraleuropäische Laubwaldgebiet* ist der Kern des mitteleuropäischen Florengebietes (Eiche, Buche, Hainbuche, Weißdorn, Kirsche, Ahorn, Esche, Linde, Pappel, Hasel). Sträucher und Kräuter sind ebenso zahlreich. Das *mediterrane Florengebiet* hat Winterregen mit trockenen Sommern und begünstigt immergrüne Hartlaubvegetation mit Eichen- und Pinien-Arten. Einen Übergang stellt das *pontische Florengebiet* (Schwarzmeer-Kaukasus bis Mittelasien) mit heißen Sommern und kalten Wintern als Wald- bis Grassteppe dar, mit vielen Gräsern und Kräutern, von Süden nach Norden abnehmend.
Hier sind auf Kalk oder Löß „Schwarzerden" als milder Humus aus der Grasverwitterung wertvolle Kulturböden für Getreide.
Die außereuropäischen Florengebiete umfassen das nordamerikanisch-atlantische Gebiet, das nordamerikanisch-pazifische, das makaronesische (atlantische In-

Die *Capensis* ist warmgemäßigt mit Winterregen, mit hartlaubigen Halbbäumen (Silberbaumgewächse), wenigen Baumarten (Podocarpus, Widdringtonia), über 450 Erica-Arten sowie zahlreichen Lilien-, Pelargonien-, Mittagsblumen- und sukkulenten Wolfsmilchgewächsen.
Die *Antarktis* ist immerfeucht, moos- und farnreich, stellenweise tritt die sommergrüne Südbuchengattung Nothofagus auf. Es sind Reste einer früher sehr reichen Flora um den Südpol.

Ökologische Pflanzentypen

Umwelt und Lebensweise bestimmen vielfach den Charakter der Pflanzen. Die Anpassung einer Pflanze an ihre Umwelt bezeichnet man als Ökologie. So schaffen gleiche Aufgaben und gleiche Bedürfnisse einheitliche Pflanzentypen, die man als ökologische Pflanzentypen bezeichnen kann. Als Faktoren spielen Umwelt und Standort eine große Rolle. Schon die Grundorganisation der Pflanzen schafft verschiedene Pflanzentypen, z. B. einjährige Kräuter, ausdauernde Stauden und Holzgewächse. Für den Bestand einer Pflanze ist die Wasserversorgung von größter Bedeutung. Sie hängt aber von den klimatischen und edaphischen (Boden-) Faktoren ab. Die Klimate auf der Erde prägen das Pflanzenkleid der Erde.

Pflanzen immerfeuchter Standorte nennt man *Hygrophyten*. Extreme Beispiele dafür sind tropische Schattenpflanzen — Begonien, Commelina-Gewächse, Gesneria-Gewächse. Um die Durchströmung der Pflanze zur Erhaltung des Stoffumsatzes sicherzustellen, gibt es Einrichtungen, die die Verdunstung fördern: Papillenoberflächen von Blättern, lebende Haare, hochgestellte Spaltöffnungen, Wasserspalten am Blattrand und Blätter mit Träufelspitzen.

Auch Schattenpflanzen gemäßigter Wälder sind hygrophil (Sauerklee, Buschwindröschen, Waldmeister, Sumpf- und Uferpflanzen).

Im wechselfeuchten Klima haben wir die *Meso-* oder *Tropophyten*. Sie haben sich an periodische Kälte und gelegentliche Dürre angepaßt. Im gemäßigten Klima haben sich drei Pflanzentypen herausgebildet, die diese Wechselbedingungen aushalten.

1. Die einjährigen Kräuter (Annuelle) keimen im Frühjahr, kommen rasch zur Blüte und Samenbildung. Die Samen als stoffreiche, unempfindliche Gebilde gelangen vor dem Winter in den schutzbietenden Boden. Winterkeimer benötigen Schnee als Kälteschutz. Die mehrjährigen Kräuter, Stauden genannt, machen eine unterirdische Ruheperiode durch. Die oberirdischen Teile ziehen ein. Unterirdische Rhizome, Knollen, Zwiebeln etc. treiben nach dem Winter aus (Geophyte). Viele Stauden erhalten bodennahe, oberirdische Organe (Rosetten), im Frühjahr treiben sie erneut aus. Sie haben eine theoretisch unbegrenzte Lebensdauer. Die Arten vegetativer Vermehrung (Brutbildung, Rhizomteilung, Ausläufer) sind hier ausgeprägt.

Laubgehölze schließen mit einem Trenngewebe den Jahrestrieb ab. Die Pflanze ist geschützt gegen Wasserverlust. Der Laubfall wird teils durch Verringerung der Lichtmenge und niedere, nicht mehr stoffwechselwirksame Temperaturen herbeigeführt. Die Immergrünen besitzen Einrichtungen, um die „Frosttrockenheit" zu überstehen.

Pflanzen der Steppen- und Wüstengebiete haben sich an die Trockenheit angepaßt. Sie heißen *Xerophyten*. Neben dem Verdunstungsschutz bilden tiefreichende Pfahlwurzeln die Gewähr für das Überleben. Sukkulente jeder Art sind hiermit gemeint.

Wasserpflanzen, *Hydrophyten*, leben teils untergetaucht, teils schwimmend auf Wasseroberflächen. Untergetauchte, schwimmende Arten können wurzellos sein (Myriophyllum, Ceratophyllum, Utricularia, Aldrovanda). Zu den Schlammwurzlern zählen die Seerosen, auch die Victoria. Die Schwimmfähigkeit der Blätter wird durch große Hohlräume (Aёrenchyme) sichergestellt. Schwimmblätter haben die Spaltöffnungen auf der Blattoberseite. Durch Wachsüberzüge ist die Oberfläche nicht benetzbar. Bei untergetauchten Pflanzen erkennt man normal aussehende Blätter und „wurzelähnliche Beiblätter". Man nennt dies Heterophyllie (Verschiedenblättrigkeit), z. B. Wassernuß, Wasserhalmenfuß.

Die *Epiphyten* sind in vieler Hinsicht interessante Pflanzen, die sich an ihre Umgebung angepaßt haben. Sie besiedeln die Baumkronen im Drängen zum Licht. Sie sind Aufsitzer, ohne dem Träger Stoffe zu entziehen. Für das Leben in luftiger Höhe ist eine hohe Luftfeuchte Voraussetzung. Halbepiphyten sind solche, die in Astgabeln keimen, später den Boden erreichen und im Boden wurzeln.

Das epiphytische Leben erschwert den Wasserhaushalt und die Nährstoffbeschaffung beträchtlich. Der gesamte Organismus wird dadurch bestimmt. Im Nebelwald sind die Lebensbedingungen günstiger als in einem Trockenwald. Viele Eigenschaften stimmen mit dem Xerophyten überein. An ihren „Licht"-Standorten sind die Epiphyten ohne Wasserzufuhr starker Einstrahlung und Erhitzung ausgesetzt. Auch hier findet man Vorkehrungen, die Wasserverdunstung herabzusetzen und Wasser zu speichern, aber eine rasche Wasseraufnahme muß ebenso gewährleistet bleiben. Epiphytische Farne klettern mit grünen Rhizomen, indem sie sich mit kurzen Haftwurzeln in der Rinde festsetzen. Rhizome können zu Wasserspeichern werden. Eine andere Form der Wasser- und Humusspeicherung bewirken die Farne, die eine dichtschliessende Blattrosette, wie beim Nestfarn (Asplenium nidus) ausbilden. Noch vollkommener gelingt das mit Nischen- und Mantelblättern (Polypodium quercifolium, Platycerium-Arten). In den Nischenblättern sammelt sich für die Geweihfarne Humus und Wasser. Diese Blätter werden pergamentartig braun, sobald sie ausgewachsen sind. Die Assimilation und Sporenbildung fällt ausschließlich den Gabelblättern zu (Heterophyllie).

Bei den Orchideen, besonders bei den monopodialen Gattungen (Vanda-Verwandte) bilden sich Luftwurzeln mit einem Velamen statt der Wurzeloberhaut. Es ist eine mehrschichtige Oberhaut mit ausgesteiften Zellen, die Wasser kapillar speichern können, sich mechanisch zusammenziehen und das kapillare Wasser „weiterreichen" können über Durchlaßzellen.

Taeniophyllum, eine blattlose Orchidee, hat bandförmige Wurzeln, mit denen sie auch assimiliert. Aronstabgewächse verhalten sich den Orchideen ähnlich.

Die Bromelienpflanzen leben als Rosettenpflanzen auf Ästen, an denen sie festgeklammert sind. Sie nehmen Wasser durch Saughaare, die in ihre Oberhaut eingebettet sind, auf.

*Kletternde Pflanzen (Lianen)* dringen über einen Stützbaum zum Licht. Im Waldschatten des tropischen Regenwaldes ist am Boden kaum 1% der Außenlichtintensität vorhanden. Da Lianen wenig Baumaterial für ihr Längenwachstum benötigen, wachsen sie schnell. Die Blattspreiten entwickeln sich später, Vorausbote ist ein langer Zipfel, die Vorläuferspitze, die der Atmung dient, da sie viele Spaltöffnungen besitzt. Die Pflanzen klettern auf verschiedene Weise. Die Rankenkletterer erfassen eine Stütze und bilden in der Ranke Festigungsgewebe (Sklerenchym), das hohe Zugfestigkeit gewährleistet.

Die Windepflanzen, deren Hauptachse senkrecht stehen muß, umschlingt die Stütze in steilen Windungen. Das Abgleiten verhindern Klimmhaare. Beim Hopfen wird sogar dem Umkippen des Haares vorgebeugt.

Wurzelkletterer sind unser Efeu und viele Aronstabgewächse der Tropen. Sie entwickeln ausdauernde Wurzelhaare. Die Spreizklimmer verankern sich meist mit Dornen, Stacheln oder Kletterhaaren (Kletterrosen, Brombeere, Rotangpalmen).

Als ökologische Anpassung sind die insektivoren Pflanzen zu verstehen, die mittels Leimspindelfallen, Klappenfallen und Kesselfallen Insekten einfangen.

Die *Parasiten* unter den höheren Pflanzen bildeten drei Formen aus:

Wurzelparasiten: Sie besitzen ein wenig entwickeltes Wurzelsystem. Eine Pfahlwurzel bildet nur wenige Seitenwurzeln aus, an denen kleine Knöllchen entstehen. Trifft ein solches Knöllchen auf die Wurzel einer passenden Wirtspflanze, schmiegt sie sich an und umwallt sie. Daraufhin wächst aus dem Knöllchen ein Saugorgan, das Haustorium, das in die Wurzel der Wirtspflanze eindringt und den zentralen Versorgungsstrang anzapft. Bei manchen Arten sind die Laubblätter stark reduziert. Grüne Wurzel-Halbparasiten sind der Wachtelweizen (Melampyrum), der Klappertopf (Rhinanthus) und der Augentrost (Euphrasia). Die Orobanchen sind Vollparasiten, da sie wohl die Merkmale höherer Pflanzen mit Blüte vorweisen, ihnen aber das Blattgrün zur Assimilation völlig fehlt. Die höchste Form des Parasitismus erreichen die tropischen Balanophora-Arten. Wenn der Parasit in die Wurzel eindringt, bildet der Wirt eine neue Seitenwurzel, die ihn gut

leben läßt. Bei Rafflesia bildet der Parasit überhaupt keinen vegetativen Sproß mehr. An dessen Stelle tritt ein System verzweigter Fäden, das die befallenen Wurzeln durchziehen. Sind genügend Stoffe gesammelt, brechen aus der Wurzelrinde große Knospen hervor, aus der riesige Einzelblüten, bis zu 1 m Durchmesser, entstehen, Rafflesia parasitiert hauptsächlich auf Cissus-Arten.

Epiphytische Parasiten sind Aufsitzer auf ihren Wirten. Mistel und Riemenblume (Loranthus) sind Beispiele dafür. Bei der Mistel übertragen Amseln die weißen Scheinbeeren. Der klebrige Keimling hat zwei grüne Keimblätter und ein Hypokotyl. Dieses krümmt sich der Unterlage zu und befestigt sich durch die Papillenbildung, darauf entsteht der Senker. Er dringt zum Holzkörper vor und bildet ebenfalls Holz mit Leitbahnen aus. Der Sproß hat, da er immergrün ist, xeromorphen Charakter.

Windende Vollparasiten sind Cuscuta (Kleeseide) und Cassytha filiformis (Lorbeergewächse). Sie schmarotzen auf Kräutern (Brennesseln) und Nadelhölzern. Aus dem Embryo wächst ein Keimfaden um den Wirt, in dem er ihn umwindet. An der Berührungsfläche entstehen schwielenartige Gebilde, die sich zu Haustorien umwandeln.

Als *Saprophyten* bezeichnet man Pflanzen, die von toter organischer Substanz leben. Es gibt einige Orchideen (Corallorhiza, Neottia) sowie tropische Enzian- und Burmanniagewächse, außerdem einheimische Wintergrüngewächse (Pirola), die eine Symbiose zwischen Blütenpflanzen, Pilz und Substrat besonderer Art darstellen.
Die ökologischen Anpassungen sind so vielfältig, daß sie nur angedeutet werden können.

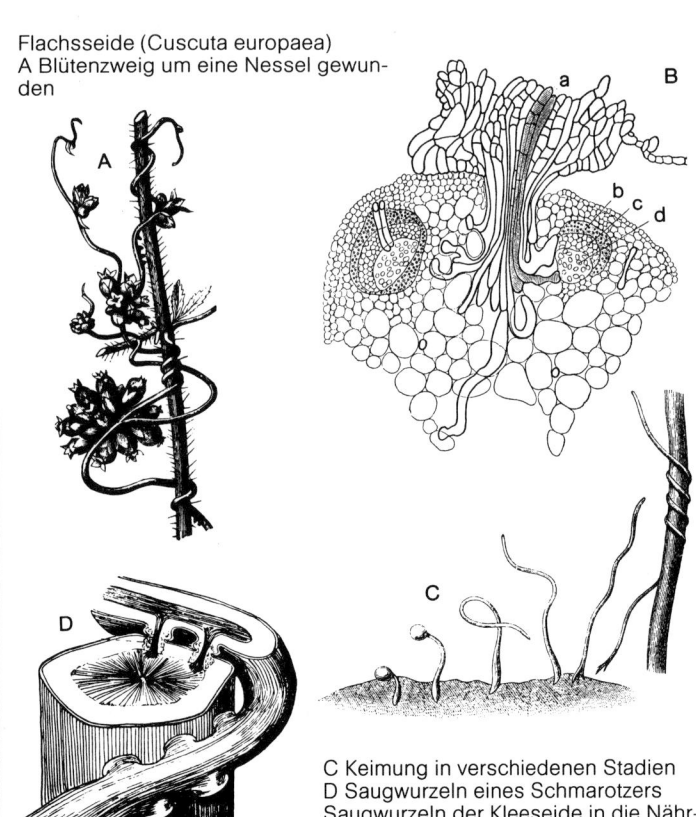

Flachsseide (Cuscuta europaea)
A Blütenzweig um eine Nessel gewunden

C Keimung in verschiedenen Stadien
D Saugwurzeln eines Schmarotzers
Saugwurzeln der Kleeseide in die Nährpflanze eindringend

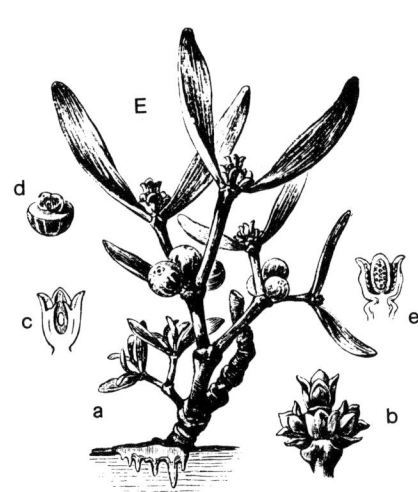

B Querschnitt durch einen Kleestengel, in den die Kleeseide ein Saugorgan eingesenkt hat
a Gefäßbündel des Saugorgans, b Bastfasern, c Siebteil, d Gefäßteil des Gefäßbündels vom Klee

E Mistel (Viscum album)
a Teil der Pflanze mit den Senkern im Holz eines Astes und mit reifen Beeren, b drei Blütenstempel, c Stempelblüte im Längsschnitt, d Frucht, geöffnet, e Pollenblüte im Längsschnitt
F Gemeine Nestwurz (Neottia nidus-avis)

## Von der Vielfalt im Pflanzenreich

Beim Betrachten der Pflanzenwelt begegnen uns vielfältige Formen und Gestalten. Dabei kennen wir in Mitteleuropa kaum 3 000 verschiedene Arten von Blütenpflanzen. Das ist, soweit man es heute schon sagen kann, nur 1% der auf der Erde vorkommenden Blütenpflanzen. Selbst unsere heimische Flora wird erst jetzt kartenmäßig erfaßt, für die gemäßigten Zonen rechnet man mit 30, für die ganzen Tropen mit 80 – 100 Jahren zur endgültigen Bestandsaufnahme. Der Palmengarten weist schätzungsweise 18 000 bis 20 000 Arten auf. In allen botanischen Gärten der Erde sind wohl kaum 50 000 Arten der Blütenpflanzen zusammengetragen worden, also höchstens ein Fünftel. Es erscheint daher schwierig, diese Vielfalt und Vielzahl in eine Ordnung bringen zu können.

### Von den Algen zu den exotischen Blütenpflanzen

Die frühesten Funde organischen Lebens auf der Erde sind rund 2 Milliarden Jahre alt. Man deutet sie als Reste von Blaualgen und Bakterien, die man zu den Pflanzen rechnet. Das ist eine Altersangabe ohne Klärung, wie das Leben auf der Erde entstanden ist. Aufgrund vieler Untersuchungen ist die Wissenschaft der Auffassung, daß sich das Leben und damit die Lebewesen auf der Erde über viele Zwischenstufen entwickelt haben. Diese Entwicklung schließt die Bildung organischer Substanzen, auch der Nukleinsäuren, bis zur Befähigung der Selbstvermehrung am Anfang ein. Über die Bildung von Großbausteinen (Großmoleküle als Vorbilder der heutigen Viren) führt der Weg über die Fähigkeit zur Veränderung von Eigenschaften schließlich zur Zelle als Grundbaustein des Lebendigen. Durch den Stoffwechsel werden neue Verbindungen gebildet und Energie gewonnen, der die Aufbauvorgänge und damit Wachstum ermöglicht. Durch den Vorgang der Vermehrung ist der Bestand gesichert. Die Wahrnehmung von Reizen ist schließlich die Befähigung, sich der Umwelt anzupassen, auf Einflüsse zu reagieren.

Es dürfte heute unwidersprochen sein, daß nach Charles Darwin sich die heutigen Arten der Pflanzen aus älteren Arten durch allmähliche Umwandlung gebildet haben. Da an keiner Stelle der Erde ein zusammenhängender Querschnitt der Entwicklung an Ablagerungen vorhanden ist, wurden die Ergebnisse in mühsamer Kleinarbeit zusammengetragen. Über die Urzeit (= Präkambrium) weiß man immer noch wenig, da die Kontinente völlig andere Gestalt hatten und so gut wie keine Gesteinseinschlüsse vorhanden sind.

*Die Altzeit der Erde, das Paläozoikum,* ist das Zeitalter der Algen und wirbellosen Meerestiere. Die Landoberfläche war ohne Pflanzendecke. Durch wolkenbruchartige Niederschläge ist es zu Verwitterungen und Schuttanhäufungen gekommen. Bakterien und Kalkalgen sowie Tange bildeten untermeerische „Wälder". Von den Tieren entwickelten die Dreilapper (Trilobiten) den größten Formenreichtum am Ende des Erdzeitalters. Die Trilobiten dienen als sogenannte Leitfossilien. Die erste Periode wird als Kambrium bezeichnet, die folgende Silur. Im Gotlandium nach dem Ordovizium als zweite Silurzeit erscheinen die ersten Landpflanzen. In der Altzeit folgt das Devon als Zeitalter der Nacktpflanzen und der Fische, die in das Süßwasser und „an Land gehen". Die Nacktpflanzen oder Psilophyten haben heute in Psilotum nudum noch einen kümmerlichen Vertreter. Sie stehen in ihrem Aufbau zwischen den Moosen und Farnen (Asteroxylon, Psilophyton). Die Sprosse sind blattlos, gelegentlich mit stachelartigen Drüsen besetzt, ohne echte Wurzeln, mit einfachen Gefäßbündeln in den Sprossen. Sie besitzen außerdem Stützgewebe und Fortpflanzungsorgane, manchmal einen Verdunstungsschutz. Während des Devons werden sie von Vorläufern der Steinkohlenflora abgelöst, das sind bärlapp- (Protolepidodendron), schachtelhalm- (Calamophyton) und farnartige (Cladoxylon, Aneurophyton) Gewächse. Der Urfarn (= Archaeopteris) tritt im jüngeren Devon auf. Man spricht von der Archaeopteris-Cyclostigma-Flora mit Farn- und Bärlappgewächsen, die das Land besiedeln und als Klimafaktor ebenso wichtig sind wie als „Wegbereiter" für die Tierwelt. Im Permo-Karbon, dem Steinkohlen-Zeitalter, breiten sich die Landpflanzen und mit ihnen die Tiere aus. Es erscheinen die Lurche. Die Nacktsamer verlieren an Bedeutung. Die Insekten erobern den Luftraum. Steinkohlen-„Wälder" und -Moore bilden erstmals richtige Wälder, bis 30 m mächtige Bäume treten auf: Schuppen- und Siegelbäume, Verwandte der Bärlappe, außerdem Riesenschachtelhalme, die ersten Samenpflanzen mit Farnsamen und „Nadel"-Hölzer. Diese „Nadelhölzer" entwickeln richtige Samen. Am Ende der Altzeit sind die Siegel- und Schuppenbäume vorherrschend, sie leiten das Mittelalter (Mesozoikum) der Pflanzenwelt ein. Schuppen- und Siegelbäume sind Bärlappe mit 2 m dickem Stamm und 30 m Höhe in der Art von Schopfbäumen. Die Hauptmasse des Stammes ist Rindengewebe, daher der Name „Rindenbäume". Die Zapfen der Siegelbäume waren stammblütig am oberen Ende. Der Unterwuchs setzt sich aus krautigen Selaginellites- und Pecopteris-Arten zusammen. Die Farne sind Verwandte der heutigen Marattia-Arten der Tropen. Die Calamites als Riesenschachtelhalme erreichen Höhen von 10 m. Es sind Wasserpflanzen gewesen mit sekundärem Dickenwachstum bis zu einer Dicke von einem Meter. Andere Verwandte sind die Keilblattgewächse (Sphenophyllum), eine Art Kletterpflanzen. Schon bei diesen frühen Bäumen kennt man den Wurzelpilz. An trockeneren Standorten finden sich andere Nacktsamer mit bis zu 30 m hohen Stämmen (Cordaites) und bis zu 1 m langen, bandförmigen Blättern. In dieser Zeit beginnt das Leben der Landwirbeltiere.

Das Permo-Karbon ist eine Zeit der Gebirgsbildung (des variskischen) und des aktiven Vulkanismus. Die Nord-Kontinente waren durch das Meer Tethys in Ost-West-Richtung vom Süd-Kontinent (Gondwanaland) getrennt. Der Süd-Kontinent umfaßte Teile Südamerikas, Afrikas, Madagaskars, die Antarktis, Australien und Vorderindien, das an Asien angeschlossen wurde. Im Süden des Gondwanalandes fand man große Vereisungsspuren.

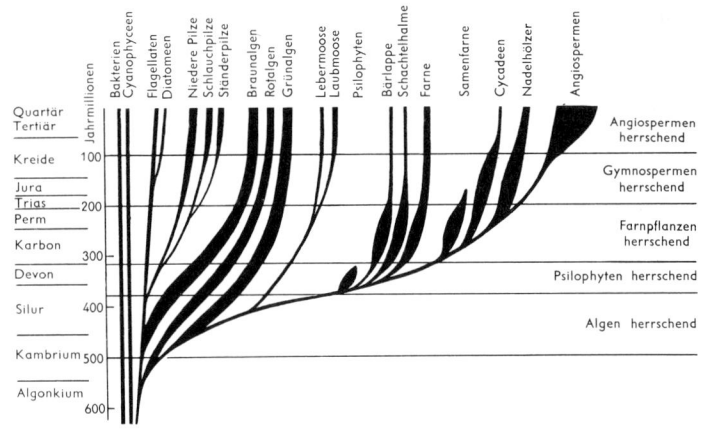

Stammbaum des Pflanzenreiches, nach W. Zimmermann, verändert

| Mill. Jahre | Ära | Periode | Pflanzen | Mill. Jahre |
|---|---|---|---|---|
| | Quartär | Pleistozän | Eiszeiten: Zunahme der Kräuter | 1 |
| | Känozoikum Tertiär (Neuzeit) | Pliozän Miozän | Klimatische Ausbildung der Floren Entwicklung krautiger Pflanzen | 13 25 |
| 100 | | Oligozän Eozän Paläozän | Entwicklung der Bedecktsamer-Familien weltweite Waldbildung | 36 58 63 |
| 200 | Mesozoikum (Mittelzeit) | Kreide | Bedecktsamer nehmen zu Nacktsamer nehmen ab | 136 |
| | | Jura | Erste Bedecktsamer Vorherrschend: Palmfarne, Nadelhölzer Primitive Nacktsamer verschwinden | 180 |
| | | Trias | Viele Palmfarne, Gingko, Nadelhölzer Samenfarne schwinden | 225 |
| 300 | Paläozoikum (Altzeit) | Perm | Rückgang der Baumbärlappe Erste Palmfarne und Nadelhölzer | 275 |
| | | Oberkarbon | Ausgedehnte kohlebildende Wälder: Riesen-Bärlapp Riesen-Schachtelhalm | 320 |
| | | Karbon | | |
| | | Unterkarbon | Samenfarne | 345 |
| 400 | | Devon | Frühe Gefäßpflanzen Psilophyta, Selaginella Equisetum, Farne Wälder von Baum-Selaginellas | 405 |
| | | Silur | Erste Landpflanzen | 425 |
| 500 | | Ordivician | Meeresalgen dominant Pilze? | 430 500 |
| 600 | | Kambrium | Höhere Algen | 570 600 |
| 4600 | (Vorzeit) | Präkambrium | Grünalgen? Bakterien, Blaualgen? Ursprung des Lebens? | 900 3000 4000 |

Die Südflora wird nach dem Samenfarn Glossopteris benannt, die Nordflora nach den Samenfarnen Pecopteris und Gigantopteris. Die Glossopteris-Flora deutet auf ein kühles, periodisches Klima hin. In einem binnenländischen, mitteleuropäischen Meer entstehen große Kali- und Salzlager. In dieser Zeit nehmen araucarienartige Nadelbäume (Walchia), Ginkgo-Verwandte und Palmfarne (Cycadophyten) überhand. Sie leiten die ältere Nadelbaumzeit, das Pflanzenmittelalter, ein.

*Die Mittelzeit, das Mesozoikum,* ist die Spätzeit der Nacktsamer, das Zeitalter der Reptilien mit der Besiedelung von Trockengebieten, es ist die Buntsandsteinzeit. Die Triaszeit mit Buntsandstein, Muschelkalk und Keuper, durch Ablagerungen gesteinsbildend (Alpen), ist der Beginn der Saurier, der Reptilien, der Ampromiten, der ersten Säugetiere, auch der Nadelhölzer und der gesteinsbildenden Meeresgrünalgen. Die Flora verändert sich verstärkt in Richtung Palmfarne, Samenfarne und Riesenschachtelhalme. Als „Trocken"-Pflanzen mit Wasserspeichern treten die Nacktsamer Yuccites, Voltzia und Araucarioxylon mit lederartigen Nadeln auf. Es kommt wieder zur Bildung von Kohlelagern. Am Ende haben sich die Eiben schon herausgebildet.

Die Jurazeit mit Lias, Dogger und Malm ist aus Ablagerungen des Meeres entstanden. Die Tiere wandern ins Meer zurück. Es ist die Riesensaurier-Zeit mit den größten Landwirbeltieren von 35 Tonnen Gewicht. Vögel und Reptilien erobern den Luftraum. Die Pflanzenwelt ist der aus dem Trias sehr ähnlich.

Die Kreidezeit beschert die heute erdumspannenden Kettengebirge (Rocky Mountains, Anden, Alpen, Karpaten, Kaukasus, Himalaya usw.). Im Gegensatz zur Tierwelt zeichnen sich neue Entwicklungen in der Pflanzenwelt ab. Plötzlich treten in großer Formenfülle die Bedecktsamer (Angiospermae) oder die bedecktsamigen Blütenpflanzen auf. Es waren Laubbäume und andere, heute nur noch auf der Südhalbkugel wachsende, wärmeliebende Blütenpflanzen und Palmen. Sowohl Zwei- wie Einkeimblättrige waren vertreten. Die eigentliche „Erfindung" dieser Pflanzengruppen ist die völlige Umhüllung der Samenanlagen. Daher ist für die Befruchtung durch männliche Samenfäden ein eigener Keimschlauch nötig. Die Caytoniales aus der Jurazeit haben mit der Einbettung der Samenanlagen begonnen. Somit ist plötzlich die heutige Flora in Erscheinung getreten.

*Die Neuzeit, Känozoikum,* ist das Zeitalter der Bedecktsamer und der Säugetiere. Im Tertiär, das auch Braunkohlenzeit heißt, gab es an den Polen keine Eiskappen und in Mitteleuropa herrschen mittlere Jahrestemperaturen von 22 °C mit immergrünen Laub- und Palmenwäldern. Allmählich entstehen sommergrüne Mischwälder mit großer Formenfülle, wie heute noch in Ostasien und Nordamerika. Die tropische Vegetation des Frühtertiärs besteht aus Fieder- und Fächerpalmen (Sabal), aus Ebenholz- und Kautschukbäumen, aus Lorbeer-, Kampfer-Zimtbäumen, dazu Eucalyptus- und Magnolien- sowie Ingwerarten. Man kann die Flora mit der des heutigen Borneo vergleichen. An den Küsten wuchsen Mangrove-Bäume. Im jüngeren Tertiär überwiegen sommergrüne

Laubgehölze: Buchen, Linden, Eichen, Kastanien, Ahorn, Ulmen, Platanen, Weiden, Nußbäume, Tulpenbäume, Amberbäume, dazu Mammutbäume, Sumpfzypressen, Kiefern, Schirm- und Hemlockstannen, Eiben, Ginkgobäume.

*Die Jetztzeit, das Quartär,* ist die Zeit der großen Vergletscherungen, der Tundren und Steppen. Die jüngste erdgeschichtliche Periode stellt eine Nacheiszeit dar. Ein mehrfacher Wechsel von Kalt- und Warmzeiten beeinflußte die Pflanzen- und Tierwelt. Die Fülle der Tertiärpflanzen wurde drastisch verringert. Das Quartär wird in das Pleistozän ( = Eiszeitalter, Diluvium) und das Holozän ( = Gegenwart oder Alluvium) gegliedert. Im Quartär erfolgten keine Gebirgsbildungen, dafür kam es zu Hebungen und Senkungen ganzer Landstriche bis zu 1000 m. In den Kaltzeiten sank die Durchschnittstemperatur um rund 12 °C, die Baum- und Schneegrenze senkte sich um über 1000 m. In Mitteleuropa blieb in eisfreien Gegenden nur eine Zwergstrauchvegetation übrig. In der Eiszeit trat erstmals der Mensch in Erscheinung. Seine Spuren sind in Afrika, Europa und Asien aufzuspüren. Er war Sammler, Fischer und Jäger. Seit etwa 10 000 Jahren wird er seßhaft und betreibt Ackerbau und Viehzucht. Überblickt man die Evolution des Lebendigen, dann erkennt man erd- und lebensgeschichtliche Abläufe mit Höhen und Tiefen. Im Anorganischen ist ein steter Kreislauf erkennbar: Gebirgsbildung — Abtragung — Ablagerung — Gebirgsbildung usw. Im Organischen ist eine stete „Höherentwicklung" feststellbar. Man erkennt, wie aus Meeresalgen primitive Landpflanzen mit Gefäßen

entstehen. Wie diese dann durch Gefäßsporenpflanzen abgelöst werden und sich im Steinkohlenwald mächtig entwickeln. Dann folgen den Bärlappen, Schachtelhalmen und Farnen die Sammelpflanzen. Sie erscheinen zuerst als Nacktsamer. In der Neuzeit verdrängen sie plötzlich die Bedecktsamer, die heute die Flora beherrschen. Die Entwicklung kennzeichnet eine steigende Tendenz der „Fürsorge" für die nächste Generation. Der Fortpflanzungsteil (Gametophyt) der Pflanze wird immer mehr zurückgebildet und vom Trägerteil (Sporophyt) nicht mehr getrennt. Daneben geht eine Weiterentwicklung und Ausbildung des Pflanzenkörpers in Sproß mit Blättern und Blüte sowie Wurzel einher.

Das System des Organismenreiches

Die Formenmannigfaltigkeit der Lebewesen in ein sogenanntes natürliches System einzuordnen, ist schwierig. Man kann dies auf Grund der Entwicklung und der verwandtschaftlichen Beziehungen vornehmen. Der äußere wie der innere Bau und die Kenntnis der Entwicklung des Einzelindividuums sind wichtig. Aus diesem Grund verändert sich das System im Hinblick auf zunehmende Erkenntnisse immer wieder. Bislang trennte man in das Pflanzen- und Tierreich. Heute unterteilt man das Reich des Lebendigen in fünf Teilreiche: Monera, Protista, Pilze, Pflanzen, Tiere. Zu den Moneren rechnet die Wissenschaft Blaualgen, Bakterien und Viren. Das sind Organismen, die keine Zellkerne als Bildungs- und Reaktionsorte für organische Stoffe besitzen. Die Protisten sind einzellige Lebewesen, die sich teils selbst, teils fremd ernähren. Vereinfacht gesagt sind es pflanzliche und tierische Organismen in einem. Die dritte Gruppe sind die Pilze, von den Schleimpilzen bis zu den Hutpilzen, die auf organische Substanzen von außen zum Leben angewiesen sind. Manche rechnen auch die Flechten hinzu, jene Lebensgemeinschaften (Symbiose) zwischen Algen und Pilzen.

Die herkömmliche Auffassung einer Gliederung des Pflanzenreiches beginnt mit den Spaltpflanzen (Schizobionta), das sind Bakterien und Blaualgen. Die anschließenden Algen werden in die Grünalgen, Jochalgen und Armleuchteralgen eingeteilt, gefolgt von den Gruppen der Augenfleck-Geißelalgen und Panzergeißelalgen. Die Gruppe der Farbalgen enthält auch die Braunalgen (Meerestange usw.), eine eigene Gruppe sind die Rotalgen. Die Pilze sind in die Schleimpilze und die echten Pilze eingeteilt und die Flechten angehängt. Die Moospflanzen (Bryobionta) bestehen aus den Lebermoosen und den Laubmoosen. Diese bisher genannten Pflanzenklassen spielen für die Darstellung der Pflanzen im Palmengarten eine untergeordnete Rolle, es sei denn, daß Bakterien und Pilze neben den aufbauenden Funktionen im Organismenreich auch als Krankheitserreger in Erscheinung treten.

Die große Masse der Landpflanzen bilden die Gefäßpflanzen (Cormobionta), die sich in zwei Abteilungen aufgliedern: Farngewächse (Pteridophyta) mit den Nackt-

Entwicklung des Lebens

Schleimpilze   Urtiere   Pilze   Tiere   Pflanzen

heute
Thermoplasma
Sulfolobus
Halophile
Thermoacidophile
Methanbildner
Archebakterien
Urkernzeller
Universeller Urahn

Land leben
Chloroplasten
1 Milliarde Jahre
Grampos. Bakterien
Mitochondrien
Cyanobakterien
2 Milliarden Jahre
Atmung
Urkernzeller (Eukaryonten)
3 Milliarden Jahre
Endosymbiose
4 Milliarden Jahre
Eubakterien
4,5 Milliarden Jahre

farnen (Psilophytae), den Bärlappgewächsen (Lycopodiatae), den Schachtelhalmgewächsen (Articulatae) und den eigentlichen Farnen (Filicatae). Die größte Abteilung des Pflanzenreiches bilden die Samenpflanzen (Spermatophytae). Hier findet die Befruchtung der Eizelle im Fruchtblatt statt, das von mehreren Hüllen umgeben ist. Beides zusammen bildet die Samenanlage. Im Verlauf der Entwicklung geht nach der Befruchtung der Keimling hervor, der meist mit Nährgewebe und einer festen Hülle (Samenschale) ausgestattet ist. Erst dann trennt sich nach der Samenreife der Same von der Mutterpflanze. Die Samenpflanzen gliedern sich in die Nacktsamer (Gymnospermae) und die Bedecktsamer (Angiospermae). Die Nacktsamer haben in den Fruchtblättern freiliegende Samenanlagen. Sie werden durch den Wind bestäubt. Bei den weiblichen Zapfen sitzen in den Achseln steriler Schuppen die Samen-Schuppen mit zwei Samen. Diese Unterabteilung hat in der Entwicklungsgeschichte der Pflanzen große Bedeutung. Man findet viele ausgestorbene Pflanzen in Gesteinsablagerungen und in Kohleflözen. Hier sind zu nennen die *Samenfarne*. Sie treten im Oberdevon auf, sind im Karbon und Perm mächtig und sterben im Jura aus. Die Palmfarne (Cycadatae) treten im Trias auf und sind uns noch heute in den Tropen und Subtropen als „lebende Fossilien" bekannt. Vom Trias bis zur Kreide beherrschten verwandte Bennettiatae die Pflanzenwelt. Die nächste Klasse der Ginkgogewächse tritt im Perm auf. Heute lebt nur noch Ginkgo biloba, in China und Japan heimisch. Die Cordaitatae waren vom Oberdevon bis zum Perm teilweise waldbildend. Sie stehen der Klasse der Nadelhölzer (Coniferae), der Zapfenträger, sehr nahe. Die Nadelhölzer sind Bäume mit ausgebildeter, senkrechter Hauptachse mit schmalen Nadel- oder Schuppenblättern; die eingeschlechtlichen Blüten sind zapfenförmig auf der gleichen Pflanze (monözisch). Sie kommen bereits im Oberkarbon vor. Die letzte Klasse bilden die Gnetumpflanzen (Gnetatae) mit Ephedra, Gnetum und Welwitschia.

Samenpflanzen,
allgemeine Schemata zum Vergleich

| Conifere | Dikotyle | Monocotyle |

Die Bedecktsamer (Angiospermae) zeichnen sich durch eine Reihe von Abwandlungen aus, die sie zu Ausbildungen von „Schauapparaten" befähigt, die als Blüten ebenso zweckmäßig wie schön erscheinen.

Die wichtigsten Gruppen der Bedecktsamer sind die Zweikeimblättrigen (Dicotyledoneae oder Magnoliatae) und die Einkeimblättrigen (Monocotyledoneae oder Liliatae).

Die Zweikeimblättrigen zeichnen sich durch zwei Keimblätter, die mit dem Keimling verwachsen sind, aus. Die erste Wurzel ist meist langlebig, die Blätter sind oft fiedernervig oder handnervig-strahlig, auch gefiedert. Die Blüten sind häufig in fünfzähligen oder seltener in vierzähligen Wirteln, gelegentlich in drei- oder zweizähligen, angeordnet. Nach den vorliegenden Forschungsergebnissen anerkennt man 6 Überordnungen: Magnoliidae, Hamamelidae, Caryophyllidae, Dilleniidae, Rosidae und Astereidae.

Die Einkeimblättrigen besitzen immer nur einen Keimling mit einem Keimblatt. Die erste Wurzel hat kurze Lebensdauer und wird durch viele, am Sproßgrund entstehende Zweitwurzeln ersetzt. Die Blätter sind vorwiegend zweizellig oder zerstreut angeordnet, oft mit deutlicher Blattscheide. Die Blüten sind immer aus 5 dreizähligen Wirteln aufgebaut. Zwiebeln, Knollen oder Wurzelstöcke als unterirdische Organe dienen häufig zum Überdauern. Alle Merkmale, vor allem das Fehlen des sekundären Dickenwachstums des Sprosses, bilden das Typische der Lilien-Verwandten (Liliatae), wie sie heute vielfach bezeichnet werden.

Das System der Blütenpflanzen

In den Anfängen der Pflanzenkunde sind einzelne Pflanzen nach dem allgemeinen Aussehen oder nach ihrer Bedeutung für den Menschen zusammengestellt worden. Das gilt für die Pflanzenbeschreibungen der Griechen und Römer ebenso wie für die mittelalterlichen Gelehrten oder die Väter der Botanik (Brunfels, Bock, Fuchs) am Beginn der „Neuzeit" im 16. Jahrhundert. Da der Umfang der einzelnen Gruppen sehr verschieden ist, fällt es auf Anhieb nicht leicht, eine durchgängige, nach einheitlichen Beurteilungsprinzipien aufgestellte Gliederung durchzuführen. Diese Forderung hat in vollem Umfange erstmals der schwedische Arzt und Botaniker Carl von Linné (1707—1778) für das ganze Reich der Organismen 1753 in seinem System dargestellt. Grundlage dieses künstlichen Systems ist eine kleinste, „unveränderliche" Einheit, Art oder Species genannt. Unter einer Art als Grundeinheit der systematischen Gliederung versteht man alle Einzellebewesen mit ihren Vorfahren und Nachkommen, die untereinander in sehr zahlreichen, zumindest in allen wesentlichen Merkmalen übereinstimmen. Arten, die eine Reihe gemeinsamer Merkmale besitzen, faßt man zu einer Gattung (Genus) zusammen. Ähnliche Gattungen bilden eine Familie, ähnliche Familien eine Ordnung; diese dann Klassen und Abteilungen.

Stammbaum der Angiospermen (Bedecktsamer)
a Asteridae, b Rosidae, c Dilleniidae, d Magnoliidae, e Hamameliidae, f Caryophyllidae, g Commeliidae, h Areciidae, i Liliidae, j Alismatidae

1 Liliidae-Verwandtschaft
a Liliales (Ordnung der Lilien) b Orchidales (Ordnung der Orchideen)

2 Arecidae-Verwandtschaft
a Arecales (Pahuales), b Arales (Aronstabklasse), c Cyclauthales mit Cylanthaceae (Panamahutpflanzen), d Pandanales (Schraubenbäume)

3 Caryophyllidae-Verwandtschaft (Klasse der Nelkengewächse)
a Caryophyllales, b Batales, c Polygonales, d Plumbaginales

4 Dilleniidae-Verwandschaft
A a Dilleniales, b Theales, c Malvales, d Urticales, e Lecythidales, f Violales, g Salicales, h Capparales, i Ericales, B j Diapensiales, k Ebenales, l Primulales

5 Asteridae-Verwandtschaft (Klasse der Asterngewächse)
A a Gentianales, b Polemoniales, c Lamiales, d Scrophulariales, e Campanulales, B f Ruliales, g Dipsacales, h Asterales

6 Rosidae-Verwandtschaft (Klasse der Rosengewächse)
A a Rosales, b Fabales, c Podostemaceae, d Haloragales, e Myrtales, f Cornales, g Proteales, h Santalales, i Rafflesiales, j Celastrales, k Euphorbiales, B l Rhamnales, m Sapindales, n Juglandales, o Geraniales, p Polygalales, q Umbellales

7 Hamameliidae-Verwandtschaft
a Trochodendrales, b Hamamelidales, c Eucommiales, d Leitneriales, e Myricales, f Fagales, g Casuarinales

8 Magnoliidae-Verwandtschaft
a Magnoliales, b Illicales, c Laurales, d Piperales, e Aristolochiales, f Nymphaeales, g Ranunculales, h Papaverales, i Sarraceniales

9 Alismatidae-Verwandtschaft
a Alimatales, b Hydrocharitales, c Majadales, d Triuridales

10 Commeliidae-Verwandtschaft
a Commelinales, b Eriocaulales, c Restionales, d Poales, e Juncales, f Cyperales, g Typhales, h Bromeliales, i Zingiberales

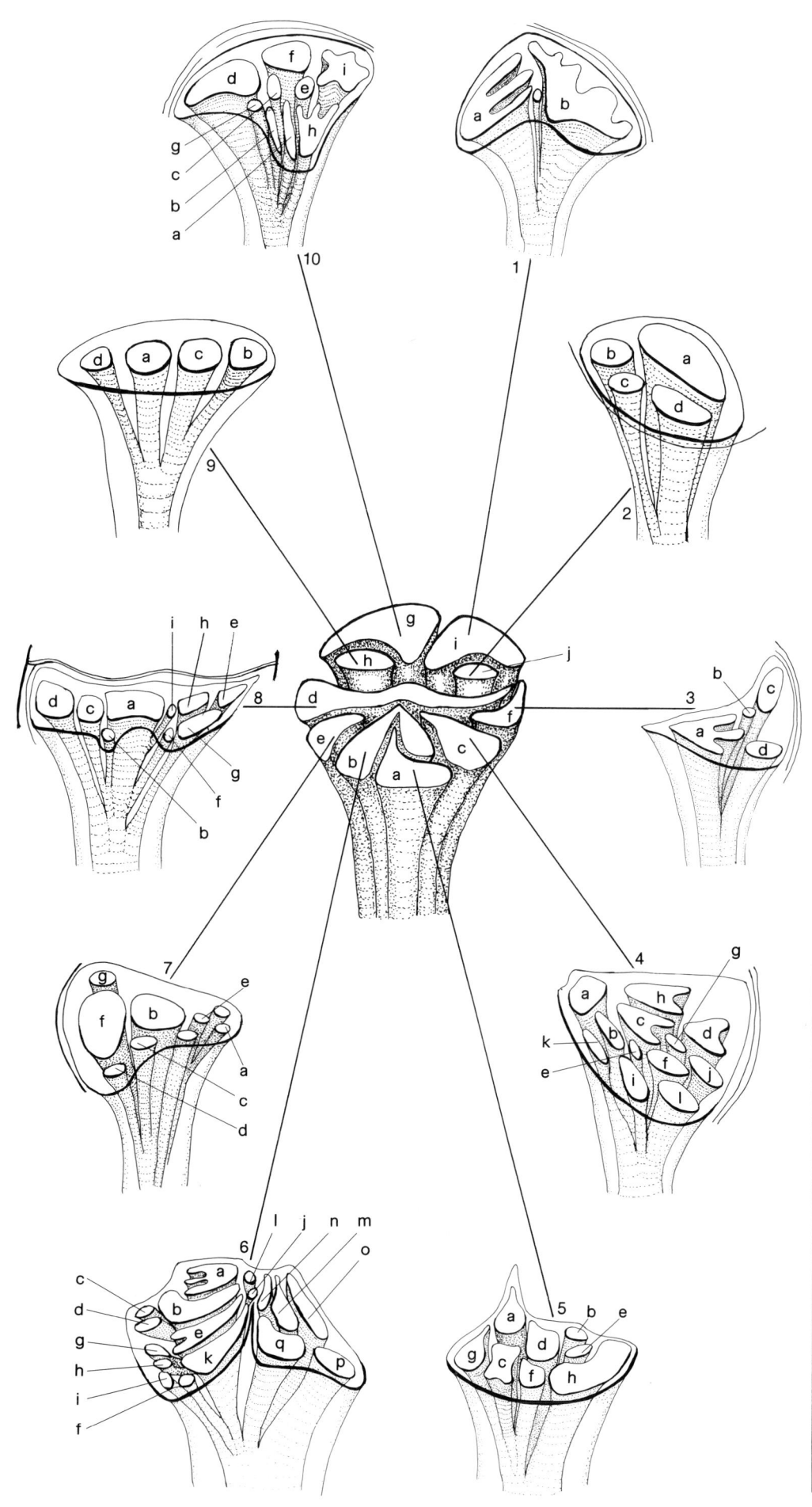

1 Bauplan der Magnoliidae (Klasse der Magoliengewächse)
Frucht: vielsamig, Balgfrucht
Blüte: groß, zwittrig, tierblütig, Blüten-, Staub- und Fruchtblätter in Viel-
zahl, spiralig gestellt
Sproß mit Blättern: Immergrüne Holzpflanzen, sekundäres Dickwachs-
tum, hartlaubig bis wachslaubig
Wurzel: Pfahlwurzel, sekundäres Dickenwachstum

2 Bauplan der Liliidae
Frucht: Fruchtknoten oberständig, unterständig bei Amaryllis- und Iris-
gewächsen, drei Fruchtblätter, Samen innenstehend
Blüte: je drei Kelch- und Kronblätter, oft auffällige Blütenhülle, strahlig
bis zweiseitig
Sproß: krautig, Blätter parallelnervig, meist länglich
Wurzel: Rhizom, Zwiebel, Knolle

3 Bauplan der Alismatidae (Froschlöffelgewächs)
Kennzeichen: Wasser- und Sumpfpflanzen
Frucht: Balg oder Nuß
Blüte: zahlreiche Staub- und Fruchtblätter
Sproß: krautig mit Luftgefäßen
Blatt: meist mit wenig Festigungsgewebe
Wurzel: einfach

4 Bauplan der Dilleniidae (Klasse der Dilleniagewächse)
Frucht: viele Samenanlagen, wandständig, Balgfrüchte
Blüte: vielzählige Blütenteile, zentrifugal, bis fünf- oder vierzählige
Ordnung
Sproß: meist verholzt, oft Schlingen, Blätter wechselständig, gelappt,
einfach oder geteilt
Wurzel: entsprechend der Sproßorganisation

5 Bauplan der Caryophyllidae (Nelkengewächse)
Frucht: meist mehrblütig, verwachsen; Samen in der Mitte der Frucht
Blüte: strahlig, auffällig; wenn unscheinbar, dann vereinfacht, oft
eingeschlechtig; meist fünf Kelchblätter, fünf oder keine Kronblätter
Sproß: oft sukkulent, bedornt
Blatt: einfach, gegen- oder wechselständig
Wurzel: oft rübenartig verdickt

6 Bauplan der Asteriidae (Klasse der Körbchenblütler)
Frucht: Fruchtblätter meist nur zwei, Samenanlagen dünnzellig,
einschuppig
Blüte: fünf Staubblätter mit Verwachsungen, dossiventrale Blüte,
Röhren- und Zungenblüten im Korb, meist unterständiger Fruchtknoten,
Pseudanthium „Scheinblüte"
Sproß: meist krautig, seltener Holzpflanzen, Blätter gegenständig,
einfach, ganzrandig
Wurzel: entsprechend der Konstitution des Sprosses krautig oder
holzig

7 Bauplan der Rosidae (Klasse der Rosen)
Kennzeichen: getrennte Kronblätter
Frucht: becher- oder scheibenförmiger Blütenboden, ein bis zwei
Samenauflagen je Fruchtblatt, Samen zentralwinkelständig
Blüte: einfache Staubblätter, meist viele, fast immer fünf und fünf
Blütenblätter
Sproß: Blätter oft gefingert oder gefiedert, Holz- oder Krautpflanzen
Wurzel: meist holzig, verzweigt

8 Bauplan der Hamameliidae (Klasse der Zaubernußgewächse)
Frucht: Fruchtknoten verwachsen, unterständig
Blüte: oft eingeschlechtige Kätzchenblüten, windblütig, zwei- bis
dreigliedrig, Blütenkrone meist unscheinbar
Blätter: wechselständig mit Nebenblättern
Sproß: Holzpflanzen mit sekundärem Dickenwachstum
Wurzel: verholzt

9 Bauplan der Arecidae (meist tropische bis subtropische Pflanzen)
Frucht: drei Fruchtblätter, meist frei, oberständiger Fruchtknoten
Blüte: unscheinbar, meist eingeschlechtig, windblütig, mit auffälligem
Hochblatt (Spatha)
Sproß: meist baumförmig, am Stammende großer, langstieliger
Blätterschopf, Blattspreiten gefältelt-strahlig (Fächer) oder gefiedert
(Fieder), primäres Dickenwachstum
Wurzel: Primärwurzel kurzlebig, viele Sekundärwurzeln

10 Bauplan der Commeliidae
Frucht: Fruchtknoten oberständig, Samen mit stärkereichem
Endosperm (Nutzpflanzen!)
Blüte: Windblütig und tierblütig, Perianth mit Kelch-Kronblättern, sechs
(oder drei) Staubblätter, Perianth oft reduziert
Sproß: Halme mit langen Internodien und Knoten, langlanzettliche
Blätter, oft mit den Stengel umfassender Hüllblattbasis
Wurzel: oft als Rhizom, sonst Büschelwurzel

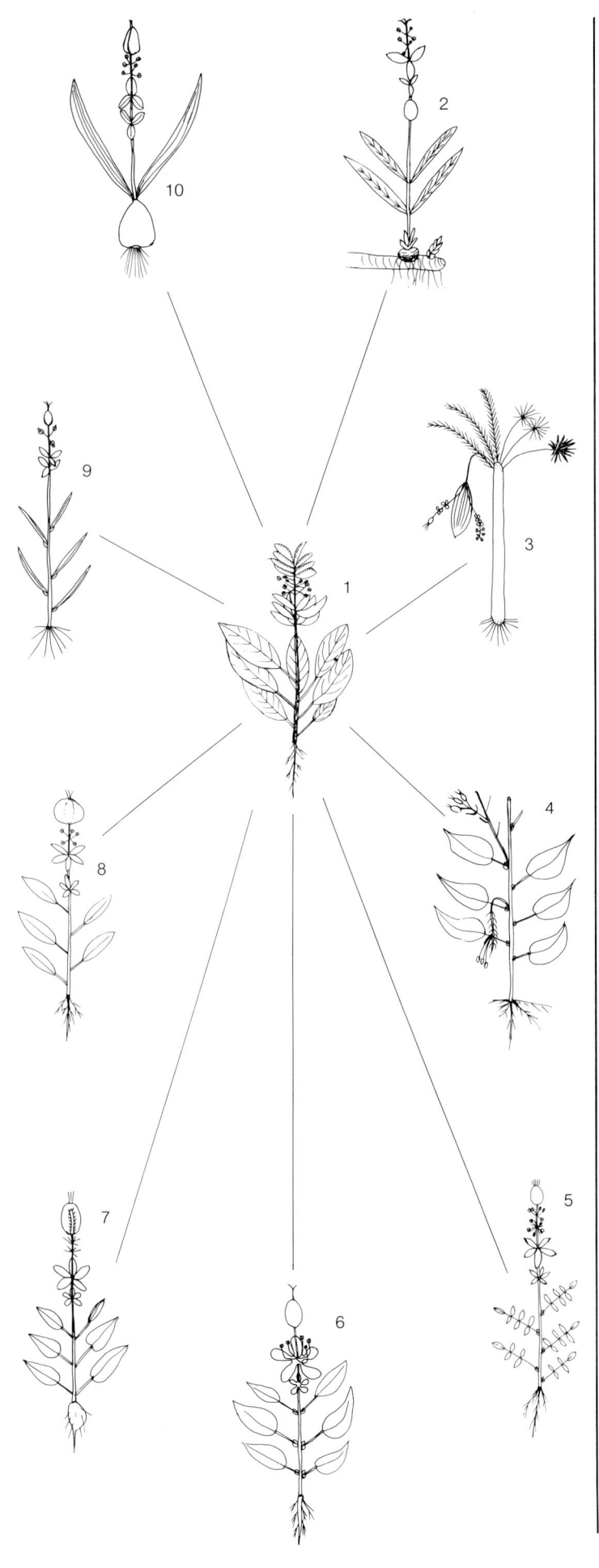

## Beispiel einer systematischen Einordnung

| | | |
|---|---|---|
| Liliatae | Klasse | = classis |
| Liliideae | Unterklasse | = subclassis |
| Orchidales | Reihe, Ordnung | = ordo |
| Orchidaceae | Familie | = familia |
| Cypripedieae | Stamm | = trilus |
| Cypripediinae | Unterstamm | = subtrilus |
| Paphiopedilum | Gattung | = genus |
| Paphiopedilum insigne | Art | = species |
| Paphiopedilum insigne sog. gratrixianum | Unterart | = subspecies |
| P. insigne ssp. gratixianum var. maculatum | Varietät | = varietas |
| P. insigne ssp. gratrixianum var. maculatum f. rubrum | Form | = forma |

Da nach den Forschungen der letzten Jahrzehnte wohl ein gemeinsamer Ursprung der Samenpflanzen angenommen werden kann, ist bei der Annäherung des natürlichen Systems an das künstliche von Linné eine andere Gruppierung erforderlich. Die großen Gruppen der Zweikeimblättrigen bilden die Magnoliengruppe, die Nelkengruppe, die Rosengruppe und die Asterngruppe. Die Einkeimblättrigen bilden sich aus der Froschlöffelgruppe, der Commelinengruppe, der Areca- (= Palmen-)Gruppe und der Liliengruppe. Jede dieser Gruppen (= Unterklassen) beinhaltet eine unterschiedliche Anzahl von Ordnungen (-ales) und jede Ordnung eine verwandtschaftlich bestimmte Anzahl von Familien (-aceae). In den Familien sind nahe verwandte Gattungen (Genus, Genera) zusammengefaßt, die einen entsprechend latinisierten Namen mit den Endungen -us, -a und -um haben. Diese Namen werden großgeschrieben. Die Speziesnamen, ohne Rücksicht auf die Herleitung des Wortes dagegen klein, wie im Beispiel Paphiopedilum insigne usw. Die ausführlichen Skizzen geben einen eindrucksvollen Überblick zur Systematik der höheren und niederen Pflanzen auch im Hinblick auf die Artenzahl, die jedoch keine Schlüsse auf die Populationen und die entsprechende Wuchsstärke zuläßt.

# Besonders auffallende Pflanzengestalten

Ein öffentlicher, botanischer Schaugarten ist in erster Linie „zum Schauen bestellt". Er sollte alle Familien der Pflanzen in Beispielen vereinen. Aber es ist unmöglich, alle etwa 350 000 Pflanzen zu halten und zu zeigen. So wird es immer wieder eine begrenzte, persönlich gefärbte Auswahl und Auslese sein. Diese Auswahl hängt von vielen Faktoren ab. Längst nicht alle Pflanzen sind zu erreichen. Viele sind noch unentdeckt in den Tropen und werden jetzt vernichtet, ehe sie untersucht und gesichert werden können. Andere Pflanzen haben keinen Schau- oder Nutzwert. Wiederum können in einem Schaugarten nicht nur Pflanzen einer Familie gezeigt oder gesammelt und erhalten werden. So bilden sich mit der Zeit Schwerpunkte heraus.

Wir im Palmengarten pflegen von den tropischen und subtropischen Gewächsen die Palmen, Orchideen, Bromelien, Aronstabgewächse, die Kakteen und andere Sukkulente, die Begonien, insektenfangende Pflanzen, tropische Sumpf- und Wasserpflanzen, tropische und subtropische Nutzpflanzen und anderes mehr.

Im Freiland liegen die Schwerpunkte bei den besonderen Formen einheimischer und außereuropäischer Gehölze, die sich im Frankfurter Klima kultivieren lassen. Das gilt für die Nadelgehölze wie für die Laubgehölze. Blütenbildung und Herbstlaubfärbung sind weitere Sammelmerkmale. An krautigen Pflanzen liegt das Hauptinteresse bei natürlichen und gezüchteten Prachtstauden. Bevorzugt sind Narzissen, Taglilien, Schwertlilien, Blumenrohr, Dahlien, Pfingstrosen, die in Auswahl-Sortimenten aufgepflanzt sind oder werden. Alle ein- und zweijährigen Beetpflanzen werden im Sortiment wie in Gruppenpflanzungen in jährlicher Abänderung und Anpassung gezeigt. Weite Flächen des Freilandes sind mit Narzissen und Muscari sowie Herbstzeitlosen bepflanzt. Eine Auswahl an Stein- und Heidegartenpflanzen wird ständig vermehrt.

## Die Fürsten des Pflanzenreiches: Palmen

Diese Bezeichnung stammt von Carl von Linné. Die Palmen als besonders auffallende Gestalten des Pflanzenreiches gaben dem Palmengarten seinen Namen, da sie das Symbol tropisch-exotischer Vegetation sind.

## Verbreitung

Das Hauptverbreitungsgebiet der Palmen sind die Tropen der Alten und Neuen Welt. Aber man findet Vertreter bis zu den Wendekreisen und einige Arten stoßen darüber hinaus. Sie sind meist in die Regen- und Monsunwälder eingestreut, ganz selten bilden sie reine Bestände. Häufig sind sie an den Küsten und den anschließenden Niederungswäldern anzutreffen, sie steigen bis in die kühl-feuchten Berg-Nebelwälder auf. Sie haben sich in wechselfeuchte Klimate der regengrünen Feucht- und Trockensavannen eingefügt. In Europa ist auf der iberischen Halbinsel nur Chamaerops humilis, die Zwergpalme, heimisch. Auf Kreta ist ein geringer Bestand einer verwandten Art bodenständig. Alle anderen Palmenarten im Mittelmeerbereich sind angesiedelt aus dem südlichen Südamerika, aus Florida und Kalifornien, aus China und Australien, aber besonders von den Kanaren und dem nordafrikanisch-vorderasiatischen Raum. Auffallend ist die prächtige Gestalt der Kanarischen Dattelpalme (Phoenix canariensis), der Windmühlen- oder Hanfpalme (Trachycarpus fortunei), der Priesterpalme (Washingtonia robusta und W. filifera). Zu den robusteren Palmenarten gehören außerdem Livistona-Arten aus China und Australien, Arecastrum romanzoffianum aus Argentinien, Jubaea chilensis, Erythea armata, Sabal minor und andere. Die meisten Palmen, soweit sie nicht in Bergregionen beheimatet sind, wie Chamaedorea, Ceroxylon, Caryota etc., sind ausgesprochene Kinder der Tropen.

Da die Palmen nur einen einzigen Vegetationspunkt am obersten Sproßende haben, stirbt die Palme, wenn die Sproßspitze erfroren ist. Trachycarpus steigt im Himalaya (44° n. Br.) bis 2400 m auf, dort liegt von November bis März Schnee. Serenoa dringt in Amerika am weitesten nach Norden (30° n. B.) vor.

Die Palmenfamilie wird heute vielfach Areaceae (statt Palmae) benannt. Sie umfaßt rund 220 Gattungen mit 2800 Arten. Die geographische Verbreitung weist in der neuen Welt 64 Gattungen mit rund 850 Arten — überwiegend in Südamerika — auf. In Afrika findet man 16 Gattungen mit 116 Arten. Erstaunlich ist die Zahl der Palmen auf den zwischen Afrika und Asien liegenden Inseln (Mascarenen, Comoron, Madagaskar) mit 29 Gattungen und 132 Arten. Die Altwelttropen sind das palmenreichste Florengebiet: etwa 100 Gattungen und fast 1400 Arten. Afrika weist also weniger Palmen auf als die Inselstadt Singapur. Man nimmt an, daß im Pleistozän durch lange anhaltende Trockenheit die Feuchtstandorte so verringert wurden, daß viele Palmen eingingen. Nur zwei Gattungen sind beidseits des Südatlantiks heimisch: Raphia und Elaeis. Dagegen sind Borassus, Calamus, Hyphaene und Phoenix Afrika und Asien gemeinsam.

*Gestalt und Bauplan:* Die Palmen gehören zu den einkeimblättrigen Pflanzen. Sie besitzen kein zweites Dikkenwachstum bei Stamm und Wurzel, sondern primäres. Es bildet sich (Ausnahme Hyphaene) ein unverzweigter Stamm, der am oberen Ende einen Blattschopf ausbildet. Es sind entweder gefiederte Blätter mit einer gut ausgebildeten Mittelrippe (pinates Blatt) oder gestielte, hand- oder fächerförmige Blätter (palmates Blatt). Der Sämling bildet zunächst eine kegelförmige Basis im Durchmesser des künftigen Stammes. Die Wurzeln entspringen an der Kegelmantelseite und erneuern sich fortgesetzt. Der Stamm ist von zahlreichen Leitbündeln durchzogen, die mehr oder weniger unregelmäßig angeordnet sind. Die Stammoberfläche zeigt häufig die Narben der Blattstiele oder ist von Resten des Blattgrundes bedeckt. Die Apikalknospe ist gewöhnlich durch Jungblätter oder Dornen geschützt. Bei vielen Palmen ist das Gewebe giftig.

Dattelpalme (Phoenix dactylifera)
a Palme, b und c Staubblüten, d und e Stempelblüten, f Fruchtzweig, g Dattel im Querschnitt

Kokospalme (Cocos nucifera)
a Palme, b Blütenzweig, c Nuß, d dieselbe durchschnitten

Königspalme (Oreodoxa regia)
a Palme blühend, b eine junge Königspalme, c Blütenästchen, d Frucht

Zwergpalme (Chamaerops humilis)
aus dem Mittelmeergebiet

Schirmpalme (Corypha umbraculifera)
a Palme blühend, b junge Schirmpalme, c Teil eines Ästchens mit Blüten, d Frucht, e ein Blatt auf der Erde liegend

Die Blattbildung erfolgt meist für mehrere gleichzeitig in der Schopfmitte. Das neue Blatt steht wie ein Schwert aufrecht in der Kronenmitte. Das Blattfieder ist bei den Fiederpalmen wie bei einem Fächer längs der Blattrippe (Rachis) gefaltet. Bei den Fächerpalmen entspringt das Blatt aus einer Zentralrippe. Beide Blattformen kommen bei Licuala grandis und Verschaffeltia splendida vor. Die Fiederblätter können ein- oder mehrfach gefaltet sein, linealisch, fischschwanzähnlich, spitz oder gefranst. Ehe das Blatt die endgültige Form erreicht, können sich Haare oder Schuppen unterschiedlichster Formen bilden. Diese Schicht wirkt wie ein Gleitmittel bei der Blattentfaltung. Große Fächerblätter besitzen eine stabile Mittelrippe. Wesentlich ist auch die Art der Faltung, V-ähnlich (induplikat) mit einem Spitzenfiederblättchen oder A-ähnlich (reduplikat), ohne Spitzenfieder. Daher gehören alle Fächerpalmen zur letzten Gruppe. Das Blatt von Raphia fainifera ist wohl das größte Blatt einer Blütenpflanze mit über 20 m Länge.

Der Blütenstand der Palmen ist sehr unterschiedlich. Es gibt welche mit riesigen Rispen und Verzweigungen (Calamus) oder baumähnliche, einständerige Blütenstände mit über 250 000 Einzelblüten (Talipotpalme). Nur Palmen bilden endständige Infloreszenzen (Corypha, Meteroxylon). Bei den anderen entstehen sie seitlich in oder unter dem Blattschopf aus den Blattachseln.

Die Blüten sind ein- oder zweigeschlechtlich auf der gleichen oder auf anderen Pflanzen (mon- oder diözisch). Einige Palmen haben auf derselben Pflanze beide Blütenarten. Die Blüte ist auf der 3er-Formel aufgebaut, mit je 3 Kelch- und je 3 Kronblättern. Die Griffel stehen in zwei Büscheln zu dritt, die Staubbeutel besitzen zwei Pollenfächer, die aufschlitzen. Der Fruchtknoten ist oberständig und besteht aus drei Fruchtblättern. Windbestäuber sind z. B. Cocos, Elaeis, Phoenix, andere sind auf Insekten angewiesen. Die Blüte dauert oft nur einen Tag.

Die Früchte sind entweder einsamige Beeren oder Steinfrüchte. Lodoicea bildet den größten Samen auf der Welt aus, der bis zu 20 kg wiegen kann. Die Oberfläche ist weich, warzig oder gemustert. Die Mittelschale ist fleischig, trocken oder faserig. Die innerste Schale ist meist dünn. Der Same springt nicht auf. Das Nährgewebe des Endosperms ist ölig, fettig oder stärkehaltig. Oft ist Zellulose eingelagert (pflanzliches Elfenbein). Die Keimung erfolgt unterirdisch und meist bleibt der Keimling wie ein Saugorgan in der Samenschale.

Die Einteilung der Palmen ist schwierig, da Gruppen auch als Familien angesehen werden könnten. Die Botaniker haben sich wenig mit ihnen beschäftigt, da sie schwierig zu untersuchen sind, da es lange bis zur Blüte dauert und Felduntersuchungen notwendig sind. Man unterteilt in fünf Entwicklungslinien:

Die Corypha-Linie umfaßt die primitiven Arten der Corypha-Gruppe, mit stark verzweigten Blütenständen, Zweigeschlechtlichkeit, einfachem Gefäßsystem (Trithrinax-Verwandte), mit etwa 300 Arten. Die Phoenix-Gruppe nur mit Phoenix vertreten, mit einwärts gefalteten Fiederblättchen, zweihäusig, windbestäubt, in Afrika und Asien beheimatet. Die Borassus-Gruppe ist deutlicher zu Corypha gehörig, ist zweihäusig, mit großen, langgestielten Fächern, nur in der Alten Welt heimisch von Afrika bis Queensland. Lantania und Lodoicea werden hierzu gezählt.

Die Lepidocarya-Linie umfaßt die Kletterpalmen (Calamus und Raphia, Pigerfettia, Metroxylon, Mauritia). Fast alle sind stamm-, blattbasis- und blütenstandbedornt. Die Blüten sind zweigeschlechtlich, die Pflanzen ein- oder zweihäusig. Die fleischigen Früchte werden von Säugern oder Vögeln verbreitet. Sie bewohnen vornehmlich feuchte Standorte.
Die Nypa-Linie hat nur die im Salzwasser lebende Nypa, hat getrennte Fruchtblätter und eine besondere Gefäßstruktur. Nypa kann man schon vor 110 Millionen Jahren nachweisen als Fossil und gehört damit zu den sieben ältestbekannten Samenpflanzen. Jetzt kommt sie an den Küsten in Südostasien vor. Im Eozän war sie in Europa bis Südengland heimisch.

Der Caryota-Linie werden drei einhäusige Gattungen, wie Caryota, zugewiesen. Die Blätter sind der Nervatur nach einwärts, dem Bau nach auswärts gefaltet, einige (Caryota) sind doppelfiedrig. Bei vielen Arten erscheint die Blüte zur Basis gerichtet, danach sterben sie.
Der Areca-Linie werden neun Gruppen mit etwa 150 Gattungen und 1700 Arten zugerechnet. Daher die neuen Bezeichnungen Arecales, Arecaceae, womit fast 70% aller Gattungen und fast ebenso viele Arten verwandt sind.

Der Pseudophoenix in der Karibik ist primitiven Baues. Die Cocos-Gruppe (28 Gattungen, 590 Arten) mit der Ölpalme (Elaeis guineensis) und der Kokospalme (Cocos nucifera), wohl aus Melanesien. Viele der Verwandten sind an kühlere, trockenere und wechselnde Klimate angepaßt. Das beinartige Endocarp hat drei Kleinporen. Die Areca-Gruppe (90 Gattungen, 760 Arten) ist im Regenwald daheim. Die Ceroxylon-, die Chamaedorea-, die Iriartea-, die Podococos-, die Geonoma- und die Phytelephas-Gruppe bilden einen primitiven Zweig der Monocots. Der Fruchtknoten zeigt Verwandtschaft zu den Hahnenfuß- und Magnolien-Ordnungen. Nach heutiger Auffassung entstanden sie im West-Gondwanaland (Südamerika-Afrikaland im späten Jura) in einem warmen Klima aus einer eigenständigen Wurzel der Ur-Samenpflanzen.

*Die wirtschaftliche Bedeutung:* Die Palmen befinden sich erst am Beginn der Domestikation. Die Ölpalme ist seit 100 Jahren in Kultur, die Kokos- und Dattelpalmen einige tausend Jahre. Neben den Gräsern sind die Palmen von größter wirtschaftlicher Bedeutung. Die Ölpalme kann 5—6 t/ha Öl liefern, Raps nur 1 t. Die jetzt genutzten Palmen Aerocomia, Astrocaryum, Attalea, Jessenia, Orbignya, Euterpe und Bactris werden in der Wildform genutzt. Tropische Palmen versorgen Eingeborene Südamerikas, Südostasiens und Zentralafrikas mit Eiweiß und Fett. Mehrzweckpalmen: Copernicia-Arten liefern Fasern als Flechtmaterial. Camauba-Wachs liefern Copernica cerifera und Syagrus coronata. Jedes Blatt liefert nur 2 g, die abgeschabt sein wollen. Mauritia flexuosa, 25 m hoch, liefert einem Orinoco-Indianer fast alles für sein Leben: Holz zum Hüttenbau, Fasern für Kleidung, Blätter zum Flechten, Früchte als Fettquelle und Stärke aus dem Stamminneren. Phytelephas microcarpa liefert das „pflanzliche Elfenbein". Bactris-Arten wachsen nur bei hoher Luftfeuchte und Mitteltemperaturen von 19 bis 24 °C sowie 2000 – 4000 mm Niederschläge. Die Stämme sind stark bestachelt. Sie schieben Jungtriebe, die nach wenigen Jahren fruchten, die Mehl liefern nach Röstung. Orbignya-Palmen (Babassu) in Südamerika wachsen in feuchten Niederungen, bilden bis 12 m lange Blätter. Die Früchte (Cobune-Nüsse) enthalten wertvolles Öl. Scheelea-Palmen (Mexiko-Südamerika) werden 6 – 10 m hoch, mit 8 m langen Blättern, das Fruchtbündel ist 1 m lang, sie sind zur Ölgewinnung geeignet. „Palmitos" sind die Palmenherzen von Euterpe edulis, die jeweils aus einer 10- bis 15jährigen Pflanze durch Fällen „gewonnen" werden. Der Nährwert ist gering, der Mineraliengehalt reichlich. Palmkohl liefern Iriartea, Acrocomia, Geonoma. Die Sagopalme Metroxylon sagu und Verwandte liefern in Malaysia und im Pazifik die Sago-Stärke. Sie werden wildwachsend geerntet oder in „Palmgärten" gepflanzt. Zur Ernte wird der Stamm gefällt und die im Stamminneren gespeicherte Stärke durch Auswaschen von den Fasern getrennt. Die Vermehrung findet durch Sprosser statt. 1 ha Palmen liefert 20 Tonnen Stärke, die Sagopalmen liefern den höchsten Ertrag auf die Kulturfläche bezogen. Die Betelpalme (Areca catechu) befriedigt eine Sucht, das Betelkauen. Dieses Stimulans benützen über 200 Millionen Menschen von Indien bis zu den Philippinen. Die Palme hat einen bis 30 m hohen, schlanken Stamm und einen kleinen Blattschopf mit feingefiederten Blättern, unter dem die Fruchtstände stehen. Das Endosperm der Samen ist reich an dem Alkaloid Arecolin, das schweißtreibend und speichelbildend wirkt. Das Endosperm wird zerschnitten, mit Kalk, Zimt und anderen Gewürzen gemischt und in die Blätter von Piper betle eingewickelt. Dies wird gekaut. Die Folgen sind roter Speichelfluß, verbunden mit Blutdrang zum Kopf.

Einige Palmen dienen der Zuckergewinnung, indem man den Blütenstand oder den Stamm anzapft. Der Saft enthält bis 15% Zucker bei einem Saftfluß von 10 Litern am Tage. Kokosnußpalme und Dattelpalme werden ebenso angezapft wie Borassus flabellifer, Caryota urens, Jubaea chilensis und Arenga prinnata, die besonders viel Zuckersaft liefert — auch den Palmwein „Toddy".

Die Dattelpalme ist eine der ältesten bekannten Nutzpflanzen, da die künstliche Bestäubung aus der Zeit um 900 v. Chr. bei den Assyrern bekannt war. Sie ist von Vorderasien bis Indien heimisch. Andere Arten sind nicht weniger nützlich. Der Dattelpalmenwald von Elche in

Spanien geht auf die Anlage durch die Phoenizier im Jahre 600 v. Chr. zurück, liefert allerdings nur alle zwei Jahre eine Ernte.

Die öl- und fettliefernden Palmen sind nicht weniger bedeutsam. Drei Arten von Acrocomia liefern Öl (A. sclerocarpa, A. totai, A. mexicana). Sie kommen von Argentinien bis Zentralamerika vor. Sie liefern bis zu 70% Kernfette, auch das Fruchtfleisch enthält bis zu 10% Fett und 5% Eiweiß. Die Stämme werden bis 15 m hoch, sind stachelig und tragen bis 3 m lange Fiederblätter. Astrocaryum tucuma (Amazonas bis Peru) wird nur 6 m hoch und liefert birnengroße Früchte, die 40% Fett enthalten, das gut verwendbar ist. Die Kokospalme (Cocos nucifera) ist das Symbol tropischer Vegetation. In der Rangliste der Ölfrüchte steht sie an dritter Stelle. In den Handel kommt die „Kopra", das zerkleinerte und getrocknete Endosperm, das neben 60% Fett auch 20% Eiweiß enthält. Sie kommt nur in der Äquatorzone vor, an Meeresküsten weiter nördlich und südlich. Lange war man sich über ihren Ursprung uneins, da die Entdecker nach 1492 sie überall antrafen. Höchst wahrscheinlich ist das Entstehungszentrum der Gattung Polynesien. Cocos fruchtet nach etwa 7 Jahren und erreicht zwischen dem 15. und 60. Lebensjahr höchste Erträge. Zur Fruchtreife ist ein Jahr nötig. Heute gibt es bereits Zwergsorten, die frühere und besser erntbare Erträge bringen, die das ganze Jahr über reifen. Damit sind die „Pflückaffen" überflüssig geworden. „Kokosmilch" ist das Innere unreifer Früchte, das über 90% aus Wasser und Mineralsalzen besteht. Sie dient als Trinkwasser auf vielen Inseln. Die Stämme werden bis 30 m hoch, der Blätterschopf besteht aus 20 – 30 Fiederblättern, die bis 6 m lang und 15 kg schwer werden. Neben dem Holz dienen sie als Bau- und Flechtmaterial. Die Steinfrüchte können mehrere Monate im Meerwasser schwimmen, ohne die Keimfähigkeit einzubüßen.

Die Ölpalme (Elaeis guineensis) ist in diesem Jahrhundert zur Kulturpflanze aufgestiegen. Sie stammt aus dem Golf von Guinea in Afrika. Sie liefert Palmöl und Palmkernöl (60% Fett insgesamt). Die Hauptölmenge entstammt dem weichen Fruchtfleisch des Mesokarps, das rasch zerfällt. Es wird durch Heißwasser oder Pressen ausgezogen, das Kernöl wird gepreßt. Elaeis ergibt die höchsten Flächenerträge von allen Ölpflanzen (bis 50 t/ha). Der Stamm ist gedrungen, 5 – 10 m, mit alten Blattresten besetzt. Die Fiederblätter sind 5 m lang. Die Fruchtstände, bis zu 20 kg schwer, sitzen in den Blattwinkeln mit zahllosen kirschgroßen Einzelfrüchten. Die Vermehrung ist nur durch Aussaat möglich.

Die Palmen als Zierpflanzen sind ebenso bedeutsam. Die Kentie oder Paradiespalme (Howea forsterana) von den australischen Lord Howe Inseln ist in unseren Wohnräumen wieder erstanden. Ebenso beliebt sind die Phoenixpalmen von den Kanaren oder aus Indien in zierlicheren Formen. Die zentralamerikanischen Bergpalmen (Chamaedorea) sind als Zimmerpalmen sehr geeignet. In den Tropen und Subtropen sind Palmen als Zierbäume ebenso beliebt. Aus Mittel- und Südamerika sind zu nennen an Fiederpalmen: Roystonea (Königspalme), Arecastrum, Butia, Bactris, Euterpe, Attalea, Scheelea u. a.; Fächerpalmen: Paurolis, Sabal, Washingtonia. In Afrika und Asien sind als Fiederpalmen beheimatet: Caryota, Cocos, Dictyosperma (Prinzeßpalme), Phoenix, Raphia, Rhapis, Ptychosperma, Veitchia u. a.; an Fächerpalmen: Borassus, Licuala, Livistona, Latania u. a. Für das Überleben der Palmen ist vor allem eine gleichmäßige Wasserversorgung und eine relativ hohe Luftfeuchte notwendig. Sie gehören zu den schönsten und ausdauerndsten Zierpflanzen.

## Lebende Fossilien: Baumfarne und Palmfarne

Die Gestalten sind sich nur ähnlich, nicht ihre Abstammung noch ihre Lebensweise. Beide Gruppen gehören aber zu den Uraltpflanzen der Erde.
Die Baumfarne besitzen einen aufrechten Stamm, ohne Verzweigung und Dickenwachstum.
Sie bewohnen feuchte Zonen, häufig Gebirgszonen der Tropen und Subtropen. Sie dringen bis Neuseeland vor (Dicksonia antartica, Alsophila australis) oder in den Anden bis 4000 m (Trichopteris spec.). Die Familie der Baumfarne (Cyatheaceae) umfaßt als einzige heute anerkannte Gattung Cyathea 800 Arten. Sie ist mit 12 Arten in Südamerika vertreten. Sie beinhaltet die Gattungen Hemitelia, Alsophila, Sphaeropteris und Cibotium im tropischen Asien und den Pazifischen Inseln. Als Typus dient Cyathea medullaris aus Neuseeland. Über ihre Ordnung sind die Fachleute sehr unterschiedlicher Meinung. Allen gemeinsam ist ein bis 20 m hoher Stamm, meist sehr schlank, der sich zur Basis hin verjüngt und durch ein dickes Wurzelgeflecht umhüllt ist. Am Gipfel tritt eine Wedelkrone von 8 – 10 m Durchmesser auf. Die Blattstiele sind oft bestachelt. Die Blätter sind groß, ein- bis mehrfach gefiedert. In der Jugendphase ist das Blatt eingerollt und mit Schuppen besetzt. Die Sporenkapseln sitzen an der Blattunterseite, die relativ klein sind und bei der Reife aufreißen. Jedes Sporangium bildet 64 Sporen aus.

Die Palmfarne (Cycadaceae) rechnen zu den Nacktsamern, wie die Koniferen. Sie sind aber im Bau primitiver als diese und reichen mit 300 Millionen Jahren Alter ins Devon zurück. Vom Reichtum der alten Flora sind nur 80 Arten in 9 Gattungen übriggeblieben. Die Palmfarne sind Holzpflanzen mit einfachen, unverzweigten Stämmen, die ein Kranz von Fiederblättern krönt. Sie werden 1 – 3 m hoch, wenige werden höher (Encephalartos, Divon), andere bilden nur rübenartige Stämme von wenigen Zentimetern Höhe. Sie sind hauptsächlich in den Tropen verbreitet, meist vereinzelt treten sie in offener Landschaft auf, nur wenige lieben Schatten. Viele haben nur ein eng begrenztes Areal. Cycas ist am weitesten von Madagaskar über Indien, Indonesien bis Nordaustralien und Südjapan verbreitet. In Afrika sind vom Kapland bis über den Äquator hinaus 15 Arten von Encephalartos verbreitet, in Natal kommt die einzige Stangeria-Art vor. Im Amerika sind die Gattungen Zamia (Florida bis Chile), Dioon und Ceratozamia (Mexico) und Microcycas (nur Kuba). Bis zu 100 Blätter können Pflanzen tragen, andere besitzen nur wenige. Abgestorbene Wedel hinterlassen am Stamm Narben, daß sie wie ein Schuppenmuster wirken. Man kann daraus das Alter bestimmen. Die männlichen oder weiblichen Blüten an der Stammspitze bilden aufrechte Zapfen, sie sind also zweihäusig.

Die weiblichen Zapfen sind größer als die männlichen. Sie können sehr groß und schwer werden. Die Bestäubung erfolgt durch den Wind. Bei Cycas erkennt man bei den Samenblättern noch den Rest der Blattspreite, ein Zeichen für die Reduktion des Blattes zur Schuppe. Palmfarne wurden seit etwa 1750 in Gewächshäusern kultiviert. Sie dienten als „Palmwedel" bei Trauergebinden. Importstämme bewurzeln sich in feuchtwarmer Atmosphäre wieder. Heute liefert Japan Cycas-Wedel; aber auch an der Riviera werden sie gezogen. Die Samen sind nur geröstet eßbar. Im Stamm ist Stärke ge-

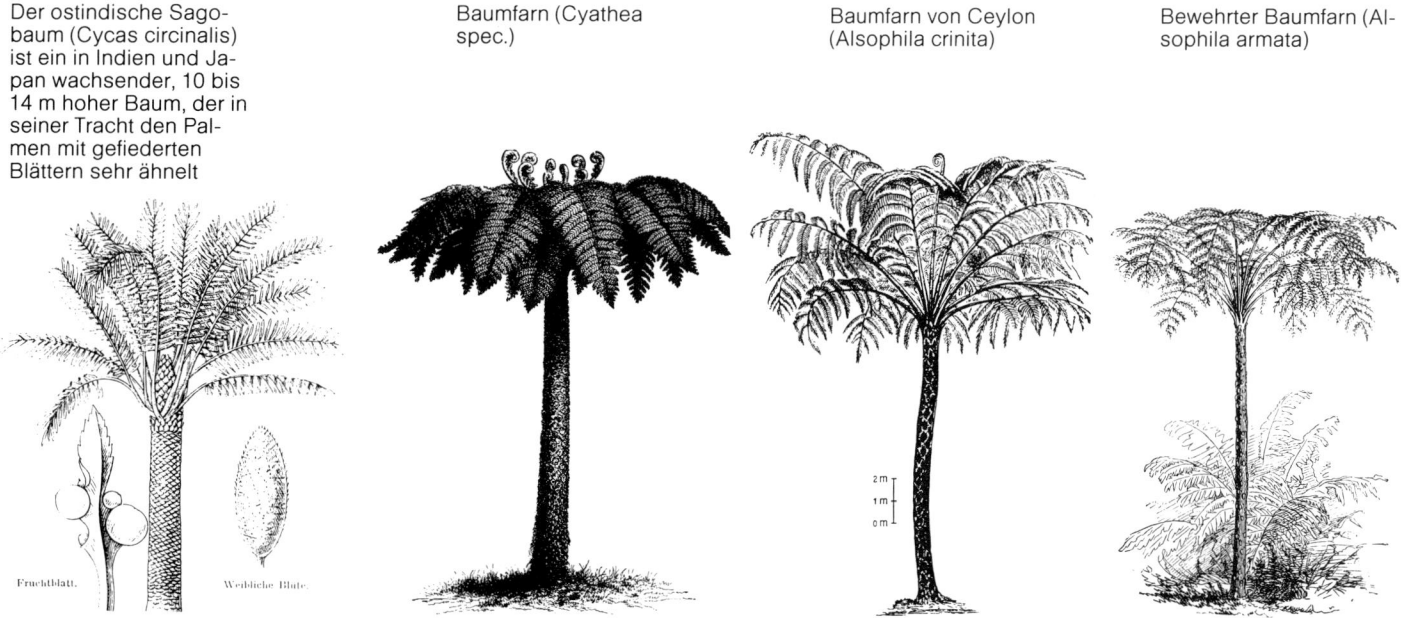

Der ostindische Sagobaum (Cycas circinalis) ist ein in Indien und Japan wachsender, 10 bis 14 m hoher Baum, der in seiner Tracht den Palmen mit gefiederten Blättern sehr ähnelt

Fruchtblatt.   Weibliche Blüte.

Baumfarn (Cyathea spec.)

Baumfarn von Ceylon (Alsophila crinita)

Bewehrter Baumfarn (Alsophila armata)

speichert (Cycadeen-Sago). Aber im Stamm bildet sich höchstens soviel Stärke wie im Zapfen. Da die Pflanzen langsam wachsen, bedeutet das Fällen für sie die größte Bedrohung. Die Stärke ist die Reserve für ihre Lebensfähigkeit, auch bei der Wiederbewurzelung. Die Cycadeen sind nach wie vor begehrte Zierpflanzen. Sie sind eine der wichtigsten Zwischenstufen bei der Entwicklung der Pflanzen.

Die *Palmfarne*, Cycadaceae, sind Holzgewächse, die an Palmen oder Baumfarne erinnern. Sie umfassen 9 lebende Gattungen und rund 100 Arten und kommen in den Tropen und Subtropen zerstreut vor. Bei Stangeria und Bowenia sind die Stämme unterirdisch, knollig, kugelig oder rübenförmig. Die meisten sind baumförmig, mit säulenförmigem Stamm von über 2 m Höhe. Der Stamm ist von einem Schuppenpanzer bedeckt, der von Blattfüßen gebildet wird. An der Spitze des Stammes steht eine Krone von einfach gefiederten, farnähnlichen Blättern, bei Bowenia sind sie doppelt gefiedert. Die Blattkrone kann bis 100 Blätter tragen, bei Zamia pygmaea sind sie nur 5 cm lang, bei Encephalartos dagegen bis zu 5 m lang. Die Fieder stehen zweireihig an der Mittelrippe. Die Blattfieder sind ganzrandig, sind mit dicker Kutikula und eingesenkten Spaltöffnungen versehen als Anpassung an trockene Standorte. Die Blüten sind zweihäusig, wir haben männliche und weibliche Pflanzen. Außer Cycas bilden alle die Fortpflanzungsorgane zu Zapfen aus, die einzeln oder zu mehreren an der Stammspitze zwischen den Blattwedeln stehen.

Bei Cycas sind die Samenblätter um die Stammspitze angeordnet, die danach wieder Laub- und Niederblätter ausbildet. Die beiden Geschlechter der Cycadeenzapfen sehen sich sehr ähnlich, die weiblichen Zapfen können sehr groß und schwer werden. Die Zahl der Pollensäcke je Staubblatt schwankt zwischen etwa 1000 bei Cycas und 28 bei Zamia. Die Pollen werden durch den Wind verbreitet. Die Samenblätter haben einen unfruchtbaren Endteil und tragen seitlich meist 10, selten nur 2 Samenanlagen. Der Samen besitzt eine fleischige Außen- und eine harte Mittelschicht, das Nährgewebe ist mehlig. Meist sind 2 Keimblätter, selten bis 6 vorhanden. Die Befruchtung ist ziemlich kompliziert. An der Samenanlage befindet sich eine Pollenkammer. Die Pollenkörner werden von einem Bestäubungstropfen aufgenommen, der am Keimmund austritt. Durch das Vertrocknen des Tropfens werden die Pollenkörner eingesogen, die Pollenkammer schließt sich nach außen ab. Der Pollenschlauch wächst aus, dient aber nur der Befestigung und Ernährung des männlichen Gametophyten. Gleichzeitig entwickelt das Pollenkorn aus seiner spermatogenen Zelle 2 Spermazellen, in denen wiederum je ein freibewegliches Spermatozid, das ein schraubiges Gießelband besitzt, gebildet. Der Durchmesser beträgt 0,3 mm, das sind die größten Spermatozoiden im Pflanzen- und Tierreich. Auch die Eizellen sind groß. Bei Dioon edule messen sie 6 mm Länge. Die Bildung des Samens erfolgt erst nach dem Abfall von der Mutterpflanze, zwischen Bestäubung und Befruchtung können mehrere Monate liegen. Rinde und Mark sind gut entwickelt. Im Parenchym des Marks

wird Stärke gespeichert. Die Primärwurzel ist als Pfahlwurzel ausgebildet, mit normalen Seitenwurzeln besetzt. Kurze, dichotomverzweigte Seitenwurzeln am Stammgrund wachsen nach der Oberfläche und sind mit Blaualgen (Nostoc) besetzt. Sie sollen angeblich Stickstoff aus der Luft assimilieren können.

Cycas ist in 15 Arten von Südjapan/China bis Madagaskar und Zentralafrika verbreitet, auch in Malaysia und Nordostaustralien findet man sie. Die Arten bilden Stämme und sind mit einnervigen Fiederblättern ausgestattet. Stangeria paradoxa ist mit knolligem Stamm im Kapland und Natal heimisch. Es ist die „farnähnlichste" Gattung. Bowenia ist ähnlich, jedoch mit 2 m langen, doppelgefiederten Blättern versehen. Dioon aus Mexiko hat eine reiche Blattkrone mit einfach gefiederten Blättern. Dioon edule liefert hervorragendes Stärkemehl. Es bildet alle zwei Jahre eine neue Blattkrone, 1000 Blattfüße entsprechen 1000 Jahre bei 2 m Stammhöhe. Dioon spinulosum erreicht bei 200 Jahren mehr als 10 m Höhe. Ceratozamia ist ebenfalls aus Mexiko bekannt. Zamia in 39 Arten wächst von Florida bis zum subtropischen Südamerika. Die Blätter sind einfach gefiedert, längsnervig. Die Arten sind klein in der Gestalt.

Südlich der Sahara gedeiht Encephalartos mit 30 Arten auf trockenen Standorten in Steppen, an Felsabhängen. Die Zapfen von 50 cm Länge wiegen 45 kg. Sago liefern die knollenartigen Stämme des Kaffernbrot-Palmfarnes (E. caffer). Die größte Art ist E. transvenosus. Sie bildet im Bereich der Regenkönigin bei Duiwelskloof einen waldähnlichen Bestand.

Macrozamia ist mit 12 bis 15 Arten in Australien verbreitet. M. hopei erreicht mit 18 m die höchste Größe unter den Cycadeen.

Microcycas calocoma kommt in den Bergen Westkubas vor und wird bis 10 m hoch.

Die Cycadeen enthalten Giftstoffe. Trotzdem werden sie gegessen. Junge, noch nicht entfaltete Cycasblätter werden in Indomalaysia verspeist. Das stärkereiche Mark von Cycas ist nach dem Kochen genießbar, wovon 45% Stärke und 9% Protein sind. Männliche Pflanzen enthalten mehr Stärke. Cycadeenteile sind — wie bei den Palmen — alle verwendbar als Nahrungsmittel, Heilpflanze, Faserpflanze, Düngemittel wegen hohen Stickstoffgehaltes, Dekorationsmittel und Zierpflanzen. Aber, da sie sehr zerstreut und immer in wenigen Exemplaren auftreten, sind sie sehr bedroht. Daher stehen alle Arten unter besonderem Schutz.

## Die Genossen des Silberbaumes: Proteusgewächse

Man kennt sie neuerdings aus Importen von Südafrika, diese Riesen-Dauer-Blumensträuße.

Die Proteusgewächse kommen nur in der Südhemisphäre vor, die meisten in Australien und Südafrika, wenige in

Südamerika. Viele kleine Einzelblüten sind zu großen Blütenständen vereinigt. Die Blütenhülle besteht aus Blättern, die in der unteren Hälfte eine Röhre bilden. Die Staubbeutel sitzen in den löffelartigen Enden der Blütenzipfel. Die Griffel mit den Narbenköpfen ragen weit aus der Röhre hervor. Die Blüten scheiden Nektar aus, der von Vögeln genommen wird, die die Blüten bestäuben. Die Proteen bilden meist Sträucher, oft auch Bäume. Häufigste Art ist im Handel Grevillea robusta, mit feinen Fiederblättern. Sie gedeiht gut als Zimmerpflanze. Die Blüten, die erst als Baum erscheinen, sind goldgelb-orangerot. 170 Arten zählt die australische Gattung. Hakea und Banksia, mit auffallend gefärbten Blütenständen, sind ebenfalls in Australien heimisch. Sie lassen sich gut kultivieren. Schwieriger hat man es mit den afrikanischen Arten. Protea aus Südafrika gleicht einer riesigen farbigen Silberdistel. Die schönste ist P. cynaroides. Es gibt etwa 100 verschiedene Arten. Leucadendron aus dem Kapland, mit 75 Arten, ist mit eingeschlechtlichen Blüten ausgestattet, die Hochblätter sind gelbgrün, auffallend ist vielmehr der silbrig-seidige Glanz der Blätter. Bei Leucospermum mit 40 Arten wirken die Blüten im Blütenstand ohne Hochblätter. Sie werden häufig als Ziersträucher gepflanzt. Mit 1400 Arten und 62 Gattungen ist die Pflanze in Australien mit 750 Arten vertreten, mit 400 in Afrika. Keine Gattung ist aber bei den Hauptverbreitungsgebieten gemeinsam. Die Proteen gehören in die Hartlaubvegetation der Winterregengebiete, die im Kapland Fynbos ( = Macchie) heißt. Die Blütensträucher sind von ausgefallener Schönheit.

### Riesenwasserlilien: Victoria und Euryale

Unseren heimischen Seerosenarten, der weißen Seerose (Nymphaea alba) und der gelben Teichrose (Nuphar lutea), stehen zahlreiche subtropische und tropische zur Seite. Weiß blüht ebenfalls N. odorata aus N-Amerika und N. lotus aus Ägypten, hellblau mit gelber Mitte zeigen N. stellata (tropisches Asien) und N. sansibariensis (Ostafrika), N. coerulea aus NO-Afrika blüht blau und N. gigantea (Australien/Neuguinea) hat große, dunkelblaue Blüten.
Die Seerosen erblühen zu bestimmten Stunden, viele am Morgen. N. lotus ist ein Nachtblüher. Bei Nymphaea erscheinen die Staubblätter und ein Teil der inneren Blütenblätter am Fruchtknoten höher gerückt. Die Fruchtblätter sind in die Blütenachse eingesenkt und wirken wie verwachsen. Bei Victoria und Euryale wächst die Blütenachse ganz um die Fruchtblätter herum, Kelch-, Blüten- und Staubblätter rücken zur Spitze des Fruchtknotens, er wird „unterständig".
Die Victoria amazonica ( = regia) ist in den stillen Wassern des Amazonasbeckens heimisch. Die bis 2 m Durchmesser großen Schwimmblätter haben hohe Ränder mit zwei gegenüberliegenden Einschnitten. Auf der Unterseite versteifen hohe Rippen als Adernetz die Stabilität, die Zentnerlasten tragen (bis 75 kg). In den Rippen sind große Lufträume, die ihnen Auftrieb geben. Die Pflanze wächst als Rosette von innen nach außen. Die

äußeren Blätter drängen die Konkurrenz ab. Victoria cruciana, aus Uruguay und Paraguay, ist ihr äußerlich sehr ähnlich. Der Blattrand ist aber 10 — 12 cm hoch und die Frucht ist ebenfalls bestachelt.
Die Blüten bei der Victoria sind doppelt faustgroß. Sie erblühen am Nachmittag und schließen sich am anderen Morgen. Sie öffnen sich am gleichen Nachmittag ein zweites Mal, aber von weiß nach rosa verfärbt, und schließen sich am frühen nächsten Morgen. Die Samen reifen unter Wasser geschützt aus. Sie keimen sehr ungleich über Jahre hinweg und müssen ständig im Wasser liegen. Der „Wassermais", wie die Samen heißen, ist dunkelbraun und erbsengroß, und keimt erst nach 10 Jahren. Der Wasserstand am Standort kann im November sehr niedrig und am Ende der Regenzeit im Juli 10 m höher liegen. Die Entwicklung beginnt bei niedrigem Stand im Dezember, blüht, wenn der Wasserstand 6 — 8 m Tiefe hat, und verschwindet im Juli vollständig von der Oberfläche. In der Heimat bestäuben Wasserkäfer die Blüten, die durch den Duft angelockt werden, den Anhängsel der Staubblätter unter starker Wärmeentwicklung erzeugen.
Euryale ferox aus dem tropischen Asien (Südchina), Familie Euryalaceae, als einzige Art bildet flache, bis 1 m durchmessende Blätter, die oberseits bestachelt, aber randlos sind. Die roten Blüten sind klein und unscheinbar. Samen und Wurzeln essen die Chinesen.

### Stachlige Säulen und Kugeln: Kakteen

Die Trockengebiete Amerikas von Kalifornien und Arizona über Mexiko bis zum mittleren Südamerika sind die Heimat der Kakteen. Opuntia-Arten findet man sogar an der Südspitze Südamerikas sowie in Westkanada. In Südafrika, Indien, Australien, auch im Mittelmeergebiet und Makronesien, haben sie sich naturalisiert. Sie haben bei gleichartiger Blütenform eine Fülle von Gestalten entwickelt, die das Interesse von Sammlern und Liebhabern gefunden haben. Neben Zwergen, wie Blossfeldia lilliputana mit nur 1 cm Durchmesser, findet man Riesen, wie Echinocactus ingens mit 80 cm Durchmesser und 2,50 m Höhe, oder die Riesenkandelaber von Carnegiea gigantea in Arizona und Niederkalifornien, bis zu 12 m hoch und 150 bis 200 Jahre alt.
Die Kakteen regeln ihren Wasserhaushalt durch umgewandelte, fleischige Stämme, die als Vorratsbehälter dienen. Die Kakteen haben einen Wassergehalt von 85 — 95%, sie können rund 25% davon verlieren, ehe sie zugrunde gehen; sie schrumpfen und die Rippen kommen einander näher. Bei Niederschlag — Regen oder Nebel — wird Wasser sehr rasch aufgenommen, auch durch die Stacheln, wie neuere Untersuchungen in Heidelberg bewiesen haben.
Einige Kakteen können, da sie ihre Fähigkeit der Trockenresistenz ausnutzen, auf Bäumen leben. Vögel bringen die Samen an ihre neuen Standorte. Die Gattung Rhipsalis (z. B. R. cassytha) kommt in Amerika vor; auf natürliche Weise fand sie nach Afrika und Sri Lanka. 60 Arten findet man von Westindien bis Argentinien, einige steigen in den Anden bis 3600 m auf. Zu den Kakteen

rechnet man, je nach Auffassung, 84 bis über 350 Gattungen mit 2000 bis 2500 verschiedenen Arten. Die wesentlichen Merkmale der Pflanzengestalt sind die Kriterien für die Zuordnung in ein System. Bei den Kakteen ist die Verkleinerung der wasserabgebenden Oberfläche das entscheidende Merkmal, die mit der Wasserspeicherung einhergeht. Das Wurzelsystem liegt meist flach. Die Wurzeln sind sehr lang, oft fleischig, manchmal mit einer Rüben- oder Knollenwurzel. Der Stamm ist sehr variabel und trägt in den seltensten Fällen grüne Blätter. Der Körper ist mit Stacheln besetzt, auch von Haaren umstanden. Sie bremsen die Luftströmung ab, verzögern die Wasserabgabe, begünstigen die Taubildung, schützen vor zu praller Sonne und vor Tieren oder fördern die Verbreitung der Art durch Tiere.

Die einfachste Kaktee ist die Pereskia. Sie entwickelt an verzweigten Sprossen grüne Blätter. In jeder Blattachse bildet sich eine Gruppe von Stacheln aus einem kissenartigen Polster, das mit kurzen Haaren besetzt ist. Dieses typische Gebilde heißt man Areole, Warzenfeld. Die Stacheln betrachtet man als abgeänderte Blätter der Seitentriebe, deren Stamm gewöhnlich nicht entwickelt ist. Die nächste Entwicklungsstufe ist die Opuntie, bei der der Pflanzenkörper die Assimilation übernommen hat, obwohl noch fleischige Blätter vorhanden sind. Bei wenigen Arten bleiben die Blätter zeitlebens erhalten, die anderen lassen sie sehr früh fallen. Büschel mit Haaren, die Widerhaken, Glochidien, besitzen, bedecken die Areolen zusammen mit Stacheln. Bei den meisten Arten besteht der Stamm aus Sproßgliedern, die vielfach abgeflacht sind und so besser sich dem Licht zuwenden können. Beim Rest der Familie bleiben die Blätter rudimentär. Viele Gattungen haben säulen- oder kugelartige Stämme mit Rippen, auf denen in regelmäßigen Abständen die Areolen sitzen. Das Bildungsschema der Rippen wird durch jede ausgebreitete Blattbasis beeinflußt, die senkrecht darüber und darunter in den Reihen der Blattstellung vorgegeben ist. Bei vielen Arten, wie Epiphyllum, Rhipsalis usw., bilden sich Sprossen abgeflacht und blattähnlich aus. Diese Form nennt man Phyllocladium. Die Areolen sitzen in Kerben der Sproßränder. Diese Formen sind wahrscheinlich durch den Verlust einiger Rippen entstanden. Die Leittriebe der genannten Gattungen sind aber zylindrisch. In der Mammillaria-Verwandtschaft sind die Blattbasen in warzenartige Ausstülpungen umgewandelt. Die verlängerten Höcker einiger Arten von Ariocarpus u. a. geben der Pflanze eine Aloe- oder Sempervirum-Gestalt. Die Blattreste und die Areole sind in den meisten Fällen an die Spitze gerückt, wo auch die Blüten entstehen. Bei den anderen höckerigen Arten, besonders Mammillaria, entstehen die Blüten und Ableger in den Achseln der Höcker. Die entwicklungsgeschichtlichen Untersuchungen haben bewiesen, daß der Teil, in dem die Stacheln entstehen, ein Teil des Areolen-Bildungsgewebes ist. Dies hat nichts mit dem vegetativen Körper zu tun. Das Areolengewebe steht jedoch mit dem Sproßbildungsgewebe im Zusammenhang. Die Masse des Körpergewebes besteht aus Grundgewebe mit dünnwandigen Zellen, die für die Wasserspeicherung geeignet sind. Der Zellsaft ist schleimartig, um die Verdunstung zu erschweren. Die Haut ist dick und die Kämme des Stammes sind verstärkt, die Spaltöffnungen sitzen in den Furchen. Durch diese Einrichtungen sind die Kakteen sehr lebensfähig. Das Wachstum ist langsam, obwohl sich große Pflanzenkörper bilden. Die vegetative Vermehrung bei warzigen Formen und bei Opuntien ist beachtlich.

Die Blüten erscheinen meist einzeln und sitzen auf oder neben den Areolen oder in den Achseln der Höcker. Sie sind häufig farbenprächtig und relativ groß, zweigeschlechtlich, regelmäßig oder zweiseitswendig. Es gibt gleitende Übergänge von Kelch- zu Blütenblättern, die spiralig angeordnet und am Grunde verwachsen sind, um einen Blütenbecher zu bilden. Die Früchte sind im allgemeinen Beeren, viele sind eßbar.
Trotz der großen Vielfalt der Kakteengestalten ist die Blütenstruktur bei allen sehr ähnlich. Die Gattungen lassen sich kreuzen, was auf nahe Verwandtschaft schließen läßt. Man unterscheidet heute drei Unterfamilien:
1. Pereskieae mit breiten, flachen Blättern, ohne Glochidien, gestielte Blüten, oft in Büscheln, schwarze Samen, jedoch ohne Samenmantel, z. B. Pereskia aculeata, Maihuenia spec.
2. Opuntieae mit Blättern, meist abfallend, klein, mit Glochidien, sitzenden, runden Blüten, Samen mit blassem, hartem Samenmantel oder mit Flügel: Opuntia vulgaris mit den Gattungen Opuntia, Pereskiopsos, Pterocactus, Quiabuntia, Tacinga.

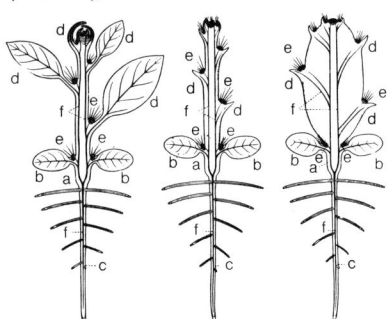

Ableitung der Kakteenform, schematisch
a Hypocotyl, b Cotyledonen, c Hauptwurzel, d Laubblätter bzw. deren Rudimente, e bedornte Seitenknospen (Areolen), f Leitbündel

Cactaceae
Kakteen im Übergangsstadium von einfachen, entfalteten Blättern zur Form, in der nur Stacheln (abgewandelte Blätter) zu finden sind. Links: Barbados-Stachelbeere (Pereskia aculeata).

Mitte: Feigenkaktus (Opuntia).
Rechts: Walzenkaktus (Ferocactus)

Rosenkaktus (Pereskia bleo)
a blühender Zweig, b Frucht im Längsschnitt

3. *Cereëae* (= Cacteae) mit rudimentären Blättern, ohne Glochidien, sitzenden Blüten, gewöhnlich mit einem Becher.

1. Stamm: *Cereae* mit säulenartigen, wenig gerippten Stämmen aus alten Areolen blühend, Landpflanzen, mit Stacheln.

1. Unterstamm: *Cereinae* mit röhrenförmigem Blütenboden, unbehaart oder behaart, auch geschuppt: Carnegiea gigantea, dazu u. a. Armatocereus, Brachycereus, Cephalocereus, Cereus, Dendrocereus, Echinocereus, Leptocereus, Lophocereus, Pachycereus.

2. Unterstamm: *Echinopsidinae* mit röhrenförmigem Blütenboden, dünnbehaart, eng beschuppt: Rebutia muscula, dazu die Gattungen Cleistocactus, Echinopsis, Espostoa, Haageocereus, Lobivia, Rebutia u. a.

3. Unterstamm: *Hylocereinae*: Epiphyten mit Luftwurzeln, wenige oder keine Stacheln: Rhipsalis gaertneri mit Aporocactus, Disocactus, Epiphyllum, Heliocereus, Hylocereus, Rhipsalis, Schlumbergera, Selenicereus, Weberocereus u. a.

2. Stamm: Cacteae mit vielrippigen, nicht gegliederten Stämmen, Blüte aus jungen Areolen, Wuchs oft zwergig.

4. Unterstamm: *Neoporteriinae* mit röhrenförmigem Blütenboden, flaumig, Stacheln auf den Areolen: Notocactus tabularis, dazu Austrocactus, Blossfeldia, Eriosyce, Frailea, Neoportia, Notocactus, Parodia, Uebelmannia u. a.

5. Unterstamm: *Cactinae* mit röhrenförmigen Blütenboden, ohne Stacheln, Blüten aus endständigem Cephalium (= Blütenzone mit Woll-, Haar- oder Borstenbildung): Melocactus maxonii mit den Gattungen Disocactus und Melocactus.

6. Unterstamm: *Echinocactinae* ohne Cephalium, mit röhrenförmigem Blütenboden, ohne Stacheln: Astrophytum myriostigma und Gattungen, wie Ariocarpus, Astrophytum, Coryphantha, Echinocactus, Escobaria, Ferocactus, Gymnocalycium, Leuchtenbergia, Lophophora, Mammillaria, Pediocactus, Thelocactus u. a.

Kakteen haben als genügsame Fett- oder Saftpflanzen (Sukkulente) im 16. Jahrhundert in Europa Eingang gefunden. Apotheker und Mönche haben sich ihrer angenommen. Als die Botaniker sie bekannt machten, wuchs das Interesse sprunghaft an. Im 19. Jahrhundert nahmen sich Fürsten und Patrizier der Kultur an. Bald wurden sie Lieblinge von Armen und Reichen.

Herausragende Kakteen sind: Cereus peruvianus, der bis zu 8 m hoch wird und 5 bis 8 Rippen ausbildet; die Stacheln sitzen zu 6 bis 12 in Gruppen, die weißen Blüten erscheinen im Sommer. Selenicerus grandiflorus, Königin der Nacht, von den Antillen besitzt einen langen, sich windenden Sproß mit etwa 5 cm Durchmesser und wenigen Rippen; die weißen Blüten sind sehr groß, glockenförmig, mit rötlichbraunen Kelchblättern, die Blütenblätter (Kronblätter) sind lanzettlich und spiralig angeordnet, die vielen Staubblätter stehen in Flocken, haben gelbe Staubbeutel, in der Blütenmitte steht der Griffel mit sternförmiger Narbe, die Blüten öffnen sich nach Sonnenuntergang, duften nach Vanille, welken am anderen Morgen. Die Prinzessin der Nacht, Selenicereus nyctical-

lus, aus Mexiko ist duftlos. Hylocereus ist für den Tropenwald als Epiphyt typisch; die Luftwurzeln nehmen Wasser auf, die Stacheln sind stark reduziert; die Pflanze klettert bis 10 m hoch; ihre nächtlichen Blüten sind sehr groß und duften stark.

Auffallend sind die Riesen von Carnegiea gigantea in Arizona, dessen Früchte ebenso eßbar sind wie das Fleisch. Diese Art ist aber sehr bedroht. Cephalocereus bildet einen Blütenschopf mähnenartig aus (Greisenhaupt). Echinocereus-Arten haben Riesen (E. grusonii = „Schwiegermuttersitz") und Zwerge. Einige sind sogar winterhart, wenn sie trocken stehen.

Schlumbergera x buckleyi ist als Weihnachtskaktus bekannter. Rhipsalis-Arten sind ebenfalls Epiphyten des Urwaldes und heißen oft „Mistelkakteen" wegen der weißen Beerenfrüchte.

Die Opuntien haben sich das größte Pflanzenareal geschaffen, sie sind die widerstandsfähigsten Kakteen. Sie bildeten in Mexiko bis zur Einführung des Getreides das Grundnahrungsmittel der Indios. Heute werden sie als Hecke gepflanzt, auch im Mittelmeerraum. Auf Opuntia cochenillifera wird die Cochenille-Schildlaus gezüchtet, um den wertvollen roten Farbstoff (Cochenillerot, Karminrot) zu gewinnen.

Die Pereskia hat als Strauch äußerlich mit Kakteen wenig gemeinsam. Aber Blüte und andere Merkmale weisen sie an den Anfang der Kakteenfamilie.


## . . . und andere Sukkulente

Sukkulente oder auch Saft-/Fettpflanzen speichern in besonderen Geweben, die schwammartig vergrößert sind, Wasser. Zu ihnen zählen auch die Kakteen, die mehr oder weniger alle sukkulent sind. Aber — nicht alle Sukkulente sind Kakteen. Sukkulente sind Pflanzen, die sich an das Leben in trockenen Standorten angepaßt haben. Sie besitzen Einrichtungen zur Verminderung der Wasserabgabe und zur Erhöhung der Wasseraufnahme und -speicherung.

Bei den Sukkulenten bleiben die Spaltöffnungen am Tage geschlossen, nachts nehmen sie den Gasaustausch vor. Das Kohlendioxid der Luft wird dann durch organische Säuren gebunden, die aus Kohlenhydraten bereitgestellt werden. Am Tage spalten sich die organischen Säuren in $CO_2$ und $H_2O$ auf, so daß die Photosynthese ohne Gasaustausch am Tage ablaufen kann. Diesen Vorgang bezeichnet man als Säurestoffwechsel, der zuerst bei Crassulagewächsen entdeckt wurde, daher: Crassulaceen-Säure-Stoffwechsel.

Die Sukkulenz findet man bei vielen Pflanzenfamilien ohne verwandtschaftlichen Zusammenhang. Eine Einteilung nach der Sukkulenz ist schwierig, da sie sich nicht genau festlegen läßt. In 33 Familien, außer den Kakteen, und in rund 600 Gattungen finden wir irgendeine Art von Sukkulenz. Von der Gestalt her betrachtet unterscheiden wir Blattsukkulente (Aloe, Agave, Echeveria, Sedum, Sempervivum, Lithops u. a.), Stammsukkulente (z. B. alle Kakteen) und Wurzelsukkulente (z. B. Bowiea aus den Liliengewächsen).

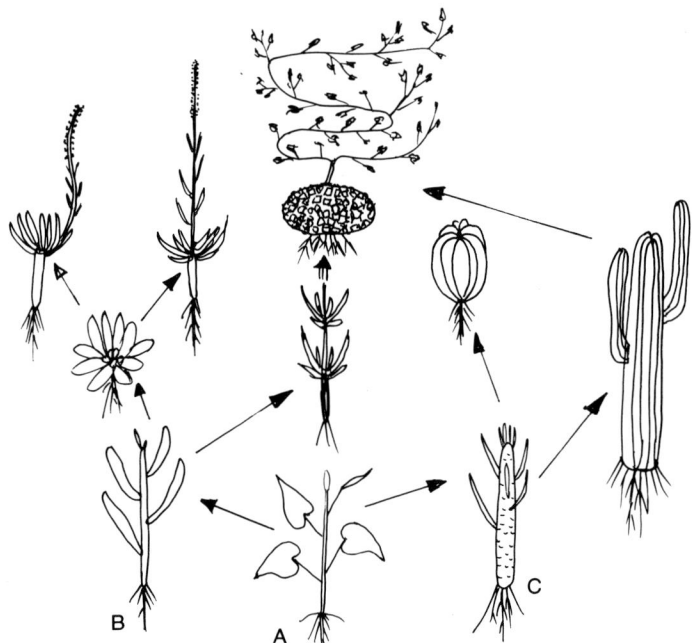

Entstehung verschiedener Formen der Sukkulenz (Saftspeicherung)
Ein gewöhnliche Blattpflanze (A) ist weder wasser- noch dürreresistent.
Zum Schutz gegen Wasserverlust verringern Pflanzen die Blattoberflä-
che und legen sich eine „dicke" Haut zu (B). Der andere Weg führt über
eine Sproßverdickung (C) zur Wasserspeicherung. Die Blattsukkulenz
(B-Reihe) führt zu Rosettenpflanzen mit seitlichen oder endständigen
Blütenständen. Die Stammsukkulenz (C-Reihe) bedingt Säulen- oder
Kugelformen mit zeitweiliger Blattausbildung oder völliger Blattum-
wandlung zu Stacheln. Die A-Reihe entwickelte sich in die Wurzelsuk-
kulenz mit Dauersprossen und Blättern oder jährlichem Neuaustrieb
aus dem Wurzelstock

Die Verringerung der Oberfläche kann bis auf 0,3% einer
vergleichbaren „Normalpflanze" erfolgen. Ist das Blatt-
werk reduziert, übernehmen die grünen Stämme oder
Sprossen die Photosynthese. Sie enthalten also das
Speicher-, das Festigungs- und das Assimilationsgewe-
be. Da auch das Öffnen einer Blüte Wasserverlust bedeutet, sind viele Nachtblüher oder sie haben sehr kleine
Blüten.

Stacheln sind Auswüchse der Oberfläche. Sproßdornen
sind umgewandelte, holzige Sprossen mit eigenem Gefäßsystem. Blattdornen sind umgewandelte Blätter oder
Nebenblätter. Die Blattspreite ist nicht entwickelt. Die
Glochidien der Opuntien sind eine besondere Art von
Blattdornen mit Widerhaken. Andere Pflanzen bilden eine
Blattspreite, sie fällt dann ab und der Blattstiel erhärtet zu
einem Stachel. Es ist nicht immer leicht, bei der Bewie-
rung von Sukkulenten zu sagen, was Stachel, Sproßdorn
oder Blattdorn ist. Meist redet man von Stacheln. Stacheln schützen auch vor Fraß. „Unbewaffnete" schützen
sich durch beißende Milchsäfte oder Giftstoffe.
Sukkulente kommen in allen Erdteilen vor. In Europa sind
es die Gattungen Sedum und Sempervivum. Eine gewisse Häufung sukkulenter Pflanzen findet man nördlich und
südlich der Wendekreise. In Australien gibt es fast keine.
In Amerika und Südafrika treten dichte Populationen auf.

Die *Blattsukkulente* speichern Wasser in saftigen Blättern. Die meisten findet man in den Familien der Eiskrautgewächse (Mesembrianthemataceae) und der Dickblattgewächse (Crassulaceae). In diesen Familien trifft

man alle Unterschiede, von dünnblättrigen bis zur Reduktion der unkenntlichen Form.

Die Commeliengewächse zählen rund 500 Arten in 38
Gattungen, u. a. Tradescantia, Rhoeo und Zebrina. Die
knotigen, gegliederten Stengel sind auffallend. Tradescantia navicularis aus Peru entwickelte die höchste Sukkulenz. Die Blätter weisen ein Speichergewebe unter der
Oberhaut auf. Bei Trockenheit zerfallen die Stengel. An
den Knoten bilden sich eine Art Knospen, die später
leicht wurzeln.

Die Korbblüter (Compositae) sind als eine der größten
Familien weit verbreitet. Man findet alle Arten von Sukkulenz. Blattsukkulenz trifft man bei Senecio, Kleinia und
Othonna an. Bei Senecio gibt es rund 60 Arten. Othonna
capensis ist weit verbreitet, auch in der Kultur.

Die Gurkengewächse besitzen Strunksukkulente, aber
auch eine beachtenswerte, kletternde Blattsukkulente
Xerosicyos, mit elliptischen Blättern und kleinen, getrennt geschlechtlichen Blüten.

Bei den Gesneriagewächsen ist Streptocarpus saxo-
rum mit einer fleischigen Blattrosette zu nennen.
Die Lippenblütler (Labiatae) weisen Coleus pentheri und
Plectranthus prostratus als Sukkulente aus.
Bei Peperomia, den Pfefferkrautgewächsen aus Südame-
rika, gibt es Blattsukkulenz verschiedener Ausbildung.

Die Dickblattgewächse (Crassulaceae) sind mehrjährige
Kräuter. Die Blüten sind klein und meist in Köpfchen vereinigt; sie blühen weiß, gelb, orange, rosa oder rot. Die
wichtigsten sind Crassula, Kalanchoe, Cotyledon, Echeveria, Sedum, Tacitus, Aeonium, Monanthes, Sempervivum.

Die Eiskrautgewächse gehören im weiten Verwandt-
schaftskreis mit den Kakteen zur Nelken-Ordnung. Alle
Familien dieser Ordnung haben Betacyan statt Anthocyan als Farbstoff in der Blüte. Ihre Gestalt ist sehr variabel.
Man kann bei ihnen alle Zeichen der Trockenheitsanpas-
sung finden: Lange, vielblättrige Stämme bis zur Verringerung auf zwei Blätter. Konische Körper weisen Lithops
und Dinteranthus auf, kugelig ist Conophytum. Verschie-
dengestaltige Blätter bieten Mitrophyllum und Cleiridop-
sis. „Blattfenster" findet man bei Fenestraria, Frithia, Conophytum und Lithops. Die Blüten sind schön und auffallend. Die Frucht bildet sich als Kapsel aus, die sich mechanisch öffnet in Abhängigkeit von der Feuchtigkeit.
Der Fruchtbau ist die Grundlage der systematischen
Ordnung. Wichtigste Gattungen, geordnet in 4 Unterfamilien und 7 Stämme sind: Aptenia, Mesembrianthemum,
Dactylopsis, Hymenogyne, Caryotophora, der große
Stamm der Mimikri-Arten um Ruschia, Argyroderma, Conophytum, Delosperma, Dorotheanthus, Faucaria, Fenestraria, Gibbaeum, Heroroa, Herreanthus, Lampranthus,
Lithops, Mitrophyllum, Nananthus, Pleiospilos, Schwan-
tesia, Titanopsis u. a. Außerdem sind zu nennen: Apate-
sia, Herrea, Skiatophytum, Saphesia und Carpobrotus.
Alle „Lebenden Steine" und ihre Verwandten erregen immer wieder Bewunderung.

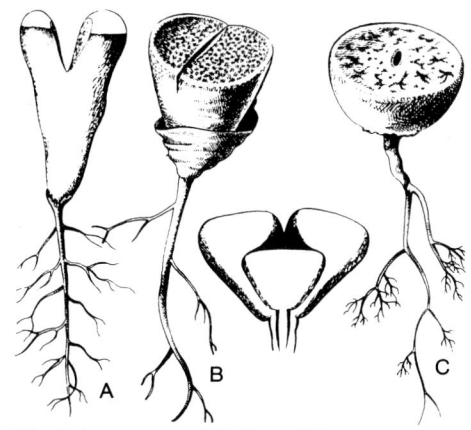

Wuchsformen verschiedener Lithops-Arten mit unterschiedlich großem freien Oberteil des Blattpaares
A Lithops helmutii, B Lithops leslie, C Lithops pseudotruncatella mit Längsschnitt durch die Pflanze

Die Portulakgewächse sind blattsukkulent, neigen aber zur Strunksukkulenz, wie Anacamperos oder Talimum. Die Blätter sind ganzrandig, mit Haaren am Grunde. Die Blüten fallen bei Portulaca und Lewisia ins Auge. Cerasia und Lewisia gehören zu dieser Familie.

Unter den Liliengewächsen gibt es eine Reihe von interessanten Fettpflanzen: Bulbine mesembrianthemoides mit zwei Fensterblättern. Aus dem Stamm Aloe aus Südafrika sind außerdem Gasteria und Haworthia zu nennen. An einem dicken, schwammartigen Stamm sitzt eine tragende Blattrosette. Die Blütenstände wachsen seitlich, die Blüten stehen in Trauben oder Rispen, die Frucht wächst zu einer Kapsel aus. Nach der Blüte wächst die Rosette weiter. Die kleinste Art ist Aloe saundersiae, mit grasähnlichen Blättern, kaum 10 cm groß. Die größte Art ist Aloe bainesii, die bis 20 m hoch wird. Ähnlich ist Aloe dichotoma; die Blätter sind spiralig in endständigen Rosetten angeordnet. Aloe plicatilis fällt durch die schöne zweizeilige Blattstellung auf. Die Blätter enthalten das Aloin, das für medizinische Zwecke verwendet wird. Die röhrenförmigen Blüten zeigen Farben von weiß, gelb, orange bis rot. Honigsauger und Bienen sind die Bestäuber. Sie lassen sich sehr leicht kreuzen. Seit 1700 ist die einzige winterharte Aloe, A. aristata, in Kultur. Für Sammler bieten Aloe mit Haworthia und Gasteria als Süd- und Südwestafrikaner eine große Formen- und Mustervielfalt.

Die Agavengewächse aus Amerika besitzen eine grundständige, zweiglose Rosette. Die kleinste Rosette hat A. pumila, die größten haben bis 2 m lange und bis 50 cm dicke Blätter, die meist sehr faserreich sind (A. americana, A. sisalana). Die Blätter laufen konisch aus, sind starr und enden in nadelartigen Spitzen. Mit der Blüte endet das Leben der Agave. Die Blütenrispe wächst pro Tag 15 bis 30 cm und verbraucht für Tausende von Blüten alle Reserven der Blattrosette. Kolibris holen den reichlich fließenden Nektar und sind die Bestäuber. Die Frucht ist eine dreikammerige Kapsel mit schwarzem, flachem Samen. Einige Arten treiben Schößlinge, andere entwickeln Sproßknospen am Blütenstand.

Hier sind außerdem die Drachenbäume (Dracaena) zu nennen. Auch Nolina recurvata, der mexikanische Schopfbaum, gehört hierher und der Bogenhanf (Sanseveria) aus Afrika.

Die Stammsukkulenz erfordert eine größere Spezialisierung, da die Nahrungsproduktion ebenfalls in den Stamm verlegt wird.

Bei den Korbblütlern gibt es einige zu nennen: Senecio-Arten, Kleinia auf den Kanaren, Notonia. Die Weinrebengewächse haben in Cissus quadrangularis einen prominenten Stammsukkulenten. Hier ist die große Familie der Kakteen einzuordnen.

Die Didiereagewächse kommen nur im Südwesten Madagaskars vor. Sie weisen Parallelen zu den Kakteen auf. Alle Arten der vier Gattungen Didierea, Alluaudia, Decaryia und Alluaudiopsis, mit 11 Arten, bilden Bäume oder Sträucher. Sie besitzen Laubblätter, kaum sukkulent und in der Trockenzeit abfallend. Die Blüten sind winzig, traubig angeordnet und getrennt geschlechtlich.

Die 6 Alluaudia-Arten bilden lange, dicke Stämme mit aufwärtswachsenden Zweigen, die bis 15 m hoch werden. Die Stämme sind einzeln oder paarig bestachelt. Die Blätter sind klein, ledrig, fast rund, meist vertikal gestellt. Alluaudiopsis bildet 2 m hohe Sträucher mit 2 Arten. Decaryia madagascariensis hat zickzackartige Zweige, mit je einem Blatt und zwei Stacheln je Knoten. Die Pflanze wird in der Natur 8 m hoch. Bei den 2 Didierea-Arten ist die Ähnlichkeit mit den Kakteen naheliegend. Die Stacheln stehen in Büscheln auf Areolen. Bei einer Art wachsen die Zweige aufrecht (D. madagascariensis), bei D. trollei liegen die Zweige am Boden. Die Vermehrung erfolgt durch Samen und Stecklinge. Ihre Erhaltung ist wichtig.

Die Immergrüngewächse (Apocynaceae) oder Hundsgiftgewächse sind vorwiegend in den Tropen heimisch, obwohl das Immergrün Vinca dazu zählt. Andere Vertreter sind Allamanda und Plumeria (= Frangipani). Zu diesen gehört die Stammsukkulente Adenium, die von Ostafrika bis Arabien lebt. In unregelmäßigen Abständen entstehen Zweige, die glatt und ohne Stacheln sind. Die Blätter sind lederartig und glänzend und stehen in spiraligen Rosetten, in der Blütezeit sind sie laublos. Die „Wüstenrose" blüht prächtig rot bis weiß-rotrandig. Pachypodium besitzt Stacheln und hat am Samen einseitig Haarbüschel. 13 Arten kommen teils in Madagaskar, in Angola und Süd-/Südwestafrika vor. Am besten bekannt sind P. lealii ssp. saundersii und P. lamerei, die nach 5 Jahren blühen. Alle Pachypodien wachsen mit massiven, knorrigen Stämmen, mit paarweise stehenden Stacheln zu großen Pflanzen heran. Die Blätter sind leuchtend grün, aber abfallend.

Die Seidenpflanzengewächse (Asclepiadaceae) oder Aasblumen sind meist in Afrika beheimatet. Durch die Verklumpung der Pollenkörner eines Staubbeutels zu einem Pollenpaket (Pollinium) unterscheiden sie sich von den Apocynaceae. Zwei Ceropegia-Arten sind hier zu nennen von den Kanaren. Sie bilden interessante Blütenröhren mit einem Baldachin. Die Stapelien bestehen nur aus Stammsukkulenten mit dicken, weichen Trieben, die oft mit Rippen oder Warzen bedeckt sind. Borsten sind Überbleibsel von Blättern. Die Blütenform besteht aus einer kurzen Röhre und verwachsenen Blumenblättern, die freie Spitzen haben. Die Blüten sind fast so kompliziert wie bei den Orchideen, mit denen sie eine gewisse Parallelentwicklung zeigen. Fünf Staubblätter stehen erhöht und bilden eine Säule. Sie umgibt die beiden freien Fruchtblätter. Diese Teile werden von einer inneren und äußeren Nebenkrone und einem fleischigen, ringförmigen Auswuchs, dem Anulus, umgeben. Die Blüte ist dick und ledrig, auch bei Sonne mehrere Tage haltbar. Sie ist auf Fliegenbestäubung durch den Aasgeruch eingestellt. Die Insekten werden durch eigenartig geformte Auswüchse der beiden Blütenkronenkreise auf die Columna in der Blütenmitte gewiesen. Unerwünschte Besucher können nicht eindringen. Zwischen den einzelnen Lappen der inneren Blütenkrone befinden sich Gruben, die den Pollen aufnehmen. Die Pollinien haften sich leicht an Beine oder Rüssel und werden zu anderen Blüten mit gleicher Einrichtung gebracht und deponiert. Die Pollenschläuche wachsen aus den Gruben nach innen zu den Fruchtblättern. Dieser Bestäubemechanismus ist sehr ausgebildet, eine willkürliche Einkreuzung ist unmöglich. Die Fruchtblätter wachsen zu schlanken Früchten heran, wie man sie vom Oleander kennt. Der Balg platzt der Länge nach auf und eine Wolke von Samen mit Fallschirmen fällt heraus.

Die *Wurzel- und Strunksukkulenten* sind durch dauerhafte, nicht grüne Speicher auf oder unter der Erde gekennzeichnet. Die Übergänge sind gleitend.

Bei den Kürbisgewächsen ist die südafrikanische Kedrostis ein gutes Beispiel. Der Elephantenfuß (Dioseorea elephantipes) bildet einen bis 1 m breiten Fuß als Kugelstamm aus. Die meisten Arten bilden unterirdische Speicherorgane, Yamwurzeln, aus. Die Fouquieria-Arten aus Mexiko bilden eine kleine Familie und fallen auf durch einen rübenartigen Stamm mit wenigen Seitentrieben und hinfälligen Blättern, die einen Stachel stehen lassen.

Bei den Geraniengewächsen haben einige Pelargonium-Arten eine Stammsukkulenz. Die Blätter dieser Arten sind meist stark gegliedert, die Blüten sind interessant, aber unauffälliger als bei Züchtungen.

Dorstenia foetida und D. gigas (Moraceae) sind sukkulente Arten mit tellerartigen Blütenständen.

Unter den Weinrebengewächsen ist die Art Cyphostemma (früher Cissus), mit grünlich, dicken, meterhohen, weichen Stämmen, mit sich schälender, silbriger Rinde. Jungpflanzen wachsen rasch. Die unscheinbaren Blüten reifen zu kleinen, purpurfarbenen Trauben aus.

Die Stammsukkulenten haben eine abwechselnde Vegetations- und Ruhezeit und überdauern Trockenzeit ohne Probleme.

## Saftige Wolfsmilchgewächse

Denkt man nur an einheimische Wolfsmilchgewächse, dann hat man keine Vorstellung von der Vielgestaltigkeit dieser etwa 8000 Arten umfassenden und in rund 300 Gattungen vereinigten Pflanzenfamilie. Sie weist alle Lebensformen von Bäumen, Sträuchern bis zu Stauden und Kräutern auf. Die meisten enthalten Milchsaft. Die Hauptverbreitungsgebiete sind Indomalaysia, Zentral- und Südafrika, das Mittelmeergebiet und ein zweites Zentrum in Südamerika, das sich nach Norden und Süden ausdehnt. Bei tropischen Arten findet man Stammblütigkeit und Blattträufelspitzen. In Trockengebieten ist die wasserverdunstende Fläche rückgebildet zum Rutenstrauch oder zur Stammsukkulenz. Nur wenige Merkmale sind für alle Arten zutreffend. Dazu gehören die ein- oder zweihäusig eingeschlechtlichen Blüten, zum Teil noch mit Kelch- und Kronblättern. Die meisten Arten sind nur mit Kelch-, aber ohne Blütenhülle ausgestattet.

Unter den Blütenformen ist das „Cyathium" vorherrschend. Es ist ein Blütenstand, der eine Zwitterblüte vortäuscht und aus zahlreichen, zu einem Staubblatt verkümmerten männlichen Blüten besteht, um die eine ebenfalls blumenblattlose weibliche Blüte angeordnet ist. Die meisten Arten haben freie, ausgefärbte Hochblätter. Kennzeichnend sind weiterhin Frucht und Fruchtknoten, die aus 3 Fruchtblättern verwachsen und gefächert sind. Jedes Fach bringt ein oder zwei hängende Samenanlagen. Bei der Reife zerfällt die Frucht in 3 kugelige Teilfrüchte, die sich von der Mittelsäule ablösen und aufspringen, den Samen zu entlassen.
Der kleine Keimling ist in ölhaltiges Nährgewebe eingelagert. Das Sameneiweiß ist meist giftig. Stärke wird in vegetativen Organen gespeichert. Bei Hevea wird der Milchsaft als Latex regelmäßig durch Anreißen der Gefäße in der Rinde gezapft.

Die Einteilung ist in weiten Bereichen noch unbefriedigend. Die wichtigsten Stämme und Gattungen sind:
1. Phyllanthus, Breynia, 2. Bridelia, 3. Croton, Malotus, Macaranga, Mercurialis, Dalechampsia, 4. Acalypha, 5. Ricinus, 6. Jatropha, Manihot, Codiaeum, Hevea, 7. Suregada, 8. Euphorbia, Hura, Sapium, Sebastiania. Euphorbia ist die größte Gattung, obwohl sie nicht die typische extreme Einfachheit der Blüte aufweist. E. pulcherrima, der Weihnachtsstern, stammt aus Mexiko von feuchten, schattigen Stellen. E. fulgens, ebenfalls aus Mexiko, hat schlanke Zweige mit etwa 1 cm großen Blumen in weiß bis orange. E. milii ( = splendens), der Christusdorn, mit schlangenartigen Dornzweigen und zweigefärbten Hochblättern um die kleinen Blütenstände, ist aus Madagaskar eingeführt. Viele afrikanische Euphorbien (z. B. E. abyssinica) haben sukkulente Gestalt angenommen. Das ist ein Beispiel, wie weit voneinander stehende Pflanzenfamilien (Kakteen) sich äußerlich sehr ähnlich sind, obwohl sie nicht verwandt sind. Sie sind von den Kanaren, über die Atlasländer, Ostafrika bis nach Südafrika in 500 Arten verbreitet. Wenige Arten findet man

sukkulent in Indien und Amerika. Manche Arten entwikkeln aus Nebenblättern Dorne.

Bei Pedilanthus hat das Cyathium nur noch eine Symmetrieebene, drei Abschnitte ragen nach oben, wo das Insekt anfliegt, zwei nach unten. Merkwürdig ist der nach unten ragende Sporn mit den Nektardrüsen am Grund. Pedilanthus-Arten sind sukkulente Sträucher mit Blättern in Zentralamerika. Mallotus und Croton-Arten liefern Drogen. Ricinus, der Wunderbaum aus dem tropischen Afrika, ist als Öllieferant wichtig. Ricinus- oder Castor-Öl mischt sich nicht mit Benzin und bleibt bei tiefer Temperatur flüssig. Die Ricinussamen sind sehr giftig, 3 bis 10 sind tödlich. Daher wird das Öl kaltgepresst, das Gift bleibt im Rückstand.

Die wirtschaftlich wichtigste Pflanze ist Hevea brasiliensis, der Parakautschukbaum, eine Regenwaldpflanze. In trockenen Gebieten wächst das Wolfsmilchgewächs Manihot glaziovii; auch bei ihm kann man Kautschuk zapfen. Kautschuk verwendet man seit 1770, aber erst die Erfindung der Vulkanisation 1839 verlieh dem Material die bekannten technischen Eigenschaften. — Manihot esculenta, Tapioka oder Cassave und Ipomoea batatas, die Süßkartoffel, sind als Stärkelieferanten hier zu erwähnen.

Sapium sebiferum, der Talgbaum, ist in China und Japan heimisch. Croton draco liefert rotes Harz, das „Drachenblut". Das Krotonöl stammt von Ostindien von Croton tiglium. Es ist so stark abführend, daß es nur tropfenweise zu verwenden ist. Milchsäfte von Hippomane mancinella ätzen die Haut fast unheilbar und der Latex von Hura crepitans (Sandbüchsenbaum) ist ein Gift, seine Früchte platzen bei der Reife mit einem Knall auf.

Der Wunderstrauch, Codiaeum variegatum pictum, ist in vielen Sorten eine der wichtigsten Topfpflanzen. Croton cornutum, mit langen, schmalen Blättern, ist auf den Salomonen daheim, ebenfalls C. interruptum, mit spiralig aufgewickelten Blättern und gelber Rippe. Dalechampia spathulata hat eine lange Blütezeit und einen eigenartigen Blütenstand. Über zwei rosa Hochblättern steht eine Gruppe weißer, männlicher Blüten in der Mitte, daneben auf einer Seite eine Gruppe gelber, steriler Blüten, diesen gegenüber drei weibliche Blüten. Acalypha hispida sind große Sträucher mit langen, leuchtendroten Blütenständen.

Mehrere Arten der Wolfsmilch sind bei uns heimisch. Bekannt sind die Zypressenwolfsmilch, die mandelblättrige, die breitblättrige, die süße und die kreuzblättrige Wolfsmilch. Ohne Milchsaft sind die Bingelkräuter. Das einjährige ist ein Abführmittel; es wächst auf Schutt und im Gartenland. An diesen Pflanzen hat der Tübinger Botanikus R. J. Camerarius um 1700 die Sexualität der Pflanzen entdeckt, was lange unbekannt blieb.

## Zisternenpflanzen: Bromelien

Vom südlichen Nord-Amerika bis nach Chile und Argentinien erstreckt sich die Heimat dieser großen, eigenständigen Zisternenfamilie. Nur eine Art, Pitcairnea feliciana, ist in Westafrika angesiedelt. Die Ananas wie das Spanische Moos (Tillandsia usneoides) und zahlreiche andere, die heute Zimmerpflanzen sind, zählen dazu. Viele Arten sind Aufsitzer (Epiphyten), am extremsten wieder das Spanische Moos, das so sehr an Trockenheit angepaßt ist, daß es auf Wurzeln verzichtet, und doch die weiteste Verbreitung aller Arten aufweist.

Vriesea sp. (Epiphytische Bromeliacee)
Saugschuppen der Blattoberseite, A Flächenbild, B Querschnitt im gequollenen Zustand, C dasselbe nach Wasserentzug

Neoregelia eleutheropetala, epiphytische Bromelie, blühende Pflanze

Puya chilensis, eine Erdbromelie
Links Habitus, rechts Ausschnitt aus der Infloreszenz

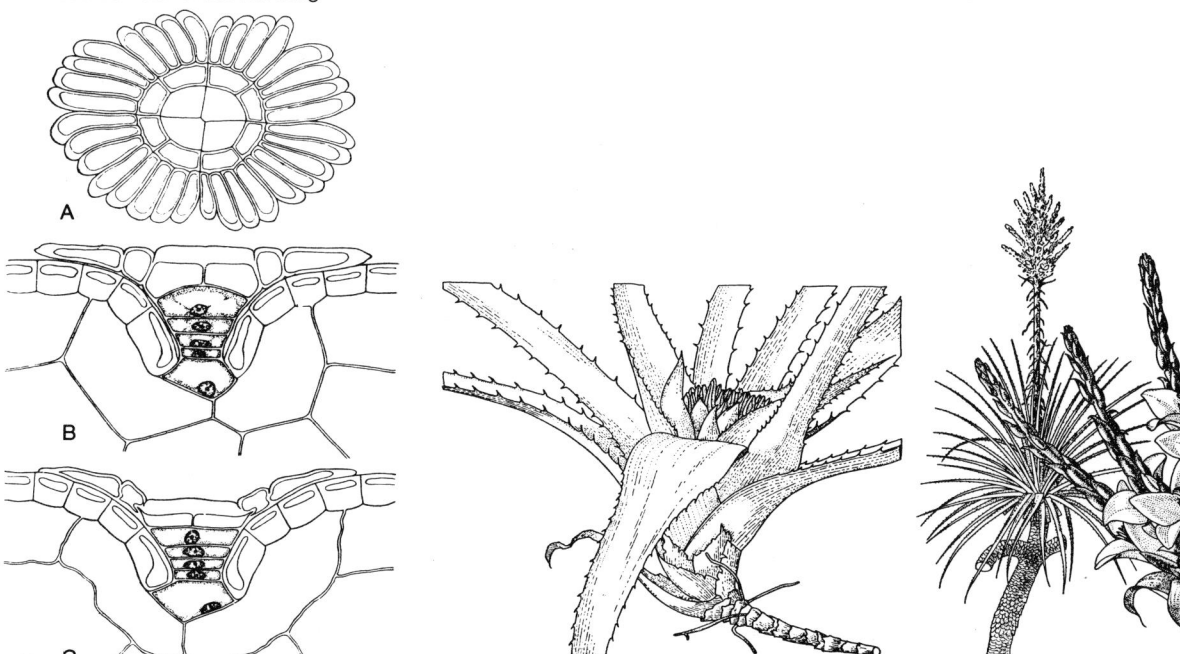

Die meisten Bromelien sind kurzsprossige, krautige Pflanzen mit grundständiger Blattrosette. Die Einzelblätter sind meist linearisch zugespitzt, oft auffallend gefärbt. Puya bildet Stämme bis 3 m Höhe in den Anden, ähnlich den afrikanischen Lobelien. Pitcairnea, Puya, Dyckia und Hechtia sind meist Erdbewohner mit ausgebildetem Wurzelsystem. Die Behaarung ist nur Transpirationsschutz. Der Ananastyp bildet eine Zisterne mit den Blättern und sammelt darin Wasser und Humus, nur wenige Wurzeln sind vorhanden oder bilden sich zwischen dem Blattgrund. Die meisten Arten sind noch spezialisierter, mit großen Rosetten nehmen sie durch „Saugschuppen", besondersartige Haargebilde, Wasser und Nährstoffe auf. Manche haben 5 Liter Speichervolumen mit eigener Flora und Fauna. Bei den Tillandsien ist die Wasseraufnahme nur auf die „Saughaare" beschränkt. Sie haben keine Wasserzisterne. Von diesen Anpassungen her gesehen, sind den Arten die Lebensräume zugewiesen. Der Blütenstand ist endständig, der entweder aus dem Zentrum herauswächst oder in der Zisterne stehen bleibt. Es ist eine Ähre, Traube oder Rispe. Viele Bromelien sterben nach der Blüte, sie treiben jedoch Kindel oder Ausläufer und können auf diese Art rasch vermehrt werden. Die Blüten sind meist zweigeschlechtlich, regelmäßig, die in den Achseln der oft prächtig gefärbten Hochblätter entstehen. Die Blütenblätter sind meist in die graugrünlichen Kelch- und dreizählig farbigen Blumenblätter unterschieden. Sechs Staubblätter sind sichtbar. Der Fruchtknoten besteht aus 3 Fruchtblättern mit 3 Griffeln. Als Frucht entwickelt sich eine Beere oder Kapsel. Bei Ananas und Pseudoananas schwellen die Früchte zu einem „Zapfen" an. Die Samen enthalten kleine Keimlinge. Viele Samen tragen Flügel oder Fluganhängsel. Die meisten Blütenstände sind Anpassungen an die Insekten- oder Vogelbestäubung.

Die Bromelien, mit rund 2500 Arten und 50 Gattungen, teilt man in 3 Unterfamilien ein:

1. Meist Erdbewohner trockener Standorte, mit Kapselfrüchten und geflügelten Samen: *Pitcairnea*, Puya, Dykia, Hechtia (15 Gattungen).

2. Terrestrische und epiphytische Arten, mit Beerenfrüchten, ohne Anhängsel an den Samen, mit rund 30 Gattungen: *Bromelia*, Ananas, Billbergia, Aechmea, Canistrum, Cryptanthus, Hohenbergia, Neoregelia, Nidularium, Portea, Streptocalyx, Wittrockia.

3. Epiphyten mit Kapselfrüchten, mit Flugvorrichtungen, rund 6 bis 12 Gattungen: *Tillandsia*, Vriesea, Guzmania, Catopsis.

Wirtschaftlich ist Ananas zur Obstfrucht der Tropen aufgerückt. Viele Arten werden als Zierpflanzen kultiviert, in zunehmendem Umfange entstehen farbenprächtigere Hybriden. Aus manchen gewinnt man Fasern, versuchsweise hat man Papier daraus hergestellt.

## Tropische Stauden: Ingwergewächse

Die Familien der Bananen, Strelitzien, Ingwer, Canna und Maranten rechnet man dazu. Es sind meist kleine Familien, unter denen nur die Zingiberaceae 49 Gattungen und die Marantaceae etwa 30 aufweist.

Die *Bananen* oder *Musaceae* sind eine kleine Familie mit 2 Gattungen: Musa und Ensete und rund 40 Arten. Es sind sehr große, aber zarte, immergrüne, ausdauernde Kräuter. In der Alten Welt kommen sie ursprünglich von Westafrika bis zum Pazifik (Japan und Queensland) vor. Musa zeigt ihre größte Entfaltung von Burma bis Neuguinea.

Alle Arten bilden Scheinstämme aus und führen Milchsaft. Musa bildet Wurzelausläufer und ist ausdauernd, Ensete ist unverzweigt und einfrüchtig. Die Blätter sind sehr groß und spiralig angeordnet, von ovaler Form, mit dicker Mittelrippe und senkrecht dazu stehender Paralleladerung.
Der Blütenstand ist endständig mit vielen Hochblättern. Die Blüten sind eingeschlechtlich, die weiblichen sitzen am Blütenstand basal, die männlichen terminal. Die Bestäubung nehmen die Fledermäuse wahr. Die Frucht ist eine fleischige Beere mit vielen Steinsamen. Die Früchte stehen in Büscheln.
Die Kulturbananen stammen von M. acuminata und M. balbisiana ab. Sie entwickeln keine Samen und werden vegetativ vermehrt. Musa textilis (Philippinien) liefert Fasern. Ensete ventricosa (Aethiopien) wird als Nahrungs- und Faserpflanze verwendet.

Die Strelitzien-Familie hat bananenähnliches Aussehen und ist mit 3 Gattungen klein: Strelitzia in Südafrika, Ravenala in Madagaskar und Phenakospermum in Guayana. Unmittelbar dazu gehören wohl die Heliconiaceae mit Heliconia, mit 80 Arten im tropischen Amerika, und die Lowiaceae mit der einen Gattung Orchidantha in 2 Arten in Südchina und Westmalaysia. Ravenala madagascariensis, der Baum der Reisenden, hat zweizeilig angeordnete, gestielte Riesenblätter. Die Blattspreite ist der Banane ähnlich. Die zweigeschlechtlichen, sehr unregelmäßig gebauten Blüten erscheinen in Blattachseln in einem bootförmigen Hochblatt. Strelitzia kommt in 4 Arten in Südafrika vor. Der Pflanzenbau ist einer jungen Ravenala sehr ähnlich. Heliconia und Orchidantha sind krautig. *Heliconien* sind große, ausdauernde Kräuter mit zweizeiliger Blattstellung. Der Blütenstand ist endständig, die Blüten sitzen in farblich auffallenden, zweireihig angeordneten Hochblättern, die Blüten sind zweigeschlechtlich, oft weiß oder unscheinbar. Es gibt ungefähr 80 Arten, die großen Zierwert haben.

Die *Ingwergewächse* haben dorsiventrale, d. h. zweiseitig-symmetrische Blüten, nur ein Staubblatt ist fruchtbar, die beiden anderen sind kronblattartig entwickelt und zu einer Lippe verwachsen. Die Früchte sind leuchtend gefärbt und gekapselt. Die Samen sind groß, rund, oft mit

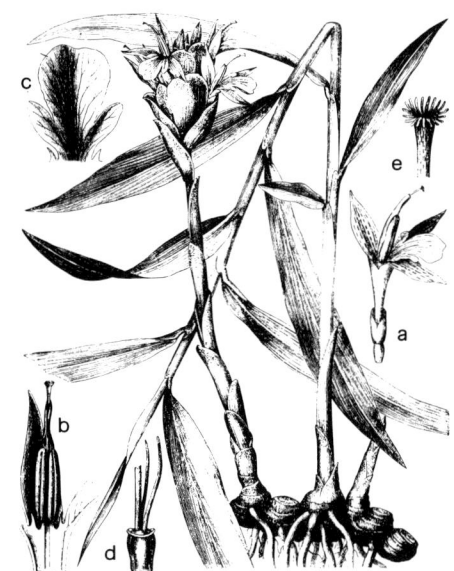

Zingiber officinale
Blühende Pflanze, a Blüte, b Staubblatt mit
Griffel, c Labellum, d Fruchtknoten mit Griffel
und zwei Drüsen, e Narbe

Samenmantel versehen. Diese Gewächse enthalten ätherische Öle, die als Gewürz- und Heilmittel verwendet werden. Der Ingwer (Zingiber officinale) ist in Südostasien heimisch, wird aber heute überall in den Tropen angebaut. Er liefert auch Parfümstoffe, Farben und Drogen. Mit 49 Gattungen und über 1300 Arten ist die Hauptverbreitung Indomalaysia. Alle Arten besitzen unterirdische, fleischige Rhizome oder verdickte Wurzeln. Es gibt rund 90 Zingiber-Arten, 150 Costus-, 250 Alpinia-, 70 Curcuma-, 55 Kaempfera- und 50 Hedichyum-Arten. Viele der Arten sind sehr dekorativ.

Die Cannagewächse (Blumenrohr) mit rund 35 Arten bestehen nur aus der Gattung Canna. Es sind tropische bis subtropische Kräuter mit prächtigen Blüten. Canna edulis liefert leicht verdauliches Pfeilwurzmehl. Die Familie stammt von Westindien und Zentralamerika. Aus knolligen Rhizomen entstehen große, fiederig geaderte Blätter mit Mittelrippe. Die Blüten sind ansehnlich, zweigeschlechtlich, stehen in einem traubigen Blütenstand, jede Blüte in einem Hochblatt. Die Blütenkrone hat 3 Kelch- und 3 Kronblätter, die aber im Vergleich zu den umgewandelten Staubblättern mit leuchtender Farbe unscheinbar sind. Die Staubblätter bilden zwei Wirtel, das äußere aus drei blütenblattähnlichen Staubblättern, das größte („Lippe") ist zurückgebogen und zurückgerollt, das innere Wirtel besteht aus ein oder zwei Staubblättern und einem freien, blütenblattähnlichen, fruchtbaren Staubblatt. Die Frucht ist eine warzige Kapsel, die zahlreiche Samen enthält. Canna indica kam 1532 von den Antillen nach Europa, C. flaccida ist von Nordamerika, C. iridiflora aus Peru. Im Weinbergklima ist das Blumenrohr oder die Schwanenblume eine begehrte Sommerstaude, deren Rhizome leicht zu überwintern sind.

Die Maranten- oder Pfeilwurzgewächse stammen aus dem tropischen Amerika; es sind ausdauernde Kräuter mit einigen Nutzpflanzen, wie Maranta arundinacea, das eine besonders verträgliche Stärke liefert. 30 Gattungen sind amerikanisch, 7 afrikanisch, 6 asiatisch. Die Pflanzen haben unterirdische Wurzeln oder Wurzelstöcke. Die Blätter sind zweireihig angeordnet, die Blattstiele haben eine Blattscheide, die Blattspreite ist fiedernervig mit Mittelrippe. Die Blätter sind oft glänzend und farbig gemustert. Der Blütenstand ist ährig oder rispig. Die Blüten sind ebenfalls stark abgewandelt, jedoch nicht so dekorativ.

Interessante Arten sind: Calathea/Maranta massangeana, mit olivgrünen Blättern, blaßgrün genervt mit silbrigen Reflexen. Maranta herchoveana, Maranta tubispatha, Stromanthe sanguinea wächst über 1,50 hoch, die zweizeilig angeordneten Blätter wachsen aus dem Rhizom und bilden an der Spitze des Stengels Büschel. Die Blattspreite ist groß, pergament-metallisch reflektierend. Die Blütenstände kommen aus den Blattachseln und sind 30 cm lang. Sie haben eine rote Spatha, aus der Blütenzweige mit purpurfarbenen Hüllblättern hervorkommen. Die Blüten selbst sind klein, weiß oder rosa und erblühen im Frühjahr.

Die Blüten von Calathea macrosepala und C. violacea werden gekocht als Gemüse gegessen. Viele Calathea- und Marantaarten dienen als Zierpflanzen.

## Blühende Tropenbäume

Es gibt zahllose Bäume, die erwähnenswert sind. Viele sind wenig bekannt. Hier können nur wenige dargestellt werden, die besonders auffallen und die in den Gärten eine gewisse Bedeutung haben.

Bei den Magnolienartigen (Magnoliidae) sind die Magnoliales als Bäume der Subtropen und der Borealzone herrliche Blütenbäume. Die Laurales haben in den Lorbeergewächsen eine Familie, die subtropisch-tropische Vertreter hat. Der Lorbeerbaum (Laurus) ist eine bekannte Zierpflanze seit den Zeiten der Römer und reicht bis ins gemäßigt kühle Klima in der Winterhärte. Die Arten sind im mediterranen-makoronesischen Raum beheimatet. Die Blätter sind Zierde und Gewürz. Der Zimtbaum (Cinnamomum ceylanianum und C. cassia) ist auf Sri Lanka und in China zuhause. Man handelt Rindenstücke als Gewürz, das ätherischen Ölgehalt hat. Der Kampferbaum (C. campora) kommt aus Ostasien, die von ihm gewonnene Droge wandten die Araber erstmals im 11. Jahrhundert an. Die Avocado-Birnen (Persea gratissima) erfreuen sich als eiweiß- und fetthaltige Frucht zunehmender Beliebtheit. Persea indica ist ein Zierbaum von den Kanaren.

Die Hamameliidae haben in den Kasuarinapflanzen weitverbreitete Gehölze, die aus Australien stammen. Der „Känguruhbaum" wird oft für eine Kiefer gehalten, da die Blätter wie bei den Schachtelhalmen zu einer kurzen Blattscheide zusammengerushct sind. Männliche Blüten sitzen in endständigen Ähren, die weiblichen Blüten bilden Köpfchen an Seitentrieben. Die Fruchtstände mit geflügelten Samen sehen wie Zapfen aus. Es sind sehr alte Pflanzen, wie Ginkgo und Metasequoia. Sie gehören zu den „Eisenhölzern" und sind in 35 Arten von Madagaskar bis Neukaledonien anzutreffen, heute in allen Tropen und Subtropen.

Von den *Caryophyllaliidae (Nelkenartigen)* sind die Polygonium-Gewächse mit der großen Gattung Cocoloba aus dem tropischen Amerika, Jamaika, hervorragende Gestalten. Antigonum leptopus, die Liebeskette, ist als Schlinger mit rosa Blüten nicht wenig auffallend. Die purpurnen Beeren von Cocoloba uvifera werden verspeist. Der Rhabarber gehört ebenfalls in diese Familie. Die Kermesbeere (Phytolaccaceae) ist aus Amerika nach Südeuropa eingewandert. Andere Gattungen findet man in vielen tropischen Ländern. Junge Pflanzen ißt man wie Spargel.
Phytolacca divica, ein Baum bis 7 m hoch, aus den Pampas Argentiniens, zeigt schönes Laub, die Blüten stehen in hängenden Dolden, die Früchte sind grüne Beeren mit rund 10 an der Basis verwachsenen Scheibchen.

Die *Dilleniidae* vereinen die Dillenien, die Paeonien und in weiterem Sinne die Teegewächse, die Zweifruchtflügler, die Guttiferae, die Malven-, die Nessel-, die Veilchen-, die Erika- und die Efeu-Verwandten. Unter den Dillenien, die besonders in Südostasien und Australien leben, gibt es große Bäume und Sträucher mit ansehnlichen weißen und gelben Blüten, z. B. Dillenia indica, D. obovata, D. excelsa.
Theales: Hier ragt die Gattung Camellia heraus, die Kamelie mit einer weiten Verbreitung in Ostasien. Die alltropische Familie Ochnaceae ist in Südamerika besonders zahlreich, einige sind in Glashäusern, andere (Lophira) nennt man afrikanische Eichen. Die Dipterocarpaceae (Zweifruchtflügler) beherrschen in Asien die Tiefland-Regenwälder. Besonders häufig sind Shorea robusta und Dipterocarpus tuberculatus. Die Guttiferae sind Kosmopoliten. Sie liefern Hölzer, auch Obst — Mangosteen und Mammeyapfel. Eine Neuentdeckung als Zierpflanze ist Clusia rosea und C. grandiflora, die eingeschlechtliche, große Blüten haben.
Malvales: Bei den Sterculiengewächsen mit weichem Holz sind Kakao- und Colabaum zu nennen. Die Bombaxgewächse sind zwar eine artenarme Familie, aber mit Adansonia (Flaschenbaum), Bombax (Kapokbaum), Ceiba (Seidenwollbaum) und Durio sind sie auffallend vertreten. In den Trockenzeiten verlieren sie die Blätter und blühen vor dem Neuaustrieb.
Urticales, Brennessel, haben wichtige Gattungen aufzuweisen. Etwa 600 Feigenarten (Ficus) zählen zu ihnen, auch der Maulbeerbaum und der Brotfruchtbaum. Alle führen Milchsaft, der häufig gezapft wird. Sie sind weniger durch die Blüte als durch ihre Gestalt auffallend.
Lecythidales: In dieser tropischen Ordnung ist die Brasiloder Paranuß, Batholletia excelsa, der Kanonenkugelbaum, Couroupita guianensis, auch der Mangrovebaum Barringtonia und Napoleona.

Violales, die Veilchenartigen, mit den krautigen Veilchen, vereinen in sich die Caricagewächse (Pawpaw), Bixa orellana von Westindien ist pantropisch wegen seiner Blüten und Farbstoffe.
Ebenales, die Ebenholzartigen, sind meist tropische Familien: Sapota-Gewächse. Palaguium gutta liefert Guttapercha in Malaysia, Minusops balata in Südamerika, das Balatum. Aus dem tropischen Amerika kennt man die Sapodillpflaume (Achras zapota) und den Sternapfel (Chrysophyllum cainito). Die Ebenholzgewächse sind durch die Kakipflaume bekannt. Andere Diospyros-Arten liefern Hölzer, besonders in Indomalaysia.

*Rosidae, die Rosenartigen,* sind mit den Cunonien-Gewächsen auch auf der Südhalbkugel zuhause. Neben ledrigen Blättern sind die kleinen Blüten in Rispen oder Trauben vereint. Cunonia capensis (Südafrika) und Ceratopetalum apetalum als Leichtholz-Lieferant sind bekannt. Pittosporum in Australasien besitzt viele dekorativ wirkende kleine Bäume.

Die Fabales, die Bohnenartigen, sind unter den Rosenartigen mit den Hülsenfrüchtlern (Leguminosae) eine der interessantesten Familien als Blütenbäume. Man teilt sie in 3 Unterfamilien ein: Mimosengewächse, die als Bäume warmer Klimate fiederblättrig sind, mit auffallenden Blüten. Bekannte Gattungen sind Inga, Pithecollobium, Calliandra, Acacia, Mimosa. Von den Caesalpina-Gewächsen sind zu nennen Caesalpina pulcherrima (Braut von Barbados), der Flamboyant (Delonix regia) von Madagaskar mit großen, leuchtendroten Blüten. Die Cassia-Arten haben meist gelbe Blüten. Tamarindus indicus blüht schön gelb und liefert eßbare Schoten. Parkinsonia aculeata ist heute in allen Tropen verbreitet, ebenso Bauhinia galpine, der rotblühende „Orchideenbaum", und andere Arten. Brownea, mit großen, roten Blütenkugeln und der „Laubschütte" bei Neuaustrieb, ist ein schöner Tropenbaum. Die Schmetterlingsblütler sind weltweit verbreitet. In der Nordhemisphäre sind es Kräuter, wie z. B. Bohnen, Erbsen, Kleearten usw. oder Sträucher. Ginsterarten, Goldregen, auch Schnurbaum, Judasbaum und Johannesbrotbaum sind zu nennen. Tropische Pracht zeigt Erythrina in einigen Arten; es sind meist regengrüne Bäume, bei denen die Blüten oft in laublosem Zustand aufbrechen.
Die Myrtenartigen vereinen Sonneratia und Rhizophora als Familien, die wir in den Mangroven als wichtige Bäume antreffen. In der Myrtenfamilie gibt es die Riesengattung Eucalyptus (Australien) mit riesigen Bäumen und oft auffallenden Kapselblüten, Melaleuca und Syzygium (Gewürznelke und Rosenapfel) neben den „Lampenputzern" (Callistemon).

Die *Asteridae, die Asterartigen,* haben nur wenige dekorativ wirkende Bäume aufzuweisen. Zu den Rachenblütlern (Scrophulariales) zählen der Trompetenbaum (Catalpa), der stammblütige Kalebassenbaum (Crescentia cujete), die Jacaranda-Arten mit leuchtend blauen Blüten, der Leberwurstbaum (Kigelia pinnata) und die herrlichen Tabebuia (T. chrysantha, T. chrysea, T. rosea, T. spectabilis) sowie der Westafrikanische Tulpenbaum (Spathodea campanulata).

Bei den Einkeimblättrigen sind neben den Palmen die Pandanusgewächse (Schraubenbäume) in allen Tropen typisch. Die Stämme bilden Luftwurzeln und auch bei Verzweigung Blattschöpfe. Die Blätter sind schwertförmig, oft gezähnt und gelegentlich weißbunt. Die weiblichen Bäume tragen Fruchtstände, die der Ananas in Form und Farbe nicht unähnlich sind. Pandanus veitchii aus Indien und P. baptisii, unbestachelt, sind weißbunt, P. utilis aus Madagaskar ist tropenweit verbreitet.

## Schlinger und Sträucher der Tropenwelt

Schon im Mittelmeergebiet betört uns die Blütenfülle bei Schlingern und Sträuchern. Sieht man genau hin, erkennt man ihre tropische Heimat, wundert sich nicht über die Blühfaulheit bei uns. Viele Pflanzenfamilien weisen prächtige Formen auf.

Unter den *Magnolienartigen* sind die Aristolochiaceae (Aristolochiales, Osterluzei) mit 500 Osterluzeiarten in den Tropen und der Nordhemisphäre anzutreffen. Sie haben eine Blumenröhre mit ein bis drei Lappen ausgebildet. Als Rankpflanzen sind A. grandiflora aus Jamaika und A. elegans aus Brasilien auffallend. Die Haselwurz (Asarum) gehört auch hierher. Zur Menispermumfamilie zählt der Schlinger Chondrodendron tomentosum, der Curare-Lieferant. Bei den Nelkenartigen sind die Drillingsblume (Bougainvillea, Myctaginaceae) aus Brasilien, B. spectabilis, mit lilaroten und B. glabra mit purpurroten Deckblättern auffallend.

Die hellblaue Bleiwurz (Plumbago auriculata) ist ein Klimmer wie die rotblühende P. rosea (Plumbaginales) aus Südafrika.

Die *Dilleniidae* weisen die eigenartigen, schlingenden Marcgravien aus dem tropischen Amerika auf. Sie haben zweierlei Blätter. Die Blüten stehen in Trauben mit teils sterilen Blüten, die zu nektarführenden Kannen umgebildet sind. Bei den Malvengewächsen finden wir als Merkmale zahlreiche Staubgefäße, die zu einer Röhre um den Griffel verwachsen sind, mit runder Blüte aus 5 Kronblättern. Die Schönmalven (Abutilon-Arten) sind mit weißen bis roten Blüten weit verbreitet. Hibiscus, der Eibisch, in 200 Arten von Kräutern bis Bäumen, ist vielgestaltig. Am bekanntesten sind Hibiscus rosa-sinensis und Malviscus. Die Baumwolle gehört ebenfalls hierher. Zu den Violales werden die Passionsblumen gezählt. Diese afroamerikanischen Schlinger mit auffallend gestalteten Blütenmerkmalen in leuchtenden Farben liefern in den Früchten auch gute Säfte.

Im Mittelmeergebiet sind die Zistrosen beheimatet. In einigen Arten, Cistus ladanifer, C. incanus, C. laurifolius, bringen sie schöne, leider nur wenig haltbare Blüten hervor. Die Erica-Gewächse, mit der großen Gattung Rhododendron (1200 Arten!), sowie Erica und Calluna, sind aus den Gärten nicht mehr wegzudenken. Die Hauptverbreitung liegt im Himalaya, auf Neuguinea und Südafrika. Die

Blätter sind meist immergrün, oft nadelförmig. Die Blüten zeigen die Fünfteiligkeit, sind aber meist zu einem Kelch verwachsen. Heute unterscheidet man 5 Unterfamilien; die wichtigsten sind Rhododendron, Erica und Vaccinium. Die Epacrisgewächse mit größeren Blüten als Erica aber gleichen Kulturansprüchen sind als Verwandte auf Australien und Patagonien beschränkt. Zu den *Rosidae* zählt Lagerstroemia indica (Kreppmyrte, Lythraceae) aus China. Sie erfreut durch die gekräuselten Blütenblätter, die sich auf dunkelgrünem Laub gut abheben. Quisqualis indica (Combretaceae, Langfadengewächse) bilden fast kraterförmige, orangefarbene, duftende Blütenbüschel als Schlinger aus. Combretum aubletii aus Venezuela ist ein mit leuchtendorangerotem Blütenkolben ausgestatteter Strauch. Von den Wolfsmilchgewächsen sind Acalypha hispida (Katzenschwanz), A. wilkesiana (Kupferblatt), Breynia nivosa mit stark weißrot gesprenkelten Blättern und Codiaeum variegatum mit vielen Sorten anzuführen. Euphorbia cotinifolia mit purpurnem Blatt ist sehr dekorativ, wie der Perückenstrauch in unseren Gärten. In den Subtropen und regengrünen Tropen wächst Euphorbia pulcherrima (Weihnachtsstern) als Halbbaum heran. Verschiedene Arten von Jatropha in Zentralamerika und Kuba erreichen mit ihren fächerfingrigen Blättern und leuchtenden Wolfsmilchblütenständen Höhen zwischen 1 und 4 Metern.

Die Araliengewächse haben Hedera (Efeu) als Schlingergattung vorzuzeigen, auch Kalopanax und Tetrapanax (Reispapierpflanze) aus dem Fernen Osten. Außerden fallen Aralia und Polyscias mit fiedrigen Blättern, und Dizygotheca und Acanthopanax mit fächerförmigen Blättern als Schmuck in Garten und Haus auf.

Die *Asteridae* bringen in dieser Gruppe die meisten sehens- und sammelnswerten Schlinger und Sträucher. Bei den Hundsgiftgewächsen (Apocynaceae) ist es der Oleander und gelbblühend Thevetia peruviana, außerdem Carissa grandiflora mit weißen Blüten und Plumeria (Frangipani). Unter den Kletterern sind Allamanda catharetica und A. neriifolia aus Brasilien leuchtende, trompetenförmige Blüher, Beaumontia grandiflora aus dem Himalaya hat weiße Blüten in Rispen. Die Seidenfadengewächse (Asclepiadaceae) aus Madagaskar mit roten, fünfzipfligen Röhrenblüten heißen Cryptostegia madagascariensis. Wachsblumen (Hoya) und die Kranzschlinge (Stephanotis) gehören hierher, aber auch Sukkulente (Stapelia, Huernia, Caralluma, Ceropegia). Die Ölbaumgewächse (Oleaceae) haben meist weißblühende, duftende, kletternde und strauchige Jasmin-Arten (J. fulminense, J. officinale, J. dichotomum, J. multiflorum). Die Liebeskette (Antigonum leptopus) ist rosablütig. Flieder, Liguster, Osmanthus und der Ölbaum sind geläufiger. Die Nachtschattengewächse (Solanaceae) sind Kosmopoliten mit 90 Gattungen und rund 3000 Arten, sie glänzen mit Brunfelsia americana, B. calycina, Datura-Arten (Engelstrompeten), Hammerstrauch (Cestrum diurnum, C. nocturnum). Als Schlinger ist der Goldkelch (Solandra guttata, S. nitida) faszinierend und Solanum wendlandii mit lilafarbenen Blütentrauben ein unempfindlicher Kletterer.

Die Eisenkrautgewächse (Verbenaceae) sind uns durch die Lantanen aus Zentralamerika bekannt. Den Pagodenstrauch (Clerodendron speciosissimum) mit rotem Blütenstand kann man neben dem Kletterer C. thomsoniae mit weißen Deckblättern finden. Congea tomentosa ist zwar ein robuster, auffallender Kletterstrauch, aber die rosa-filzigen Blüten sind nicht attraktiv. Petrea volubilis ist von leuchtendblauer Blütenfarbe; oft weiß man nicht, will die Pflanze kletternd oder strauchig wachsen. Zu den Bignoniengewächsen gehört nicht nur der Palisanderbaum (Jacaranda) sondern auch die Klettertrompete Pandorea ricasoliana, der Feuerklimmer Pyrostegia ignea, Saritaea magnifica und die ebenso schön blühenden Sträucher Tecomaria capensis und Tecoma stans. Man kann sich diese Blütenpracht tropischer Fülle kaum ausmalen.

Die Acanthusgewächse mit 250 Gattungen und über 2500 Arten sind tropisch bis kosmopolitisch. Bekannte Zierpflanzen treffen wir: Aphelandra-Arten, Barleria, Beloperone, Eranthemum, Jacobinia, Pachystachys, Sanchezia. Diese Sträucher haben neben auffallenden, in Ähren stehenden Blüten oft weißbunte Blätter. Thunbergia grandiflora ist ein blaublühender Kletterer, T. erecta wächst aufrecht. Die Rötegewächse (Rubiaceae) bieten aus China Gardenia jasminoides, Ixora-Arten mit Blütenköpfen von weiß bis rot, die überall eine Zierde bilden. Pentas lanceolata aus Zentralafrika und Arabien sind ihr nicht unähnlich. Erstaunlich sind die Blütenstände von Mussaenda, die wie beim Weihnachtsstern von weißen oder roten Hochblättern umstellt sind.

Bei der großen Familie der Korbblütler findet man einige Ranker wie die rotblühende Mutisia clematis (Peru) und die orangeblütige M. viciaefolia. Senecio confusus aus Mexiko mit orangeroten Blüten ist jenen ähnlich.

Velloziagewächse in Südamerika, Afrika und Madagaskar sind einkeimblättrige Kleinbäume mit dreikantigem Sproß, einem Blattschopf und endständigen Blüten. Sie leben auf trockenen Standorten in oft eigenartigen Lebensgemeinschaften.

# Schönheiten unter den Pflanzen

## Die wunderbare Welt der Orchideen

Orchideen sind mit rund 750 Gattungen und über 25 000 Arten die artenreichste Familie aller Blütenpflanzen. Seit der ersten Kreuzung 1856 sind mindestens genauso viele Sorten entstanden und dazu noch bis zu fünffache Gattungshybriden, denen vielleicht noch Vielfachhybriden folgen mögen. Neben vielen natürlichen, sehr auffallenden und bizarren Blüten kamen durch die Züchtung leuchtendere Farben, ebenmäßigere Formen und dauerhafte Blüten heraus. Die Blüte scheint nicht faßbar zu sein bei vielen. Trotzdem liegt ihnen allen ein einheitlicher Bauplan zugrunde, der auf das Bauschema der Lilienblüte zurückführt. Bei den Lilien findet man 2 × 3 Blütenblätter und 2 × 3 Staubblätter, einen Fruchtknoten mit 3 Fruchtblättern und einem dreinarbigen Griffel. Der Fruchtknoten bei Lilien und Orchideen ist unterständig, also unter dem Ansatz der Blüten- und Staubblätter.

Die Orchideenblüte — und das ist das Auffallendste und Wichtigste bei dieser Familie — besitzt eine dorsiventrale Blüte, Ober- und Unterhälfte sehen anders aus oder wir haben nur eine zweiseitige symmetrische Blüte vor uns. Als erstes ist die Umbildung eines Staubblattes zu einer Lippe bei den Frauenschuhartigen zu erkennen, zwei Staubblätter bleiben fruchtbar. Alle anderen Orchideen haben nur ein fruchtbares Staubblatt behalten. Die Blütenblätter sind bei allen Arten in zwei Wirteln angeordnet, die äußeren heißen Sepalen (Kelchblätter) und sind oft gleichgestaltig. Die Kronblätter sind die Petalen im inneren Kreis. Bei vielen Orchideen stehen die Blüten eigentlich auf dem Kopf. Das kommt durch den Drehwuchs des Fruchtknotens um 180°. Man nennt diese Erscheinung Resupination. Da die Orchideenblüte oft in Ähren, Rispen oder Trauben steht, kann der Blütenstand auch kugelig oder zylindrisch wirken. In der Entwicklung zeigt das mittlere Blütenblatt des Außenwirtels (dorsales Sepalum) unterschiedliche Form und Größe. Es kann taschenförmig oder gespornt sein. Das kann auch beim inneren Blattkreis auftreten. Sind aber drei äußere und zwei innere Blütenblätter gleichgestaltet, dann nennt man sie Tepalen. Das mittlere Blütenblatt des Innenwirtels nennt man Lippe (Labellum). Diese Lippe ist das gestaltlich meist gegliederte Element der Orchideenblüte. In einem Lippensporn kann sich auch Nektar bilden. In der Blütenmitte steht die Säule (Columna), die auf dem Fruchtknoten ruht; sie entstand aus Teilen der Staubblätter und des Griffels. Staubblätter und Narben sind in Dreizahl vorgegeben. Die Pollenkörner sind meist zu Paketen verklebt (Pollinium). Das Pollinium wird zur Bestäubung als Ganzes übertragen. Der Griffel mit der dreiteiligen Narbe ist mit der Säule verwachsen. Bei den zweimännigen Orchideen ist das 3. Staubblatt zum sterilen Staminodium geworden. Es ist ein Schildchen vor den beiden Pollenpaketen, die seitlich an der Säule sitzen. Der Schuh bei den Diandrae dient als Gleitfalle für die Bestäubung. Die seitlichen Blütenblätter im äußeren Blumenblattkreis sind zur Fahne (Synsepalum) verwachsen. Bei den einmännigen Orchideen ist nur ein Staubblatt vorhanden. Dieses ist mit dem Rostellum, dem Haftorgan für das eine Pollinium, verwachsen und liefert als dritten, aber sterilen Narbenlappen nicht nur das Rostellum, sondern auch Klebescheibe und Stielchen für das Pollinium. Alle drei — Rostellum, Klebescheibe und Stielchen — bilden das Pollinarium. Der unterständige Fruchtknoten (Ovarium) als Kapsel besitzt ein Fach mit drei wandständigen Samenleisten, drei Fächer sind vereinzelt vorhanden. Die Samen sind sehr klein und leicht, ohne Nährgewebe, werden durch den Wind verbreitet. Da sie ohne Endosperm sind, gehen sie eine Symbiose mit Bodenpilzen ein. Man darf sich daher nicht wundern, wie schwierig bei Orchideen die Ausbreitung durch geschlechtliche Vermehrung ist. In der Zucht wendet man heute die Aussaat auf eigens dafür entwickelten Nährböden an. Oft verwendet man halbreifen Samen, ehe in der Samenschale Hemmstoffe für eine weite und zeitgerechte Verbreitung gebildet sind. Die Methode ist sehr sicher. Trotzdem sind noch nicht alle Fragen restlos beantwortet. Zur ungeschlechtlichen Vermehrung (identische Reduplikation) entnimmt man der preisgekrönten Pflanze Bildungsgewebe (Meristem) und kultiviert es auf flüssigem oder festem Nährboden solange, bis sich genügend Zellmaterial gebildet hat, um durch Wuchsstoffgaben genügend Pflanzen bilden lassen. So erhält man genetisch völlig gleichartige Pflanzen (Klone). Die Orchi-

deen ordnet man heute in fünf Unterfamilien und 18 Stämme, diese wieder in 70 Unterstämme. Diesen folgen die Gattungen, z. B. Paphiopedilum, Orchis, Neottia, Epidendrum, Vanda. Die botanische Art ist aber trotzdem der Baustein des Systems, z. B. Cypripedium calceolus usw.

Der äußere Aufbau ist äußerst vielfältig, er ist durch die Anpassung an den Lebensraum mitbestimmt. Orchideen mit aufrechtem Stamm (Monopodia) wachsen nur an der Sproßspitze, auch nach Ruhezeiten. Sie verzweigen sich gelegentlich. Die Blütenstände erscheinen in den Blattachseln. Für die Vanda-Gruppe ist dieser Aufbau typisch. Viele andere Arten verzweigen sich, indem am Grunde eines ausgewachsenen Sprosses ein neuer Sproß entsteht, der für kurze Zeit die Wachstumsspitze darstellt. Dies nennt man Sympodium. Die Epidendrinae gehören hierher. Es gibt bei diesem Bauplan eine ganze Reihe von Varianten, auch für die mit Sproßknollen ausgestatteten Arten verläuft das Wachstum nicht gleichartig nach einem Schema. Die Frauenschuhartigen bilden in Form von grundständigen Seitenknospen die Neutriebe, so daß Büschel von Trieben entstehen, wobei jeder Trieb nur eine Blüte hervorbringt. Dies gilt für alle Sympodien. Die Orchideen als krautige Pflanzen besitzen eine ungeheure Anpassungsfähigkeit an ihren Lebensort. Wir können sie am Rande des ewigen Eises in Grönland wie an der Schneegrenze in den Gebirgen Neuguineas und den Anden oder Alpen finden, aber auch in den Halbwüsten Zentralamerikas. Viele von ihnen sind Aufsitzer (Epiphyten). Manche haben sich sehr eng in eine Lebensgemeinschaft mit anderen Pflanzen eingelassen. Die Orchideen sind wahre Lebenskünstler. Sie versorgen sich über Sproßknollen als Speicher oder über Luftwurzeln mit Wasser, Nährstoffe geben ihnen Wind und Regen — und sie leben gut, wenn ihnen die rechte Sonne scheint, wenn sie den ihnen entsprechenden Lichtgenuß haben. Wichtig sind besonders die artgemäßen Nachttempera-

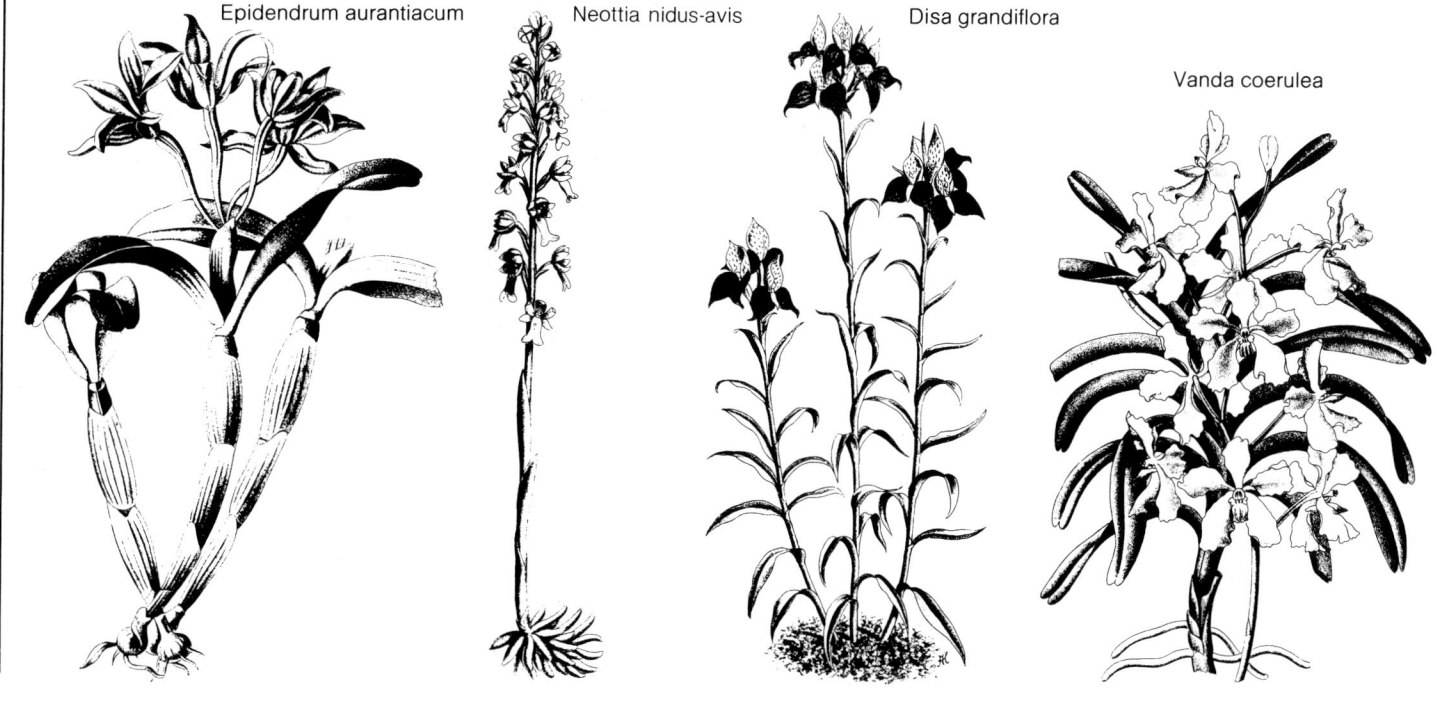

Epidendrum aurantiacum    Neottia nidus-avis    Disa grandiflora    Vanda coerulea

Phragmopedium schlimii   Bulbophyllum reticulatum   Laelia elegans   Ansellia africana

turen zwischen + 5° und 25 °C, eine ausgewogene Luftfeuchte und der zuträgliche Untergrund.

Nach ihrem Standort unterteilen wir Luftorchideen, Rinden- oder Felsorchideen mit Haftwurzeln und Erd- oder Humusorchideen.

Die Orchideen mögen vor 60 Millionen Jahren auf dem unzerteilten Tropenkontinent (Gondwanaland) entstanden sein. Vor 30 Millionen Jahren scheint bei der Driftung die Orchideenfamilie „verteilt" worden zu sein.

Als Beispiel: In Amerika kennen wir 3 Hauptareale:
1. Das Amazonasbecken, mit dem des Rio Parana verbunden, das dünn besiedelt ist,
2. Zentralamerika mit vielen kleinerblütigen Arten (Oncidium),
3. das Andengebirge von Venezuela und Kolumbien (Cattleya, Odontoglossum, Miltonia) und das Küstengebirge Brasiliens (Laelia und Oncidium).

Die Entwicklung in Afrika verlief einheitlich, ist aber arten- und formenarm mit 1250 Arten. Ganz aus dem Rahmen fällt Madagaskar mit 675 Arten, davon nur 11 mit Afrika gemeinsam. Die Hälfte der Orchideen ist im tropischen indo-malayisch-australischen Gebiet beheimatet. Neuguinea nimmt eine selbständige Position ein. Kerngebiet ist aber Südostasien, Vorder- und Hinterindien und alle Sunda-Inseln (Indonesien, Philippinien).

Die Nordhemisphäre ist Heimat der Erdorchideen, der Frauenschuhartigen und der Knabenkrautartigen (Orchidoideae). Weite Gebiete der Erde bieten den Orchideen keinen Lebensraum. Wüsten- und Trockengebiete scheiden fast aus; auch Grasländer — Pampa, Llanos, Savannen, Prärien, Acker- und Wiesen-/Weideflächen. Die dichtestbesiedelten Gebiete sind in der Regel wechselfeucht, es sind die der Passat- und Monsunwinde. Durch Aufsteigen der Wolken an Gebirgen ergeben sich Nebel- und Wolkenzonen günstiger Feuchtigkeitsverhältnisse.

Als erste tropische Orchidee kam Bletia verecunda von den Bahamas nach England. Um 1800 waren in Kew Gardens 25 Arten. 1805 brachte Carl Ludwig Wildenow Encyclia atropurpurea nach Berlin. 1817 fand man Paphiopedilum vernistum im Himalaya, 1837 Vanda coerulea. Viele Sammler und Abenteurer zogen immer wieder aus, neue Schätze zu entdecken oder verlorene wiederzuentdecken. Und das ist bis zu einem gewissen Umfange heute noch so — wenn wir nicht erkennen, daß jeder von uns einen Beitrag zur Erhaltung der Arten leisten muß. Der Verzicht kann nicht schwerfallen, da viele Arten aus Kulturen und noch mehr Hybriden eine kaum überschaubare Fülle zur Wahl stellen. Orchideen können die Leidenschaft jeden Pflanzenliebhabers sein und bleiben.

## Falle und doch Blüte: Aronstabgewächse

Dem Blütenstand entströmt unangenehmer Aasgeruch — Zweiflügler tummeln sich am Trichterrand vor gähnendem Abgrund. Sie lassen sich auf dem glatten, ölfetten Kolben nieder. Und schon sind sie im Kessel gefangen; glatte Wände und starre Haare lassen keinen entfliehen. Was ist geschehen? Das tütenförmige Hüllblatt (Spatha) hat wie ein Signal gewirkt. Der Kolben ist der Fortsatz der einhäusigen, aber getrenntgeschlechtlichen Blüten, die unten die weiblichen, darüber die männlichen Blüten und ganz oben die Reusenhaare tragen. Das Insekt lädt im Taumel den mitgebrachten Pollen ab, wird aus den Narben mit Nektar gesättigt, erneut eingestäubt. Dann verwelken die Sperrhaare und der Rutsch in die nächste Falle folgt.

So geht das bei rund 2000 Arten, die zu über 90% in den Tropen leben und als Kräuter vielfältige Formen angenommen haben, so daß man ihnen 115 Gattungen einräumt. Oft haben sie einen dicken Wurzelstock. Erst nach der ersten Blütenbildung wechseln sie von monopodialen zum sympodialen Wuchs. Die Blätter sind zweizeilig oder wechselständig, ganzrandig oder fiederig, auch gelocht. Sie haben eine Blattscheide, die den Neutrieb schützt. Die Wurzeln sind sehr anpassungsfähig, Folgewurzeln bilden sich leicht, oft auch als Haftwurzeln. Die Blüte ist im Grundprinzip zwar dreizählig, aber die Ausbildungen erscheinen stark reduziert. Der Samen reift als Beere, die giftig ist.

Viele Aronstabgewächse enthalten giftigen Milchsaft, der durch Erhitzen zerfällt. Die Wurzelstöcke mancher Arten enthalten Stärke (Caladium, Colocasia, Alocasia, Arum). Die Einteilung fällt nicht leicht:
1. Pothos, Anthurium, 2. Rhaphidophora, Monstera, Spatiphyllum, Epipremmum, 3. Calla, Symplocarpus, 4. Draconitum, Amorphophallus, 5. Philodendron, Zantedeschia, 6. Colocasia, Alocasia, Xanthosoma, Remusatia, 7. Arum, Spathicarpa, Dracuneulus, Arisaema, 8. Pistia als Schwimmpflanze.

Die als Stärkelieferanten angebauten Arten sind Alocasia indica, A. macrorrhiza, Amorphophallus campanulatus und Cyrtosperma chamissonis. Viele Arten erfreuen uns als „Grünpflanzen", die Aron-Lilie stammt von Zantedeschia aethiopica.

## Gesnerien:
### Leuchten unter den Blüten

Die Gesneriengewächse (Asteridae-Scrophulariales) sind die tropische Version der Rachenblütler oder Braunwurzgewächse temperierter Zonen. Die Familie benannte Carl von Linné nach dem ersten botanischen Systematiker Konrad Gesner (1516 – 1565, „Opera botanica"). Die Gesnerien sind pantropisch mit zwei versprengten Gattungen (Ramondia, Haberlea) in Südeuropa und zählen rund 2000 Arten in 125 Gattungen. Sie bilden in den Regenwäldern meist Rosetten aus und leben als Kräuter oder Halbsträucher, etliche auch als Epiphyten auf Bäumen. Samtene Blattoberflächen in vielerlei Grüntönen zeichnen sie aus. Sie speichern Wasser in Blättern ebenso wie in Knollen oder Rhizomen, auch schuppig beblätterte Ausläufer findet man. Die Blüten sind oft zweiseitig-symmetrisch, halbaufrecht, geeignet für Bienen- und Kolibribesuche. Die Geschlechtsteile sind oft auf 2 Staubbeutel und 2 Fruchtblätter reduziert. Die Samen sind sehr klein und werden durch den Wind verbreitet.

Man kann 3 Evolutionszentren nachweisen für diese Familie: 1. Zentral- und nördliches Südamerika, 2. tropisches Afrika, 3. Südchina, Indomalaysia, Borneo, Neuguinea. Die Entstehung hat aber mit der heutigen Verbreitung der drei Unterfamilien sehr wenig gemeinsam.

Die Cyrtandoideae haben ein vergrößertes Keimblatt, das bei 70 Gattungen erkennbar ist. Die Heimat ist Afrika und Asien mit Cyrtandra, Boea, Aeschynanthus, Streptocarpus, Chirita. Monophyllaea (12 Arten auf Kalk), von Thailand bis Neuguinea, entwickeln nur ein einziges Blatt. Ähnlich ist die Gattung Rhynchoglossum, die auf der Spitze eines hängenden Tropfsteins (Stalaktit) siedelt. Moultonia hat ebenfalls diese Wuchsform. Einblättri-

ge Streptocarpus-Arten aus dem östlichen Afrika können bei Trockenheit das halbe Blatt abstoßen. Diese Gattungen bilden wenig blutige, doppeltwicklige Blütenstände in den Blattachseln. Ramonda, Haberlea und Jankaea scheinen Tertiärrelikte zu sein. Die Pflanzen halten 3 bis 4 Jahre in völlig ausgetrocknetem Zustand aus und assimilieren nach Wasserzufuhr wieder. Das Usambaraveilchen (Saintpaulia ronantha), mit rund 3000 Sorten im Handel seit 1925, gehört hierher. 10 der 20 Arten kommen in den Usambarabergen Ostafrikas vor. Streptocarpus (Drehfrucht) ist in 90 Arten von Südasien, Madagaskar und Tropisch-Afrika bekannt.

Aeschynanthus ist ein Halbstrauch, der mit 170 Arten Indomalaysia und Südchina besiedelt. Er wächst epiphytisch. In Südostasien sind die über 200 Arten von Cyrtandra mit beerigen Früchten und einem becherförmigen Ring am Fruchtknoten.

Die Gesnerioideae haben gleich große Keimblätter. Es sind Amerikaner, außer Mitrasia und Coronanthera, die in Südchile, Neukaledonien, Neuseeland und Australien ihre Verbreitung haben. Titanotrichum ist in Asien daheim. Die Columeen treten als Sträucher und Kletterer auf, die Blätter sind gegenständig, die Blüten scharlachrot. Sie hybridisieren sehr stark. Die Gloxinie heißt Siningia x hybrida. Sie ist wohl aus S. regina und S. speciosa entstanden. 20 Arten von Siningia gibt es in Brasilien. Rechsteineria mit 80 Arten hat ein ausgedehntes Areal von Argentinien bis Mexiko. Simithinantha und Achimenes haben endständige Blütenstände. Sie können ebenfalls leicht gekreuzt werden.
Zu den Gesnerioiden zählen noch Alloplectus, Episcia, Codonanthe, Hypocyrta, Drymonia, Nautilocalyx, Chrysothemis, Nematanthus, Besleria, Ametanthus, Bellonia, Phinaea, Gesneria, Solenophora u. a.
Die Gesnerien sind eine tropische Pflanzenfamilie, die uns noch erfreuliche Überraschungen verspricht.

## Gräser —
### nichts als Graspflanzen

Für viele Menschen gibt es Gräser und Blumen, dabei haben die Gräser auch eine Blüte mit gleichen Aufgaben, nur nicht gar so auffällig. Dazu sind die Gramineae oder Poaceae mit 8000 bis 10 000 Arten und 700 Gattungen eine der größten Pflanzenfamilien — und eine der wichtigsten dazu. Die Gräser sind Kräuter, wenige zeigen baumartigen Wuchs. Sie haben Faserwurzeln oder gelegentlich Rhizome oder Wurzelausläufer. Der Stengel heißt Halm und besitzt Knoten und Zwischenknoten. Die Blätter sind zweizeilig mit einer langen, stengelumfassenden Scheide. Sie sind meist linear, lanzettlich, selten mit Blattstengel ausgestattet. Die Blattspreite und die Blattscheide trennt meist ein Blatthäutchen (Ligula). Die Blätter haben oft Kieselsäure eingelagert, die sie schneidend scharf macht.

Die Grasblüte ist sehr vereinfacht und steht in den Ähren zusammen, die zweizeilige und trockenhäutige Spelzen (Blätter, die auf Blattscheiden reduziert sind) aufweisen. Am Ährengrund sind die 2 Hüllspelzen, darauf folgen die

Deckspelzen, die in den Achseln die Blüten tragen. Die Deckspelzen können Grannen, gezähnte, reduzierte Blattspreiten, tragen. Die Blüte ist zwittrig, mit 3 Staub- und 2 federigen Narben mit einem Fruchtknoten, der einsamig ist. Die Ährchen sind zu Blütenständen vereinigt, sie heißen Rispen. Die Gräser sind windblütig. Die Frucht ist eine Caryopse (Schalfrucht). Da die Gräser sehr einheitlich gebaut sind, dient der Aufbau der Ähre der taxonomischen Einteilung.

Die Poaideae haben viel- bis einblütige Ährchen, meist 2 Hüllblätter, die Deckspelzen sind unbegrannt oder haben eine endständige Granne. 3 Staubblätter und meist 2 Griffel sind vorhanden. Mit 250 Gattungen ist sie die umfangreichste Unterfamilie.

Dactylis glomerata, das gemeine Knäuelgras, ist ein wertvolles Futtergras gemäßigter Zonen. Poa, das Rispengras, mit etwa 300 Arten, ist weltweit verbreitet: Poa pratensis, P. flabellata (Tussokgras) ist auf Feuerland die größte Art. Poa bulbosa läßt aus den Ährchen Laubknospen wachsen (Viviparie). Festuca (Wiesenschwingel), Lolium (Weidelgras), Bromus (Trespe), Hordeum (Gerste), Secale (Roggen), Triticum (Weizen), Avena (Hafer), Lagurus (Hasenschwanzgras), Phragmites (Schilfrohr), Arundo donax (Pfahlrohr), Cortaderia (Pampasgras), Phalaris (Rohrglanzgras), Anthoxanthum (Ruchgras), Stipa (Federgras), Milium (Waldflattergras) und viele andere Gattungen.

Die Saatgerste (Hordeum sativum) gehört zu den ältesten Kulturpflanzen. Älteste Reste von Hordeum spontaneum und Triticum dicoccon (Emmer) aus Beidha/Südjordanien und Ali Kosh/Iran sind auf 7000 v. Chr. datierbar. Das Einkorn (T. boeoticum) ist im Goldenen Halbmond heimisch. Im alten Babylon wurde um 3000 v. Chr. schon Gersten-Bier an Haremsdamen, Arbeiter und Beamte ausgegeben.

Heute nimmt Triticum (Weizen) die größte Anbaufläche auf der Erde (220 Millionen ha) bei einem Ertrag von 14,4 t/ha ein.

Die Geschichte der Domestikation der Getreidegräser ist noch auf weiten Gebieten ungeklärt. Um 1960 wurden Kurzstrohweizen in Mexiko gezüchtet, die in tropischen Ländern hohe Erträge bringen und zur Beseitigung des Hungers in der Welt wesentlich beitragen. Das Schilfrohr als Kosmopolit kann Zellulose liefern, ebenso das Pfahlrohr.

Die Eragrostoideae mit über 100 Gattungen besitzen viel- bis einblütige Ährchen mit unfruchtbaren Spelzen, die Frucht sitzt locker. Das Liebesgras (Eragrostis) ist in den Tropen und Subtropen mit 300 Arten heimisch. In Aethiopien stellt man daraus Fladenbrot her. Cynodon dactylon (Fingerhundszahn) ist als Rasengras oder Bermudagras geläufig.

Die Oryzoideae haben einblütige Ährchen, zwittrige oder eingeschlechtliche Blüten und zweischuppige Hüllspelzen. Oryza (Reis) kommt in 25 Arten in den Tropen vor. Für 60% der Menschen ist er das wichtigste Nahrungsmittel. Der Reis ist ein einjähriges Gras mit 30 cm langer Rispe. In China soll er seit 2800 v. Chr. zusammen mit Hirse, Weizen, Gerste und Sojabohne angebaut worden sein. Man unterscheidet im Anbau Sumpfreis und Bergreis. Er gedeiht noch in 2000 m Höhe. Das Reismehl ist nicht backfähig. Die Silberhaut (Frucht- und Samenschale) entfällt beim Schälen (Polieren). Sie enthält die lebenswichtigen Vitamine $B_1$, $B_2$ und $B_{12}$.

Neue Reissorten, auf den Philippinen gezüchtet, liefern höhere Erträge und haben höheren Stärke- und Eiweißgehalt. Der Wasserreis (Zizania aquatica) in Nordamerika und Ostasien gilt als Delikatesse, hat aber nur begrenzte Bedeutung.

Die Panicoideae haben bei den Ährchen 2 Hüll- und 2 Deckspelzen. Panicum (Rispenhirse) hat über 500 Gattungen. Sie ist eine alte Kulturpflanze, die auch im Europa des ausgehenden Mittelalters angebaut wurde. Digitaria (Fingerhirse), Pospalum (Kodahirse), Setaria (Borstenhirse) ist als Setaria italica (Kolbenhirse) die wichtigste Art. Pennisetum spicatum (Perlhirse) hat in Afrika gro-

Taumellolch (Lolium temulentum)
a Pflanze, in zwei Teilen,
b Fruchtähre, c Blüte,
d Frucht ganz und im Querschnitt

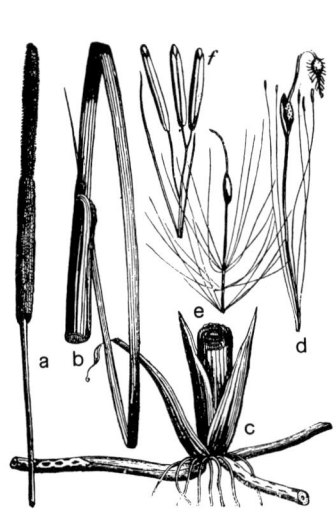

Rohrkolben (Typha latifolia)
a Spitze der Pflanze mit dem Blütenstand, b Blatt mit einem Teil der Scheide, c unterirdischer kriechender Stengel mit dem

unteren Teil des in die Blattscheiden eingehüllten Stempels, d Stempelblüte, e Frucht, f Staubblüte

Schilf (Phragmites communis)
a Rispe, b Blüte, c Ährchen

Zuckerrohr (Saccharum officinarum)
Rechts eine Blüte

ße Bedeutung. Das zweihäusige Spinifex hirsutus dient zum Befestigen von Sandbänken an Küsten.

Die Anthropogonoideae haben ein gestieltes und ein sitzendes Ährchen. Sie bestehen aus 100 Gattungen. Wichtig ist das Zuckerrohr (Saccharum officinarum), das bis 9 m hoch wird und bis 24% Rohrzucker enthält. Destillierter, vergorener Sirup ergibt den Rum. Man nimmt heute die Philippinen als Heimat von Saccharum spontaneum an. Seit 327 v. Chr., seit dem Alexanderzug, ist das „honighaltige Schilfrohr" im Abendland bekannt. Über den Orient gelangte es nach Sizilien, den Kanaren und von dort nach Mittel- und Südamerika. Sorghum (Mohrenhirse) wird in allen Tropenzonen angebaut. Cymbopogon citratus liefert das Citral für die Kosmetik. Coix acrymajobi (Jobs Tränengras) liefert perlenartige Scheinfrüchte und Stärke. Zea mays als einzige Art der Gattung ist ein einjähriges Gras mit vielseitiger Verwendung. Es ist eine alte Kulturpflanze Mexikos (5200 v. Chr.). Heute wird es weltweit angebaut, als Futterpflanze nimmt er die erste Stelle ein, als Getreide die dritte. Auch seine „Abfallprodukte" werden restlos verwendet.

Die Bambusoideae mit 100 Gattungen haben ausdauernde, holzige Halme; sie sind in den Tropen und Subtropen heimisch.
Gigantochloa verticillata erreicht Höhen von 40 m. Die Ährchen sind zwei- bis vielblütig, stehen in Rispen und haben unbegrannte Deckspelzen. Melocanna bambusoides hat orangerote, apfelgroße, eßbare Beerenfrüchte. Die Bambusse bilden dichte Bestände, die, je nach Art, alle 28 bis 60 Jahre blühen, danach sterben die Halme ab. Die Klassifizierung ist schwierig. Die Fortpflanzung erfolgt gewöhnlich durch Wurzelsprosse. Phyllostachys pubescens „formen" die Japaner zu ihrem vierkantigen Bambus; aber vierkantig wächst der Chimonobambusa quadrangularis (4 m hoch, 3,5 cm Durchmesser). Dendrocalanus strictus wird in Indien angebaut. Junge Bambus-Schößlinge dienen als Gemüse. Man schneidet sie bei 20 bis 30 cm Länge. Um Blausäure-Vergiftungen zu vermeiden, muß man sie 2 bis 3 Tage in Schlamm legen, trocknen oder kochen. Die Gräser Weizen, Reis und Mais sind eine der Grundlagen des Menschenlebens auf der Erde.

## Die Lilienblütler aus der Steppe

„Schauet die Lilien auf dem Felde, wie sie wachsen . . . auch Salomo in all seiner Pracht war nicht bekleidet wie derselben eine". Sie gedeihen in wechseltrockenen Gebieten in Vorderasien oder Südafrika. Sie bilden Zwiebeln oder Knollen aus. Regnet es, entwickeln sie sich schnell, wird es wieder trocken, halten sie eine lange, erzwungene Ruhepause. Diese riesengroße Familiengruppe, zu denen die Wasserhyazinthengewächse, die Schwertliliengewächse, die Narzissengewächse, die Grasbaumgewächse, die Smilax- und Yamswurzelgewächse und natürlich die Liliengewächse selbst mit einigen anderen kleinen Familien zählen, sind weltweit verbreitet. Über 7000 Arten gehören in rund 480 Gattungen dazu. Sie bevorzugen die wärmeren Regionen, dringen trotzdem in große Höhen und extreme Breiten vor. Viele Lilienblütler haben große, auffällig gefärbte Blüten, mit radförmigen, 2 × 3 Blütenblättern, in zwei Kreisen angeordnet. Der Fruchtknoten ist oberständig, dreiblättrig und die Früchte werden Beeren oder sind Kapselfrüchte. Sie sind (außer Agaven und Palmlilien) nicht landschaftlich prägend.

Sie sind eigentlich kaum nützlich außer wenigen: Agave und Phormium für Fasern; Spargel, Zwiebel, Lauch als Gemüse; Aloe, Maiglöckchen, Blaustern als Heilpflanzen. Aber viele und beliebte Zierpflanzen sind darunter: Lilien, Gladiolen, Tulpen, Narzissen, Hyazinthen, Freesien, Ritterstern . . .

Die *Liliengewächse* als größte Familie unter diesen weisen als Kosmopoliten bei 370 Gattungen 3500 Arten aus, viele besiedeln begrenzte Biotope. Die meisten sind krautig, mit sympodialen Rhizomen oder Bulben, wenige (Yucca, Dracaena) sind Bäume oder Sträucher. Viele sind Xerophyten (an Trockenheit angepaßte Pflanzen), z. B. Aloe, Gasteria. Manche haben schmale Blätter oder mit Ranken versehene Blätter (Gloriosa), sogar mit Phyllocladien (Ruscus, der Mäusedorn).

Die Blütenstände sind meist traubig, ohne Vorblatt, die Verzweigung erfolgt cymos (trugdoldig) oder — wie bei Hemerocallis — als Schraubel. Die Blütenteile sind in 5 Kreisen zu je dreien angeordnet. Die Blüten werden durch Insekten bestäubt. Die wichtigsten Gattungen sind

1. *Melanthia*, Tofieldia, Veratrum, Gloriosa, Colchicum: mit Rhizom oder Bulbe, endständiger Blüte, Kapselfrucht.
2. *Herreria*, Knolle mit Klettersproß, Blätter in Tuffs.
3. *Asphodelus*, Bowiea, Funckia, Hemerocallis, Kniphofia, Aloe, Gasteria, Haworthia: mit Rhizom, radial beblätterter Strunk oder Stamm. Blütenstand meist endständig, einfache Ähre oder Traube, meist Kapselfrucht.
4. *Lilium*, Fritillaria, Tulipa: Bulben, Sproß mit ein oder mehreren Blättern, traubiger End-Blütenstand, Kapselfrüchte, außer bei Calochostus.
5. *Scilla*, Ornithogalum, Hyacinthus, Muscari: wie zuvor, aber blattloser Sproß.
6. *Asparagus*, Polygonatum, Convallaria, Trillium: unterirdisches, sympodiales Rhizom, Beerenfrüchte.
7. *Aletris*, kurzes Rhizom mit schmalen, wirteligen Blättern.

Unter den Liliengewächsen gibt es viele Endemiten. Ein Sonderling ist Lapageria rosea (Chiles Nationalblume), ein Kletterer mit verholztem Stamm und immergrünen Blättern.

Die *Iris-Gewächse* (Schwertlilien) mit 1800 Arten in 70 Gattungen sind in der Nordhemisphäre heimisch. Iris = Regenbogen bezieht sich auf das Farbspiel der Blüten. Die Pflanzen hybridisieren leicht und nehmen bald das Aussehen von Naturformen an.

Die Pflanze besitzt ein dickes, horizontal liegendes Rhizom. Es enthält oft Iron (Veilchenduft). Die Blätter sind linealisch, spitz auslaufend, bis 80 cm lang, zwei Blattspreiten sind verwachsen. Der Blütenstand wächst bis 100 cm hoch und trägt eine auseinandergezogene Blütentraube. Die Blütenknospen sind von hellbraunen, dünnen Deckblättern umschlossen. Die Kronblätter sind in der Knospe zusammengerollt. Die äußeren Kronblätter legen sich nach außen, abwärts, die inneren stehen aufrecht nach oben. Auf der Innenseite der äußeren Kronblätter sind lange, gelbe Haarreihen angeordnet. Sie sind das Kennzeichen für Bart-Iris. Zwischen den 3 Innenkronblättern stehen drei kleinere, andersartige, die Griffelnarben, unterhalb sitzen die 3 Staubblätter. Die Frucht wächst zu einer dreikammerigen Kapsel aus mit roten, runden Samen. Der Palmengarten führt in Verbindung mit der Deutschen Staudengesellschaft eine Sichtung und Bewertung seit 1970 durch. So sieht man hier stets die neuesten Züchtungen aus der ganzen Welt.

Crocus-Arten erfreuen durch Frühjahrs- und Herbstblüte, jedoch sind es verschiedene Arten. Die Blütenöffnung ist temperaturabhängig. Ihnen nahe verwandt sind Romulea von den Mittelmeergestaden.

Die Gladiolen, im Mittelmeergebiet und in Südafrika heimisch, sind mit 250 Arten artenreich. Sie sind schützenswert.
Freesia, 1816 aus Südafrika eingeführt, erfreut durch Duft und Farben. Die Genten Montbretia entstammt einer Kreuzung aus zwei Crocosmien. Klebschwertel (Ixia), Pfauenlilie (Tigridia) und Casmanthe (Antholyza) sind schöne Gewächse.

*Die Narzissen- oder Rittersterngewächse* (Amaryllidaceae): 85 Gattungen mit 1100 Arten, haben ihre Heimat in den wärmer temperierten oder suptropischen Gegenden, obwohl das Schneeglöckchen (Galanthus) und die Narzisse ziemlich weit in den Norden vordringen. Sie besitzen Bulben, sind nur im Frühling oder in der Regenzeit beblättert, viele haben auch Rhizome. Der Blütenstand auf einem Schaft mit Hüllblatt, einer Trugdolde, aber oft schirm- oder köpfchenähnlich, auch einzelblütig, ist mit zwittrigen, regelmäßigen oder zweiseitig symmetrischen Blüten besetzt. Das Bauprinzip hat ebenfalls die Dreizahl als Grundlage. Abwandlungen wie bei Narzissen, Eucharis oder Sprekelia sind möglich. Sehr häufig treten Brutknöllchen auf.
Wichtigste Gattungen und Arten:
1. Galanthus, Leucoium mit Blütenkronen   2. Amaryllis, Brunsvigia, Nerine aus Südafrika   3. Crinum, Ammorcharis, Cyrtanthus, Vallota sind vorwiegend Südafrikaner   4. Zephyranthes, Sternbergia   5. Haemanthus, Boöphane   6. Ixiolirion   7. Pancratium (Meerzwiebel), Hymenocallis, Eucharis   8. Eustephia, Phaedranassa   9. Hippeastrum, Sprekelia   10. Narcissus, Clivia, Lycoris, Alstroemeria.
Die Narzissen finden im Palmengarten besondere Beachtung. Neben Massenpflanzungen zur Frühjahrsblüte mit Blaustern und Muscari ist ein großes Sortiment von Arten und Sorten seit 1970 entstanden. Die „Blüte" mit 6 Kronblättern ist in mehreren zu einer Trugdolde angeordnet. Der innere Kronblattkreis ist zu einer Röhre verwachsen, die in Form und Farbe variiert. Nur Schmetterlinge können die Blüten bestäuben. Die meisten Arten sind im westlichen Mittelmeerraum beheimatet, da auch sie leicht bastardieren, ist die Abgrenzung von Arten nicht einfach. Die Narzissen sind ausdauernde, dankbare Zwiebelgewächse.

Die *Agaven-Gewächse* mit 20 Gattungen, 670 Arten, sind in Nord- und Zentralamerika an vielen Stellen beherr-

Deutsche Schwertlilie (Iris germanica)
Unten links die Kapselfrucht durchschnitten

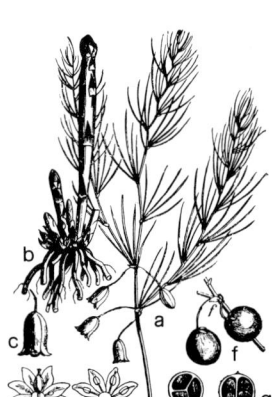

Spargel (Asparagus officinalis), a Blütenzweig, b Wurzelstock mit den jungen Schößlingen, c Blüte, d und e Blüte geöffnet, f Früchte, g und h Durchschnitt der Frucht

Gartentulpe (Tulipa gesneriana), a Pflanze, b Stempel mit den Staubgefäßen

a Schneeglöckchen (Galanthus nivalis), b äußeres Blatt der Blütendecke, c inneres Blatt der Blütendecke, d Staubgefäße und Stempel, e Frühlingsknotenblume (Leucojum vernum)

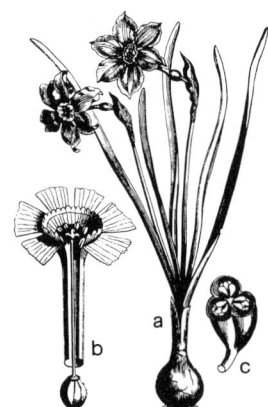

Weiße Narzisse (Narcissus poëticus) a Pflanze, b Blüte, c Frucht im Durchschnitt

schend. Sie kommen in subtropisch-tropischen Trocken-gebieten vor, sind robuste, verholzte oder baumartige Pflanzen mit lanzettlichen, festen Blättern und Blüten, die den Lilien oder Amaryllis ähneln. Die wichtigsten Gattungen: Yucca, Cordyline, Dracaena, Sanseveria,, Phormium, Nolina, Furcraea, Agave, Polianthes. Es gibt 300 Agaven-Arten in Nord- und Südamerika, alle sonstigen sind „zugereiste". Sie brauchen oft Jahre und Jahrzehnte, bis der Blütenstand erscheint. Aber dann erlischt das Lebenslicht. Sie können sich durch Kindel, die an der Sproßbasis erscheinen, erhalten oder durch Samen, der in Fülle gebildet wird. Manche Arten bringen Kindel statt Samen am Blütenstand hervor. Die Mexikaner gewinnen aus vergorenem Agaven-Saft Pulque, das Nationalgetränk. Bis 1000 Liter insgesamt soll eine Pflanze liefern. A. sisalana und A. foureroydes liefern Sisalhanf. „Aquamiel" liefert auch A. atrovirens. Viele andere Gattungen und Arten werden als Zierpflanzen sehr geschätzt.

Tacca-Gewächse mit Wurzelknollen kommen in Indien, China, Polynesien, Ostafrika und Äquatorialamerika vor. Sie lieben feuchte Wälder, manche die Kalkbänke der Atolle. Vielfach werden sie wegen der stärkehaltigen Knollen angebaut.

Die Yamswurzel und die Schmerwurz (Dioscoreaceae) sind Knollengewächse. Die Schmerwurz (Tamus communis) wächst in Italien und soll giftig sein. Die Yamswurzel (Dioscorea) mit 600 Arten ist tropisch, besonders in Asien bekannt. Die Knollen sind stärkehaltig, der Sproß ist mit herzförmigen, gegenständigen Blättern besetzt. Die grünlichen Blüten stehen in Trauben. Wichtig sind D. batatas, D. coryophora in vielen Sorten und interessant die Luftkartoffel D. bulbifera, die in Blattachseln Knollen erzeugt.

## Die Ordnung der Commelinales

Viele Bekannte zählen dazu, allen voran die Tradescantie, unverwüstliche Begleiter menschlicher Behausungen. Dazu zählen einige kleine Pflanzenfamilien, wie die tropische Xyris-Familie, die südamerikanisch-afrikanische Mayacafamilie, die Rapatea Südamerikas im engeren Sinn. Im weiteren Sinne die Eriocaulales, mit Eriocaulon, einer pantropischen „grasähnlichen" Familie, und den Restionales, den Reedartigen in den Süd-Subtropen und Tropen, mit den Flagellarien in den Palaetropen, mit Blattranken, und den Restiogewächsen in den südlichen Subtropen.

Die *Tradeskantia- oder Spinnenkrautgewächse*, 38 Gattungen, 500 Arten, sind meist Kräuter mit mehr oder weniger sukkulentem Sproß und wechselständigen Scheidenblättern.

Die *Restionaceae*, 28 Gattungen, 320 Arten, sind grasähnliche, xerophytisch wachsende Monocotyle, die hauptsächlich in Südafrika und Australien vorkommen, wenige in Chile, Neuseeland und Indochina. Aus unterirdischen Rhizomen wachsen aufrechte, runde Sprosse mit Scheidenblättern, oft ohne Blattspreite. Die Assimilation erfolgt auch durch den Sproß.

# Merkwürdiges im Pflanzenreich

Die Anpassungen der Pflanzen an veränderte Lebensbedingungen im Laufe der langen Entwicklungsgeschichte sind tausendfältig. Viele Beobachtungen und Tatsachen bedürfen noch der Aufklärung bzw. erneuter Untersuchung. Die vielfachen „Reaktionen" der Pflanzen auf ihren sich verändernden Standort haben die Pflanzen zu ungewöhnlichen Leistungen befähigt, von denen nur wenige hier aufgezeigt werden können.

## Pflanzen als Tierfänger

„Fleischfresser" gibt es keine unter den Pflanzen. Viele Pflanzen in verschiedenen Zonen der Erde „verbessern" ihre Nahrungsgrundlage durch Einfangen von Insekten. Sie wenden dabei verschiedene Prinzipien an. Für die Pflanze bedeutet der Fang aber immer Stickstoffzugewinn.

1760 beschreibt der Gouverneur von Nordcarolina, A. Dobbs, die von ihm entdeckte Dionea als „the great wonder of the vegetable kingdom". Carl von Linné erhielt 1770 durch den Londoner Kaufmann J. Ellis Nachricht, daß in den Mooren Carolinas eine Pflanze lebt, die bei Berührung ihre Blatthälften plötzlich zusammenklappt. Der Bremer Arzt Albrecht W. Roth beobachtete 1779 am rundblättrigen Sonnentau Fangtätigkeit. Goethe konnte am 29. Juni 1815 am Ochsenkopf im Fichtelgebirge beim Besuch des Felsenlabyrinths an der Luisenburg in einem Moor dasselbe feststellen. Charles Darwin hat in späteren Jahren „insektenfressende" Pflanzen studienhalber gefüttert und darüber 1875 ausführlich berichtet. Der Nachweis eines verdauenden Enzyms bei Nepenthes, die seit 1650 bekannt war, gelang 1874 J. D. Hooker in Kew Gardens.

Und heute noch beschäftigen die „Insektivores" Botaniker wie Liebhaber. Hier greifen Physiologie und Ökologie so eng ineinander, daß die Problematik noch immer nicht endgültig gelöst ist. Die rund 525 Arten insektivorer Blütenpflanzen lassen sich folgendermaßen ordnen:

Sarraceniaceae: Sarracenia, 9 Arten im atlantischen Nordamerika. Heliamphora, 6 Arten in Guayana, Venezuela. Darlingtonia, 1 Art in Kalifornia.
Nepenthaceae: Nepenthes mit rund 70 Arten in Südostasien, Australien, Madagaskar.

Cephalotaceae: Cephalotus mit 1 Art in Südwestaustralien.

Droseraceae: Drosophyllum mit 1 Art in Lusitanien. Drosera, 90 Arten als Kosmopoliten. Dionaea, 1 Art in Carolina. Aldrovanda, 1 Art in der Altwelt.

Roridulaceae: Roridula, 2 Arten in Südafrika.

Biblydaceae: Biblys, 2 Arten in West-Nordaustralien.

Lentilulariaceae: Pinguicula, 30 Arten Nordhemisphäre Genlisea, 25 Arten tropisches Südamerika, Südafrika.

Utricularia: 280 Kosmopoliten

Polypompholyx: 4 in Südamerika, Australien.

Bivoularia: 2 in Südamerika, Kuba.

Alle Gattungen sind gut abgegrenzt, gleichwohl wird die Zuordnung im System immer wieder umgestellt. Da aber jede Gattung nur Insektivore enthält, kann das systematische Problem hier außer Acht gelassen werden.

Die Bedeutung des Tierfanges liegt im zusätzlichen Nahrungserwerb. Ehe verdaut werden kann, muß die Beute gefangen werden. Die fangenden Pflanzen verfügen daher über Klebfallen, Klappfallen und Fall- oder Fanggruben.

Der Sonnentau benützt Klebfallen. Dieses Fangprinzip wenden auch Drosophyllum, Roridula, Biblys und Pinguicula an. Die in Rosetten stehenden Blätter sind meist rötlich gefärbt und mit Fortsätzen bestückt, die den Fangschleim absondern. Die Insekten kleben daran fest beim Berühren und verstricken sich meist mit den Fortsätzen der ganzen Blattspreite. Die Fortsätze (Tentakeln) leiten den Reiz weiter zu den Nachbarn und beginnen sich einzukrümmen. Die Blattspreite krümmt sich außerdem vom Rande her auf, die Verdauung beginnt. Das Blatt ist zu neuem Fang bereit. Die Drosera-Tentakel reagiert nur auf stickstoffhaltige, organische Stoffe, z. B. Käse, nicht aber auf Holzstückchen etc.

Das lusitanische Taublatt mit gelben Blüten ist größer, der Fangablauf verläuft gleichartig. Der Sproß verholzt

Fangvorrichtungen des Fettkrautes
A Stück der Wand einer Höhlung, B der Rand einer Knospenschuppe im Durchschnitt, C Stück der Oberhaut eines Fettkrautblattes, D Querschnitt durch ein Fettkrautblatt (Pinguicula alpina), E Querschnitt durch ein Fettkrautblatt

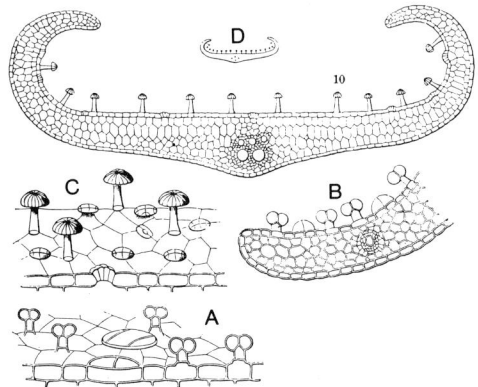

und es entsteht mit der Zeit ein kleiner Halbstrauch, der ebenfalls die unteren Blattwirtel verkümmern läßt. Roridula und Biblys zeigen keine so deutlichen Blatteinkrümmungen. Trotz der „Sonnentautropfen" an den Blattentakeln bezweifeln manche die beschriebene Funktion der Verdauung an der Oberfläche bei den beiden Gattungen.

Das Fettkraut, Pinguicula, benutzt ebenfalls Klebefallen. Die Ränder der Blätter in der Blattrosette sind leicht eingerollt. Auf der Oberfläche sitzen gestielte und kurze Drüsen. Kleine Insekten werden vom Sekret der gestielten Drüsen angelockt, kleben fest, verkleben so, daß sie mit den sitzenden Drüsen in Berührung kommen. Diese sondern Ameisensäure und Pepsin ab, ein eiweißspaltendes Ferment, die Blattränder wölben sich auf und schließen sich fast zu einer Röhre. Nach einigen Tagen entrollen sie sich und sind zu neuem Fang bereit.

Bei der Venusfliegenfalle, Dionaea muscipula, bildet sich am verbreiteten Blattstiel an einem Zwischenstück die eigentliche Blattfläche, die aus zwei fast halbkreisförmigen Hälften besteht, die auch assimiliert. Dionaea ist ein kleine, krautige Rosettenpflanze, die auf Torfmooren in ständiger Durchfeuchtung erst eine Pfahlwurzel, dann aber viele Adventivwurzeln besitzt. Hohe Luftfeuchte ist eine notwendige Voraussetzung für die Lebens- und Aktionsfähigkeit. Die beiden Blatthälften sind nach oben zur Oberfläche geöffnet und stehen in einem Winkel von 60° – 80°. Die Ränder der Blattspreite sind mit langen, dreieckigen Emergenzen in Form von Zähnen besetzt, daß sie beim Zusammenklappen zwischeneinander greifen. In der Nähe der Mittelrippe und am Rand ist das Blatt am dicksten. Auf der Blattoberseite sitzen dicht gedrängt große Drüsen. Gegen den Blattrand hin sitzen eingesenkte kleinere Drüsen, die Zucker, Nektar und Lockstoffe absondern. Die mehr herausragenden, mit dem Farbstoff Anthozyan gefärbten Drüsen erzeugen die Verdauungssäfte. Dazwischen stehen auf jeder Blatthälfte drei 1,5 bis 2 lange „Fühlborsten" von eigenartigem Bau, die den mechanischen Berührungsreiz aufnehmen und das sofortige Zusammenklappen auslösen. Man weiß aber, daß auch thermische, elektrische und chemische Reize über die Nektardrüsen die Bewegung herbeiführen. Nur der Fang größerer Insekten über 5 mm scheint wünschenswert, und die Kräfte sind so groß, daß kein gefangenes Insekt entkommen kann. Das Zusammenklappen ist eine seismonastische Alles-oder-Nichts-Bewegung. Sie erfolgt in 0,5 sec. Der Verdauungszeitraum ist 6 bis 10 Tage, die Drüsen werden trocken, das Blatt öffnet sich wieder. Mehr als 2- bis 3mal kann ein und dasselbe Blatt diesen Vorgang nicht wiederholen. Die Venusfliegenfalle arbeitet nach dem Prinzip der Klappfalle.

Die Wasserfalle, Aldrovanda vesiculosa, ist eine bis 15 cm lange Schwimmpflanze, die von Westeuropa bis Japan, Queensland und Südafrika in ruhigen, flachen Gewässern lebt. Die Blätter stehen zu 6 bis 16 Stück in Wirteln, sie gleichen denen von Dionaea, sind aber nur 15 cm lang. 4 bis 6 lange Borsten stehen seitlich und hinten auf der Blattfläche. Schleim- und Verdauungsdrüsen stehen in bestimmten Zonen. Auf der Mittelrippe und auf dem Blattstiel befinden sich etwa 40 Fühlborsten. Bei schwachem Reiz klappt das Blatt zusammen, bei starkem oder anhaltendem Reiz legen sich die Blättränder dicht aneinander. Die Blattbewegung erfolgt in 0,02 sec. Aldrovanda ist sehr schwer in Kultur zu halten.

Das Fangprinzip Fallgrube ist am meisten verbreitet. Man findet sie bei den Gattungen Nepenthes, Sarracenia, Darlingtonia, Heliamphora, Cephalotus und Utricularia. Die Wirksamkeit der Fallgrube besteht darin, eine Grube aus der Blattspreite oder einem Teil zu bilden, in die die Insekten fallen. Unter dem Rand ist eine Gleitzone. Sie ist drüsenlos und mit Wachs bezogen. Weiter nach unten folgt die Drüsenzone. Der Grund der Grube ist fast immer mit Flüssigkeit gefüllt. Läßt sich ein Insekt auf dem Grubenrand nieder, gleitet es ungewollt nach innen ab und fällt in das Innere über die Gleitzone in die Flüssigkeit der Kanne. Die Verdauung setzt sofort ein. Um so erstaunlicher ist es, daß in dieser Flüssigkeit gewisse Insektenlarven leben und nicht angegriffen werden.

Die Kannenpflanzen Nepenthes sind ausdauernde Rhizompflanzen, die krautig oder strauchig wachsen. Aus einem Erdstock, der rosettig sein kann, erheben sich neben Kurztrieben lianenartige, verzweigte Langtriebe, die mit Blattstielranken klettern. Die Wurzeln sind fadenartig, nur wenige bilden sich. Alle Nepenthesarten leben auf sehr sauren Rohhumus- oder Kiesböden. Die Pflanzen besitzen nur Schlauch- oder Kannenblätter. Die Kanne sitzt an der Rückseite des Blattes. Die Folgeblätter haben einen flächigen Basalteil zur Assimilation, einen derben Rankteil als Aufhängeorgan für Sproß und Kanne. Die Kanne ist 3 bis 40 cm lang, je nach der Art und nach Stellung an der Pflanze. Die Kannen hängen immer aufrecht und tragen an der schiefen Mündung ihres Hohlkörpers einen nach innen gerollten Rand. An der dorsalen höchsten Stelle ist ein „Dorn" vorhanden, vor ihm der meist schief über der Öffnung stehende, flächige und unbewegliche Deckel verschiedener Größe. Für die Stabilität der Kannen sorgen Leisten mit Gefäßbündeln und der Kragenrand. Die Kannen variieren in Form, Größe und Färbung an ein und derselben Pflanze. Die Kannenbildung hängt von hoher Luftfeuchte ab. Die beiden Zonen der Kanne sind meist äußerlich schon erkennbar. Die junge Ranke kann schon vor der Entwicklung der Kanne Windungen ausführen, ohne zu verankern.
Die Kannenflüssigkeit ist klar, etwas schleimhaltig, reagiert durch Zitronen- und Apfelsäure leicht sauer und enthält proteolytische Enzyme (eiweißspaltende Fermente: katheptische Protease). Nepenthes wächst am Waldrand, in Lichtungen, im Strauchbereich nach Kahlschlägen bis 2400 m Höhe.

8 Sarracenia-Arten wachsen auf kleinem Areal zwischen Osttexas und Nordcarolina. S. purpurea ist bis Neufundland und Winnipeg verbreitet. Alle Arten wachsen auf feuchten bis nassen Standorten, sandig und/oder moorig bei pH 4 – 5. S. flava kommt im Taxodium-Sumpfwald

vor, S. variolaris im Kiefernwald (Pinus palustris), der zwischendruch ganz austrocknet. Zwischen einzelnen Arten fehlen oft ausgeprägte Merkmale. Meist sind Bastarde, die leichter zu halten sind, in der Kultur.
Sarracenien sind ausdauernde Kräuter. An der Sproßbasis entstehen Adventivwurzeln. Die bis meterlangen, hohlkegeligen bis zylindrischen, auch sackförmigen Schlauchblätter stehen aufrecht. In der Mittelebene läuft ein Flügel herab. Der Schlauchrand ist nach außen eingerollt. Auf der Rückseite setzt sich die Wand in den Deckel fort, ein auffälliges, feststehendes Gebilde. Im Jugendstadium schließt er lange Zeit die Kanne ab. Auch hier finden wir eine Gleit- und Drüsenzone. Nektar und Enzym werden von verschiedenen Drüsen abgesondert. Auch bei Sarracenia kennt man eine Reihe von Biozönosen.

Die Darlingtonia californica (oft als Kobralilie bezeichnet) kommt auf kleiner Fläche in Südoregon und Nordkalifornien bis 1800 m auf feuchten Wiesen vor. Die fast meterlangen Schläuche sind auffallend. Die Entwicklung entspricht im Aufbau Sarracenia. Die hohen Blütenstände erscheinen vor dem Laub. Das Ende des Schlauchteils ist von einem kuppelartigen Helm überwölbt. Der Zugang erfolgt von unten her. Durch eine Schlauchdrehung um 180° liegt die Öffnung nach außen. Am Vorderrand des Helmes hängen zwei Zipfel, die leicht gedreht sind. Die Entwicklungsgeschichte ist wie bei Sarracenia. Nektardrüsen stehen außen und am Helm. Das Schlauchinnere ist wie bei den anderen Fallgruben organisiert.
Heliamphora kommt auf den Gipfelflächen der Tafelberge im Roraimagebirge oder im Regenwald auf Bergrücken vor, auch in der Savanne. Sie ähneln im Aussehen den Sarracenien, die Kannenblätter sind schräg abgeschnitten, werden je nach Art 10 cm bis 100 cm lang. Der Rand ist nicht umgebogen, der Deckel ist nur als löffelartiger Fortsatz erkennbar. Die Schlauchinnenfläche ist analog den anderen aufgebaut.

Cephalotus follicularis wächst auf Torfboden oder humosem, nicht zu nassem Sandboden zwischen Restio-Arten und Epacris-Arten an der westaustralischen Südküste. An der kleinen Rosettenstaude mit Seitentrieben wachsen flache Laubblätter und Kannenblätter. Die Laubblätter sind ab Herbst auffallend und vergehen allmählich wieder. Die Kannenblätter tragen einen gebogenen Stiel. Die Kannenmündung hat einen komplizierten Kragen. Hinten entspringt ein rundlicher Deckel, der mehr oder weniger geöffnet ist, aber feststeht. Vorne laufen zwei gefranste Flügel herab. Der Kragen bildet einen Ring mit verschiedenartigen Ausbildungen. Die Kannen sind farbenprächtig. Drüsen wachsen auf fast allen Oberflächen. Die Kanne ist aus einem Schildblatt abzuleiten. Proteolytische Enzyme sind nachgewiesen.

Utricularia, Wasserschlauch, in Feuchtstandorten Brasiliens lebend, besitzt winzige Fangblasen, die in Vielzahl an den Unterwasser-Schlitzblättern entstehen. Durch Unterdruck in der Blase kommt bei Berührung eine Wasserströmung in Gang. In Südamerika gibt es Arten, die epiphytisch leben. Andere Arten haben keine anderen Fangmethoden.

Alle insektivoren Pflanzen halten zu viele Dinge im geheimen, als daß sie nicht eine reizvolle Entdeckung sein könnten.

## Urweltpflanzen: Lebende Fossilien

Im Silur, der Altzeit der Erde vor 380 Millionen Jahren, begann die Entwicklung der Sproßpflanzen. Damit war der Übergang vom Wasser- zum Landleben verbunden. Sie wurden damit nicht vom Wasser unabhängig, das Wasser wurde nun in dem Leitungsbahnen aus dem Boden in die einzelnen Pflanzenteile geleitet. Als Urlandpflanze wird die Gattung Rhynia angesehen, die 1916 in fossilen Resten in Schottland gefunden wurde. Sie hatte binsenartiges Aussehen, mit gabeliger Verzweigung und war bis 50 cm hoch. Die Pflanze entsproß aus einem waagerecht im Boden liegenden Rhizom, Blätter und Wurzeln fehlen. Am Ende der aufrechten Seitenzweige standen die Sporenbehälter (Sporangien), in denen die Sporen gebildet wurden. Die nächstbekannte Pflanze (Asteroxylon) hatte schon kleine Blättchen am Sproß. Im Devon war die große Zeit der Urfarne, die aber nur 50 Millionen Jahre dauerte. Da von hier aus die weitere Entwicklung der höheren Pflanzen erfolgte, sind sie bedeutsam. In den Wäldern der Steinkohlenzeit waren die mächtigen Schuppenbäume (Lepidodendron) und die Siegelbäume (Sigillaria) bestimmend. Daneben entwickelten sich die schachtelhalmartigen Calamiten und die Samenfarne. Die Samenfarne und krautige Farne sind die Vorläufer unserer Bärlappe, Moosfarne und Farne. Die Moose treten 100 Millionen Jahre später auf, in der späten Steinkohlenzeit, haben aber keine direkte Verbindung zu den Farnen und enden blind im Stammbaum der Pflanzen. Die Lebermoose sind aber älter als die Laubmoose. Sie sind Landpflanzen, können sich aber nur unvollkommen durch wurzelähnliche Gebilde mit Wasser versorgen.

Die Entwicklung der Samenpflanzen beginnt mit den Samenfarnen der Karbonzeit. Sie bilden Samen aus, Fortpflanzungsorgane, die aus einem vorübergehend ruhenden Keimling, den Nährgewebe und der Samenschale bestehen. Das Bindeglied Lygniopteris oldhamia ist aus unabhängig voneinander gefundenen Teilstücken völlig rekonstruiert worden (1904). Der Samenfarn war eine Kletterpflanze mit einem 4 cm dicken Stämmchen, großen, reich gefiederten Blättern, an denen Pollensäcke und Samenanlagen saßen. Die Samen waren noch nicht von Fruchtblättern eingeschlossen, diese nacktsamigen Pflanzen (Gymnospermae) werden daher als älteste Klasse erkannt. Die ausgestorbenen Cordaiten waren ebenfalls Samenpflanzen. Als Vorläufer der Bedecktsamer (Angiospermae) vor 150 bis 100 Millionen Jahren sind die Bennettitinae wichtig. Sie hatten knollige oder säulenförmige Stämmchen und männliche wie weibliche Blüten.

Eine Sonderstellung nahmen die Palmfarngewächse (Cycadiinae) und die Ginkgoartigen (Ginkgoinae) ein. Sie sind bis vor 200 Millionen Jahren nachweisbar und waren artenreicher als heute. Die Nadelhölzer (Gymnospermae) sind schon am Ende der Altzeit nachweisbar. Bei den heutigen Nacktsamern haben die Palmfarne und der Ginkgobaum noch bewegliche männliche Geschlechtszellen (Spermatozoiden), die Nadelhölzer haben unbewegliche Pollenkörner gebildet, die der Wind verbreitet. Die gegenwärtige Entwicklungsstufe mit einem Höhepunkt der Bedecktsamer (Angiospermae) begann in der Kreidezeit vor 135 Millionen Jahren. Sie leiten sich von Nacktsamern, den Bennettitinae, ab. Unter den heutigen Farnpflanzen (Farne, Schachtelhalme und Bärlappe) finden wir noch einige „fossile" Pflanzen. Typisch bei den Farnpflanzen ist ein sich abwechselnder geschlechtlicher und ungeschlechtlicher Generationswechsel, Gametophyt und Sporophyt wechseln sich ab.

Die *Bärlappgewächse, Lycopodiales,* sind moosartige Pflanzen, die in feuchten Bergwäldern vorkommen. Der Kolbenbärlapp, Lycopodium clavatum, ist die häufigste und bekannteste Art. Der moosartige Sproß ist gabelig verzweigt und hat immergrüne, nadelförmige Blätter. Die schuppenartigen Sporenblättchen bilden ein kolbenartiges Ährchen. Die blaßgelben Sporen sind wie staubfeiner Puder, dieses „Hexenmehl" fand Verwendung als Hautpuder. In den Tropenwäldern gibt es viele epiphytische Arten; alle sind streng geschützt.

Die *Moosfarne, Selaginella,* sind, wie der Name sagt, von der Gestalt her zwischen den Moosen und Farnen zu sehen. Es sind Kriechpflanzen, die bis 25 cm hoch werden, dünne, wechselständige Blättchen haben uns sehr feine Würzelchen. Sie kommen an felsigen wie grasigen Stellen in Wäldern, an Bächen und auf Weiden vor. Wiederum sind tropische Arten größer, ansehnlicher als die einheimischen Arten S. helvetica, S. selaginoides, S. denticulata. In den Schauhäusern botanischer Gärten ersetzte in früherer Zeit der Selaginella-Teppich den Teppichrasen im Parterre.

Die *Brachsenkräuter, Isoetes,* bilden eine Reihe für sich. Der Stiel ist zu einem knolligen Stamm reduziert, der am Grunde zahlreiche echte Wurzeln trägt. Am Achselansatz der Außenblätter sitzen Sporangienträger mit Makrosporen, die Mikrosporen findet man an gleicher Stelle bei den Innenblättern. Wir haben also verschiedengeschlechtliche Sporen. Verbreitet ist Isoetes lacustre als verwurzelte Wasserpflanze bis 2 m Tiefe. Sie reichen bis in die Kreidezeit in heutiger Gestalt, sie sind etwa 130 Millionen Jahre alt.

*Psilotum* triquetrum oder nudum, eine Klasse für sich, ist eine altertümliche Pflanze, die ungefähr 15 cm hoch wird, epiphytisch wächst. Sie besitzt harte, senkrechtstehende und gerippte Stiele mit wenigen Blättern an wenigen Zweigen, die an der Spitze Sporangien in Dreiergruppen tragen. Die Assimilation verläuft in der Rindenschicht der Stiele. Sie sind der Rest der stolzen Klasse der Siegel- und Schuppenbäume.

*Schachtelhalme, Spehnopsidae,* gibt es noch etwa in 30 Arten auf der Erde, in der Erdaltzeit gab es über 100 Arten, die bis 10 m hoch waren. Die heutigen sind ausdauernde Kräuter mit einem unterirdischen, kriechenden, gegliederten Rhizom (0,5 bis 4 m tief). Aus ihm entspringen die oberirdischen Triebe, die oft nur eine Vegetationszeit überdauern. Die gerieften, aus langen Zwischenknoten bestehenden Achsen sind hohl und nur an den Knoten durch Querwände getrennt. Die Wände verkieseln leicht. An den Knoten entspringen quirlig zu einer Manschette verwachsene Blätter. Das Wachstum verläuft sehr rasch, da die Sprosse ein Jahr zuvor angelegt werden und sich nur strecken müssen. Die Blüten kann man als Sporenblätter bezeichnen oder neutraler: Sporenträger. Die Blüten sind eiförmig angeordnet, endständiges Kölbchen ohne Hüllblätter, sind aber von Art zu Art verschieden. Um die Sporen liegen 4 spiralig liegende Bänder, die Hapteren, sie dienen bei Trockenheit als Flug- und Ankerorgane. Sie kommen nur bei den Schachtelhalmen vor. Equisetum hat gleichartige Sporen, trotzdem entwickeln sich je zur Hälfte Sporen beider Geschlechter. Die Befruchtung erfolgt durch begeißelte Spermatozoide. Die Vorkeime sind sehr klein, wenige Millimeter. Die größten Arten, E. xylochaetum, Baumartige, bis 3 m Höhe, kommen in Peru und Chile vor; E. martii in Peru wird 5 m hoch; E.myriochaetum in Mittelamerika, Ecuador, Kolumbien, sogar 8 m hoch und ist immergrün; E. giganteum, ebenfalls in Südamerika heimisch, wird bis 12 m hoch bei 2,5 cm dickem Sproß. Er „klettert" in der Art eines Spreizklimmers. Diese Art ist die entwicklungsgeschichtlich primitivste Form. Der bekannteste Vertreter ist E. arvense, der Ackerschachtelhalm, der in der ganzen Holarktis vorkommt. Die Blütentriebe erscheinen bei manchen Arten im zeitigen Frühjahr, bei anderen im Herbst. Er wird wegen des Saponin- und Flavongehaltes als blutstillende, harntreibende, desinfizierende Droge verwendet. Zinnkraut heißt die Pflanze, weil mit dem getrockneten Kraut, das viel Kieselsäure eingelagert hat, früher Zinngeschirr geputzt wurde.

Die Klasse der Farne, mit mehr als 10 000 Arten, spielt eine wichtige Rolle. Wir übergehen sie bei dieser Betrachtung. Als interessante Bindeglieder zu früheren Erdzeitaltern seien nur Angiopteris evecta aus Südostasien sowie Marattia fraxinea aus den Paläotropen und Marattia cicutifolia aus Amerika herausgestellt.

Die Kleeblatt-Wasserfarne, Marsileales, sind in den Gattungen Marsilea und Regnellidium sowie Pillularia vertreten und die Schwimmwasserfarne mit Salvinia und Azolla noch anzutreffen.

Die Nacktsamer (Gymnospermae) sind mit den Bedecktsamern die am höchsten entwickelten Pflanzen. Bei den Nacktsamern stehen die Samenanlagen frei auf den Samenblättern. Es sind sehr alte Pflanzen, die bereits im Oberdevon vor 265 Millionen Jahren nachweisbar sind. Die wichtigsten Nacktsamer sind heute die Zapfenträger (Coniferales), die anderen, wie Palmfarne (Cycadales), Ginkgogewächse und Gnetum-Gewächse sind fast unbedeutend. Alle Nacktsamer sind holzige Gewächse.

Das Holz besteht neben den Markstrahlen nur aus Tracheiden, Holzgefäßen. Die Blüten sind eingeschlechtlich, die end- oder seitenständig in Zapfen vereinigt sind. Auch bei den Nacktsamern erfolgt ein Generationswechsel, der allerdings nicht so deutlich zu erkennen ist. Ginkgo und Palmfarne haben noch bewegliche Spermatozoide. Nach Verschmelzung der beiden generativen Zellen bildet sich ein Vorkeim, der Nährstoffe speichert. Der Keimling ist in das Prothallium eingebettet. Der eingeschlossene Keimling wächst auf der Mutterpflanze heran, kommt dann in Ruhezustand, und die Samenanlage wandelt sich zum Samen um, der sich später ablöst.

Beim Ginkgo fallen die Samenanlagen bereits vor der Befruchtung vom Baum. Der Keimling bildet sich in der auf dem Boden liegenden Samenanlage. Der weibliche Gametophyt bildet Blattgrün aus, was ungewöhnlich ist. Dieses Merkmal weist auf die Farne hin. Von den rund 770 Nacktsamern sind über 200 Kultur- und Nutzpflanzen.

Die *Ginkgoartigen* sind heute nur noch mit einer Art vertreten: Ginkgo biloba. Es ist nach Charles Darwin ein lebendes Fossil.

Der *Ginkgobaum* wird 30 m hoch, er ist zweihäusig. Die Blätter fallen im Herbst ab, wobei die männlichen Bäume 4 Wochen eher das Laub werfen, wie sie auch 4 Wochen früher Laub treiben als weibliche Bäume. Die Blätter haben eine insektizide Wirkung. Ginkgo hat Lang- und Kurztriebe mit langgestielten, fächerförmigen Blättern, die durch gegabelte Nerven auffallen. Zwischen den Nerven liegen Sekretgänge. Die Blätter haben mittig einen tiefen Einschnitt. So entsteht das Gabelblatt. Die Blüten stehen in der Achsel von Nieder- oder Laubblättern an Kurztrieben. Die männlichen Blüten stehen an einer langen Achse. Jedes Staubblatt besitzt 2 Pollensäcke. Die Pollenkörner sind kugelig, werden durch den Wind verweht und durch Bestäubungstropfen der weiblichen Blüten eingefangen. Dann verläuft es ähnlich wie bei den Palmfarnen. Die weiblichen Blüten haben 2 Samenanlagen auf einem Stiel, meist entwickelt sich nur einer. Der reife, pflaumenartige Samen ist kugelig, gelb, mit 3 cm Durchmesser. Außen ist eine fleischige Schicht, innen ein Steinkern. Der große Keimling besitzt 2 Keimblätter. Das Nährgewebe ist stärkehaltig, daher werden die Samen in China und Japan geröstet und gegessen. Die Außenschicht zersetzt sich bei der Reife und stinkt wie ranzige Butter (Buttersäure, Valeriansäure, Capronsäure). Ginkgo biloba ist im östlichen China südlich des Jangtsekiang heimisch, ein Gebiet, in dem noch andere seltene Pflanzen leben, z. B. Chrysolarix und Pseudotaxus. In China heißt der Baum auch Silberaprikose. Sehr alte Bäume findet man in Tempelgärten. Engelbert Kämpfer aus Lemgo beschrieb den Baum 1712 erstmals. Zwischen 1727 und 1737 wurde er über Holland (Utrecht) eingeführt, 1784 gelangte er nach Philadelphia (USA). Auch Goethe hat sich sehr mit ihm beschäftigt. Heute ist der Ginkgo wegen seiner Widerstandsfähigkeit als Park- und Straßenbaum sehr beliebt.

Neben den Zapfenträgern (Coniferopsida) steht als letzte die Klasse *Chlamydospermopsida.* Sie besteht nur aus der Ordnung der *Gnetumartigen*, mit Welwitschia, Ephedra und Gnetum. Es handelt sich um kleine Holzgewächse oder Lianen mit einfachen oder verzweigten Stämmen. Die Blätter sind gegenständig, ungeteilt, schuppenartig (Ephedra), breitelliptisch (Gnetum) oder land-bandförmig (Welwitschia). Die Blüten in den Blütenständen sind eingeschlechtlich, besitzen eine Blütenhülle und werden außerdem von Hochblättern umgeben.

*Welwitschia bainesii*, als Endemit in Südwestafrika in der Nebelwüste lebend, besitzt einen dicken, rübenartigen Stamm und steht nur wenig über der Erdoberfläche (bis 1,5 m). Der oberirdische Teil gleicht einem Trichter, dessen Rand in zwei Teile gespalten ist. Das nennt man Krone. Der Stamm geht in eine meterlange Pfahlwurzel über. Am Rande der Krone treten unterseits 2 blaugrüne, ledrige Blätter hervor, die zeitlebens erhalten bleiben. Sie wachsen in die Länge und in die Breite. Die Blätter können mehrere Meter lang und bis zu 20 cm breit werden,

Welwitschia bainesii,
eine seltsame Wüstenpflanze

am Ende sterben sie ab. Durch ungleiches Wachstum entsteht eine Querstreifung. Die 2 Keimblätter sind unbeständig und gehen ab, wenn sich die Riemenblätter bilden. Die Blüten sind zweihäusig, so daß es männliche und weibliche Pflanzen gibt.
Die scheingabeligen, verzweigten Blütenstände stehen am Rande der „Krone" und tragen „Zapfen", vierkantige Gebilde mit kreuzgegenständigen, dachziegelartigen Deckschuppen. Die weiblichen sind 6 bis 8 cm lang, die männlichen Zapfen 2 bis 3 cm. Diese Pflanze stellt in vielfacher Hinsicht ein Kuriosum dar. Friedrich Welwitsch hat sie 1859 erstmals in der Nähe von Mossamedes in Angola entdeckt. 1861 sammelts sie der Engländer Thomas Baines am Swakopfluß. Sie kommt nur im nördlichen Namibia zwischen 100 und 900 m Höhe vor. Die Feuchte wird nicht durch die Blätter aufgenommen, aber die „Krone" saugt Wasser wie ein Stamm auf.

Die Bestäubung erfolgt durch eine Hemiptere, ein Insekt. Die ältesten Pflanzen sind etwa 600 Jahre alt. Seit 1. Januar 1936 steht diese Art als erste unter völligem Schutz. Die Merkmale der Pflanze deuten auf ein hohes Alter hin, ohne daß der Beweis bisher aus palaeobotanischen Befunden hätte erbracht werden können.

Die *Meerträubelgewächse* (Ephedraceae), mit etwa 40 Arten, sind schwierig zu trennen. Sie ähneln im Habitus sehr den Schachtelhalmen. Es sind stark verzweigte Sträucher mit rutenförmigen, grünen Zweigen und gegenständigen, schuppigen Blättern. Ephedra ist meist zweihäusig. Die Blüten sind getrennt nach Geschlechtern in kleinen Zapfen angeordnet. Es kommt Wind- und Insektenbestäubung vor. Ephedra, mit 40 Arten, kommt von Innerasien bis zum Mittelmeergebiet, vom westlichen Nordamerika bis Mexiko und den südlichen Anden in meist trockenen, sandigen oder felsigen Gegenden vor.

Das Alkaloid Ephedrin (ähnlich Adrenalin) steigert den Blutdruck und regt das sympathische Nervensystem an. E. gerardina in Pakistan ist die beste Quelle für das Heilmittel.

Die Familie und Gattung *Gnetum* ist die letzte der Nacktsamer. Sie wachsen als Lianen, wenige sind Sträucher oder Bäume, die bis 20 m hoch werden. Die Blätter sind gegenständig, elliptisch, ganzrandig, ledrig, bis 25 cm lang.
Die Blüten sind zweihäusig und stehen in Quirlen als Scheinähren. Gelegentlich findet man Stammblütigkeit. Die Blüten bestehen aus 2 schlauchförmigen Hüllen und einer Samenanlage. Der Samen sieht wie eine steinfruchtige Scheinfrucht aus.
Die 30 Arten von Gnetum sind in den Tropen verbreitet, 2 Arten in Westafrika bis 1500 m Höhe.

Die Gnetaceen haben eine Reihe von Eigenheiten. In Kultur ist nur Gnetum gnemon, baumförmig, mit eßbaren Samen, Jungtriebe als Gemüse, aus den Bastfasern werden Netze und Taue hergestellt. Gnetum hat eine Blütenhülle wie Ephedra und Welwitschia. Möglicherweise verlief die Entwicklung der Chlamydosperma als eigenes höheres Taxon aufgefaßt, parallel zur Angiospermen-Entwicklung. Gewisse Ähnlichkeiten stellen also nur Parallelentwicklungen (Konvergenzen) dar und beruhen nicht auf gesicherter Ableitung einer Verwandtschaft.

# MENSCH UND PFLANZE

Ohne Pflanzen können weder Mensch noch Tier leben. Sie benötigen „gebrauchsfertige", organische Nahrung, aus denen alle Lebewesen leben und sich aufbauen.

Diese Nahrung wird von den Pflanzen synthetisiert, aus toter Materie aufgebaut. Gegenwärtig werden nur rund 5% der etwa 300 000 bekannten Pflanzen genutzt. Die Pflanzen liefern „Baustoffe" und „Betriebsstoffe". Die Photosynthese ist der Primärprozeß des Lebens. Da die Pflanzen einen Teil ihrer Produkte zum eigenen Leben verbrauchen (Dissimilation), reichern sie die Atmosphäre mit Sauerstoff an und schaffen die Voraussetzungen des Lebens für Tier und Mensch.

## Pflanzen in Kultur

Im dunkeln Beginn der Entwicklungsgeschichte lebte der Mensch vom Sammeln und Jagen. Wurzeln, Beeren, Wildgräser und andere Nahrungsmittel zwangen ihn zum Wandern. Vor rund 12 000 Jahren, am Ende der letzten Eiszeit, hatten die Menschen, den Tierherden folgend, die fruchtbaren Grasländer des mittleren und nahen Ostens besiedelt. Wie die Menschen den zielgerichteten Anbau von Grasarten mit großen schmackhaften Samen entwickelten, läßt sich nur vermuten. Der Anbau von Pflanzen ist der Anfang des „Machet euch die Erde untertan". Älteste Hinweise aus der Zeit um 10 000 Jahre v. Chr. für die gezielte Nutzung von Wildpflanzen finden sich im fruchtbaren Gebiet des Halbmond. Um 8000 v. Chr. ist Jericho als älteste Stadtsiedlung belegt. Aus der Land- und Pflanzennutzung entstand schrittweise die Kultur. Hand in Hand damit verlief die Entwicklung von Gegenständen des täglichen Bedarfes, allem voran der Pflug, der seit über 5500 Jahren in Ägypten, im vorderen Orient und Indien verwendet wird. Seit 3000 Jahren gibt es das Rad im Nahen Osten. Aus der neusteinzeitlichen Umwälzung entstand die Stadt als System der Arbeitsteilung und Organisationseinheit. Aus dem Gebiet des fruchtbaren Halbmondes begann die nächste Wanderung nach Nordafrika, zum Balkan und nach Süd- und Mitteleuropa. Einer der Gründe dafür war die verschwenderische Art des Wanderfeldbaues, der auch heute noch in vielen Teilen der Erde Probleme aufwirft. Der intensive Landbau entstand erstmals am Nil, als vor 5000 Jahren der Fluch der Nilflut zum Segen gebändigt wurde. Durch Zäune verhinderte der Mensch Wildfraß und trennte Nützliches vom Schädlichen, er sonderte Kraut vom Unkraut. Die künstliche Auswahl der Pflanzen durch den Menschen hatte begonnen. Aus den zufälligen Sammlern war des Erntevolk geworden. Im Nahen Osten wurden Triticum dicoccum (der Emmer) und Hordeum distichum, in Zentral- und im nördlichen Südamerika wurde Zea mays kultiviert. Die Kulturanfänge in Südostasien gehen mit dem Reisbau möglichweise auf 11 000 v. Chr. zurück.

Der Ackerbau der Vorzeit basiert in der Alten Welt auf Weizen, Gerste, Roggen und Reis, in der Neuen Welt auf Mais, Kürbis, Bohne und Kartoffel. Die Domestikation ist sehr stark vom Menschen abhängig und beeinflußbar. Domestizierte Pflanzen sind Kunstprodukte des Menschen.

Bis vor 200 Jahren war der gemischte, sich selbstversorgende Betrieb in Europa die Regel. Dann folgte eine unaufhaltsame Spezialisierung kompliziertesten Ausmaßes.

## Auslese und Züchtung von Kulturpflanzen

Wildpflanzen haben die Fähigkeit, sich in der ungestörten, freien Natur zu behaupten und zu vermehren. Samen und Früchte besitzen Schutzstoffe und Abwehrmittel. Die biologischen und ökologischen Eigenarten sind vorherrschend. Die Nutzpflanzen dienen als Wildpflanzen dem Menschen, werden gesammelt oder angebaut. Unter Kulturpflanzen versteht man ausgewählte Nutzpflanzen, die bei Aussaat und Ernte durch den Menschen beeinflußt werden und höheren Ertrag bringen.

Für züchterische Arbeit ist das Zuchtziel von Bedeutung. Man kennt 4 Gruppen von Züchtungsmethoden:
1. Die Auslesezüchtung: Im Ausgangsmaterial müssen die erwünschten Merkmale vorhanden sein. Man liest die gewünschten Pflanzentypen aus, vermehrt diese unter sich, bis eine genügend reine Auslese erreicht ist. Es ist eine Art Inzucht und die Vorgänge und Methoden sind viel komplizierter, als man in zwei Sätzen andeuten kann.
2. Die Kombinationszüchtung setzt dann ein, wenn verschiedene Typen von Pflanzen nicht mehr durch Auslesen zu verbessern sind, aber Merkmale verschiedener Gruppen in Kombination erwünscht sind. Man kombiniert also verschiedene Rassen miteinander.
3. Die Hybridzüchtung setzt die aus Auslese- und Kombinationszüchtung hervorgegangenen einheitlichen und beständigen Sorten voraus. Diesen „konventionellen" Sorten stehen die sogenannten Hybridsorten, auch F1-Hybriden genannt, gegenüber. Der Züchter einer Hybridsorte muß ständig neues Hybridsaatgut aus zwei Elternlinien herstellen, die einheitlich, aber in ihren Merkmalen voneinander verschieden sein müssen, damit eine einheitliche Hybridsorte entsteht.
4. Die Mutationszüchtung stützt sich auf etliche Veränderungen von Pflanzen, die andere Gestaltmerkmale und anderes Verhalten in der Abhängigkeit von der Umwelt zeigen. Den Vorgang der erblichen Veränderung bezeichnet man als Mutation. Mutanten sind neben den

Kombinationen die Ursache der genetischen Veränderung, von der die züchterische Arbeit ausgeht. Für den Züchter ist die Art der Entstehung einer Mutation wichtig, um im Versuch die plötzlich aufgetretenen Veränderungen steigern zu können.

In der Pflanzenentwicklung ist der Übergang vom Aufbau zur Geschlechtsreife ein Wendepunkt. Statt der Blattanlagen bilden sich Geschlechtsanlagen. Dieser Umschlag wird genetisch gesteuert. Er ist für die Kulturpflanzen besonders wichtig, weil die Ertragsbildung und die Ertragshöhe davon abhängen können. Solche Faktoren der Beeinflussung sind Temperatur (Vernalisation) und Tageslänge (Photoperiode), weil die Pflanzen unter den für sie günstigen Bedingungen höhere Leistungen bringen können — mehr Blüten, größere Erträge.

Zur Ernährung benötigt jedes Lebewesen eine gewisse Menge an Nährstoffen, die aus verschiedenen Stoffklassen bestehen: Kohlenhydrate, Eiweißstoffe, Fette, Vitamine, Salze. Der tägliche Energiebedarf eines Menschen liegt bei 1500 bis 2000 kcal = 6280 bis 8370 kJ. 1 g Stärke liefert 4,1 kcal = 17,16 kJ.

## Stärkepflanzen

Stärke und Zucker als Grundelemente der Ernährung werden im Getreide oder in Knollen gespeichert und sind gut zugänglich und leicht verdaulich. Getreide sind die zu Mehl vermahlenen Früchte von Gräsern. Von 10 000 bekannten Grasarten werden nur etwa 50 genutzt. Getreide steht an der Spitze aller pflanzenbaulichen Produkte. Sie liefern eine ernährungsmäßig günstige Kombination von Kohlehydraten und Eiweiß von 7 : 1.
Für Weizen, Gerste, Roggen und Hafer ist Vorderasien als Ursprungsgebiet erwiesen. Reis stammt aus China oder Indien. Mais hat seinen Ursprung in Süd- und Mittelamerika, Hirsen kommen aus China und Nordost-Afrika.
Beim Getreidekorn haben wir eine Frucht (Karyopse oder Nüßchen) vor uns. Samenschale (Testa) und die Fruchtschale sind miteinander verwachsen. Die Körner sind

Weizen (Triticum vulgare)
Links eine begrannte und unbegrannte Ähre, unten eine Blüte und die Frucht

Hafer (Avena sativa)

Gerste (Hordeum vulgare)
a Ähre, b Blüte, c Frucht mit der Granne

Roggen (Secale cereale)
a Ähre, b Ährchen, c Staubbeutel,
d und e Kornfrucht, f Halm

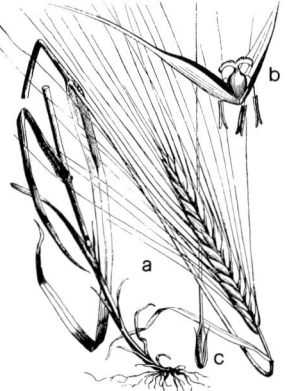
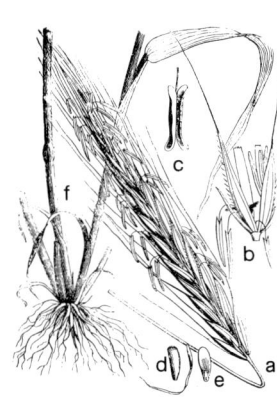

Hirse (Panicum miliaceum)
a Pflanze, b Ährchen geöffnet, c Blüte, d Kornfrucht

Reis (Oryza sativa)
a Pflanze, b Staubgefäß und Stempel, c Blüte, d Fruchtrispe ohne Grannen, e Fruchtrispe mit Grannen

Mais (Zea mays)
a Pflanze, b Blüte mit Staubbeuteln, c Blütenkolben mit den langen fadenförmigen Narben bedeckt, d Blüte mit Stempeln, die Narbe geteilt, e Fruchtkolben, f Maiskorn, g dasselbe durchschnitten

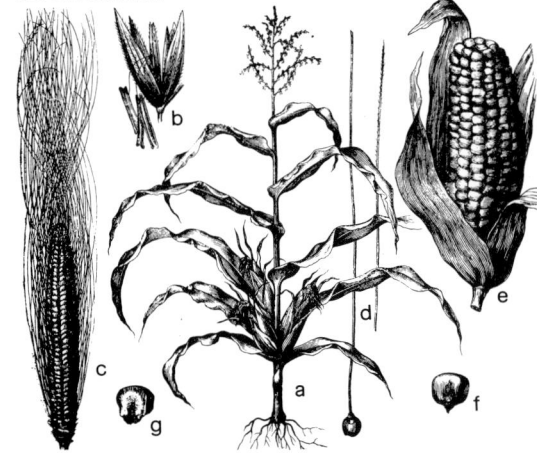

von Spelzen umgeben. Das Korn besteht aus dem Keimling, dem Mehlkörper und der Fruchtschale. Zwischen dem Keimling und dem Mehlkörper ist das Schildchen, das bei der Keimung die Nährstoffe transportiert. Weizen, Gerste und Hafer befruchten sich selbst; Roggen ist auf Fremdbestäubung angewiesen. Bei der Keimung nimmt das Korn 30 bis 50% des Eigengewichtes an Wasser auf, die Keimung kann bei 2 bis 40 °C erfolgen, am besten bei 20 °C. Nach dem vierten Laubblatt kann sich die Pflanze selbst versorgen. Bei der nun folgenden Bestokkung bilden sich Seitentriebe, die durch Licht, Wasser und Nährstoffe in ihrer Bildung beeinflußt werden. Jetzt entstehen „Kronenwurzeln", die an den Bestockungsknoten entstehen. In der Schoßphase streckt sich die Pflanze bis zur letzten Blattscheide, aus der in der Phase des „Ähren/Rispen-Schiebens" der Blütenstand hervortritt. Bei der Blüte werden die Pollensäcke sichtbar. Nach der Befruchtung beginnt die Kornbildung, die nach 3 bis 4 Wochen die „Milchreife" erreicht, das Korn hat seine Größe gewonnen, sein Wassergehalt jedoch beträgt 60%. Etwa 40 bis 50 Tage nach der Befruchtung ist die Kornreife erreicht.

Triticale ist ein Weizen-Roggen-Bastard, der schon im 19. Jahrhundert beobachtet wurde. Roggen steuert die höhere Umweltanpassung bei, vom Weizen stammen Erscheinungsbild und Korneigenschaft. Es gibt Winter- und Sommerformen von Triticale. Seit 1965 wird Kurzstrohweizen mit hohem Ertrag, der in den USA und Mexiko gezüchtet wurde, mit großem Erfolg auch in den Tropen angebaut. Er benötigt 120 bis 150 Tage von der Aussaat bis zur Reife, wobei 300 bis 400 mm Niederschläge ausreichen.

Mais (Zea mays) aus Zentral- und Südamerika, vielleicht schon vor Kolumbus in andere Erdteile verbreitet, ist das Getreide mit dem höchsten Ertrag. Es gibt je nach Verwendung verschiedene Sorten: Hart-, Zahn-, Weich- und Zuckermais. Mais benötigt Sonne und Wärme; am Tage 20 bis 24 °C, nachts nicht unter 14 °C sind sehr günstig. Die Vegetationszeit ist mindestens 140 Tage. In Zentralamerika und einigen Ländern Afrikas ist Mais das wichtigste Nahrungsmittel

Reis (Oryza sativa) wird seit etwa 6000 Jahren in Indien und China als „tägliche Nahrung" angebaut. Da Reis selbstfruchtend ist, haben sich tausende von Sorten entwickelt. Heute unterscheidet man die Indica-Sorten (tropisch, langkörnig, Kurztagpflanzen) und die Japonica-Sorten (subtropisch, rundkörnig, tagneutral). Außerdem unterscheidet man noch nach dem Standort den Wasser- und den Trocken(Berg)-Reis. Seit den 60er Jahren kennt man den auf den Philippinen gezüchteten Hochertragsreis, der kurzstrohig und schnell reif ist in 100 bis 130 Tagen. Reis benötigt im Wachstum 30 bis 32 °C, im Minimum 18 °C für tropische Sorten, die subtropischen 10 bis 12 °C. Selten wird Reis über 1200 m NN angebaut. Er benötigt wenigstens 800 mm Niederschläge in der Vegetationsperiode. Reisstroh wird verfüttert, da Reis vor der Vollreife geerntet wird. Reisstroh liefert Flechtmaterial, dient als Zell- und Papierrohstoff.

Hirsen schließen eine Vielzahl körnerliefernder Gräser ein. Die Wuchshöhe schwankt zwischen 60 cm und 7 m. Die Rispen sind locker oder rundkopfig. Alle Formen können untereinander gekreuzt werden. Sorghum bicolor dient heute als Sammelart. Sorghum stammt aus dem tropischen Sommerregengebiet, benötigt 28 °C und 600 mm Niederschläge. In der Reife sind die Sorten sehr anpassungsfähig. Auf armen Böden beträgt die Erntereife 80 bis 90 Tage, in feuchten Zonen 120 bis 240 Tage. Sorghummehl wird in Afrika und Asien als Brei oder Fladenbrot konsumiert. Außerdem gibt es eine Vielzahl von „hirseähnlichen" Ceralien, z. B. Eleusine coraeana (Fingerhirse), tropisches Asien; Permisetum typhoides (Pulhirse), Rohrkolbenhirse, Afrika; Setaria italica (Borstenhirse), alte Kulturhirse, Hindukusch.

Unter „Pseudocerealien" versteht man Zweikeimblättrige, die stärkehaltigen Samen liefern. Es sind dies: Amaranthus caudatus, Fagopyrum exculentum und gelegentlich Chenopodium-Arten, vorwiegend in Zentralasien und Indien.

Bei den Knollenpflanzen sind Maniok, Batate, Yam und Kartoffel die wichtigsten Stärkelieferanten. Maniok (Manihot esculenta), vom Amazonasbecken bis Süd-Mexiko heimisch, bietet die höchste Ausbeute. Maniok kann 20 t/ha/Jahr Stärke produzieren und wird nur von der Sagopalme übertroffen. Maniok kann man nach 6 Monaten ernten. Da die Knollen unbeschadet im Boden bleiben können, lassen sie sich gut bevorraten. Maniok ist eine Pflanze der feuchten Tropen, mit verdickten Wurzeln, die das bittere Glucorid Liniermariu enthalten.
Die Batate (Ipomoea batatas, Convolvulaceae) stammt von den Anden. Es gibt Tausende von Sorten mit weißem bis tieforange gefärbtem Fleisch, mit Kulturzeiten von 2 bis 9 Monaten, mit ganzrandig herzförmigen bis schmalgelappten Blättern. Die Knollen sind verdickte Wurzeln mit hohem Nährwert. Die Batate benötigt 18 °C zum Wachsen, nachts nicht unter 12 °C.
Yam (Dioscorea) ist in Hunderten von Arten in den Tropen und Subtropen verbreitet. Rund 40 Arten dieser Kletterpflanzen sind in Kultur. In Westafrika ist es das Grundnahrungsmittel. Alle Arten enthalten das giftige Alkaloid Dioscorin, das beim Kochen zersetzt wird. Die Vermehrung erfolgt duch kleine Tochterknollen vegetativ, die Züchtung steht hier erst am Anfang.
Die Kartoffel (Solanum tuberosum) stammt aus den Anden Süd-Amerikas. Der Anbau wird sehr gefördert, da sie günstige ernährungs-physiologische Eigenschaften besitzt — viel Eiweiß und viele Vitamine. Für die Knollenbildung sind 16 bis 18 °C günstig, die Entwicklungsdauer beträgt rund 100 Tage. Als Pizarro 1526 in die Andenländer vordrang, lernte er die Kartoffel schon als Kulturpflanze der Indios kennen. Sie wurde damals schon zu „chuuis" unter Einwirkung von Wärme und Kälte verarbeitet und war eine jahrelang haltbare Konserve. 1555 gelangten die ersten rotschaligen Kartoffeln nach Spanien, von dort verbreiteten sie sich in Europa. Tabernaemontanus bildete sie 1585 in seinem Kräuterbuch ab und beschrieb sie. Es dauerte aber noch 200 Jahre, bis sie sich einbürgerte — und in Notzeiten wurde sie zum wichtig-

sten Nahrungsmittel. Eine Anzahl von Pflanzen mit Wurzelknollen sind zwar interessant, jedoch nur von lokaler Bedeutung.

*Oka* (Oxalis tuberosa) wird in Südamerika als säuerlich schmeckende Knolle angebaut. Knollige Kapuzinerkresse (Tropaeolum tuberosum) wird in den gleichen Gegenden verzehrt. Die knollige Blatterbse (Lathyrus tuberosus, Europa bis Westasien) liefert in 3 bis 4 Jahren haselnußgroße Knöllchen. Ullucus tuberosus ist eine andere, von den Anden-Indios genutzte Knollenpflanze. Die Wurz (Tacca leontopetaloides) auf den Inseln des Indischen und Stillen Ozeans liefert aus den Knollen, die der gestauchten Achse entsprießen, gutes Brotmehl. Die Pfeilwurz (Maranta arundinacea) aus Mittelamerika speichert in Seiten-Wurzelstöcken Stärke. Canna edulis (Blumenrohr) aus Westindien wird 2 m hoch, die Stärke ist in knollenartigen Wurzelstöcken enthalten.

*Taro* (Colocasia esculenta var. antiquorum) von den Sundainseln ist heute in allen Tropenländern verbreitet. Er gehört zu den Aronstabgewächsen, ist eine Sumpfpflanze und lagert Stärke im knolligen Rhizom ein. Tannia (Xanthosoma sagittifolium), aus der gleichen Familie mit gleichen Eigenschaften, kommt aus Zentralamerika.

Der *Elephantenfuß* (Amorphophallus campanulatus) ist eine riesige Knollenfrucht, die Stärke, viel Eiweiß und Vitamin A enthält. Coleus edulis und Coleus exculentus sind in Afrika in Kultur, Coleus parviflorus in Indien und Java. Sie liefern ebenfalls mit ihren Knollen Stärke.

Der *Brotfruchtbaum* (Artocarpus altilis, A. communis, A. incisa) von den Sundainseln liefert Stärke, ebenso wie die Mehlbananen (Musa x paradisiaca ssp.).

Die *Sagopalme* (Metroxylon sagu, Sago bedeutet „Brot"), speichert Stärke ab dem zwölften Jahr in einem 80 cm dicken Mark im Stamm. Das Mark muß zerkleinert werden, damit der Palmsago frei wird. Eine einzige Palme deckt den Jahresbedarf eines Menschen.

## Zuckerpflanzen

Unter Zucker verstehen wir den Zweifachzucker Saccharose, den Rüben- oder Rohrzucker, der aus Fruchtzucker und Traubenzucker aufgebaut ist. Bis ins Mittelalter benutzte man Honig zum Süßen. Die Helenen waren beim Alexanderzug nach Indien 327 v. Chr. wohl „mit dem honigtragenden Rohrgras" in Berührung gekommen. Die Römer erhielten ihren Zucker, wie Plinius berichtet, über Alexandrien aus Indien. Die Perser bauten das Zuckerrohr an und die Mauren brachten es im 8. Jahrhundert über Nordafrika auf die iberische Halbinsel. 1420 gelangte es auf die Kanaren, wenig später auf die Azoren und Capverden. Seit 1520 wuchsen Kulturen von Zuckerrohr erfolgreich auf Haiti. Der hohe Preis für Zucker beflügelte die Suche nach „Ersatzstoffen". Franz Carl Achard (1753 – 1821) fand ihn auf dem Weg der Auslese in Beta vulgaris ssp. vulgaris var; 1802 entstand in Cunern/Schlesien mit Hilfe des preußischen Königs die erste Rü-

benzuckerfabrik. Aber erst nach 1830 war der Rübenzucker konkurrenzfähig. Inzwischen beträgt der Zuckergehalt 20% und die Ausbeute 16% und der Zuckerrübenanbau ist bis Nordafrika, Vorderasien, Ostasien und Südamerika vorgedrungen. 45% der Weltproduktion an Zucker liefert die Zuckerrübe.

Das Zuckerrohr (Saccharum officinarum) ist ein Artengemisch aus dem Edelrohr von Melanesien (S. off.) mit hohem Zuckergehalt, Saftreinheit, geringem Fasergehalt und der indisch-chinesischen Art S. sinense mit weiter Anpassungsfähigkeit und den beiden Naturformen S. spontaneum und S. robustum. Saccharum ist ein Gras und gehört zu den leistungsfähigsten Kulturpflanzen. Günstige Wachstemperaturen liegen bei 25 °C. Der Wasserbedarf ist mit 1800 bis 2500 mm/Jahr hoch. Die Vermehrung erfolgt durch Sproßstücke. Bis zur Ernte vergehen 9 bis 24 Monate. Das Rohr kann bis 15% Zucker speichern, meist wird es mit 10% Gehalt geerntet. In allen Anbaugebieten wird das Rohr gekaut.

Die älteste Quelle kristallisierten Zuckers sind die Palmen. Beim Anschnitt der Siebröhren scheiden sie einen Saft aus, der 12 bis 17,5% Rohzucker enthält.

Sorghum saccharum, die Zuckerhirse aus Afrika, kann, in Trockengebieten angebaut, eine so hohe Produktionsrate wie Zuckerrohr erzielen: In 140 Tagen 4 t/ha Zucker. Aber diese Art braucht kühle Nächte, um die Atmung herabzusetzen.

In Mexiko wird der Saft von Agaven (aquamiel) getrunken, auch das zuckerhaltige Mark von Kakteen (Stenocactus und Ferocactus).

Das Zuckerrohr (Saccarum officinarum)
mit Blütenteilen, Sproßspitze, Blütenrispe, Sproßstück
und Blütenquerschnitt

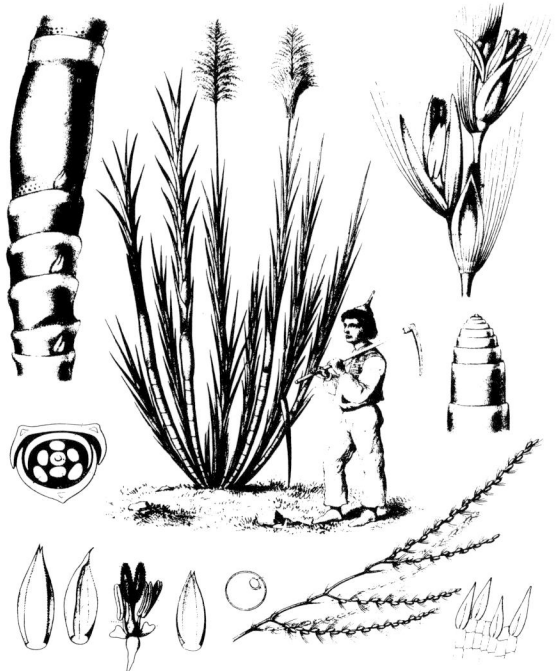

## Eiweißliefernde Pflanzen

Eiweiß (Protein) ist ein Bestandteil des Zellplasmas. Es ist in allen Pflanzenteilen vorhanden. Seine Bausteine sind etwa 20 Aminosäuren. Eiweiß muß ständig neu gebildet werden. Tier und Mensch sind auf Eiweißzufuhr angewiesen. Ein Erwachsener benötigt täglich 1 g Eiweiß pro kg Körpergewicht. Der biologische Eiweißwert der Pflanzen ist geringer als der tierische. 25 bis 40 g tierisches Eiweiß beheben jeden Eiweißmangel. Hülsenfrüchtler können in den Tropen diesen Mangel beheben helfen, da der Eiweißanteil gewisser Leguminosen 20 bis 40% beträgt.

Eiweißreiche Mikroalgen (Chlorella, Scenedesmus) produzieren höhere Erträge und höhere Eiweißanteile als höhere Pflanzen. Nur der Aufschluß der unverdaulichen Zellulosewände birgt noch einige Probleme in sich.

Zur Gattung *Phaseolus* (Fabaceae) gehören mehrere Arten, die eiweißreiche Samen liefern: Die heimische Garten- oder Stangenbohne (Ph. vulgaris var. vulgaris), die Feuer- oder Prunkbohne (Ph. coccineus) aus Süd-Amerika, die Buschbohne (Ph. vulgaris var. nanus), die Erdbohne (Ph. mungo) aus Südasien (schwarze Samen), die Mungobohne (Ph. aureus) mit graugrünen Samen, die Mond- oder Limalbohne (Ph. bunatus) aus dem Amazonasgebiet, die nach Westafrika gebracht wurde, und die Reisbohne (Ph. pubescens) aus Ostasien.

Die *Sojabohne* (Glycine max = Soja hispida) wird seit 5000 Jahren in Ostasien kultiviert. Sie enthält bis zu 48% Eiweiß, 24% Kohlenhydrate und rund 19% Öl. Diese Pflanze gelangte erst vor 100 Jahren nach Europa. Die Pflanze wächst einjährig 80 cm hoch, trägt dreizählige, eiförmige Blätter mit weiß- oder lilagestielten Schmetterlingsblüten. Nach der Selbstbestäubung wachsen 2 bis 3 rundlich-ovale, weiße, gelbe oder schwarzbraune Samen heran. Man kann aus Sojamehl sogar „Sojamilch", Sojakäse, Sojaquark mit Hilfe von niederen Pilzen und Bakterien herstellen, auch „vegetabilisches" Fleisch wird hergestellt.

Die *Gartenerbse* Pisum sativum, Mittelmeer bis Tibet, liefert bis zu 23% Eiweiß und 60% Kohlenhydrate. Die Linse, Lensailinaris, ist eine alte Kulturpflanze Ägyptens und Kleinasiens, mit 23% Eiweißanteil. Aus Vorderasien stammt auch die Dicke Bohne oder Puffbohne (Vicia faba). Gleichfalls kommt die Kichererbse, Cicer arietinum, von dort. Der Anbau ist heute in Vorderindien, Äthiopien und Mexiko intensiv.

An erdfrüchtigen Leguminosen nimmt die *Erdnuß,* Arachis hypogaea, die erste Stelle ein. Sie enthält neben 46,6% Fett außerdem 26,6% Eiweiß im Samen. Die Erderbse aus Zentralafrika, Voandzeia subterranea, liefert haselnußgroße Früchte mit 19% Eiweiß, 7% Fett und 54% Kohlenhydraten. Die Erdbohne, Kerstingiella geocarpa, ist in Westafrika heimisch. In den Tropen gibt es außerdem eine Reihe baumartiger Leguminosen, die sich als Nahrungsmittel eignen, z. B. Parkia speciosa, P. africana. Die Guarpflanze, Cyamopsis tetragonolola, wird in Vorderindien genutzt. Die Züchtung kann noch manche Körnerleguminose für die Ernährung erschließen.

## Pflanzen zur Öl- und Fettversorgung

Fette und Öle werden zur Nahrung und für technische Zwecke verwendet. Sie haben einen hohen Brennwert, fast das Doppelte von gleicher Menge Eiweiß. Trotzdem dient über 90% der Pflanzenöle der Ernährung. Die in vielen Pflanzenölen vorkommende Linolsäure ist eine der lebenswichtigen Fettsäuren (Vitamin F), die der Mensch nicht selber bilden kann. Sie senkt den Fett- und Cholesteringehalt des Blutes.

Fett in Sproßknollen liefert Cyperus esculentus aus Ostafrika. Die Knöllchen sind eichelgroß, die Ernte ist mühsam. Fett im Fruchtfleisch erzeugen die steinfrüchtige Ölpalme (Elaeis guineesis), der Ölbaum (Olea europaea spp. europaea) und die Avocadobirne (Persea americana). Das Öl der Ölpalme gelangte 1850 nach Europa und erreichte mit der Erfindung der Margarine um 1869 große Bedeutung. Die tropische Palme benötigt 24 bis 28 °C zu ihrer Entwicklung: rund 100 mm pro Monat müssen an Niederschlägen zur Verfügung stehen.

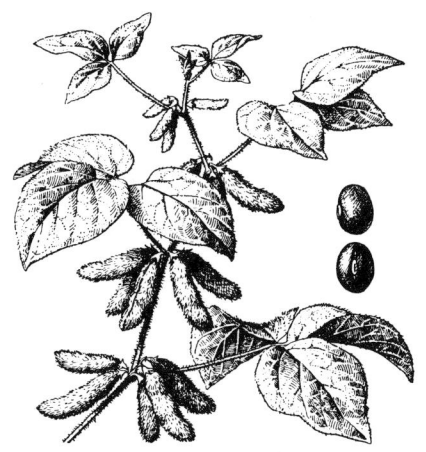

Sojabohne (Soja hispida),
fruchtender Sproß und Samen

Erdnuß (Arachis hypogaea)
Pflanze mit Blüten und Früchten in verschiedenen Entwicklungsstadien

Erdmandel (Cyperus esculentus)
Pflanze mit Mutterknolle und Ausläuferknollen

Der Ölbaum mit seinem ölhaltigen Fruchtfleisch ist eine alte Kulturpflanze des Mittelmeergebietes. Der immergrüne Baum wird mehrere hundert Jahre alt. Er kommt Anfang Juni in Blüte, im Spätherbst sind die Oliven reif. Zu guter Entwicklung benötigt er 18 bis 22 °C, die aber auf 40 °C ansteigen kann. Der Ölgehalt wird mit 50% vor der Vollreife erreicht. Ein Baum trägt rund 60 kg Früchte, die etwa 10 Liter Öl ergeben.

Rüböl liefern Raps (Brassica napus var. napus) und Rübsea (B. rapa var. silvestris), Ölsaaten, die wahrscheinlich aus Südeuropa kommen. Das meiste Öl wird für Industriezwecke eingesetzt.

Sesamum indicum ist eine uralte Kulturpflanze rund um den Indischen Ozean. Das einjährige Kraut ist eine Kurztagspflanze, will 27 °C warm haben und reift in 3 bis 4 Monaten bei 400 bis 500 mm Niederschlägen heran. Die Samen enthalten bis 60% fettes Öl und bis 30% Eiweiß.

Die Baumwolle liefert aus ihren Samen ein fettes Öl. Beim Lein (Linum usita tissimum) gibt es besondere Ölsorten, die bis 44% fettes Öl liefern. Lein wurde schon von den Sumerern vor 6000 bis 8000 Jahren kultiviert.

Der Mohn (Papaver somniferum) liefert Öl von 40 bis 50% Ölgehalt. Ricinus liefert technisches Öl. Die Erdnuß aus Südamerika enthält etwa 49% Fett. Die kleinen Nüsse des Hanfsamens enthalten 30 bis 35% Öl. Die Buchekkern, Samen der Rotbuche, speichern bis 40% fettes Öl und die Maiskeimlinge rund 33%.

Die Sonnenblume aus der Prärie Nordamerikas enthält im Keimling 40 bis 65% fettes Öl. Die Kokospalme (Cocos nucifera) eine Steinfrucht, erzeugt 35% Fett, die getrocknete Kopra weist bis 70% auf.

Es gibt noch eine ganze Reihe von Öl- und Fettproduzenten im Pflanzenreich, die kaum bekannt oder genutzt sind. Eine Fettlücke sollte zu decken sein.

## Gemüse aller Art:
## Wurzeln, Knollen, Zwiebeln

Gemüse liefern in der Ernährung Mineralstoffe, Rohfaserstoffe und Vitamine. Es sind Pflanzen, die im gekochten oder konservierten Zustand gegessen werden. Unter Salaten versteht man Pflanzen, die roh oder gekocht mit Essig, Öl und Gewürzen zubereitet werden. Je nach dem genutzten Organ teilt man die Pflanzen ein: Wurzel-, Stengel-, Blatt- und Fruchtgemüse.

Algen dienen für die Meeresanwohner schon lange als Nahrungsmittel, besonders in Ostasien. Grünalgen liefern den Meersalat (Ulva lactuca), Braunalgen den Zukkertang (Laminaria saccharina) und gewisse Rotalgen werden als Gewürz oder Salat verspeist.

Pilze sind eine andere Gruppe, deren Fruchtkörper als Beikost oder als Würze dienen. Eine Reihe von Pilzen werden in Kulturen herangezogen.

Der Gemüsekohl (Brassica oleracea)
und seine Abarten
A die Stammpflanze in Blüte, B Kohlrabi, C Blumenkohl, D Kopfkohl (Kraut), E Welsch- oder Wirsingkohl, F Rosenkohl

Wurzelgemüse: Die Möhre (Daucus carota ssp. sativus) ist eine mitteleuropäische Wildpflanze und seit gut 2000 Jahren in Kultur. Die Pastinake (Hammelmöhre) ist durch Kartoffel und Möhre etwas verdrängt. Der Rettich (Raphamus sativus var. niger) aus Vorderasien wurde von den Ägyptern kultiviert, von den Römern nördlich der Alpen gebracht. Aus Südeuropa kommt die Schwarzwurzel (Scorzonera hispanica), sie ist höchstens seit 500 Jahren in Kultur.

Knollengemüse: Die Kohlrübe faßt man heute als samentreubleibenden Bastard von Brassica rapa und B. oleracea auf. Es ist eine alte Futterpflanze, die in Notzeiten (Winter 1917/18) als Steckrübe wichtige Nahrung bot. — Die Rote Rübe speichert Betanin und Anthocyan, wird als Salatrübe genossen. Das Radieschen trat im 16. Jahrhundert in Nordwesteuropa auf. Es enthält, wie der Rettich, scharfes Allylsenföl. Knollensellerie zählt zu den Sproßrüben, die bereits im alten Ägypten bekannt waren und im Mittelalter nach Mitteleuropa kam. Der Kohlrabi ist eine oberirdische Sproßknolle, die als frühes Gemüse geschätzt ist. Über seine Herkunft ist nichts bekannt.

Zwiebelgemüse: Die Küchenzwiebel dient als Gemüse wie als Gewürz. Sie stammt aus Mittelasien/Afghanistan und kam über Ägypten in die weltweite Kultur von heute. Der Lauch oder Porree hat fleischige Unterblätter und damit einen Scheinsproß. Auch der Lauch kam über die Ägypter in die Gärten. Der Gemüsefenchel ist eine Ausnahme als Zweikeimblättler. Er bildet fleischige, breite Blattscheiden als Speicher aus, wurde vorwiegend in Italien angebaut und breitet sich nun aus.

*Stengelgemüse:* Dazu zählt man alle Gemüsearten, die unverholzte und nicht knollige Sproßachsen haben. Der Spargel, schon von den alten Griechen kultiviert, besitzt einen Wurzelstock, dessen Endknospe zu einem Sproß auswächst. Gleichzeitig entsteht ein flachliegender Trieb in der Erde, der sich später ebenfalls aufrichtet. Bei Lichtzutritt verfärben sich die Sproßspitzen mit blauem Anthocyan. Der unnachahmliche Duft stammt von freier Asparaginsäure. Bambussprosse sind ein anderes Feingemüse aus China und Japan, das von Bambus vulgaris und Phyllostachys pubescens gewonnen wird. Die Palmherzen oder Palmitos sind Sproßspitzen von Palmen, die damit absterben. Sie werden vorwiegend in Brasilien von Euterpe edulis und Euterpe oleracea, die in Sümpfen tropischer Flüsse wachsen, gewonnen.

*Blattstielgemüse* ist Bleichsellerie, mit kräftigen Blattstielen, der Rharbarber, der schon vor 4000 Jahren in China gegessen wurde, aber erst um 1750 in Europa aufkam.

*Blattgemüse und Blattsalate* gibt es in großer Zahl, besonders in den Tropen und Subtropen. Sie können hier nicht einmal dem Namen nach angedeutet werden. Das Kohlgemüse der Gattung Brassica zeigt eine große Variationsbreite aller Organe des Pflanzenkörpers: Weiß-, Rot-, Wirsing-, Rosen- und Blätterkohl. Die Urform kommt von den Küsten des Atlantiks und des Mittelmeeres. Blätterkohl gab es schon im alten Rom, Rosenkohl wurde erst 1821 beschrieben. Der Chinakohl ist das Zuchtergebnis zu einer kegeligen, geschlossenen Blattkohlform. Von den Korbblütlern stammen die meisten Salatpflanzen ab. Die Gartensalate (Lactuca sativa) leiten sich vermutlich vom wilden Lattich, einer südwesteuropäischen Steppenpflanze, ab. Die Winterendivie, ursprünglich aus Südasien, liefert Wintersalat ebenso wie Chicorée oder der Löwenzahn. Diese Wegwartengewächse können aus den Wurzeln im Winter angetrieben werden. Der heimische Feldsalat ist mit dem Baldrian verwandt. Als Schnittblattgemüse ist der Spinat, die Gartenmelde, der Mangold und der Neuseeländer Spinat zu nennen, die aus dem Mittelmeergebiet stammen.

*Blütenstände als Gemüse* liefern der Blumenkohl, der seit etwa 1500 bekannt ist, der Spargelkohl (Brokkoli) ist als eine Weiterentwicklung des Blumenkohls anzusehen. An der Artischocke hatten schon die Ägypter um 500 v. Chr. Freude.

*Frucht- und Samengemüse.* Neben den zahlreichen Hülsenfrüchtlern ist die Eßkastine aus Kleinasien als Samengemüse zu nennen. Als Fruchtgemüse bezeichnet man nicht süßes Obst. Die Grenze ist fließend. Die Tomate aus der Neuen Welt hat erst in diesem Jahrhundert ihre große Bedeutung erlangt. Zu den Nachtschattengewächsen zählen außerdem die Eierfrucht (Aubergine) aus Hinterindien, die seit 1550 in Italien angebaut wird, und der Gemüsepaprika, den die Spanier aus der Neuen Welt mitgebracht haben. Beerenfrüchte liefern alle Kürbisgewächse: Gurke, Kürbis, Zucchini, Wasser- und Zuckermelonen, Chayote (Sechium edule) und die Schwammgurke wie der Flaschenkürbis.

*Obstliefernde Pflanzen* gibt es zahllose Arten und noch mehr Sorten. Übliche Einteilungen in Kernobst, Steinobst, Schalenobst und Wildobst stimmen nicht mit botanischen Begriffen überein.

*Samenobst* liefern nacktsamige Nadelbäume, wie die Pinie, die Zirbelkiefer, die mexikanische Nußkiefer, die Neosiakiefer aus dem Himalaja und die Schmucktannen. Samen aus Kapseln der Bedecktsamer sind die Paranuß (Bertholettia excelsa), die Mandel (Prunus dulcis), die Walnuß (Juglans regia), die Pekannuß (Carya illioniensis), die Pistazie und die Cashewnuß (Anacardium occidentale). Samen aus einer echten Nuß schenkt uns die Haselnuß, ebenso die Erdnuß. Der Granatapfel, die Passionsfrucht, die Durianfrucht, die Akipflaume, die Litchipflaume sind Pflanzen, von denen die äußere saftige Samenschale oder der Samenmantel gegessen wird. Beim Fruchtobst werden die fleischigen oder saftigen Teile der Hüllfrucht verzehrt: Stachelbeere, Johannisbeere, Heidelbeere, Preiselbeere, Weinrebe (eine der ältesten Kulturpflanzen), Banane, Dattelplame, Baummelone (Papaya), Guave, Kakipflaume, Kiwifrucht, Kapstachelbeere und alle Zitronenfrüchte. Steinfrüchtig sind Kirsche, Pflaume,

Brotfruchtbaum (Artocarpus incisus)
a Zweig mit Staubblüten, Stempelblüten und einer jungen Frucht, b Staubblatt, c Stempelblüte

Zitrone (Citrus medica)
a Zweigspitze mit Blüten und Knospen, b Querschnitt, Längsschnitt der Frucht

Paprika (Capsicum annuum)
a Pflanze, b Blüte, c Frucht, d Samen

Hanf (Cannabis sativa)
a Pflanze mit Staubblüten, b Pflanze mit Stempelblüten, c Staubblüte, d Stempelblüte, e Stempel, f Frucht, g und h Querschnitt

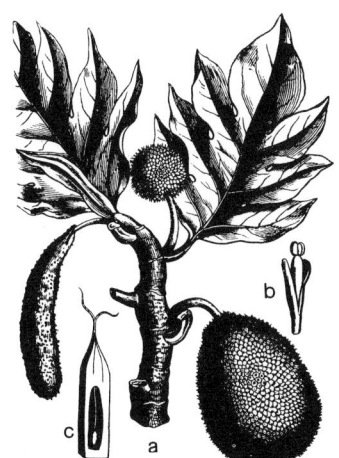
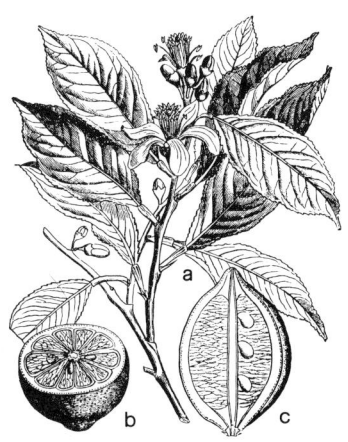

Hopfen (Humulus lupulus)
a Pflanze mit Staubblüten,
b Zweig mit Stempelblüten,
c Fruchtpflanze, d Staubblüte,
e Stempelblütenkätzchen,
f Stempel, g und h Nüßchen

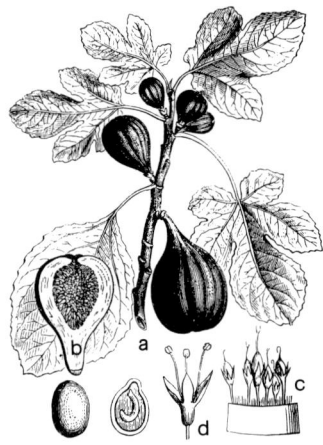

Feige (Ficus carica)
a Zweig mit Blütenkuchen und
jungen Früchten, b ein Blütenkuchen durchschnitten, c Stempelblüten, d Staubblüte,
e Durchschnitt des Samens,
f Samen selbst

Ölbaum (Olea europaea)
a Blütenzweig, b Blüte, c und d
Frucht

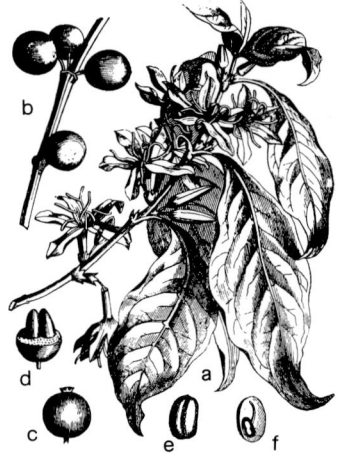

Kaffeebaum (Coffea arabica)
a Blütenzweig, b Fruchtzweig,
c Frucht (Kaffeekirsche),
d Durchschnitt mit den zwei Sa-
menkörnern, e Samen (Kaffeebohnen), f Durchschnitt mit dem
Keimling

Zwetschge, Aprikose, Pfirsich, Sanddorn, Holunder, Avocadobirne, Mangofrucht. Apfelfrüchte oder Samenbalgfrüchte haben Apfel, Birne, Quitte, Eberesche, japanische Wollmispel; Sammelbeeren als einzige die Verwandten der Zuckerapfels (Anona, Cherimoya); Sammelsteinfrüchte entwickeln Himbeere, Brombeere und Sammelnußfrüchte Erdbeere, Hagebutte, Mispel. Als Beerenfruchtverband bezeichnet man die Frucht von Ananas, Feige und einen Nußfruchtverband hat die weiße Maulbeere (Ostasien) und die schwarze aus Westasien, die als Frucht schon von Griechen und Römern genutzt wurde.

## Genüßliches aus dem Pflanzenreich

Pflanzen enthalten Verbindungen, die nicht nur Hunger und Durst stillen, und geistige Leistungsfähigkeit steigern, die beruhigen auch, hemmen und entkrampfen. Die meisten Völker benutzen Stimulantien. Man könnte in der Nutzung einen wesentlichen Unterschied zwischen Mensch und Tier sehen. Der Mensch lernte die alkoholische Gärung kennen, die Wirksamkeit der Substanzen oder sie dann nur noch wegen des Duftes oder des Aromas zu benutzen. Außer Tabak werden diese Pflanzen immer noch in den Suptropen und Tropen angebaut. Coffein- und theobrominhaltige Pflanzen sind Kaffee, Tee, Kakao, Cola, Mate-Tee.
Die Kaffeekirsche verschiedener Kaffeearten (vorwiegend Coffea arabica) enthält zwei Samen, die Kaffeebohnen. Aus der äthiopischen Heimat gelangte der Kaffeebaum nach Arabien. Seit 1750 ist Südamerika und neuerdings Neuguinea Hauptanbauer. Der Röstkaffee weist im Mittel 1,3% Koffein auf.
Der Tee (Thea sinenses) ist in Assam beheimatet und kam um 2700 v. Chr. nach China. Der Tee wird ebenso wie der Kaffee als Aufgußgetränk genossen. Geerntet werden junge Triebe (Knospe und 2 Blättchen), 10 kg Blätter geben 2 kg Tee. Das Erntegut wird gerollt, fermentiert, getrocknet. Teepflanzen benötigen 18° bis 28 °C und regelmäßigen Regen bis etwa 2000 mm. Tee gedeiht am besten zwischen 500 und 2000 m NN. Tee kam um

1550 durch die Araber und um 1630 durch die Russen nach Europa. Der Mate-Tee (Iles paraguariensis), ähnlich dem Chinatee, ist ein uraltes Getränk der Indianer. 1578 wurde er den Europäern bekannt, hat sich aber nicht eingebürgert. Er ist mit der Stechpalme verwandt und wird seit 100 Jahren kultiviert. Zum Gedeihen benötigt er 20° bis 23 °C und 1300 bis 2000 mm Niederschläge. Trockene Blätter enthalten 0,3 bis 1,7% Coffein. Die Wirkung ist anhaltend ohne Nebenwirkungen.
Der Kolabaum (Cola acuminata, C. nitida, C. verticillata) liefert den Afrikanern die „Kolanuß", einen coffeinhaltigen, pflaumengroßen Samen, der gekaut wird. Seit 1880 spielt der Samen als Bestandteil von Erfrischungsgetränken eine Rolle.
Der Kakaobaum (Theobroma cacao) ist am Amazonas und Orinoco zu Hause. Die Indianer nutzen die Samen seit langer Zeit. Im 17. Jahrhundert wurde in Europa die Schokolade bekannt. Pflanzungen von Kakao findet man seit 100 Jahren in allen Tropenländern, Zentral- und Westafrika sind aber führend. Der Kakao benötigt 24° bis 28 °C im Jahresdurchschnitt, hohe Luftfeuchte und 2000 mm Regen. Die stammblütigen Früchte reifen in 5 bis 8 Monaten. Kakaopulver besitzt etwa 20% Eiweiß, 38% Kohlenhydrate, 24,5% Fett und 1,2 bis 2,3% Theobromin. Trockene Bohnen enthalten noch 0,2% Coffein.

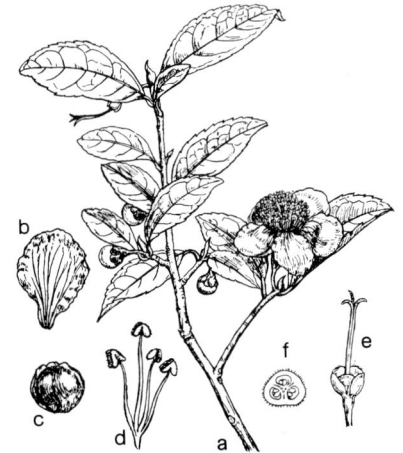

Camellia sinensis, Teestrauch
a blühender Zweig, b Blütenblatt, c Samen,
d Staubgefäße, e Fruchtknoten mit Griffel, f Querschnitt durch Fruchtknoten

## L'AVOCATIER.

### (Laurus.)

Cet arbre rapporte un fruit excellent appelé l'Avocat, et son noyau, le procureur ; sa pulpe a le goût et la couleur du beurre frais.( il en existe de plusieurs espèces.)

*d'après nature par E Denisse.*

Paris chez l'Auteur

links, von oben:
Renanthera imschootiana ‚Rolfe'
Paphiopedilum-Primärhybride (Paphiopedilum
X Paphiopedilum)
Odontoglossum ‚Oda Alrette'
Mitte, von oben:
Paphiopedilum Buckhurst St. Helier
Phalaenopsis-Hybriden
rechts, von oben:
Cattleya schofieldiana
Encyclica mariae aus Mexiko

Vanilla planifolia, die Vanille
(Seite 162)

Venusschuh aus Thailand, Paphiopedilum
sukhakulii, erst 1965 entdeckt und beschrieben (ganz oben)

Im Schauhaus: Blüte der Vanda-Hybriden
(links)

Cyrtorchis, Orchidee aus Afrika

Pabstia jungosa, eine Orchidee aus Brasilien
(ganz oben)

Ihalaenopsis violacea, aus Kalimantang
(ganz links)

Dendrobium williamsianum, eine Orchidee
aus Neu Guinea
(oben)

Maxillaria stroebeli, eine Orchidee aus den
Anden
(links)

links, von oben:
Sonnentau, der Fliegenfänger, Drosera villosa
Byblis gigantea
Blüten einer Drosera (Sonnentau), die Schrau-
bel als Blütenstand ist gut erkennbar
rechts, von oben:
Drosera aliciae
Drosera reginae

links, von oben:

Cephalotus follicularis, eine Insectivore aus
Südwest-Australien

Venusfliegenfalle, Dionea muscipula aus
Amerika

rechts, von oben:

Darlingtonia californica, „Kobralilie", eine
Insektenfängerin

Kannenpflanze, Insektenfänger, Nepenthes
mirabilis aus Neuguinea

Im Palmengarten,
im Hintergrund der Frankfurter Fernmeldeturm

Heliconia marginata (Musaceae) aus
Venezuela
(Seite 168)

Winter im Palmengarten —
am Steingarten, am Bootshaus, im Parterre

Frühling im Palmengarten
Narzissenblüte im März/April
Frühlingsblumenschau in der Blütengalerie
(rechts oben)

links, von oben:
Tulpenblüte
Rosenschau

rechts, von oben:
Magnolienblüte — „toskanischer Garten"
Der Festsaal als Ort der 8. Weltorchideen-
Konferenz im April 1975

links, von oben:
Sommerblumenschau in der Blütengalerie
Konzert im Musikpavillon
rechts, von oben:
Sommernachtsfest im Palmengarten
Konzert am Weiher

Herbst im Palmengarten
rechts oben:
Lobelia fulgens aus Mexiko

174

Die neue Gärtnerei 1974 – 1981
(oben)

Weihnachtsausstellung in der Blütengalerie
(rechts unten)

4.

2.

1.

5.

3.

Peint d'après nature par M.<sup>me</sup> Berthe Hoola van Nooten, à Batavia.

Chromolith. par G. Severeyns Lith. de l'Acad. Roy. de Belgique.

**POINCIANA REGIA.** BOJ.

Emile Tarlier éditeur, à Bruxelles.

## Gewürze reizen die Sinne

Sie bereichern mit Aroma- und Scharfstoffen, regen den Appetit an, bringen geschmackliche Verbesserungen für die Nahrung. Die Speichelfluß- und die Verdauungssekrete werden angeregt, das bedeutet eine bessere Verdauung. Die Grundlage dafür sind ätherische Öle. Es sind Gemische flüssiger, öliger, aber leicht flüchtiger Verbindungen verschiedenen Aufbaues.

Im Wurzelstock des Ingwer sind bis 3% ätherische Öle enthalten. Schon im Altertum gelangte Ingwer über Arabien aus Südasien nach Europa. Es ist eine Zutat zu Gebäck, Marmelade und Bier. Galgant (Alpinia officinarum) von Hainau ist ein Zusatz zum Curry-Pulver. Zu Curry-Pulver gehören wenigstens: Ingwer, Curcuma, Cardamon, Koriander, Kümmel, Muskat, Nelken, Pfeffer, Zimt. Kalmus (Acornus calamus) verwendet man vorwiegend für Bitterlikör. Die Zimtrinde liefert der Ceylonzimtbaum (Cinnamomum zeylanicum, Kaneel) oder die chinesische Zimtkassie. Es ist die Rinde von Zweigen, die das Zimtöl (bis 4%) enthält. Ätherische Öle in Blättern findet man im Lorbeerblatt, in der Weinraute, im Dill, Gartenkerbel, Schnittsellerie, Liebstöckel, Blattpetersilie, Boretsch, Ysop, Majoran, Zitronenmelisse, Pfefferminze, Basilienkraut, Origano, Rosmarin, Salbei, Bohnenkraut, Thymian, Wermut, Estragon und Eberraute. An dieser Stelle ist die allbekannte Frankfurter Grüne Soße mit folgenden Kräutern zu nennen: Schnittlauch, Kerbel, Pimpernelle, Boretsch, Petersilie, Sauerampfer, Kresse. Sie war allerdings 1833 nicht im Frankfurter Kochbuch vermeldet.

Ätherische Öle aus Blüten, Samen und Früchten benutzt man von Beifuß (Artemisia vulgaris), Gewürznelkenbaum (Syzygium aromaticum), Safran (Crocus sativus), Schwarzkümmel (Nigella sativa), Muskatnuß (Myristica fragrans), Cardamon (Elettaria cardamonum), Nelkenpfeffer (Pimenta dioica), Kümmel (Carum carvi), Koriander (Coriandrum sativum), Gartenfenchel (Foeniculum vulgare), Anis (Pimpinella anisum), Vanille (Vanilla planifolia), Sternanis (Illicium verum) und Wachholder (Juniperus communis).

Gewürzpflanzen mit scharfem Geschmack enhalten häufig Alkaloide. Dazu zählen Sorten des Paprika, die Capsaicin als wirksame Substanz enthalten. Cayennepfeffer oder Chili (C. frutescens) enthält die doppelte Menge mit rund 0,6 bis 0,9%. Der Peffer ist ein altes, wichtiges Gewürz (Piper nigrum aus Südindien), mit 1 bis 2,5% ätherischem Öl (Perpene, Piperin, Chavicin).

Senföle enthält der Meerrettich (Armoracia rusticana), der Kapernstrauch in den Knospen und weißer wie schwarzer Senf (Sinapis alba, S. nigra) in den Samen. Schwefelhaltige Gewürzstoffe sind in den Laucharten Schalotte, Perlzwiebel, Knoblauch, Winterzwiebel, Schnittlauch, Bärlauch enthalten. Die Bitterstoffe in den Blütenständen des Hopfens (Humulus lupulus) liefern für das Bier Aromastoffe und Konservierungsmittel. Diese Aufzählung muß unvollständig bleiben; denn in allen Erdteilen gibt es Pflanzen zum Würzen und Genießen, die nicht weltweit angebaut und komsumiert werden.

a Schwarzer Pfeffer (Piper nigrum)
b Teil einer Ähre, c Frucht im Längsschnitt

## Pflanzen —
## nicht für den Genuß bestimmt

Pflanzen, die dem Menschen Fasern, Holz, Gerbmittel, Öle, Lacke, Wachse, Gummi, Kautschuk und Farbstoffe liefern; diese Rubrik ist so umfangreich, daß nur die wichtigsten Pflanzen genannt werden.

Fasern als Samenhaare liefert die Baumwolle (Gossypium herbaceum, G. arboreum u. a.) als sehr alte Tropenpflanze aus Südasien und Peru wie Südafrika. Sie ist eine Weltwirtschaftspflanze und bevorzugt warmtrockene Klimate mit tiefgründigem Boden. Man bewertet die Faserlänge, die bei G. vitifolium mit 3 bis 4 cm Länge am wertvollsten ist. Sie wächst vor allem in Ägypten und Peru. Der Kapokbaum (Ceiba pentandra) kommt aus dem tropischen Südamerika. Seine Fasern lassen sich wegen eines Wachsüberzuges nicht verspinnen, sie dienen als Polstermaterial. Fasern aus der Sproßachse des Flachses oder Leins (Linum usitabissimum) sind wertvoll, deshalb teuer. Der Hanf (Cannabis sativa) aus Zentralasien dient als Faser zur Herstellung von Tauen, Seilen, Netzen. Die große Brennessel (Urtica dioica) diente bis etwa 1720 als heimische Faserpflanze. Die Ramiefaser (Boehmeria nivea) aus China, mit der Brennessel verwandt, liefert eine feste Faser. Aber auch hier ist die Faserisolierung langwierig und kostspielig. Jute (Corchorus spec.) aus Indien läßt sich als lange Faser zu groben, dauerhaften Geweben verarbeiten. Der Manilahanf wird von der Faserbanane (Musa textilis) gewonnen. Die Fasern werden nach dem Blattalter in vier Gruppen sortiert, wobei die jüngsten die weichsten sind. Aus der Sisalagave gewinnt man eine stabile Faser für Seile, Teppiche etc. Neuseeländer Flachs gewinnt man aus Faserbündeln von Phornium tenax. Die südeuropäische Palme Chamaerops humilis bringt in ihren Blättern „vegetabilisches Roßhaar" hervor. Die sehr elastischen Fasern um die Leitbündel angeordnet sind sehr elastisch und fast unzerstörbar. Die Faser der Mesokarphülle von der Cocospalme (Cocos nucifera) ist sehr dauerhaft. Die Fasern werden 9 Monate im flachen Brackwasser „geröstet". Sie sind sehr dauerhaft und elastisch.

*Hölzer* liefern viele Bäume aller Zonen. Sie werden hier übergangen, wichtige sind in Teil II erwähnt.

*Gerbstoffe* lieferten die Eichen, heute aber zunehmend tropische Gehölze, wie Acacia mearusii aus Australien oder A. catechu und A. dealbata, die bis 54% Gerbstoffe enthalten. Hohe Gerbstoffanteile haben die Fruchthülle des Leberwurstbaumes und die Hülsen von Caesalpina coriaria.

*Gummiartige* Stoffe sind aus dem heutigen Leben nicht mehr wegzudenken. Sie werden durch Gerinnen von Milchsaft gewonnen. Der aus einem Gemisch bestehende „Latex" wird durch die Koagulation von Nebenstoffen befreit. Der wichtigste Kautschuklieferant ist Hevea brasiliensis, ein Wolfsmilchbaum. Die Pflanze benötigt ein Temperaturmittel von 27 °C und 2000 mm Niederschläge. Andere Kautschuklieferanten sind Taraxacum und Scorzonera-Arten (Löwenzahn, Schwarzwurzel). Kautschuk ist elastisch, dehnbar und weich, Guttapercha dagegen unelastisch und hart, aber warm verformbar.

*Balsam, Harz und Wachs* werden als sekundäre Stoffe in besonderen Zellen abgelagert. Harze sind nichtflüchtige Kohlenwasserstoffe, Balsame haben einen höheren Ölanteil. Wachse sind Ausscheidungsprodukte, Ester von Fettsäuren.

*Terpentin* ist das Harz der Nadelbäume, das enthaltene Öl wird durch Wasserdampfdestillation gewonnen. Der Mastixstrauch scheidet Mastix-Harz in die Gänge der Rinde ab. Kopal ist ein bernsteinartiges Harz der neuseeländischen Kaurifichte. Der Manila kysal stammt von Agathis dammara. Japanlack wird von Toxicondron vernicifluum gewonnen. Wachs am Sproß erntet man von der andinen Wachsplame (Ceroxylon audicola). An den Blättern der Carnaubapalme (Copernicia prunifera) tritt an jungen Blättern als Verdunstungsschutz Wachs aus.

*Farbstoffe aus Pflanzen* sind heute kaum mehr von Bedeutung, da die synthetisierten besser und preiswerter sind. Die Färberröte (Rubia tinctorum), auch Krapp genannt, lieferte das Türkisch-Rot, ein Alizarin-Farbstoff zum Färben von Wolle. Indigo ist als der älteste blaue Farbstoff anzusehen, 1880 gelang die Synthese, um 1900 die technische Herstellung. Wichtigste Pflanze war Indiglofera tinctoria. Eine andere alte Färber- und Ölpflanze ist Saflor (Carthamus tinctorius). Heute noch viel benutzt ist das Bixin, Ordan oder Anatto aus den Samen von Bixa ordlana aus Zentral- und Südamerika und heute in Südostasien kultiviert. Es ist ein carotinoider, orangeroter, unschädlicher Farbstoff, der zum Färben von Butter, Backwaren, Margarine und Käse verwendet wird.

## Zur Freude: Blumengärtnerei

Blumen und blühende Pflanzen sind nichts Bleibendes, Haltbares. Sicher ist die Auslese von Zierpflanzen erst aus der städtischen Kultur erwachsen. So ist die Blumenzucht ein Stück Menschheitsgeschichte bis heute. Eine heutige Blütenpflanze muß folgende Eigenschaften aufweisen:

1. leichte Vermehrung und Blühwilligkeit,
2. lange Blütezeit durch Behandlung,
3. von Natur aus hohe Variationsbreite in Form und Farbe,
4. gute Transporteigenschaften und lange Haltbarkeit.
Nur eine kleine Zahl von Blumen kann da mithalten. Aber die Veränderung der Umwelt und der Methode für die Kultur leistet eine Menge. Die künstliche Umwelt ist das gesteuerte Gewächshaus oder der einfache Transport von den Tropen und Subtropen nach der Nordhemisphäre. Die Dauer des Tageslichtes neben der Intensität sind von großem Einfluß. Die Wassergaben sind genau festzulegen. Die Erde kann zweckentsprechend bereitet sein.

Verschiedene Sträucher und Sommerblumen von A — Z
*Ageratum* (Asteraceae) kommt in 30 Arten in Mittel- und Südamerika vor. Die mehrjährigen Pflanzen sind Kräuter oder Sträucher, bis 60 cm hoch. In Europa einjährig, da sie nicht frosthart sind. Die doldenartigen Blütenstände in allen blauen Tönen bis Weiß ergeben einen haltbaren Sommerflor.
*Begonia* (Begoniaceae) oder Schiefblatt wurde durch den französischen Botaniker Charles Plimier (1646 — 1704) entdeckt. Er fand einige Arten auf einer Reise nach den Antillen und benannte sie nach dem Stadthalter von St. Domingo, Michel Bégon. Begonia nitida aus Jamaica kam 1777 nach Kew Gardens. 1817 erschien im Belvedere von Weimar B. discolor mit Knollen, wahrscheinlich B. evansiana aus den Gebirgen Javas. Man kennt ungefähr 400 Arten in den Tropen und Subtropen Südamerikas, Westindiens, Afrikas und wenige in Asien. Diese krautigen Gewächse haben fleischige Stiele und hellgrüne bis rotbraune, eiförmige bis elliptische, unsymmetrische Blätter. Einige Arten wachsen strauchartig. Blüten wie Blätter sind Auslesefaktoren. Begonia semperflorens, halbstrauchig aus Brasilien, 20 bis 40 cm hoch, kam 1829 weißblütig nach Europa. Sie blüht von Juni bis November, aber auch den Winter durch. Das heutige Sortiment entstand durch Einkreuzen von B. gracilis, B. poezlii und B. schmidtiana. In Hybriden kreuzte man ferner ein: B. fuchsioides und B. ascotiensis. Die Semperflorens-Gruppe ist also eine Sammelhybride gezüchteter Gartenformen. Benary kreuzte mit B. gracilis aus Mexiko zurück und verbesserte damit die B. semperflorens erneut. Das Sortiment ist sehr groß, die F1-Hybriden sind die Favoriten.
1879 züchtete Roussel die erste wertvolle Sorte mit dunkelrosa Blüten, ihr folgte 1892 eine mit scharlachroten Blüten von Vernon, 1902 kam die Sorte „Bijou" in den Handel. Haage + Schmidt importierten 1902 B. schmidtiana, kreuzen mit B. semperflorens und erzielten B. „Erfordia" semperflorens (diploid) B. semperflorens gracilis (tetraploid) und daraus F1-Hybriden (triploid).
*Die Blattbegonien* stellten sich 1819 mit B. maculata aus Brasilien vor. Heute werden als dekorative Blattpflanzen Hybriden von B. rex und B. diadema kultiviert. An ihrer Enstehung sind die mexikanischen B. imperialis var. maculata und var. smaragdiana beteiligt. B. diadema und B. deliciosa aus Borneo und B. decora aus Hinterindien sind von ebenso großem Einfluß. Die Einkreuzung von B. cathayana ergab eine weitere Bereicherung.

*Knollenbegonien* sind vielfach Kreuzungen südamerikanischer Arten. Man nennt sie z. B. Tuberhybrida. Die erste entstand aus B. boliviensis x B. rosaflora 1870 bei Veitch, Chelsea, sie hieß B. x Sedenii — nach dem Obergärtner. Sie sind äußerst blühwillig. B. boliviensis forma batinii wurde 1929 von Benary verbessert in eine Compacta-Form. Pfitzer brachte B. tuberosa floribunda in den Handel.

*Elatiorbegonien* sind eine sortenreiche Gruppe der Fa. Veitch, 1909. Begonia socotrana ist eingekreuzt. Sie blüht im Winter, danach zieht sie ein. Sie sind starkwüchsig und farben- und formenreich.

Die *Lorraine-Begonien* sind eine Züchtung von Victor Lemoine, Uanaj, zwischen B. socotrana und B. dregei aus Südafrika. Sie heißen seit 1893 Begonia hybrida „Gloire de Lorraine". Die Blüte liegt ausschließlich in den Wintermonaten. Da sie sterile Blüten haben, kann sie nur durch Stecklinge vermehrt werden.

*Calendula* (Asteraceae), Ringelblume, ist seit dem Altertum eine beliebte Sommerblume. Die Heimat ist unbekannt. Die Blütenform und -größe konnte wesentlich verbessert werden. Die Wildform ist wahrscheinlich nicht mehr in Kultur. Man kann sie verfrühen.

*Callistephus* (Asteraceae), Sommeraster, kommt als C. chinensis aus Ostasien. 1731 durch d'Incarville in Frankreich eingeführt, 1750 wurde die gefüllte Form beschrieben, 1807 schienen Astern mit Röhrenblüten, 1840 kam der pyramidale Wuchs auf. 1887 mit den Comet-, 1898 mit den Straußfedernastern ging die Züchtung immer weiter, bis 1930 die orangegelbe Prinzeß-Aster auftritt. Das Sortiment ist riesengroß geworden. Die Großgruppen sind die Zungenastern und die Röhrenastern.

*Camellia* (Theaceae), Kamelie, wurde 1813 durch Jacob Friedrich Seidel in Dresden im Erwerbsgartenbau eingeführt. 1770 wurde die Pillnitzer Kamilie gepflanzt, seit 1801 steht sie am selben Ort. Die Zucht in West- und Südeuropa wie in Ostasien ist wieder zugange.

*Canna* (Cannaceae), Blumenrohr. Die Schmuckstaude stammt aus Ostindien, Zentral- und Südamerika, mit etwa 30 Arten. 1570 in Europa importiert, züchterisch bearbeitet durch Kreuzungen zwischen C. indica und C. discolor, C. iridiflora und C. warsewiczii, E. Pfitzer brachte Zwergsorten (50 bis 70 cm) heraus, die blühwilliger sind.

*Cheiranthus* (Brassicaceae), Goldlack. In 12 Arten in Mittelmeerländern, West- bis Ostasien und Nordamerika beheimatet, mit traubigen, wohlriechenden Blüten, gelb bis samtrot. In Kultur nur C. cheiri, lange bekannt, züchterisch aber kaum bearbeitet, da zweijährige Kultur. Ch. allionii oder Erysimum x allionii ist zierlicher als die Art, kompakter, 35 cm hoch, mit leuchtend goldgelben, duftenden Blüten.

*Chrysanthemum* (Asteraceae), Wucherblume. Ch. indicum ist eine — wenn auch fragwürdige Art — der 150 Arten der Nordhemisphäre. Sie ist schon 500 v. Chr. bei Konfuzius erwähnt, um 400 n. Chr. gibt es eine „Chrysanthemenstadt". Der erste Bericht aus Japan ist von 1186. Als Kiku wurde sie zur Kaiserblume Japans. Im 16. Jahrhundert kannte man bereits dort gefüllte Formen. 1688 beschrieb sie der Belgier Brayne als Matricaria japonica maxima. 1758 kamen die ersten Pflanzen nach England, 1795 führte Colvill in Chelsea die erste Chrysantheme mit roten Blüten vor. 1829 gab es in Norwich die erste Ausstellung in Europa. Heute sind sie durch geeignete Kulturmaßnahmen (gesteuerte Terminkulturen) zu Ganzjahresblumen geworden. Vielfach werden die Sorten in Meristemkulturen erhalten und vermehrt.

C. koreanum sind fast winterharte Stauden. Einjährige Chrysanthemen sind C. segetum, seit dem 16. Jahrhundert kultiviert, C. carinatum aus Nordafrika, C. coronarium aus den Mittelmeerländern. Ausdauernd sind C. arcticum, C. leucanthemum und C. maximum aus den Pyrenäen. C. roseum sind die „bunten Margeriten", die aus dem Orient stammen.

*Clivia* (Amaryllidaceae), Riemenblatt. In 3 Arten in Südafrika heimisch. 1854 ist C. miniata in England importiert worden. C. nobilis wächst am Kap und C. gardneri in Transvaal. Arthybriden fehlen. 1879 brachte Linden C. miniata (f. lindenii) heraus.

*Coleus* (Labiatae), Buntnessel mit 120 Arten. Als Stauden und Halbsträucher im tropischen Afrika und Asien verbreitet. Coleus blumei ist der Sammelname für verschiedenartige Hybriden. 1850 nach Europa eingeführt, entstanden 1866 in England die ersten Gartenformen. 1914 wurde aus Ceylon C. rehneltianus als aufrechtwachsende Art mit in die Zucht einbezogen.

*Coreopsis* (Asteraceae), Mädchenauge, Schöngesicht, mit 70 Arten in Nord- und Südafrika sowie im tropischen Afrika beheimatet. C. atkinsoniana in Nordafrika ausdauernd. C. cardaminifolia — Schaumkraut — sowie C. nuecensis, C. basalis und C. tinctoria in Kultur.

*Cosmos* (Asteraceae), Schmuckkörbchen, aus Süd- und Mittelamerika in 20 Arten, seit 1800 bekannt. Als einjährige in Kultur: C. bipinnatus und C. sulphureus. Züchtungen durch Richard Bönsch, Tübingen, von 1950 — 1970.

*Cyclamen* (Primulaceae), Alpenveilchen. Die Wildform C. persicum ist die Ausgangsart heutiger Gartenformen. 1788 erstmalig im Botanical Magacine dargestellt, aber seit etwa 1620 schon bekannt, jedoch bis 1860 ohne Verbesserungen. Um 1870 C. persicum f. giganteum und C. p. f. splendens (kleinblumig), 1898 erscheinen lachsfarbene Sorten bei Stoldt, Wandsbek, um 1900 gefranste bei Richter und Meischke, Dresden. 1937 bringt Pregetter, Steiermark, duftende Cyclamen. 1904 gab Meckel, Brühl, Silberblättrige heraus, die Struve ab 1929 vervollkommnete. Weitere Entwicklungen betrieben u. a. Fischer, Wiesbaden, und Mayer.

*Dahlia* (Asteraceae), Dahlie, in 9 Arten auf der mexikanischen Hochebene urwüchsig. Um 1780 erblühte D. variabilis in Madrid. Zur Zucht wurden außerdem seit 1800 D. coccinea, D. juarezii und D. pinnata verwendet. 1872 soll eine in Holland importierte Art gedrehte Zungenblüten gehabt haben. Die gefüllte Dahlie entstand 1808 in Karlsruhe. 1831 gab es in England anemonenblütige, um 1850 pomponblütige. Im Breiterschen Wintergarten in Leipzig gab es 1809 bereits 103 Sorten, 1840 schon 1500 Sorten. 1842 fand die 3. Georgien-Ausstellung in Dessau statt. Heute unterscheidet man einfachblütige, halbgefüllte und gefüllte (Kaktus-, Semikaktus-, Schmuck- und Ball-)Dahlien.

*Dianthus* (Caryophyllaceae), Nelke, am Mittelmeer, in Nordafrika und Asien daheim, sehr beliebte Garten- und Schnittblume. Sorten sind durch Auslese und Kreuzung entstanden. Schon bei Theophrast 300 v. Chr. bekannt, auch bei Hildegard von Bingen (1098–1179) gepriesen. 1613 gibt der Hortus Eystettensis 17 Gartenformen an. 1779 unternahm Dr. Weißmantel in seinem Buch „Die Nelke oder Grasblume"ein System nach Farben und Zeichnungen der Blüte aufzustellen. Heute trennt man in Einmalblühende oder Landnelken und Immerblühende Nelken. Dianthus caryophyllus aus Dalmatien ist die Urform der ein- und mehrjährigen Gartennelken. Eine Nelken-Leidenschaft herrschte von der Zeit der Kreuzzüge bis zum Anfang des 19. Jahrhunderts. Die einjährige Chabaud-Nelke (C. caryophyllus x C. suffrutiasus) entstand durch Chabaud in Toulon. Die Chornelken hatten ganzrandige Kronblätter; nur noch die Gebirgshängenelken sind davon übriggeblieben: Malmaeson-Nelken um 1857 aus Chornelken entstanden. Remontant-Nelken wurden um 1835 in Lyon selektiert. Riviera-Nelken sind Sorten von Remontant-Nelken. Edelnelken durch Dorner, Münz, Trautmann, Sinai und Moll gezüchtet.
Um 1880 wurden Margareten-Nelken von Sprenger aus Sizilien eingeführt. D. fruticosus, eine Strauchnelke aus der Ägäis, und ihr ähnlich D. suffruticosus. Die Landnelken sind zweijährig, ebenso die Grenadin- oder Granatnelke. Die Bartnelke D. barbatus ist eine Staude. Die Nelken sind vielgestaltig, sie sind auch heute noch für Dekorationen unersetzlich, trotzdem stehen sie nicht mehr im Vordergrund des Interesses.

*Erica* (Ericaceae), Heidekraut mit den meisten Arten 530 in Südafrika, in Mittelmeerländern, in West-Nordeuropa. Einfuhr um 1750 im Botanischen Garten. Erica gracilis vom Kap blüht von Oktober bis März. Durch Klon-Auslese und Sports entstanden aus vegetativer Vermehrung einheitliche Sorten, u. a. Glasers Auslesen. Erica hiemalis vom Kap ist ein guter Winterblüher.

*Fuchsia* (Onograceae), Fuchsie, in 80 Arten von Mexiko bis Patagonien verbreitet als Bäume und Sträucher des Unterholzes. Seit 1850 sind mehr als 2000 Sorten entstanden. An Arten sind geschätzt: F. cordifolia, F. corymbiflora, F. fulgens, F. magellanica, F. splendens und F. triphylla. Die Sorten gliedert man in 1. einfachblühend, 2. gefülltblühend, 3. hängend, 4. traubenblütig.

*Gazania* (Asteraceae), Mittagsgold. Von 25 Arten sind zwei in Kultur aus Südafrika: G. nivea und G. ringens. Die Zungenblüten sind oft zweifarbig, meist sind Hybriden in Kultur.

*Gerbera* (Asteraceae), Gerbera, kommt aus Südafrika, G. jamesonii 1878 durch Rehmann aufgefunden und durch Jameson importiert. 50 weitere Arten leben in Süd- und Ostafrika, auf Madagaskar und in Südasien. G. jamesonii aus Transvaal wurde 1887 in England in Kultur genommen. Nach fast 100 Jahren Auslese zur Zucht stehen sehr schöne Typen in allen möglichen Farben zur Verfügung.

*Helianthus* (Asteraceae), Sonnenblume, ist eine artenreiche Gattung aus Süd- und Westamerika, die um 1550 eingeführt wurde. H. annuus, die Einjährige, seit etwa 1700 bekannt, ist sehr formenreich und variabel.

*Heliotropium* (Boraginaceae), Sonnenwende. Eine von über 200 Arten ist lohnend: H. arborescens oder H. peruvianum. Es ist ein Halbstrauch, bei uns einjährig als Beetpflanze gezogen, mit blauer bis violetter Blüte. Um 1700 wurde sie aus Chile und Peru eingeführt.

*Hydrangea* (Saxifragaceae), Hortensie, mit 90 Arten als Bäume, Sträucher und Schlinger aus Asien und Amerika bekannt. Größte Bedeutung erlangte H. macrophylla aus Japan. Fast winterhart ist H. paniculata var. grandiflora. 1788 kam die erste Pflanze nach England. Um 1900 begann in Frankreich die Züchtung. Bei der Wildform aus der Ufervegetation an den japanischen Küsten stehen die großen sterilen Blüten nur am Rande der Scheindolde. Diese Richtung wird heutzutage favorisiert. Die Kulturzeit beträgt 10 bis 14 Monate.

*Impatiens* (Balsaminaceae), Springkraut oder das Fleißige Lieschen, früh in Kultur gekommen und erfreut sich heute durch Aufsammlungen aus Neuguinea, mit sehr großen Blüten und ununterbrochener Blütezeit großen Interesses. I. balsamina, Ostindien, kam um 1780 nach Europa. Man züchtete die Kamelienbalsaminen, die Rosenbalsaminen, die Nelkenbalsaminen. Aus I. walleriana in reicher Verzweigung entstanden var. holstii, großblütig, und var. sultanii, eine kompakt verzweigte, reichblühende, niedere Form. Als Bestäuber fungieren Schmetterlinge und Schwebefliegen.

*Ipomoea* syn. *Pharbitis* (Convolvulaceae), Trichterwinde, mit 400 Arten auf der ganzen Erde verbreitet. I. purpurea aus Zentral- und Südamerika als Art und in Farbvarietäten als Sommerschlinger geeignet. I. tricolor, die Dreifarbige, ist für den Garten wertvoll, I. loderacea (efeublättrig), I. imperialis ist wahrscheinlich eine Kreuzung zwischen den beiden letztgenannten.

*Kalanchoe* (Crassulaceae), Kalanchoe aus dem tropischen Afrika und Asien ist — bei Kurztagbehandlung — fast ein ganzjähriger Blüher. Unter 100 Arten wurde 1928 K. blossfelddiana aus Madagaskar eingeführt. Durch Kreuzung von K. flammea und K. terctifolia entstammen farbenprächtige Hybriden, auch Compacta-Formen.

*Lathyrus* (Fabaceae), Edelwicke, Duftwicke, aus 30 Arten in Mitteleuropa L. odoratus ausgewählt. Erstmals 1699 beschrieben, wurde sie nach 1900 in England sehr beliebt.

*Lobelia* (Campanulaceae), Lobelie, kam um 1580 nach Europa. Von 200 Arten wird nur eine gärtnerisch genutzt: L. erinus mit verschiedenen Varietäten.

*Lupinus* (Faberceae), Lupine, stammt mit rund 80 Arten aus Amerika und Mexiko, dient meist als Staude, gelegentlich als Einjährige. L. hartwegii aus Mexiko wird 80 cm hoch. L. hirsutus und L. luteus sind in Kultur.

*Matthiola* (Brassicaeae), Levkoje, gehört zu unseren ältesten Gartenblumen, benannt nach dem Leibarzt Karl V. Matthiolus. Die Heimat liegt in Süd- und Osteuropa, in Nordamerika, Afrika. Die Blätter sind meist behaart. In traubigen Blütenständen stehen wohlriechende Blüten. Aus 30 Arten hat nur M. sucana mit Varietäten Bedeutung. Sie lassen sich verfrühen und treiben. Die Vererbung der Blütenfarbe ist bei diesen Arten dominant freispaltend (Kappert 1949).

*Mimulus* (Asteraceae), Gauklerblume. Mit 60 Arten in der gemäßigten Nordhemisphäre, früher begehrte Zierpflanze, sehr anpassungsfähig. M. luteus aus Chile und Nordamerika wird 60 cm hoch und hat aus dem Blattwinkel entspringende Blütenstände.

*Nemsia* (Scrophulariaceae), Nemsie, aus Südafrika als Annuelle mit 20 Arten bekannt, dient mit N. strumosa als bunte Rabatten- und Balkonpflanze. „Tetra-Züchtungen" haben straffen Wuchs.

*Nigella* (Ranunenlaceae), Gretel im Busch, eine Einjährige aus dem Mittelmeerraum, 20 bis 60 cm hoch. In Kultur: N. damascena in Weiß, Rosa, Purpur oder Blau, besonders die Sorte „Miss Gekyll", N. hispanica, stark verzweigt, weiße oder purpurne Blüten.

*Pelargonium* (Geraniaceae), Pelargonie, als Balkon-, Gruppen- oder Zimmerpflanze aus Südafrika von hervorragender Bedeutung. Aus etwa 230 Arten ragen hervor: P. grandiflorum, P. peltatum und P. zonale. Seit 1830 in Kultur. Bis 1880 bereits 6000 Sorten von P. zonale. Johann Sebastian Bach liebte P. odoratissimum (Zitronenduft). P. radula ist das Rosenpelargonium. Die Edelpelargonie (P. grandiflorum) war lange Liebling der Engländer. Die Efeupelargonie hat hängenden Wuchs, die Zonalpelargonie besitzt schöne Blattzeichnungen. Wüchsige neue Hybriden aus P. zonale und P. peltatum entstanden in den letzten Jahren. Viele Hunderttausende von Balkonpflanzen entstehen durch Meristemkultur.

*Pentstemon* (Scrophulariaceae), Bartfaden, sind Stauden von Kalifornien bis Kanada, wobei nur P. hartwegii mit leuchtendroten Blüten als Gruppenpflanze erfreut. Sorte: Scharlachkönigin.

*Petunia* (Solanaceae), Petunie, aus Südbrasilien und Argentinien, andere aus Mexiko, wurde um 1850 eingeführt. Wichtig für die Zucht waren P. violacea und P. myctaginiflora. Heute gibt es ein unübersehbares Sortiment von Hybridensorten in jeder Wuchsform und zahllosen Farben, auch hängende, glattrandige, gefranste, gefülltblühende bis riesenblumige.

*Phlox* (Polemoniaceae), Flammenblume, seit etwa 1870 in Kultur, aus Nordamerika und Ostasien, als Beet- und Rabattenpflanze besonders P. drummondii, einjährig, in Varietäten.

*Primula* (Primulaceae), Primel, mit 600 Arten auf der Nordhalbkugel heimisch, meist Kulturarten aus China, da Winterblüher, z. B. P. obconica, P. sinensis, P. malacoides seit 1900 aus China importiert, eine schön- und sicherblühende Art. Alle Arten wachsen in der Heimat auf Kalk. P. x kewensis (P. floribunda X P. verticillata), 1890 in Kew Gardens zufällig entstanden, gelbblühend und angenehm duftend. Bedeutend sind die Fortschritte der Primula-Elatior-Hybriden für Freilandkulturen.

*Rutbeckia* (Asteraceae), Rudbeckie. Stauden aus Nordamerika und Mexiko. Einjährig als Beet- und Schnittblume gezogen: R. hirta var. pulcherrima mit Varietäten von gelben bis bronzeroten Zungenblüten.

*Saintpaulia* (Gesneriaceae), Usambaraveilchen, eine Blütentopfpflanze aus dem tropischen Afrika. S. ionantha wächst bei 18 bis 25° im schattigen Urwald des Usambaragebirges. Heute gibt es ein riesengroßes Sortiment mit fast allen Farben.

*Solpiglossis* (Solanaceae), Trompetenzunge oder Brokatblume, aus Chile und Peru, mit schöner Blütenzeichnung. S. sinuata wächst 100 cm hoch mit reichen Farbschattierungen.

*Salvia* (Laminaceae), Salbei, mit 450 Arten als Kosmopoliten verbreitet, S. splendens aus den Wäldern Brasiliens ist von Bedeutung. Sie ist in vielen Varietäten eine sehr wichtige Beet- und Gruppenpflanze geworden. Neben den rotblühenden sind weiße und purpurfarbene gezüchtet. Zunehmende Bedeutung erlangen blaublühende wie S. farinacea u. a.

*Schizanthus* (Solanaceae), Spaltblume, aus Chile, seit 1800 in Europa; nur noch als Schizanthus x wisetoniensis (S. grahamii x S. pinnatus) in Sorten und Mischung in Kultur.

*Senecio* (Asteraceae), Greiskraut, mit 1300 Arten weltweit verbreitet. Von Bedeutung ist S. cruentus als frühjahrsblühende Topf- und Gruppenpflanze, in reichhaltigem Farbensortiment von hoher Leuchtkraft. Senecio mikanioides, der Sommerefeu-Schlinger, mit kleinen gelben Blüten, für Balkon und Terrasse.

*Siningia* (Gesneriaceae), Gloxinie, aus Brasilien (Gloxin um 1750, Sinning um 1850), sommerblühende Topfpflanzen (15 bis 20°C). Die Herkunft der heutigen Hybriden ist umstritten. S. speciosa und S. regina sind neben S. crassifolia und S. maculata zur Züchtung verwendet worden. Die violetten Blütenfarbe und hängenden Blüten wandelten sich in aufrechtstehende, sehr farbenreiche Blüten.

*Solanum* (Solanaceae), Nachtschatten. Einige der 1200 Arten sind durch ihren Fruchtbesatz dekorativ, z. B. S. capricastrum, S. hendersonii, aber die Beeren sind giftig.

*Streptocarpus* (Gesneriaceae), Drehfrucht, aus Südafrika und Madagaskar, stellen interessante Topfpflanzen dar. Sie sind relativ kühl zu halten und bieten eine weite Farbpalette in der Blütenfarbe.

*Tagetes* (Asteraceae), Studenten- oder Sammelblume, aus Mittelmeerländern und Mexiko bekannt, bietet heute eine Fülle von Farben und Formen, besonders durch die F1-Hybriden. Zunehmend wird der starke Geruch der Blätter herausgezüchtet, so daß die Hybriden als haltbare Schnittblumen wichtiger werden. Besonders T. temifolia, T. patula und T. erecta sind für die Züchtung benutzt worden. Die Einteilung erfolgt nach oberflächigen Merkmalen:
1. Ungleichförmige, einfach- und gefülltblühende,
2. Zungenförmige (pomponartige, gekrauste),
3. Röhrenförmige.
Alle Tagetes sind hervorragende Beet- und Schnittblumen von großer Blühwilligkeit.

*Tropaeolum* (Tropaeolaceae), Kapuzinerkresse, mit T. peregrium aus Peru seit 1700 als Schlinger in Kultur und T. majus (rankend oder kriechend) nur noch in Sorten aus Zentral- und Südamerika. Wichtige einjährige Sommerblumen, auch nichtrankende Sorten wurden gezüchtet.

*Verbena* (Verbenaceae), Eisenkraut, aus Südamerika um 1750 importiert, heute als Beetpflanzen kultiviert: V. canadensis, V. rigida, V. chamaedryfolia, V. incisa, V. phlogifolia, V. teucrioides.

*Zinnia* (Asteraceae), Zinnie, ist aus Mexiko seit 1750 eingeführt, mit langer Blütezeit und vielfältiger Verwendung. Von der Blütenform her betrachtet, haben wir eine Vielfalt wie bei den Dahlien, vielleicht eine noch größere. Die Zungenblüten sind sehr vielfältig in Form und Farbe, was die steife Form etwas ausgleicht. Für F1-Hybriden stehen in USA rein weibliche Pflanzen zur Verfügung, deren Blumen nur aus Stempel und Hüllblättern bestehen. Zur Zucht benötigt man, wie bei Tagetes, drei getrenntliegende Zuchtgärten.

*Zygocactus* = Schlumbergera (= Epiphyllum, Gliederkaktus, Cactaceae), der Weihnachtskaktus aus Brasilien, aus Schlumbergera truncatus seit 100 Jahren gezüchtet, erblüht in vielen Rottönen. Der Osterkaktus, Rhipsalidopsis gaertneri, ist gleicherweise ein herrlicher Blüher und eine alte Zucht.

Schönblühende Zwiebel- und Knollengewächse

Zwiebel- und Knollengewächse sind zwei - oder mehrjährige Kräuter, die als Dauerorgan eine Zwiebel oder eine Knolle besitzen. Damit überstehen sie ungünstige Lebensphasen, um zu bestimmten Zeiten mit der Blüte hervorzutreten. Die Fülle der Gattungen und Arten — auch der Hybriden — ist unendlich groß. Diese Blütengewächse gehören drei Familien an: Liliengewächse, Schwertliliengewächse und Narzissen- oder Rittersterngewäch-

sen. Hier kann es nur darum gehen, die Gattungen in ihren Zuchtrichtungen kurz vorzustellen, die im Palmengarten besonders hervortreten.

Narzissen-Freuden gibt es im Palmengarten von März bis Mai auf zweifache Weise. Narzissen haben ein weites Verbreitungsgebiet, man findet sie in Mittelmeerländern und in Mitteleuropa bis Westasien mit rund 60 Arten. Diese Zwiebelpflanzen aus der Narzissen- oder Rittersternfamilie sind von Carolus Clusius (1526 – 1609) während seiner Reise auf der Iberischen Halbinsel gesammelt und 1565 in die Gärten eingeführt worden. Daß sie bei den Griechen und Römern schon eine Bedeutung hatten, belegen viele Zeugnisse. Theophrast, der große antike Botaniker (372 – 287 v. Chr.): „Der nárkissos wird von vielen auch leirion (Lilie) genannt. Er trägt — wie die Lilie — eine weiße Blume auf dem Stengel und erzeugt in einer häutigen Hülle eine große, schwarze, längliche Frucht. Fällt diese ab, so wächst aus ihr eine neue Pflanze; man sammelt sie auch absichtlich zum Kultivieren oder pflanzt die Wurzel. Diese ist fleischig, rund und groß. Die Blüte erscheint erst spät nach dem Aufgang des Arkturos und zur Zeit der Herbst-Nachtgleiche". Vergil, Dioscorides, Ovid, Plinius besingen die Narzisse, Aber — wie so oft — alle haben von Theophrast abgeschrieben, und der Irrtum von der späten Blüte fand Verbreitung.

Heute unterscheiden wir in der Züchtung 6 Gruppen von Narzissen:
1. Trompetennarzissen (N. pseudonarcissus)
2. Incomparabilis-Narzissen, einblütig
3. Dichternarzissen (N. poeticus), einblütig
4. Tazetten-Narzissen (Dolden-Narzissen), 8 bis 15 Blüten
5. Jonquillen (Narzissen mit 2 bis 6 Blüten)
6. Botanische Arten.

Hunderttausende Narzissen erblühen jährlich im Palmengarten. So wie in England und Irland die Narzisse seit über 100 Jahren die Frühlingsblume ist, begegnet sie uns auch hier. Über 10 000 Sorten sind im Internationalen Register in London aufgezeichnet. Neue Impulse der Züchtung kamen im letzten Jahrzehnt aus den Vereinigten Staaten. Wir haben mit Bruno Müller bisher über 350 neue Sorten zusammengetragen, was in Europa einmalig ist. Wir wollen fortfahren, diese dankbaren, Jahre überdauernden Gewächse zu favorisieren. Daneben stehen die Trompeten- und Dichternarzissen auf den Rasen-, Wiesen- und Gehölzflächen und verwandeln den Garten in ein Blumenmeer. Denn das Gelb und Weiß ist durch das Blau von Zehntausenden von Blausternen (Scilla), Traubenhyacinthen (Muscari) und anderen unterlegt. Narzissen wandeln den Palmengarten zu neuen Dimensionen.

*Taglilien,* Hemerocallis, aus den Liliengewächsen mit 20 Arten im temperierten Eurasien, besonders Japan, sind eine weitere Attraktion. Im 16. Jahrhundert kamen die rostrote H. fulva und die hellgelbe, duftende H. flava =

H. lilio-asphodelus nach Europa; sie sind teilweise verwildert. Um 1890 strömten weitere Arten ein, aber die Wende kam 1938/1939 mit der Einfuhr von H. fulva „Rosea", die neue Zuchtrichtungen erschloß. Der Boom brach in Nordamerika aus. Dort gibt es inzwischen über 15 000 registrierte Sorten. Fast alle Farben, außer Blau, sind gezüchtet, Aber was tun? Man muß wählen und prüfen. Das Prüfsortiment ist im Palmengarten auf über 700 gartenwürdige Sorten angewachsen — und es wird weiter gesichtet, gewertet und auch verworfen. Bruno Müller wird die Sichtung und Bewertung für Mitteleuropa fortsetzen zum Ruhme der Taglilie, damit sie auch in unsere Gärten einziehe und Tag um Tag sich neu entfalte.

*Fackellilien,* Kniphofia, eine Gattung der Liliengewächse, die mit 75 Arten in Ost- und Südafrika und auf Madagaskar beheimatet ist, könnten noch mehr für einen leuchtenden Gartensommer sorgen. Das Farbenspiel bewegt sich von Gelb über Orange nach Rot. Die Blütezeit ist über Monate gestaffelt. Die Fackellilie wird eine gute Zukunft haben.

Die *Palmlilien,* Yucca, mit 40 Arten von den Vereinigten Staaten bis Westindien und Mexiko verbreitet, zählen heute zu den Agavengewächsen. Nur wenige Arten sind winterhart. Y. filamentosa und Y. glauca. Wichtige Auslesen unternahm Karl Foerster in Bornim bei Potsdam vor 50 Jahren, als man aus Yucca Fasern statt Blütenstände gewinnen wollte. „Schellenbaum", „Glockenriese", „Schneefichte", „Schneetanne" sind solche Foersterschen Auslesen, die bei uns sich angesiedelt haben. Und zu Yucca recurvifolia und Y. gloriosa werden sich andere Arten und Hybriden zur Erprobung und vielleicht als Gewinn für die Gärten der Zukunft gesellen.

Die *Iris* oder *Schwertlilie,* die mit 300 Arten in der nördlichen Hemisphäre heimisch ist, fand mit Beginn der 70er Jahre eine Heimat im Palmengarten. Eine große Sammlung der Gesellschaft der Staudenfreunde unter ihrem Präsidenten Hermann Hald suchte für die Vergleichssammlung in Veitshöchheim einen neuen Standort. So kamen zum Palmengarten-Sortiment weitere hinzu. Die Sichtung mit einer Arbeitsgruppe begann. Neue Züchtungen der hohen Bart-Iris-Gruppe kamen zur Bewertung. Medaillengewinner des Auslandes, besonders aus den USA, wurden erworben und so waren schnell fast 1500 Sorten beisammen. Die Sammlung wurde außerdem durch eine große Stiftung von Gräfin Zeppelin bereichert. Im Mai/Juni findet die „Iris-Wallfahrt" statt und die Fachgruppe ist unermüdlich bei der Prüfungsarbeit. So wächst der Inhalt, die Zahlen schwanken — aber der Liebhaber wird sich auf das Urteil der Experten verlassen können: alles zum größeren Ruhme der hohen Bart-Iris.

## Die Pracht der Rosen

Das Geschlecht der Rosen zeigt sich uns in 250 Arten. Ihre Heimat sind die gemäßigte Zonen und die Bergregionen der Tropen der Nordhemisphäre. Rosen sind ein sehr altes Geschlecht. Darüber hinaus scheinen sie schon lange in engen Beziehungen zum Menschen zu stehen.

Fast alle Rosen sind auf der Fünfzähligkeit aufgebaut. Und alle Rosenblüten sind zweigeschlechtlich, zwittrig mit Staubblättern und Stempeln. Es sind verholzte Sträucher mit unpaarig gefiederten Blättern verschiedener Zahl von 3 bis 15. Am Blattgrund haben die Rosen Nebenblätter. An den Zweigen sitzen die Stacheln, Ausbildungen der Oberhaut. Sie dienen den Pflanzen zum Festhalten, zum Klettern. Rosen sind Spreizklimmer, Die „Frucht" der Rose ist die Hagebutte, eine Scheinfrucht in Form eines Bechers, in dem sich die eigentlichen Früchte in je einem Samen befinden.

Rund 35 Rosenarten zählen uns die Floristen für Mitteleuropa auf, dazu 26 sogenannte Gartenrosen. Das sind teils importierte Arten, teils nicht mehr kontrollierbare Einfachhybriden. Wichtig ist die Abkunft gefüllter Rosen von Rosa gallica (Essigrose), dazu Rosa canina, die Hundsrose. Und in der Antike existierte schon Rosa x alba, eine Kreuzung aus R. canina und R. gallica. Von dieser Stammen alle Rosen bis zum 17. Jahrhundert ab. Das waren die Centifolien und die Moosrosen. Das sind bis heute unsere Parkrosen.

Anno 1786 gelangte die rote Bengalrose, Rosa sinensis, nach Europa und setzte einen neuen Anfang. Denn diese Rose blüht am einjährigen Holz im selben Jahr. Solche Blüten von Mai bis zum Frost hatte es ehedem in Europa nicht gegeben. So entstand eine Vielfalt von Rosen.
1. Kletterrosen. mit ein- oder mehrmaliger Blüte
2. Öftersblühende Strauchrosen. Die erste war die Lambertiana-Rose
3. Parkrosen, die Weiterentwicklung der Centifolia, der Moosrosen, nur einmalblühende, voller Duft und Würde
4. Wildrosen, Importe aus anderen Ländern
5. Miniaturrosen für Schalen, Kästen, Vorgärten, aus Rosa chinensis Minima entstanden
6. Polyantha-Hybriden seit 1900, mit kleineren Blüten, in großen Dolden
7. Floribundarosen sind vielblütige, also fast „Teehybriden"
8. Teehybriden oder Edelrosen sind große, gefüllte und möglichst duftende Blüten, die einzeln auf langen Stielen sitzen.

Es gilt immer wieder die Rose neu zu entdecken. Ein neuer Weg ist aufgezeigt, von der zerbrechlichen, übersensiblen Rose zur robusteren, öftersblühenden Strauchrose — zum Rosenbusch — zu kommen. Jede Zeit fordert ihren Rosentyp. Bringen uns die alt-neuen Rosen aus England, die „English Roses" oder „Canterbury Roses" als öftersblühende Strauchrosen einen Schritt weiter? Rund 4300 Jahre sind verflossen, seit der Sumererkönig Sargon Rosen von einem Feldzug in seine Stadt Akkad brachte. So ist die Rose ein Zeugnis indoeuropäischer Kultur. Es ist an uns, daß die Rose dies in der Zukunft bleibt.

# DER GARTEN,
# DER TRAUM VOM PARADIES

Der Garten ist mit dem Menschen verbunden. Ohne sein Einwirken verliert er sich, wird gegenstandslos. Rosen und Trauben hegten vor 5000 Jahren die Sumerer in den Bezirken, die sie gegen alles andere, den Wald, das Feld, abgegrenzt hatten. Zu dieser Zeit, in der ersten Dynastie Ägyptens, ließ König Menes Frucht- und Blumengärten an den Ufern des Nils anlegen. Die Juden kannten den Garten als Liebesgarten des Salomo und als Olivengarten am Ölberg. Die Perserkönige besaßen Park- und Rosengärten, ihre Wildgärten nannten sie „Pairiadaeza", daraus entstand das „Paradies". Die Griechen und Helenen, die Römer, 1000 Jahre später die Mönche, die Ritter und die Bürger schützten den Garten mit Zaun, Hecke und Mauer. Der Garten ist ein Gestalten, Erhalten und Abwehren, Natur und Kunst finden sich zur Einheit im Garten.

Jede Zeit fand ihren Sinn in dem Garten, den die Menschen formten. Die am Beginn der Renaissance aufkommenden botanischen Gärten als Lehrgärten für angehende Ärzte waren in ihrer Zeit Sammel- und Studienobjekt. Daneben standen Gärten wie der von Matthäus Merian o. ä. gezeichnete, dem Frankfurter Bürgermeister Johannes Schwindt als Gesellschaftsgarten gehörend. Und zu allen Zeiten wurden Gärten zerstört. Die Gärten verändern sich ständig; denn im Wechsel liegt die Beständigkeit des Gartens. Bleibt er ungenutzt und unberührt, so zerfällt er in sich.

Wenn Otfried von Weißenburg um 870 den Garten als Paradies sieht und verdeutscht: wonnesames Feld, dann ist das Verständnis für den Lustgarten des Albertus Magnus schon erspürbar. Und wenn der große Humanist Erasmus von Rotterdam (1467 – 1536) in seinem „Convivum regligiosum" nach einer Gärtnerjugend schreibt, der Garten sei als Ort „dem ehrbaren Vergnügen geweiht, die Augen zu erfreuen, die Nase zu erfrischen und den Geist zu erneuern", so gilt dies heute und immer.

Johann Wolfgang Goethe
*Natur und Kunst, sie scheinen sich zu fliehen.*
*Und haben sich, eh man es denkt, gefunden.*
*Der Widerwille ist auch nur geschwunden,*
*Und beide scheinen mich anzuziehen.*

Der Garten kann — wenn die Menschen das wollen — immer Geborgenheit, Aufatmen, Entspannung, Aufforderung, Hingabe, Lust und Freude, Besinnung und Neuanfang sein. Das Paradies endet nie — wenn wir den Garten als Geschenk Gottes verstehen — wie es am allerersten Anfang war.

Peonien Männlin. Pæonia mas.   Peonien Weiblin. Pæonia fœmina.

# Verzeichnis der Quellen

## Chronik des Palmengartens

Barth, W., Frankfurter Familienblätter, Belletristische Beilage zum Frankfurter Anzeiger. Frankfurt am Main 1869

Bott, G., Die angenehme Lage der Stadt Frankfurt am Main. Hrsg. vom Historischen Museum Frankfurt am Main. Frankfurt am Main 1954

Camerarium, I., Kreutterbuch des hochgelehrten D. Petri Andrex. Frankfurt am Main 1586

Derreth, O., Gärten in Frankfurt. Frankfurt am Main 1976

Egle, K., und G. Rosenstock, Die Geschichte der Botanik in Frankfurt am Main. Frankfurt am Main 1966

Fischer, U., Aus Frankfurts Vorgeschichte. Frankfurt am Main 1971

Gartenbau-Gesellschaft (Hrsg.), Jahresbericht der Gartenbau-Gesellschaft zu Frankfurt am Main über die Thätigkeit im Jahre 1903. Frankfurt am Main 1904

Gartenbau-Gesellschaft Flora (Hrsg.), Protokoll-Auszüge und Verhandlungen der Gartenbau-Gesellschaft Flora in Frankfurt am Main. Frankfurt am Main 1852

Heyer, F. (Hrsg.), Frankfurt am Main, Eine Stadt im Grünen. Frankfurt am Main 1954

Heyer, H., und W. Klötzer, Frankfurt 1822 und heute. Frankfurt am Main 1972

Kramer, W., Frankfurt Chronik. Frankfurt am Main 1954

Lerner, F., Bilder zur Frankfurter Geschichte. Frankfurt am Main 1950

Lerner, F., Bürgersinn und Bürgertat, Geschichte der Frankfurter Polytechnischen Gesellschaft 1816—1966. Frankfurt am Main 1966

Lohne, H., Frankfurt um 1850. Frankfurt am Main 1967

Lohne, H., Mit offenen Augen durch Frankfurt. Frankfurt am Main 1969

Lorei, M., und R. Kirn, Frankfurt und die goldenen zwanziger Jahre. Frankfurt am Main 1966

Meinert, H., Frankfurts Geschichte. Frankfurt am Main 1964

Merten, K., und Chr. Mohr, Das Frankfurter Westend. Passau 1974

Meyer, A., u. a., Das neue Frankfurt, in: Monatszeitschrift für die Probleme moderner Gestaltung, 2. Jhg. Frankfurt am Main 1928

Palmengarten (Hrsg.), Blumen und Palmen, Blätter für Gartenfreunde, 11. Jhg. Frankfurt am Main 1941

Palmengarten (Hrsg.), Palmengarten Mitteilungen und Konzertprogramm. Frankfurt am Main 1933

Palmengarten Gesellschaft (Hrsg.), Denkschrift über den Palmengarten in Frankfurt am Main, Ein Rückblick und Ausblick. Frankfurt am Main 1913

Siebert, A., Der Palmengarten zu Frankfurt am Main. Berlin 1895

Siebert, A., Kriegswirtschaftliche Arbeit im Frankfurter Palmengarten 1914—1916. Frankfurt am Main 1916

Ziegler, J., und W. König, Das Klima von Frankfurt am Main. Frankfurt am Main 1896

## Botanik und Gartenbau

ABC-Biologie. Frankfurt und Zürich o. J.

Adams, P., J. J. W. Baker and C. E. Allen, The Study of Botany. Reading, Mass., 1970

Allinger, G., Das Hohelied von Gartenkunst und Gartenbau, 150 Jahre Gartenbau-Ausstellungen in Deutschland. Berlin und Hamburg 1963

Arnett, R. H., and D. C. Braungraf, An Introduction to Plant Biology. St. Louis 1970

Aubert de la Rue, E., F. Bourlière and P. H. Harroy, The Tropics. London o. J.

Baeumer, K., Allgemeiner Pflanzenbau. Stuttgart 1975

Bernatzky, A., Der Garten im Wandel der Zeiten. Frankfurt am Main 1971

Blunt, W., The Art of Botanical Illustration. London o. J.

Brücher, H., Tropische Nutzpflanzen, Ursprung, Evolution und Domestikation. Berlin, Heidelberg, New York 1977

Chapman, V. J., Mangrove Vegetation. Vaduz 1976

Cronquist, A., The Evolution and Classification of Flowering Plants. Boston 1968

Czihak, G., H. Langer und H. Ziegler (Hrsg.), Biologie, ein Lehrbuch. Heidelberg — New York 1978

Dolder, W., Tropenwelt, Fauna und Flora zwischen den Wendekreisen. Bern u. München 1976

Egger, K., J. Bässler und D. Teufel, Die Umwelt des Menschen. Mannheim

Encyclopedia of the Life Sciences, Vol. 3, The World of Plants. Garden City, New York 1965

Engel, Th., und K. Schlecker, Die Pflanze, Ihr Bau und ihre Lebensverhältnisse. Ravensburg 1900

Engler, A., Syllabus der Pflanzenfamilien. Berlin 1964

Evrard, B. und B. D. Morley, Wildpflanzen der Welt. München u. Berlin 1971

Fischbeck, G., K.-U. Hayland und N. Knauer, Spezieller Pflanzenbau. Stuttgart 1975

Franke, W., Nutzpflanzenkunde. Stuttgart 1976

Frohne, D., und U. Jensen, Systematik des Pflanzenreichs. Stuttgart u. New York 1979

Füller, H., Das Bild der modernen Biologie. Thun und Frankfurt

Fukarek, F., W. Hempel, H. Stübel, G. Müller, R. Schuster und M. Succow, Pflanzenwelt der Erde. Köln 1980

Fuller, Carothers, Payne and Balbach, The Plant World, 1972

Geisler, G., Pflanzenbau, Ein Lehrbuch — Biologische Grundlagen und Technik der Pflanzenproduktion. Berlin und Hamburg 1980

Geither, L., Morphologie der Pflanzen. Berlin 1945

Good, R., The Geography of The Flowering Plants. London 1974

Gothan, W., und H. Weyland, Lehrbuch der Paläobotanik. Berlin 1954

Greulach, V. A., and J. E. Adams, Plants — An Introduction to modern Botany. New York, London, Sydney, Toronto 1975

Günther, E., L. Kämpfe, E. Libbert, H. J. Müller und H. Penzlin, Kompendium der allgemeinen Biologie. Jena 1976

Guttenberg, H. v., Lehrbuch der Allgemeinen Botanik. Berlin 1952

Haupt, W., Bewegungsphysiologie der Pflanzen. Stuttgart 1977

Heilmann, K. E., Kräuterbücher in Bild und Geschichte. München 1973

Heuer, R., Lehrbuch der Allgemeinen Botanik für Lehrerseminare. Leipzig 1913

Heywood, V. H., ed., Flowering Plants of the World. Oxford 1978

Höck, F., Lehrbuch der Pflanzenkunde. Esslingen u. München 1968

Hohnan, R. H., and W. W. Robbins, A Textbook of General Botany. War Dept. Educ. Manual EM 445, USA 1944

Hoyos, J., Flora Tropical Ornamental. Caracas 1978

Hubbard, C. E., Gräser. Stuttgart 1973

Jäger, H., Gartenkunst und Gärten sonst und jetzt. Berlin 1888

Johnson, A. M., The Taxonomy of the Flowering Plants, Reprint. Vaduz 1977

Jünger, F. G., Gärten im Abend- und Morgenland. München u. Esslingen 1960

Kramer, J., Bromeliads, The Colourful Houseplants. New York 1976

Kröner, A., Krustenevolution im Archaikum: Fakten, Hypothesen, Phantasien. Frankfurt am Main 1981

Kuckuk, H., Grundzüge der Pflanzenzüchtung. Berlin 1972

Kugler, H., Einführung in die Blütenökologie. Stuttgart 1955

Lees, C. B., Gardens, Plants and Man. Englewood Cliffs, New York 1970

Lloyd, F. E., The Carnivorous Plants. Waltham, Mass. 1942

Mackeau, D. G., Einführung in die Biologie. München, Basel, Wien

Mägdefrau, K., Paläobiologie der Pflanzen. Stuttgart 1968

Marilaun, A. K. v., Pflanzenleben. Leipzig 1890

Meierhofer, H., Einführung in die Biologie der Blütenpflanzen. Stuttgart 1907

Meissner, E., Zierpflanzen, Der Gartenbau, Bd. III. Berlin 1958

Merian, M. S., Das kleine Buch der Tropenwunder. Leipzig o. J.

Morgenthal, J., Sommerblumen, Kultur, Samenbau, Züchtung. München 1969

Nicholson, B. E., S. G. Harrison, G. B. Masefield and M. Wallis, The Oxford Book of Food Plants. London 1969/1971

Pallida, V., Bromeliads in Colour and their Cultur. Los Angeles 1966

Pax, F., Prantl's Lehrbuch der Botanik. Leipzig 1896

Peters, H., Aus der Geschichte der Pflanzenwelt in Wort und Bild. Mittenwald

Pokorny, A., Illustrierte Naturgeschichte des Pflanzenreichs. Prag 1874

Rauh, W., Bromelien, Bd. I, 1970, Bd. II, 1973. Stuttgart

Rauh, W., Die großartige Welt der Sukkulenten. Berlin u. Hamburg 1979

Rauh, W., Kakteen an ihren Standorten. Berlin u. Hamburg 1979

Rehm, S., und G. Espig, Die Kulturpflanzen der Tropen und Subtropen. Stuttgart 1976

Reinhardt, L., Kulturgeschichte der Nutzpflanzen, Bd. IV/2 (Zierpflanzen). München 1911

Roberts, P., und M. Clayton, Biologie — Pflanzenkunde. Göttingen 1972

rororo-Pflanzenlexikon in 5 Bdn. Hamburg 1969

Schmeil, O., und A. Seybold, Lehrbuch der Botanik. Leipzig 1944

Schmithüsen, J., Allgemeine Vegetationsgeographie. Berlin 1968

Schmucker, Th. und G. Linnemann, Carnivorie, Handbuch der Pflanzenphysiologie, Bd. XI. Berlin, Göttingen, Heidelberg 1959

Schnack, F., Traum vom Paradies, Eine Kulturgeschichte des Gartens

Schütt, P., und W. Koch, Allgemeine Botanik für Forstwirte. Hamburg u. Berlin 1978

Schütt, P., Weltwirtschaftspflanzen, Herkunft, Anbauverhältnisse, Biologie und Verwendung der wichtigsten Nutzpflanzen. Berlin u. Hamburg 1972

Schumann, K., und E. Gilg, Das Pflanzenreich. Neudamm o. J.

Schwenichen, W., Einführung in die Biologie. Leipzig 1910

Simon, K. H., Nutzpflanzenzüchtung. Frankfurt am Main 1980

Slack, A., Carnivorous. London 1979

Smalian, K., Grundzüge der Pflanzenkunde. Leipzig 1915

Smith, A. C., The Pacific as a Key to Flowering Plant History. Univ. of Hawaii 1970

Stehli, G., Pflanzen auf Insektenfang. Stuttgart 1934

Steiner, M. L., Philippine Ornamental Plants and Their Care. Manila 1960

Stelz, L., Lehrbuch der Pflanzenkunde für höhere Schulen. Leipzig u. Frankfurt ca. 1890

Straßburger, E., F. Noll, H. Schenk und W. Schimper, Lehrbuch der Botanik für Hochschulen. 3. Aufl./31. Aufl., Jena 1898/1978

Thenius, E., Die Geschichte des Lebens auf der Erde. Wien, St. Pölten, München 1955

Troll, W., Allgemeine Botanik. Stuttgart 1948

Waeber, R., und L. Imhäuser, Lehrbuch für den Unterricht in der Botanik. Leipzig 1901

Walter, H., Grundlagen des Pflanzensystems. Stuttgart 1950

Warburg, O., Die Pflanzenwelt. Leipzig 1923

Weberling, F., und H. O. Schwantes, Pflanzensystematik. Stuttgart 1975

Wegmüller, S., Pflanzenkunde. Bern 1978

Wehrhahn, H. R., Großes Handbuch für Gartenbau und Gartenkultur. Nordhausen 1931

Weisz, P. B., and M. S. Fuller, The Science of Botany. New York, San Francisco, Toronto, London 1962

Wilson, C. L., and W. E. Loomis, Botany. New York, Chicago, San Francisco, Toronto, London 1967

de Wit, H. C. D., Knaurs Pflanzenreich in Farben, Bd. 1 – 3. München 1964

Zander, R., Schmarotzende Pflanzen. Berlin 1930

Zimmermann, W., Paläobotanik in: Die Pflanze. Potsdam u. Konstanz

Bildnachweis

E. Breuer:
Seite 90 rechts unten, 170 rechts, 171 rechts, 173 links oben, 175 rechts unten

G. Helding:
Seite 82, 83 oben, 85 oben und unten, 89 rechts oben, 92 rechts oben und links unten, 96, 170 links oben und unten, 171 links unten, 172 links und rechts unten, 173 links unten und rechts, 174 alle, 175 oben und unten links, Schutzumschlag

G. Morell:
Seite 86 alle, 89 links oben und unten, 90 links unten, 92 rechts unten, 94, 95 alle, 163 links oben und unten und 2 Abbildungen in der Mitte, 166 alle, 167 links unten, 169 alle, 171 links oben

B. Müller:
Seite 93 rechts oben

G. Schoser:
Seite 83 unten, 90 links oben, 91, 92 links oben, 93 rechts, 93 unten, 162, 163 rechts oben 2 Abbildungen und Mitte links, 164 oben und rechts und links, 165 alle, 167 links und rechts oben und rechts unten, 172 rechts oben

Historisches Museum:
Seite 20, 21

Palmengartenarchiv: Seite 17, 18, 19, 22, 23, 24, 25, 26, 27, 28, 81, 84, 85 Mitte, 87, 88

Die einfarbigen Abbildungen sind den im Literaturverzeichnis aufgeführten Publikationen entnommen bzw. vom Autor gezeichnet

Gustav Schoser u. a.

## Blumenparadiese und Botanische Gärten

Herausgegeben von Herbert Reisigl. 296 Seiten mit 80 farbigen Abbildungen und zahlreichen Karten. Lam. Pappband

*Kaum ein anderes Buch bietet so faszinierend durch großartige Bebilderung und fesselnde Textbeiträge aus allen Kontinenten derart viele Anreize und Informationen für Pflanzenliebhaber wie hier, wo paradiesische Landschaften und die Mehrzahl der botanischen Gärten und bedeutenden Pflanzensammlungen beschrieben werden.* Gartenpraxis

## PINGUIN VERLAG
Innsbruck
UMSCHAU VERLAG
Frankfurt am Main

## Register der Pflanzen

Die kursiven Seitenziffern verweisen auf Abbildungen

188

Aloe.

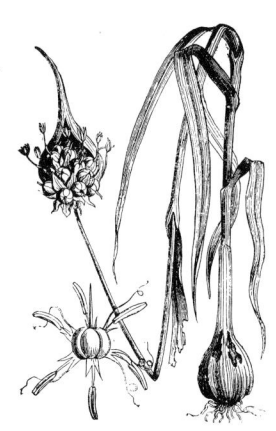

# INHALT